U0629488

中国南方地区两汉墓葬研究

余 静 著

科 学 出 版 社
北 京

内 容 简 介

本书的研究对象是秦岭—淮河以南地区的两汉中小型墓葬。通过对中国南方地区两汉墓葬材料进行系统的梳理，将中国南方地区划分为四个考古学意义上的分区。在分区基础上，根据各区墓葬材料的特点，运用不同的方法进行考古学分期研究，由此建立起中国南方地区两汉墓葬的年代框架。在分期基础上，对各区墓葬进行文化因素分析。通过分析不同时期不同文化因素的势力消长关系，来考察各区文化的动态发展过程。继而对各区墓葬所展示出来的地域特色进行归纳，结合当时的地理环境、经济、政治及宗教因素，分析各区地域特色文化的形成原因。最后将中国南方地区作为一个整体进行考察，概括汉文化在中国南方地区的形成过程，总结中国南方地区汉文化的特点，并结合当时中国南方地区的社会发展状况及政治经济等因素来探究其特点的形成原因。

本书可供从事考古学、秦汉史、美术学等方面的研究人员阅读参考。

图书在版编目（CIP）数据

中国南方地区两汉墓葬研究 / 余静著. —北京：科学出版社，2023.6
ISBN 978-7-03-075293-2

Ⅰ. ①中…　Ⅱ. ①余…　Ⅲ. ①汉墓–墓葬（考古）–研究–中国
Ⅳ. ①K878.84

中国国家版本馆CIP数据核字（2023）第049171号

责任编辑：王琳玮 / 责任校对：邹慧卿
责任印制：张　伟 / 封面设计：金舵手

科学出版社出版
北京东黄城根北街 16 号
邮政编码：100717
http://www.sciencep.com
北京厚诚则铭印刷科技有限公司印刷
科学出版社发行　　各地新华书店经销
*
2023年6月第　一　版　　开本：787×1092　1/16
2024年1月第二次印刷　　印张：21 1/2
字数：510 000
定价：238. 00元
（如有印装质量问题，我社负责调换）

序

俞伟超先生曾经指出，汉文化作为一个多元结构文化，是在原有六国文化和秦文化的基础上，经过汉初六七十年的渐变过程，到西汉中期时才形成了完整形态的汉文化，其主要内涵来自秦的政治、经济制度，楚地的黄老思想以及六国的文化传统①。从考古学的视角来看，正是由于汉文化继承了六国文化的传统，因而在汉文化形成过程中不同区域都显示出各自的区域性特点，因此在汉文化形成过程的研究中，区域性考察就成为一个非常重要的课题。中国南方地区虽然远离汉代中央政权的中心区域，但是到了西汉中晚期，整体上表现出较为一致的文化面貌，已纳入汉文化的大潮之中。因此，研究中国南方地区在汉文化形成过程中走过了什么的道路，起到了什么样的作用，表现出什么样的区域特点，亦成为俞伟超先生关于汉文化形成过程研究这一重大课题中的重要组成部分。《中国南方地区两汉墓葬研究》一书，即是通过对中国南方地区汉墓的综合研究，来考察中国南方汉墓的区域性分布、汉文化在各区域的形成过程以及相关问题。

在该书中，作者全面、系统地梳理了中国南方地区两汉墓葬的资料，在对墓葬形制和随葬器物进行精当的类型学分析基础上，建立了南方地区两汉墓葬的时空框架，对墓葬中所包含的文化因素进行分析，厘清了由墓葬所体现出的汉文化的多元结构和形成过程。作者还考察了中国南方化地区汉文化的动态发展过程，并进一步对不同地区的地域特色，中国南方汉文化形成过程，以及其形成原因进行了考古学的观察和历史学的解读。

这本书是关于中国南方地区汉墓研究的基础论著，主要内容是对遗存的类型学分析，讨论墓葬的年代，辨识不同的文化因素等，在这些看似基础的研究中，作者不仅显示出扎实的考古学研究功底，而且在一些具体问题上又表现出作者所具的实事求是的学术态度和灵活多样的处理方式。如在对不同地区的墓葬进行分期时，并没有拘泥于首先对遗存进行类型学分析，然后在排列出器物发展逻辑序列的基础上进行墓葬分期和年代判断，而是充分考虑到各地区已有的考古发现和原有的研究基础，而采取了不同的方法。比如对东南区中的皖分区和苏浙赣分区两个子分区所进行的分期与年代的研究，就采用了不同的方法。皖分区是通过对墓葬中出土的随葬器物进行类型学分析，结合墓葬形制的变化，排列出墓葬的相对年代序列；然后根据随葬器物组合的变

① 俞伟超：《考古学中的汉文化》，《古史的考古学探索》，文物出版社，2002年。

化，结合墓中出土的纪年器物对墓葬进行年代判断，最终形成这一区的年代框架。而对于东南区的苏浙赣分区，由于在这一地区发现了 8 座纪年墓，年代从西汉中期一直延续到东汉晚期，中间没有缺环，因此首先是对纪年墓的年代进行考察和确认，初步建立起其随葬器物的年代序列；然后对其他出土与纪年墓相同随葬器物的墓葬，将其与纪年墓进行横向对比，对照其器物组合和形制，来确认这些墓葬的年代；对于未出可与纪年墓进行对比的随葬器物的墓葬，则是将其随葬器物与纪年墓所出器物进行类型学的排比，然后据此纳入上述年代体系中，最终形成整个区的分期序列。其他的分区中，作者也都是充分考虑和利用了已有的研究成果，各自采用相应的方法进行了分期和年代体系的建立，读者可通过阅读相关章节以有更为深入的了解。而这样处理分期与年代的研究，正是历史时期考古学研究方法具有多样性的体现。

目前已发掘的中国南方汉墓数量巨大，资料庞杂，不仅墓葬形制多样化，而且随葬器物数量多，且大多为器形简单的陶器，缺少让人眼前一亮的精美器物，且每一种器物又存在着或多或少的细微差异，这使得对汉代墓葬进行研究成为一个需要付出巨大耐心、时间和努力的浩瀚工程，如果没有坚定的学术信念作为支撑，很少有学者能将这项研究进行下去。从这个意义上讲，《中国南方地区两汉墓葬研究》虽然未能就南方地区两汉墓葬的分类以及其所反映的社会阶层等问题进行讨论而稍显缺憾，最后也未能上升到更加宏观的视角对中国南方汉墓进行更加深入的解读，但作者对6000多座南方汉墓进行的细致、踏实的研究工作，为将来进一步全面的研究汉代墓葬，以及汉文化的形成、发展等问题提供了一个非常坚实的基础。

《中国南方地区两汉墓葬研究》一书是作者余静在她的博士学位论文基础上修改而成的。余静于1998年考入吉林大学考古专业学习，2002年因学习成绩优秀被免试推荐就读战国秦汉考古的硕士研究生，2005年成为我的第一位博士研究生。由于我的研究领域多在先秦时期，因此特别希望有学生能够在汉代考古学研究方面有所贡献，和余静经过多次讨论后，在2007年初选定将中国南方地区汉墓作为她博士学位论文的研究方向。2007年10月，余静作为国家建设高水平大学公派研究生到以色列希伯来大学学习，一直到2008年10月回国。在以色列期间她参与了希伯来大学考古系几门专业课程的学习，希望从这些学习中使自己在从事中国南方汉墓研究时，能够借鉴更多的西方现代考古学理论和方法，从而有所创新。同时余静也没有中断对博士学位论文的思考，她一直坚持进行资料的收集和分析工作，并于2008年上半年开始着手写作。回国后，余静更是加倍努力，全身心地投入到博士学位论文的写作中。在那一段时间里，我能明显地感到她所迸发出的令人难以置信的巨大能量，想不到看似柔弱的她竟是如此的坚韧和执着。在余静的论文答辩会上，林沄老师曾说过，这篇论文是在6000多座汉墓材料的基础上写出的，作者在收集和分析资料上所下的功夫是巨大的，也是令人感动的。我想这不仅是对余静所做工作的赞赏，也是对扎扎实实从事考古学基础研究的肯定。而这本《中国南方地区两汉墓葬研究》能够顺利出版，也是对余静这种坚持考古学基础研究的最好回报。

余静博士毕业后曾在吉林省考古研究所工作了三年，在此期间因田野工作走遍了吉林省的各县市，主持了集安新红村高句丽墓群的发掘工作，以及通化万发拨子遗址发掘资料的整理和报告的编写工作。2012年余静又进入东北师范大学博士后流动站攻读师资博士后，两年后因表现优异，出站后留校任教并被学校直接聘任为副教授，开始讲授“东北考古问题研究”等课程。东北考古对于余静来说，是一个全新的研究领域，但是余静并没有纠结于这一研究领域与她博士研究方向的不同，而是勇敢地迎接了这一新的挑战。我非常高兴地看到，她那扎扎实实从事考古学基础研究的精神，踏踏实实做学问的学风，以及对考古学的热爱和执着，已经开始使她在这个领域崭露头角，同时我也坚信，余静不论是在中国南方地区汉代考古的研究领域，还是在东北考古的研究领域，都必将取得更多、更好的成就。

吉林大学考古学院

滕铭予

2022年1月11日于长春融创

目　录

第一章 绪　论

第一节 研究范围

在中国辽阔的土地上，由于地理位置、自然条件的差异，全国可分为东部季风区、西北干旱半干旱区、青藏高寒区三个自然区。东部季风区由于南北纬度的差别较大，以秦岭—淮河为界，又可分为北方地区和南方地区。南北两区，无论是自然条件还是社会风俗、人文风貌等方面都有明显差异。本书所研究的中国南方地区，即指东部季风区中秦岭—淮河以南地区，具体涵括今天的安徽南部和江苏东南部，以及湖北、浙江、上海、江西、湖南、贵州、四川、重庆、云南、广西、广东、福建诸省、自治区、直辖市。

在中国考古学研究中，考古学文化的区域性探索始终是重要课题。汉文化分布的广袤空间范围和文化内涵的复杂程度远超之前的任何一种考古学文化，因此汉文化形成过程的区域性考察也就成为汉代考古学研究的重要内容，而汉墓研究则是此种考察工作的基石和有效途径。本书即是通过对中国南方地区汉墓的综合研究，来考察汉墓的区域性分布、汉文化在各区域的形成过程以及相关问题。

在既往的研究中，涉及的汉墓概念有两种情况，一种是指在年代学上属于汉代纪年范围的墓葬；另一种则是考虑了墓葬的文化特征，仅指使用汉式丧葬制度的墓葬。西汉时期以长安为中心分布的关中地区汉墓和东汉时期以洛阳为中心分布的豫西地区汉墓在后种意义上最为典型[①]。本书研究的南方地区汉墓是指在汉代纪年范围内采用了汉式丧葬制度的墓葬。其分布，既包括当时的郡县，也包括诸侯国和王国。至于两汉时期南方边远地区的土著墓葬，如贵州西部的夜郎文化墓葬、云南的滇文化墓葬、川西的石棺葬文化墓葬等则不在本书的研究范围内。

在中国南方地区，曾发现一些明确属于汉代诸侯王和列侯的墓葬，这些墓葬由于等级高、规模大、随葬品多，多引起研究者的重视，所开展的研究也比较充分和深入。因此，本书不涉及这些高规格墓葬。另外画像石、画像砖墓由于其专题性较强，前人研究成果显著，故本书亦不涉及。本书将以中国南方地区两汉时期的中小型墓葬作为切入点，进行两汉墓葬的综合研究。

---

① 俞伟超：《考古学中的汉文化问题》，《古史的考古学探索》，文物出版社，2002年，189页。

第二节 发现与研究简史以及研究现状

一、发现与研究简史[①]

20世纪50年代以前，南方地区汉墓还处在刚刚被认识的阶段。20世纪30～50年代初，长沙地区的西汉墓曾被大量盗掘[②]。抗日战争时期中央博物院和营造学社在四川彭山清理过几十座崖洞墓，暂居陪都的文化人士亦曾零星发掘过重庆市附近的汉墓[③]。现代科学意义上的南方地区汉墓的发掘和研究工作是在20世纪50年代以后开展起来的，可以大致划分为三个阶段。

第一阶段，20世纪50年代初至60年代末，可以称为汉墓科学发掘和研究的起步阶段。

这一时期的发掘工作已经遍及南方各省区，但是主要围绕省会城市进行，也有向周边扩展的趋势。两次大规模的发掘集中在长沙和广州地区。1951年，中国科学院考古研究所在长沙清理汉代墓葬72座，并于1957年出版《长沙发掘报告》[④]，初步建立了长沙地区汉墓的考古学年代分期标尺。1953～1960年，广州市文物管理委员会和广州市博物馆联合发掘了广州市郊数十个地点的两汉墓葬计409座，其中部分墓葬先后发表了简报或报告，作为最终成果的《广州汉墓》于1981年由文物出版社出版[⑤]。

在此阶段只有长沙地区建立了汉墓的年代序列。其余地区囿于资料限制，汉墓研究主要是探讨个别墓葬的年代学问题[⑥]，以及相关出土器物的考察[⑦]。广州地区开始出现汉墓研究的综合性文章[⑧]，着眼点在于探讨当地汉墓的特征。但是这一时期发表的资料大都粗略，以简讯为主，凭借发表材料进行再研究的空间很小，综合性的研究也只

① 诸侯王和列侯墓葬是中国南方地区汉墓中一个重要的组成部分，具有较为重要的意义。为了资料介绍的完整性，虽然本书的研究不涉及，但发现与研究简史中，仍将诸侯王和列侯的墓葬涵括在内。

② 转引自魏航空：《三楚地区西汉墓葬的考古学文化谱系》，吉林大学硕士学位论文，1990年。

③ 转引自赵化成、高崇文等：《秦汉考古》，文物出版社，2002年。

④ 中国科学院考古研究所：《长沙发掘报告》，科学出版社，1957年。

⑤ 中国社会科学院考古研究所、广州市文物管理委员会、广州市博物馆：《广州汉墓》，文物出版社，1981年。

⑥ 方继成：《长沙侯家塘M018号墓的年代问题》，《考古通讯》1957年第6期；许道龄：《关于长沙侯家塘M018号墓年代问题的讨论》，《考古通讯》1958年第4期。

⑦ 如李蔚然：《江苏睢宁九女墩汉墓出土玉牌用途的推测》，《考古通讯》1958年第2期；胡肇春、张维持：《广州出土的汉代黑奴俑》，《中山大学学报（社会科学版）》1961年第2期。

⑧ 黎金：《广州的两汉墓葬》，《文物》1961年第2期。

是局限在初步归纳和总结方面。

第二阶段，20世纪70年代初至70年代末。诸侯王和列侯墓的发现成为学术界的关注焦点，以王侯墓的重要发现为中心展开汉代丧葬制度和汉代文化的相关研究是此阶段的主要特征。

这一时期诸侯王等级的墓葬共计发现3座，包括江苏广陵王刘胥墓、湖南吴氏某代长沙王后曹馔墓以及某代长沙王墓（表1.1），均属西汉时期。列侯墓的发现以1972～1974年马王堆汉墓发掘最具轰动性，广西贵县罗泊湾汉墓则是王侯一级配偶的墓葬（表1.2）。

表1.1 历年发现的诸侯王墓统计表

出土地点	发掘时间	墓葬形制	葬具	墓主	卒年	盗否	出处	备注
长沙砂子塘西汉墓	1961	带斜坡墓道木椁墓	二椁二套棺	长沙靖王吴著（存疑）	文帝后元七年（前157年）	盗	《文物》1963年第2期，13～24页	墓主仍有争议
湖南长沙咸家湖曹馔墓	1974～1975	带斜坡墓道岩坑黄肠题凑木椁墓	一椁三棺	吴氏某代长沙王后曹馔	西汉中期	盗	《文物》1979年第3期，1～16页	
长沙象鼻嘴M1	1978	竖穴岩坑题凑木椁墓	棺房内三棺	刘姓长沙王的王后或刘姓长沙王刘发	西汉前期	盗	《考古学报》1981年第1期，111～130页	
江苏高邮神居山（天山）M1	1979	竖穴岩坑题凑木椁墓	三层椁房，棺房内二套棺（外套镂花框架）	广陵王刘胥	宣帝五凤四年（？～前54年）	盗	《文博通讯》1980年第32期；高炜：《汉代“黄肠题凑”墓》，《新中国的考古发现和研究》文物出版社，1984年，443～447页	
江苏高邮神居山（天山）M2	1980	竖穴岩坑题凑木椁墓	三层椁房，棺房内二棺（外套镂花框架）	刘胥之妻	宣帝五凤四年前后	盗		
江苏邗江甘泉M2	1980	带回廊的多室砖墓	棺椁已毁	广陵思王刘荆及王后	明帝永平十年（67年）	盗	《文物》1981年第11期，1～11页	
广州象岗南越王墓	1983	竖穴石室墓（东西耳室掏洞石砌）	一棺一椁	南越王赵眜	武帝元朔末元狩初（前122年左右）	否	《西汉南越王墓》，文物出版社，1991年	
长沙咸家湖望城坡M1	1993	竖穴岩坑题凑木椁墓	棺房内二棺	吴姓长沙王的王后渔阳	西汉前期	盗	《新中国考古五十年》，文物出版社，1999年	

续表

出土地点	发掘时间	墓葬形制	葬具	墓主	卒年	盗否	出处	备注
六安双墩一号汉墓	2006～2007	带斜坡墓道黄肠题凑木椁墓	二椁（外木椁内石椁）二棺	六安王刘庆	西汉中期	盗	《文物研究（第17辑）》，科学出版社，2010年	
长沙市望城县风蓬岭M1	2006	带墓道竖穴岩坑题凑木椁墓	一椁二棺	刘姓长沙王王后	西汉晚期	盗	《文物》2007年第12期	
长沙望城区风盘岭	2008	带斜坡墓道岩坑题凑木椁墓	棺椁数量不详	长沙国某代国王或王后	西汉早中期	盗	《文物》2013年第6期	破坏严重
江苏盱眙大云山M1	2009～2012	带墓道竖穴岩坑黄肠题凑木椁墓	二椁二棺	第一代江都国国王刘非	前128年或稍后	盗	《考古》2013年第10期	
江苏盱眙大云山M2	2009～2012	带南北墓道竖穴岩坑木椁墓	一椁一玉棺	江都国王后（姓“连”）	前129～前127年	盗	《文物》2013年第1期	
安徽寿县寿春镇东汉大墓	2010年追回部分文物	不清	不清	阜陵质王刘延	下葬年代为和帝永元元年（89年）	毁	《东南文化》2014年第3期	墓葬在基建中被毁

表1.2　历年发现的列侯及列侯夫人墓葬统计表

出土地点	发掘时间	墓葬形制	葬具葬服	墓主	卒年	盗否	出处
江苏涟水三里墩西汉墓	1965	长方形竖穴土坑石椁墓	棺具已朽	城阳顷王延子，鳣侯应	西汉中期	取土破坏	《考古》1973年第2期
长沙马王堆汉墓M1	1972	带斜坡墓道的长方形土坑竖穴墓	三椁三棺	轪侯利苍的妻子辛追	汉文帝十二年以后数年	否	《长沙马王堆一号汉墓发掘简报》，文物出版社，1973年
长沙马王堆汉墓M2	1973.12～1974.1	竖穴土坑木椁墓	二椁二棺	轪侯利苍	吕后二年（前186年）	盗	《长沙马王堆二三号汉墓》第一卷，文物出版社，2004年
长沙马王堆汉墓M3	1973.11～12	竖穴土坑木椁墓	二椁三棺	利苍的儿子利豨	汉文帝十二年（前168年）	否	
广西贵县罗泊湾汉墓	M1，1976.7～11	大型木椁墓	三室十二椁箱，三具棺，主棺双重漆套棺	南越国桂林郡的最高官吏	西汉初期，南越王国时期	盗	《广西贵县罗泊湾汉墓》，文物出版社，1988年
	M2，1979.4～6	带墓道的大型木椁墓	一椁两棺	赵氏王国派驻当地的相当于王侯一级官吏的配偶	西汉初年，南越王国时期	盗	

续表

出土地点	发掘时间	墓葬形制	葬具葬服	墓主	卒年	盗否	出处
广西贺县金钟一号汉墓	1980.5～7	带斜坡墓道的凸字形土坑竖穴木椁墓（夫妻合葬）	棺具已朽	根据“左夫人”印，墓主应属于王侯一级的人物	南越国时期	盗	《考古》1986年第3期
湖南永州鹞子岭M1	1992	竖穴土坑分室木椁墓	三层椁二棺	第三代泉陵侯刘庆	西汉末年	盗	《湖南省博物馆四十周年纪念论文集》，湖南教育出版社，1996年
湖南永州鹞子岭M2	1995	竖穴土坑分室木椁墓	二椁二棺	第三代泉陵侯刘庆夫人	西汉末年	盗	《考古》2001年第4期
沅陵虎溪山M1	1999.6～9	带斜坡墓道的竖穴土坑木椁墓	一椁二棺	为长沙王吴臣之子吴阳，为第一代沅陵侯	文帝后元二年（前162年）	否	《文物》2003年第1期
江西南昌海昏侯墓	2012～2016	带墓道竖穴土坑木椁墓	一椁二棺	第一代海昏侯刘贺	神爵三年（前59年）	盗	《考古》2016年第7期
江西莲花罗汉山西汉安成侯墓	2012	带斜坡墓道竖穴土坑木椁墓	棺椁已朽	第一代安成侯刘苍	元鼎元年（前116年）	盗	《江西莲花罗汉山西汉安成侯墓》，上海古籍出版社，2017年
安徽亳州董园村一号墓	1973	多室砖墓		曹嵩夫妻合葬墓	墓葬建于延熹七年之后，曹嵩死于献帝初平四年（193年）	盗	《文物研究（第20辑）》，科学出版社，2013年，228～241页

研究工作主要包括两方面的内容。马王堆汉墓出土“利苍”“长沙丞相”“轪侯之印”等印章，以及帛书、帛画、地图、医药竹简、丝麻织品和服饰、漆木器、乐器、女尸等重要发现，为汉代丧葬制度和汉代文化研究提供了珍贵资料，因此以马王堆汉墓为中心展开的相关问题讨论成为最大学术热点。就一般意义上的考古学研究而言，则涉及马王堆汉墓的墓主身份、族属、棺椁制度和随葬器物等方面的内容①。其次是在汉式丧葬制度的研究方面，以俞伟超《汉代诸侯王与列侯墓葬的形制分析——兼论“周制”、“汉制”与“晋制”的三阶段性》②最具代表性。俞认为“汉制”是“周制”的继续而发生了相当的变化，与“晋制”明显分属两大阶段，而墓葬制度的这种变化正是社会历史变化三个阶段的反映。此外，这一时期开始利用现代科技手段，在

① 湖南省博物馆：《马王堆汉墓研究》，湖南人民出版社，1981年。

② 俞伟超：《汉代诸侯王与列侯墓葬的形制分析——兼论“周制”、“汉制”与“晋制”的三阶段性》，《中国考古学会第一次年会论文集（1979）》，文物出版社，1980年。

墓葬的物理化学研究方面有所尝试[①]。

但是总体上讲，这一阶段对中小型汉墓的整体研究颇为忽略，南方大部分地区汉墓的年代序列并未建立起来，汉墓分区、分期意义上的综合性研究仍属空白。

第三阶段，20世纪80年代至今。此阶段汉墓发掘和材料发表的数量激增，南方地区汉墓的研究工作全面展开和不断深入。

这一时期诸侯王和列侯等级墓的发现与发掘仍然令人瞩目。共发现诸侯王墓10座（表1.1）。其中西汉8座，即广陵王刘胥之妻墓、南越王赵眜墓、吴氏某代长沙王王后"渔阳"墓、六安王刘庆、刘姓长沙王王后墓、第一代江都国国王刘非及其王后墓；东汉2座，即江苏邗江甘泉的广陵王刘荆及其王后墓、阜陵质王刘延墓。列侯等级墓共发现7座（表1.2），6座属于西汉时期、1座为东汉时期。根据墓葬规模及其出土器物可以明确知道墓主身份的有6座，分别为湖南泉陵侯刘庆及其夫人墓、沅陵侯吴阳墓、海昏侯刘贺墓、安成侯刘苍墓、曹嵩夫妻合葬墓。根据印章推测广西贺县金钟一号汉墓也属于王侯一级。

诸侯王和列侯等级墓以外，较为重要、等级较高或随葬品较丰富的墓葬有如下两类。

其一，根据出土器物能够明确判断墓主身份的主要有湖北江陵凤凰山一六八号墓，墓主为"市阳五大夫"[②]；凤凰山九号墓，根据出土木牍推测为安陆守丞绾及其家属[③]；荆沙市瓦坟园四号墓，根据棺床底板阴刻"王□□市郢□官"等文字推测墓主为"市郢"，爵位在五大夫以上[④]；宜都陆城东汉墓，根据出土印章推知墓主为偏将军[⑤]；安徽芜湖市贺家园一号墓，铜盆铭文有"左中马容八斗"等字句，推知墓主人为司马[⑥]；天长县三角圩一号墓，根据"臣平"和"广陵宦谒"印章推知墓主桓平应是广陵国时期的谒者属官[⑦]；繁昌县竹山汉墓，根据"芜湖长印"印章，推知墓主为芜湖

---

① 唐汝明、卫广扬、徐全章：《安徽天长县汉墓棺椁木材构造及材性的研究》，《考古》1979年第4期；黄伯龄、赵惠敏、姬素荣等：《关于长沙马王堆汉墓白膏泥中的粘土矿物》，《地质科学》1975年第1期。

② 纪南城凤凰山一六八号汉墓发掘整理组：《湖北江陵凤凰山一六八号汉墓发掘简报》，《文物》1975年第9期。

③ 长江流域第二期文物考古工作人员训练班：《湖北江陵凤凰山西汉墓发掘简报》，《文物》1974年第6期。

④ 荆州博物馆：《湖北荆沙市瓦坟园西汉墓发掘简报》，《考古》1995年第11期。

⑤ 宜昌地区博物馆、宜都县文化馆：《湖北宜都陆城发现一座东汉墓》，《考古》1988年第10期。

⑥ 安徽省文物工作队、芜湖市文化局：《芜湖市贺家园西汉墓》，《考古学报》1983年第3期。

⑦ 安徽省文物考古研究所、天长县文物管理所：《安徽天长县三角圩战国西汉墓出土文物》，《文物》1993年第9期。

县长[①]；湖南常德三十号西汉墓，根据印章推知墓主为“长沙郢丞”[②]；常德一号东汉墓，据“索左尉印”和“酉阳臣印”印章，推知第三侧室墓主是东汉前期荆州刺史属下的县级官吏[③]；常德南坪“汉寿左尉”墓，根据印章推知墓主曾担任东汉中晚期“汉寿左尉”“武乡”等职[④]；常德南坪东汉“酉阳长”墓，根据“酉阳长”印推知墓主为东汉酉阳县长[⑤]；永州市鹞子山西汉“刘彊”墓，根据印章规格和“臣敞”封泥，可知墓主身份应为零陵郡贵族[⑥]；四川合江县东汉一号画像石棺，根据石棺题刻知墓主为“东海太守良中李少尹”[⑦]；扬州邗江王家庙西汉木椁墓，根据出土的玉质印章及其他文字资料可知其墓为西汉早期吴王家族墓，墓主名刘毋智[⑧]；广西贵港市港北区贵城镇三合村M14根据出土的“咸驩丞印”可知墓主为县丞[⑨]；沅水D3M27出土的滑石双面“长沙郎中令印”表明墓主廖福生前曾担任西汉长沙国的郎中令[⑩]；沅水D8M3出土了龟纽“赵玄友印”铜印，结合出土器物可知赵玄友可能属千石级官吏[⑪]；沅水M2281出有“长沙司马”滑石印、M2113出土“酃右尉印”、M2261出土滑石“右尉”印，可知这些墓葬的主人为一批县级官员[⑫]；沅水M2401出土了“汉寿左尉”和“武乡”两枚印章，表明该墓中的一位墓主曾任东汉荆州武陵郡辖汉寿县“左尉”[⑬]；浙江龙游东华山

---

① 繁昌县文物管理所：《繁昌县竹山汉墓清理简报》，《文物研究（第13辑）》，黄山书社，2001年，145～147页。

② 常德地区文物工作队、常德县文化馆：《湖南常德县清理西汉墓葬》，《考古》1987年第5期。

③ 湖南省博物馆：《湖南常德东汉墓》，《考古学集刊（第1集）》，中国社会科学出版社，1981年，158～176页。

④ 常德市博物馆：《湖南常德南坪“汉寿左尉”墓清理简报》，《江汉考古》2004年第4期。

⑤ 湖南省博物馆：《湖南常德南坪东汉“酉阳长”墓》，《考古》1980年第4期。

⑥ 零陵地区文物工作队：《湖南永州市鹞子山西汉“刘彊”墓》，《考古》1990年第11期。

⑦ 谢荔、徐利红：《四川合江县东汉砖室墓清理简报》，《文物》1992年第4期。

⑧ 扬州市文物考古研究所：《江苏扬州西汉刘毋智墓发掘简报》，《文物》2010年第3期。

⑨ 广西文物保护与考古研究所、贵港市博物馆：《广西贵港马鞍岭梁君垌汉至南朝墓发掘报告》，《考古学报》2014年第1期。

⑩ 湖南省常德市文物局、常德博物馆、鼎城区文物局、桃源县文物局、汉寿县文物局：《沅水下游汉墓》，文物出版社，2016年，788页。

⑪ 湖南省常德市文物局、常德博物馆、鼎城区文物局、桃源县文物局、汉寿县文物局：《沅水下游汉墓》，文物出版社，2016年，788页。

⑫ 湖南省常德市文物局、常德博物馆、鼎城区文物局、桃源县文物局、汉寿县文物局：《沅水下游汉墓》，文物出版社，2016年，791页。

⑬ 湖南省常德市文物局、常德博物馆、鼎城区文物局、桃源县文物局、汉寿县文物局：《沅水下游汉墓》，文物出版社，2016年，794页。

鲁伯墓根据出土的印章，结合文献记载可知墓主人鲁伯应为西汉晚期会稽太守[①]。

其二，通过与确知材料相比照可以推测墓主身份的有湖北光化五座坟西汉墓，根据墓地规模和位置，推测为酂侯及其家属的墓群[②]；湖北襄阳擂鼓墩一号墓，墓主身份相当于县丞[③]；南漳城关东汉墓M2，墓主可能为豪族出身的高级官吏或豪强地主[④]；江苏扬州西汉“妾莫书”木椁墓，结合历年在附近的发现，推测与广陵厉王的家族墓有关[⑤]；邗江胡场五号汉墓，根据墓葬形制和随葬品推测墓主当属士一级[⑥]；仪征烟袋山汉墓则可能与江都国和广陵国皇族有关[⑦]；东阳小云山一号汉墓墓主可能为陈婴的后代[⑧]；湖南衡阳县道子坪一号东汉墓墓主当为“二千石”以上的官员[⑨]；四川绵阳永兴双包山二号西汉木椁墓出土银缕玉衣残片，结合出土物，墓主显然具有较高身份[⑩]；广西合浦县堂排汉墓M1、M3、M4墓主可能为郡守一级的高级官吏，M2则可能是屯戍该地的武官[⑪]；广州西村凤凰岗西汉墓规模较大，在广州地区仅次于象岗南越王墓，墓主生前应是高级贵族官吏[⑫]；江苏盱眙大云山M9、M10为主墓（M1）的陪葬墓，发掘者推测墓主人应为江都王刘非的妃嫔，M10应是文献记载中的淖姬[⑬]；M16和M17为陵园外的陪葬墓，其墓主人应为江都国高等级官员，M16为其夫人[⑭]；陈立柱认为巢湖放王

① 朱士生：《龙游东华山西汉鲁伯墓》，《东方博物（第54辑）》，中国书店，2015年，27～36页。

② 河北省博物馆：《光化五座坟西汉墓》，《考古学报》1976年第2期。

③ 襄阳地区博物馆：《湖北襄阳擂鼓台一号墓发掘简报》，《考古》1982年第2期。

④ 南漳县博物馆：《南漳城关东汉墓清理简报》，《江汉考古》2000年第2期。

⑤ 扬州市博物馆：《扬州西汉“妾莫书”木椁墓》，《文物》1980年第12期。

⑥ 扬州博物馆、邗江县图书馆：《江苏邗江胡场五号汉墓》，《文物》1981年第11期。

⑦ 南京博物院：《江苏仪征烟袋山汉墓》，《考古学报》1987年第4期。

⑧ 盱眙县博物馆：《江苏东阳小云山一号汉墓》，《文物》2004年第5期。

⑨ 湖南省博物馆：《湖南衡阳县道子坪东汉墓发掘简报》，《文物》1981年第12期。

⑩ 四川省文物考古研究所、绵阳市博物馆：《绵阳永兴双包山二号西汉木椁墓发掘简报》，《文物》1996年第10期。

⑪ 广西壮族自治区文物工作队：《广西合浦县堂排汉墓发掘简报》，《文物资料丛刊（4）》，文物出版社，1981年。

⑫ 广州市文物管理委员会：《广州西村凤凰岗西汉墓发掘简报》，《广州文物考古集》，文物出版社，1998年，197～206页。

⑬ 南京博物院、盱眙县文广新局：《江苏盱眙大云山江都王陵M9、M10发掘简报》，《东南文化》2013年第1期。

⑭ 南京博物院、盱眙县文广新局：《江苏盱眙县大云山西汉江都王陵东区陪葬墓》，《考古》2013年第10期。

岗M1的墓主为文献中的荆州刺史柯①；沅水D10M1出土了“镡成长印”、D1M2出土了“孱陵丞印”，可知这两墓墓主人为县长或县丞②；沅水M2098墓葬规模较大，出土了仅在王侯级别贵族墓中才出土的6枚金饼，推测墓主人属于二千石级太守甚至王侯级高级贵族③。

这一时期发掘了大批属于低级官吏及平民的墓地，正式发表的资料已经有相当数量，详细情况见表1.3。

表1.3 20世纪80年代以来发表的较大规模墓地资料

省市	发现地点	墓葬数量	年代跨度	出处
湖北	宜昌前坪	20	两汉	《考古》1985年第5期
	宜昌肖家山	15	西汉早期	《考古与文物》1989年第3期
	房县松嘴	60	两汉	分别见于《考古学报》1992年第2期；《考古学报》1998年第2期
	蕲春枫树林	52	东汉	分别见于《考古》1997年第5期；《考古学报》1998年第4期；《考古学报》1999年第2期；《考古》1999年第5期。后又发表于《罗州城与汉墓》，科学出版社，2000年
	襄樊余岗	40	秦汉之际—东汉	《考古学报》1996年第3期；《江汉考古》2003年第2期
	黄州汪家冲	17	秦汉之际至西汉中期	《江汉考古》1998年第2期
	襄樊郑家山	25	西汉初—武帝后期	《考古学报》1999年第3期
	襄樊许家岗	11	西汉早期	《江汉考古》1999年第4期
	襄樊彭岗	14	西汉中期—西汉晚期	《江汉考古》2000年第2期
	江陵岳山	31	西汉前期—东汉前期	《考古学报》2000年第4期
	罗州城	115	两汉	《罗州城与汉墓》，科学出版社，2000年
	丹江口外边沟	12	西汉早期至东汉早期	《考古学集刊（第14集）》，文物出版社，2004年
	襄阳王坡	70	两汉	《襄阳王坡东周秦汉墓》，科学出版社，2005年
	荆州高台	44	西汉早期—西汉中期前段（武帝元狩五年—昭帝时期）	报告《荆州高台秦汉墓》，科学出版社，2000年；《江汉考古》2014年第5期
	襄樊付岗	29	西汉早期至西汉晚期	分别见于《江汉考古》2002年第4期；《襄樊考古文集（第一辑）》，科学出版社，2007年
	襄樊松鹤路	17	两汉	分别见于《考古》1997年第12期；《襄樊考古文集（第一辑）》，科学出版社，2007年

① 陈立柱：《巢湖放王岗一号汉墓主人吕柯即扬州刺史柯》，《巢湖学院学报》2016年第4期。

② 湖南省常德市文物局、常德博物馆、鼎城区文物局、桃源县文物局、汉寿县文物局：《沅水下游汉墓》，文物出版社，2016年，788、789页。

③ 湖南省常德市文物局、常德博物馆、鼎城区文物局、桃源县文物局、汉寿县文物局：《沅水下游汉墓》，文物出版社，2016年，791页。

续表

省市	发现地点	墓葬数量	年代跨度	出处
湖北	三峡库区	231	两汉	《三峡库区考古报告集》（第一卷）（第二卷）（第三卷）（第四卷）（第五卷）（第六卷），科学出版社，2003年、2005年、2006年、2007年、2010年、2010年
	巴东罗坪	12	东汉	《巴东罗坪》，科学出版社，2006年
	秭归土地湾	44	西汉晚期至东汉早期	《秭归土地湾》，科学出版社，2006年
	随州孔家坡	15	西汉早中期	《随州孔家坡汉墓简牍》，文物出版社，2006年
	谷城肖家营	59	东汉早期至东汉晚期	《考古》2006年第11期
	襄樊贾巷	12	东汉	《襄樊考古文集（第一辑）》，科学出版社，2007年
	郧县老幸福院	38	东汉中晚期	《郧县老幸福院墓地》，科学出版社，2007年
	秭归卜庄河	107	两汉	《秭归卜庄河》，科学出版社，2008年
	荆门子陵岗	31	秦汉之际至东汉早期	《荆门子陵岗》，文物出版社，2008年
	荆门土公台	21	西汉中期至西汉晚期	《江汉考古》2008年第3期
	老河口九里山	145	秦汉之际至东汉早期	《老河口九里山秦汉墓》，文物出版社，2009年
	荆州荆南寺	33	秦汉之际至西汉早期	《荆州荆南寺》，文物出版社，2009年
	巴东雷家坪	11	东汉末年	《巴东雷家坪》，科学出版社，2009年
	巴东红庙岭	51	两汉	《巴东红庙岭》，科学出版社，2010年
	秭归东门头	14	两汉	分别见于《江汉考古》2002年第3期；《秭归东门头》，科学出版社，2010年
	郧县西峰	24	西汉晚期至东汉中期	《江汉考古》2011年第4期
	丹江口莲花池	110	秦汉之际至西汉晚期	分别见于《考古》2011年第4期；《考古》2017年第5期
	丹江口潘家岭	48	西汉早期至东汉早期	《丹江口潘家岭墓地》，科学出版社，2013年
	郧县上宝盖	50（36座为瓮/瓦棺）	两汉	《郧县上宝盖》，科学出版社，2013年
	丹江口牛场	67	西汉中期至东汉早期	《丹江口牛场墓群》，科学出版社，2013年
	荆州西胡家台	13	西汉晚期至东汉早期	《文博》2016年第2期
	郧县余咀	22	两汉	分别见于《南方文物》2012年第1期；《江汉考古》2017年第4期
	老河口北岗	11	东汉	分别见于《江汉考古》2004年第2期；《江汉考古》2018年第4期
	丹江口玉皇庙	28	两汉	分别见于《江汉考古》2001年第1期；《湖北省南水北调工程报告集（第四卷）》，科学出版社，2014年
	武当柳树沟	119	秦汉之际至西汉晚期、东汉2座	分别见于《武当山柳树沟墓群》，科学出版社，2015年；《湖北南水北调工程考古报告集（第七卷）》，科学出版社，2017年

续表

省市	发现地点	墓葬数量	年代跨度	出处
湖北	郧县韩家洲	49	两汉	《湖北南水北调工程考古报告集（第六卷）》，科学出版社，2015年
	丹江口嵩蒿口	53	东汉早期至东汉晚期	分别见于《湖北南水北调工程考古报告集（第六卷）》，科学出版社，2015年；《湖北南水北调工程考古报告集（第七卷）》，科学出版社，2017年
	宜城跑马堤	29	西汉早期至东汉早期	报告《湖北宜城跑马堤东周两汉墓地》，科学出版社，2017年
湖南	长沙	72	两汉	《长沙发掘报告》，科学出版社，1957年
	湘乡	16	西汉—王莽时期	《文物资料丛刊（2）》，文物出版社，1978年
	长沙西郊桐梓坡	95	战国末年—西汉中期	《考古学报》1986年第1期
	资兴	245	西汉	《考古学报》1995年第4期
	资兴	107	东汉	《考古学报》1984年第1期
	耒阳	149	东汉	《考古学集刊（第13集）》，中国大百科全书出版社，2000年，100～166页
	湘北大庸城区	49	西汉	《湖南考古辑刊（第五集）》，1989年，99～124页
		53	东汉	《考古》1994年第12期
	古丈县白鹤湾	23	西汉	《湖南考古2002（上）》，岳麓书社，2004年
	保靖四方城	17	西汉中晚期—新莽时期	《湖南考古2002（上）》，岳麓书社，2004年
	保靖黄连	27	西汉早期—新莽时期	《湖南考古2002（上）》，岳麓书社，2004年
	泸溪桐木垅	15	西汉早期—西汉晚期	《湖南考古2002（上）》，岳麓书社，2004年
	清水坪	255	西汉初年—新莽时期	《里耶发掘报告》，岳麓书社，2007年
	大板汉代墓地	70	昭宣时期—东汉前期	《里耶发掘报告》，岳麓书社，2007年
	沅陵窑头	44	西汉中晚期和新莽时期	《沅陵窑头发掘报告——战国至汉代城址及墓葬》，文物出版社，2015年
	益阳罗家嘴	39	西汉初年—西汉早中期（下限为武帝时期）	《益阳罗家嘴楚汉墓葬》，科学出版社，2016年
	沅水下游	485	两汉	《沅水下游汉墓》，文物出版社，2016年
安徽	六安市312国道	14	两汉	《文物研究（第13辑）》，黄山书社，2001年，153～164页
	五河县金岗	14	东汉	《东南文化》2004年第4期
	霍邱县三桥	14	西汉晚期	《东南文化》2005年第2期
	广德县赵联、北冲	14	西汉晚期—东汉中晚期	《文物研究（第16辑）》，黄山书社，2009年

续表

省市	发现地点	墓葬数量	年代跨度	出处
安徽	萧县	151	两汉	《萧县汉墓》，文物出版社，2008年
	安徽怀远	38	东汉	《中原文物》2012年第3期
	天长三角圩	25	西汉	《天长三角圩墓地》，科学出版社，2013年
	双龙机床厂墓群	272（可明确年代的墓葬）	西汉早期—新莽时期	《双龙机床厂墓群发掘报告》，上海古籍出版社，2016年
	六安巨鹰墓地	174	西汉早期—东汉早期	《巨鹰墓地发掘报告》，上海古籍出版社，2017年
上海	福泉山	46	西汉	《考古》1988年第8期
浙江	上虞凤凰山	50	西汉末年—东汉末年	《浙江省文物考古研究所学刊》［建所十周年纪念专刊（1980～1990）］，科学出版社，1993年，206～257页
	余姚市湖山乡	17	东汉	《东南文化》2000年第7期
	嵊州市剡山	58	西汉初期—东汉中期	《东南文化》2004年第2期
	衢州	149	武帝元狩五年—东汉中晚期	《衢州汉墓研究》，文物出版社，2015年
	杭州老和山	60	西汉中期—东汉中晚期	《浙江省杭州市老和山汉墓发掘报告》，《浙江省文物考古研究所学刊（第七辑）》，杭州出版社，2005年，311～413页
	杨家埠	15座土墩（73座汉墓）	西汉—东汉中期	《浙江省湖州市杨家埠古墓葬发掘报告》，《浙江省文物考古研究所学刊（第七辑）》，杭州出版社，2005年，142～310页
	鄞县高钱	16	东汉时期	《浙江省鄞县高钱古墓发掘报告》，《浙江省文物考古研究所学刊（第七辑）》，杭州出版社，2005年，423～438页
	牛头山	39	西汉晚期—东汉晚期	《上虞牛头山古墓葬发掘》，《沪杭甬高速公路考古报告》，文物出版社，2002年
	周家山	17	东汉早期—东汉中期	《上虞周家山古墓葬发掘》，《沪杭甬高速公路考古报告》，文物出版社，2002年
	上虞驮山	25	王莽时期—东汉晚期	《上虞驮山古墓葬发掘》《沪杭甬高速公路考古报告》，文物出版社，2002年
	上虞驿亭	27	东汉时期	《上虞驿亭谢家岸后头山古墓葬发掘》，《沪杭甬高速公路考古报告》，文物出版社，2002年
	龙游仪冢山	42	西汉晚期—东汉早期	《龙游仪冢山汉墓发掘简报》，《浙江汉六朝墓报告集》，科学出版社，2012年
	奉化白杜南岙林场	48（可明确年代的）	西汉晚期—东汉中期	《奉化白杜南岙林场汉六朝墓葬》，《浙江汉六朝墓报告集》，科学出版社，2012年
	绍兴平水会稽村	79	西汉中期—东汉中晚期	《绍兴平水会稽村汉六朝墓发掘简报》，《浙江汉六朝墓报告集》，科学出版社，2012年

续表

省市	发现地点	墓葬数量	年代跨度	出处
四川	新都县马家山	20	东汉中期—东汉晚期	《文物资料丛刊（9）》，文物出版社，1985年
	西昌	36	东汉	《考古》1990年第5期，此次发掘墓葬21座；《考古与文物》1983年第1期，此次发掘墓葬15座
	郫县古城乡	14	西汉中期—王莽时期	《考古》2004年第1期
	郪江崖墓	37	东汉初期—东汉末期	《三台郪江崖墓》，文物出版社，2007年
	潼南县下庙儿遗址汉墓	11	西汉晚期—东汉早期	《嘉陵江下游考古报告集》，科学出版社，2015年
重庆	巫山麦沱	69	西汉中期—东汉	《考古学报》1999年第2期
	万县龙宝区	22	西汉中晚期—东汉	《东南考古研究（第三辑）》，厦门大学出版社，2003年
	大坪墓地	61	西汉晚期—东汉后期	《万州大坪墓地》，科学出版社，2006年
	二仙堡墓地	35	西汉早中期—东汉中晚期	《丰都二仙堡墓地》，科学出版社，2016年
	丰都大湾墓群	42	东汉	《丰都大湾墓群》，科学出版社，2017年
广东	广州汉墓	409	西汉前期—东汉后期	《广州汉墓》，文物出版社，1981年
	乐昌市对面山	168	两汉	《考古》2000年第6期
	广东顺德县	28	两汉	《文物》1991年第4期
	广州淘金坑	22	西汉	《考古学报》1974年第1期
广西	贵县北郊	19	西汉中期—东汉晚期	《考古》1985年第3期
	昭平	26	东汉	《考古学报》1989年第2期
	钟山县张屋	23	东汉	《考古》1998年第11期
	北海市盘子岭	38	东汉	《考古》1998年第11期
	合浦县禁山七星岭	11	东汉	《考古》2004年第4期
	2009~2013合浦汉晋墓	15	西汉晚期	《2009~2013合浦汉晋墓发掘报告》，文物出版社，2016年
		47	东汉	
	广西合浦文昌塔汉墓	175	西汉前期—东汉末期	《广西合浦文昌塔汉墓》，文物出版社，2017年
	钟山铜盆	47	两汉	《钟山铜盆汉墓》，科学出版社，2018年
云南	昆明羊甫头	28	西汉末—东汉中期	《昆明羊甫头墓地》，科学出版社，2005年
贵州	会泽水城	24	西汉末—东汉初年	《会泽水城古墓群发掘报告》，科学出版社，2014年
	贵州清镇平坝汉墓	64（两次）	两汉	《考古学报》1959年第1期，28座；《考古》1960年第4期，36座

注：江苏淮河以南地区、福建江西等省大规模汉墓发掘较少，所以表中未列举。

随着资料的不断积累，这一阶段的研究工作也取得丰硕的成果，研究区域遍及南方各省区，研究内容日益深化，手段也渐趋多样，综合性研究成果不断涌现，研究深度和广度远超前两个阶段。尤其是近十年来，是汉墓研究不断深化的阶段。各地汉墓发现数量激增，汉墓报告层出不穷，有关汉墓研究的系统性著作陆续出版。这一时期的成果主要集中在以下几个方面。

1. 分区、分期及断代研究

1）从墓葬形制的地区特点入手进行分区研究，进而建立各地区的考古学年代序列，如广西地区[①]、淮河流域[②]、贵州地区[③]；或者从墓葬形制出发，建立起不同类型墓葬的分期序列，如四川地区土坑木椁墓[④]、崖墓[⑤]、砖石室墓[⑥]、西汉土坑墓[⑦]的专题研究，再如对南方地区汉至孙吴时期砖室墓形制演变序列的探讨[⑧]。

2）从典型器物的形制演变出发，以类型学为基础，建立各地区汉墓的年代序列。目前，江汉地区[⑨]、长沙地区[⑩]、湖北地区[⑪]、浙江地区[⑫]、三楚地区[⑬]和长江下游地区[⑭]、湖南地区[⑮]西汉墓年代序列已经大体建立，扬州地区[⑯]、贵州地区[⑰]、长江下游地

---

① 陈文：《广西汉墓形制初探》，《四川大学考古专业创建三十五周年纪念文集》，四川大学出版社，1998年，286～300页。

② 方成军：《淮河流域汉代墓葬形制研究》，《安徽大学学报（哲学社会科学版）》2002年第5期。

③ 宋世坤：《贵州考古论文集》，贵州人民出版社，2000年；张合荣：《夜郎文明的考古学观察——滇东黔西先秦至两汉时期遗存研究》，科学出版社，2014年。

④ 何志国：《四川西汉土坑木椁墓初步研究》，《远望集——陕西省考古研究所华诞四十周年纪念文集》，陕西人民美术出版社，1998年，564～572页。

⑤ 唐光孝：《绵阳崖墓的初步研究》，《四川文物》2000年第6期。

⑥ 罗二虎：《四川汉代砖石室墓的初步研究》，《考古学报》2001年第4期。

⑦ 陈云洪、颜劲松：《四川地区西汉土坑墓分期研究》，《考古学报》2012年第3期。

⑧ 龚良：《汉—孙吴时期我国南方地区砖室墓形制类型初探》，《东南文化（第三辑）》，江苏古籍出版社，1988年。

⑨ 郭德维：《试论江汉地区楚墓、秦墓、西汉前期墓的发展与演变》，《江汉考古》1983年第2期。

⑩ 宋少华：《试论长沙西汉中小型墓葬的分期》，《湖南考古辑刊（第2集）》，岳麓书社，1984年。

⑪ 陈振裕：《湖北西汉墓初析》，《文博》1988年第2期。

⑫ 刘波：《浙江地区西汉墓葬的分期》，《南方文物》2000年第1期。

⑬ 魏航空：《三楚地区西汉墓葬的考古学文化谱系》，吉林大学硕士学位论文，1990年。

⑭ 张玲：《长江下游地区西汉至新莽中小型墓葬研究》，吉林大学硕士学位论文，2005年。

⑮ 罗炯炯：《湖南西汉墓葬研究》，湖南大学硕士学位论文，2009年。

⑯ 张学涛：《扬州地区西汉中小型墓葬的分期研究》，《扬州教育学院学报》2013年第1期。

⑰ 唐文元：《贵州汉墓及其分期特点》，《贵州文史丛刊》1982年第4期。

区[①]、岷江流域[②]、江西地区[③]两汉墓的年代序列基本清晰。

2. 专题性研究

1）汉墓出土器物的研究。日本学者林巳奈夫20世纪80年代出版的《汉代の文物》[④]和中国学者孙机1991年出版的《汉代物质文化资料图说》[⑤]两部集汉代文物研究大成的著作都涉及中国南方地区的文物。其他的多为对某一类器物的专题研究，如《汉镜文化研究》一书从不同角度对汉镜展开研究，是汉代铜镜研究的一部力作[⑥]。杨哲峰对汉墓结构和随葬釉陶器的类型及其变迁进行了探讨[⑦]、洪石对战国秦汉漆器的研究[⑧]、张贺君对湖北地区西汉墓葬出土陶器的研究[⑨]、麻赛萍对汉代灯具的研究[⑩]、田波对汉代出土滑石器的研究[⑪]、杨波对汉代熏炉的研究[⑫]、吴小平对云贵地区战国秦汉时期青铜炊具的研究[⑬]、吴小平和蒋璐对长江中游汉墓出土瓷器的研究[⑭]、陆睿琦对战国两汉椭腹扁壶的研究[⑮]、刘小阳对汉镇的考古学研究[⑯]、苏奎对汉代龙首方身铜器类型与用途的解读[⑰]、杨勇对浙江安吉上马山西汉墓出土铜鼓来源的考察[⑱]、苏晓威对东周至西汉铜炉的考察[⑲]、周繁文对秦汉时期岭南联体陶器的研究[⑳]、朱乃诚对汉代玉蝉

① 黎敏馨：《论长江下游地区两汉吴西晋墓葬的分期》，《浙江省文物考古研究所学刊：建所十周年纪念（1980—1990）》，科学出版社，1993年。

② 唐长寿：《岷江流域汉画像崖墓分期及其它》，《中原文物》1993年第2期。

③ 刘慧中：《生死观视野下的江西汉代墓葬分析》，《南方文物》2015年第3期。

④ 林巳奈夫：《汉代の文物》，朋友书店，1996年。

⑤ 孙机：《汉代物质文化资料图说》，文物出版社，1990年。

⑥ 清华大学汉镜文化研究课题组：《汉镜文化研究》，北京大学出版社，2014年。

⑦ 杨哲峰：《汉墓结构和随葬釉陶器的类型及其变迁》，北京大学博士学位论文，2005年。

⑧ 洪石：《战国秦汉漆器研究》，文物出版社，2006年。

⑨ 张贺君：《湖北地区西汉墓出土陶器初探》，郑州大学硕士学位论文，2007年。

⑩ 麻赛萍：《汉代灯具研究》，复旦大学博士学位论文，2012年。

⑪ 田波：《汉代出土滑石器研究》，江苏师范大学硕士学位论文，2013年。

⑫ 杨波：《汉代熏炉研究》，南京师范大学硕士学位论文，2014年。

⑬ 吴小平：《战国秦汉时期云贵地区青铜炊具的考古学研究》，《考古》2015年第3期。

⑭ 吴小平、蒋璐：《长江中游汉墓出土瓷器研究》，《考古学报》2016年第1期。

⑮ 陆睿琦：《战国两汉时期的椭腹扁壶》，内蒙古大学硕士学位论文，2016年。

⑯ 刘小阳：《汉镇的考古学研究》，河北大学硕士学位论文，2017年。

⑰ 苏奎：《汉代龙首方身铜器的类型与用途》，《华夏考古》2017年第4期。

⑱ 杨勇：《论浙江安吉上马山西汉墓出土的小铜鼓》，《东南文化》2017年第1期。

⑲ 苏晓威：《论东周至西汉的铜炉》，《考古学报》2017年第3期。

⑳ 周繁文：《秦汉时期岭南联体陶器研究——以五联罐为主》，《东南文化》2018年第6期。

的研究[①]。其他诸如陶囷[②]、刁斗[③]、汉代王侯的陵寝用枕[④]、木器[⑤]，李银德还对徐州出土的西汉玉面罩进行了复原研究[⑥]等。

2）在分期研究的基础上，各期段的文化特征及其相关问题的综合性探讨，如姚仲源对浙江汉六朝墓室结构和随葬陶瓷器组合演变、分期及相关问题的探讨[⑦]，谭远辉对湘西北地区西汉墓分期、文化特征及相关问题的分析[⑧]。

3）对个别大型墓葬进行的专题性探讨。如在长沙象鼻嘴一号汉墓[⑨]、广州象岗南越王墓[⑩]、贵县罗泊湾汉墓[⑪]、长沙"渔阳"王后墓[⑫]、湖南永州鹞子岭一号汉墓[⑬]、成都老官山汉墓[⑭]、长沙风盘岭[⑮]、江苏扬州双山汉墓[⑯]、海昏侯墓[⑰]等大墓的研究中往往

---

① 朱乃诚：《汉代玉蝉研究》，《文博学刊》2019年第1期。

② 张建锋：《两汉时期陶囷的类型学分析》，《江汉考古》1995年第4期。

③ 李恒贤：《汉代刁斗小考》，《江西历史文物》1980年第4期。

④ 王永波、刘晓燕：《汉代王侯的陵寝用枕》，《东南文化》1998年第4期。

⑤ 许蓉：《浅谈绵阳永兴西汉木椁墓出土木器》，《四川文物》2000年第2期。

⑥ 李银德：《徐州出土西汉玉面罩的复原研究》，《文物》1993年第4期。

⑦ 姚仲源：《浙江汉、六朝古墓概述》，《中国考古学会第三次年会论文集（1981年）》，文物出版社，1984年，250～257页。

⑧ 谭远辉：《湘西北地区西汉墓葬概论》，《考古耕耘录——湖南中青年考古学者论文选集》，岳麓出版社，1999年，288～296页。

⑨ 宋少华：《略谈长沙象鼻嘴一号汉墓陡壁山曹娱墓的年代》，《考古》1985年第11期。

⑩ 麦英豪、黎金：《广州象岗南越王墓墓主考》，《考古》1986年第6期；吴新贵：《象岗南越王墓主新考》，《考古与文物》2000年第3期。

⑪ 蒋廷瑜：《贵县罗泊湾汉墓墓主族属的再分析》，《学术论坛》1987年第1期，55～59页。

⑫ 邱东联：《长沙西汉"渔阳"王后墓"偶人"及相关问题》，《湖南省博物馆四十周年纪念论文集》，湖南教育出版社，1996年，152～155页。

⑬ 贺刚：《湖南永州鹞子岭一号汉墓的墓主及相关问题》，《湖南省博物馆四十周年纪念论文集》，湖南教育出版社，1996年，143～151 页。

⑭ 索德浩：《成都老官山汉墓M1墓主族属考察》，《考古》2016年第5期。

⑮ 赵晓华：《长沙风盘岭汉墓墓主及相关问题探讨》，《中国国家博物馆馆刊》2016年第8期。

⑯ 余国江：《江苏扬州双山汉墓墓主身份探讨》，《东南文化》2018年第6期。

⑰ 围绕着海昏侯墓所开展的研究涉及方方面面，有关于海昏侯葬制的研究，比较有代表性的有刘瑞：《海昏侯刘贺墓墓园制度初探》，《南方文物》2016年第3期；张仲立、刘慧中：《海昏侯刘贺墓逾制几论》，《南方文物》2016年第3期；白云翔：《西汉王侯陵墓考古视野下海昏侯刘贺墓的观察》，《南方文物》2016年第3期；高崇文：《西汉海昏侯陵墓建制琐谈》，《南方文物》2017年第1期。有关于海昏侯出土器物的研究，涉及海昏侯墓出土的钱币、金币、玉器、青铜器、铁器、漆木器、纺织品、陶瓷器、竹简、木牍等，相关研究较多。有学者对海昏侯墓的研究撰写过综述文章（详见蒋波、周世霞：《西汉海昏侯研究综述》，《地方文化研究》2017年第6期）。

涉及墓葬年代、墓主身份、族属、出土器物乃至墓葬制度等相关问题。

4）墓葬的文化因素分析。如邱丹丹就西汉南越王墓内涵的分析[①]；刘晓明就南越国墓葬遗物、语言文字、音乐舞蹈和纹饰图案等方面展开汉越文化交融情况的研究，提出南越国时期文化是以本地区古越文化为基础，在中原汉文化强烈冲击和影响下而形成的一种新型历史文化[②]；吴小平对云贵地区汉墓中出土的岭南风格器物的研究[③]；富霞对广西合浦汉墓主人族属及域外文化因素的探讨[④]。

5）有关土墩墓的专题性研究。随着大量土墩墓被识别出来，有关汉代土墩墓的研究开始甚嚣尘上。2012年，在浙江安吉召开了“秦汉土墩墓国际学术研究会”，会后还形成论文集出版，此次会议对秦汉土墩墓的发现及分布情况、分区、不同地区土墩墓的特点均有涉及，还有学者对东北亚地区的土墩墓构造进行了比较[⑤]。

6）从考古资料出发，对于汉代社会精神层面内容的考察。邱登成、周克林均认为东汉时期西南地区流行的摇钱树反映了汉代流行的升仙主题，摇钱树是西南地区汉人引魂升天之梯[⑥]。杨孝鸿则从图像语言角度来把握汉代画像的整体性与系统性，认为各种羽化类型在坟墓中各有功能，其中以羽化升天图为主体，其余类型为辅助，但在系统中则联为一体，从而达到渲染的目的[⑦]；谭玉华认为汉墓出土蟾蜍灯具寓意可分为两类：一类为祥瑞符号；一类为寓意登仙和长生不死[⑧]。蒲慕州的《墓葬与生死：中国古代宗教之省思》一书，详细收集了汉墓的资料，并进行了大量的统计学分析，通过墓葬形制的变化来考察丧葬制度的变化及其与社会宗教的联系[⑨]。李虹的《死与重生——汉代的墓葬及其信仰》一书探究了汉代人的生死观，对墓葬背后的汉代信仰要素进行了系统的解释和论述[⑩]。近年来，美术考古研究成果较多，最具代表性的人物有巫鸿，

---

① 邱丹丹：《广东西汉南越王墓内涵的文化因素分析》，《东南考古研究（第三辑）》，厦门大学出版社，2003年，208～215页。

② 刘晓明：《南越国时期汉越文化的并存与融合》，《东南文化》1999年第1期。

③ 吴小平：《云贵地区汉墓所出岭南风格器物研究》，《考古学报》2019年第1期。

④ 富霞：《广西合浦汉墓主人族属及域外文化因素探讨》，《中国国家博物馆馆刊》2018年第4期。

⑤ 中国社会科学院考古研究所、浙江省文物考古研究所：《秦汉土墩墓考古发现与研究——秦汉土墩墓国际学术研讨会论文集》，文物出版社，2013年。

⑥ 邱登成：《汉代摇钱树与汉墓仙化主题》，《四川文物》1994年第5期；周克林：《摇钱树：西南地区汉人的引魂升天之梯》，《四川大学考古专业创建四十周年暨冯汉骥教授百年诞辰纪念文集》，四川大学出版社，2001年，362～375页。

⑦ 杨孝鸿：《汉代羽化意志及其墓葬图像构造》，《四川文物》1995年第4期。

⑧ 谭玉华：《汉墓出土蟾蜍灯具寓意探析》，《四川文物》2018年第2期。

⑨ 蒲慕州：《墓葬与生死：中国古代宗教之省思》，中华书局，2008年。

⑩ 李虹：《死与重生——汉代的墓葬及其信仰》，四川人民出版社，2020年。

他的《黄泉下的美术——宏观中国古代墓葬》一书从空间性、物质性和时间性三个维度来考察中国古代墓葬，通过案例的方式来呈现中国墓葬艺术的发展历程[①]。

3. 有关丧葬制度及葬俗的考察

在汉代丧葬制度的整体性研究方面，以李如森《汉代丧葬制度》[②]一书收罗比较齐备，论述也较为全面。蔡永华认为，汉承秦制是西汉承袭了旧制中的礼、乐、车马制度，但是有所变化，改变随葬的表现形式，贯穿等级关系，广泛使用明器，充分反映死者生前面貌，达到“生死始终若一”的目的[③]。李锦山对考古资料所反映的汉代丧俗做了概括，认为崇尚厚葬、极力模仿地面住宅、非常流行墓祭是其最显著的几个特点[④]。蒋廷瑜总结了汉代同坟异穴夫妻合葬墓的特点及其与自然环境的关系，认为只是岭南地区的一种特殊的埋葬形式，不能视为特有的民族习俗[⑤]。李宏则从伦理意向角度来考察汉代丧葬制度[⑥]。在诸侯王墓葬制度方面，有些学者阐述了“黄肠题凑”“外藏椁”“便房”“梓宫”的位置和功用，指出“黄肠题凑”当是诸侯王以上等级的贵族葬制[⑦]，并且考察了汉代“黄肠题凑”的发展阶段性[⑧]。以外藏椁研究为例，李如森考察了汉代外藏椁的起源及演变[⑨]，高崇文则对外藏椁中的车马殉葬制度进行了探讨[⑩]。另外，高崇文对不同地区诸侯王葬制进行比较研究，并在《西汉长沙王墓和南越王墓葬制初探》一文中指出，长沙地区的汉制中揉以楚制，以楚制为主；两广地区则是汉制、楚制、越制的融合体，尤以百越葬制揉以楚制为其特色。这些不同文化因素的融合，最终形成了西汉时期中国南方这两个独特的文化区域[⑪]。黄展岳则对诸侯王墓进行了全面梳理[⑫]；刘尊志对汉墓中铺钱现象进行了解读[⑬]。韩国河有关秦汉魏晋时期家族

---

① 〔美〕巫鸿著，施杰译：《黄泉下的美术——宏观中国古代墓葬》，生活·读书·新知三联书店，2016年。

② 李如森：《汉代丧葬制度》，吉林大学出版社，1995年。

③ 蔡永华：《略论西汉的随葬特征》，《考古与文物》1985年第2期。

④ 李锦山：《考古资料反映的汉代丧俗》，《四川文物》1989年第3期。

⑤ 蒋廷瑜：《汉代同坟异穴夫妻合葬墓浅议》，《南方文物》1993年第1期。

⑥ 李宏：《汉代丧葬制度的伦理意向》，《中原文物》1986年第4期。

⑦ 单先进：《西汉“黄肠题凑”葬制初探》，《中国考古学会第三次年会论文集（1981）》，文物出版社，1984年，238～249页；尤振尧：《“黄肠题凑”葬制的探讨》，《南京博物院集刊》1982年第4期，28～42页。

⑧ 刘德增：《也谈汉代“黄肠题凑”葬制》，《考古》1987年第4期。

⑨ 李如森：《汉代“外藏椁”的起源与演变》，《考古》1997年第12期。

⑩ 高崇文：《西汉诸侯王墓车马殉葬制度探讨》，《文物》1992年第2期。

⑪ 高崇文：《西汉长沙王墓和南越王墓葬制初探》，《考古》1988年第4期。

⑫ 黄展岳：《汉代诸侯王墓论述》，《考古学报》1998年第1期。

⑬ 刘尊志：《汉代墓葬中的铺钱现象》，《中国国家博物馆馆刊》2017年第12期。

墓地制度及合葬礼俗的研究[①]以及其关于汉晋合葬礼俗渊源及发展过程的考察[②]，他的《秦汉魏晋丧葬制度研究》一书系统梳理了秦汉魏晋时期丧葬制度的演变轨迹，概括了不同时期丧葬制度的特点，并考察其形成的原因[③]。刘瑞、刘涛的《西汉诸侯王陵墓制度研究》一书，对西汉诸侯王陵墓制度进行了系统论述，对多座王墓的墓主提出了自己的看法[④]。

4. 综合性研究

1）这一时期，涉及南方地区汉墓的综合性研究著作显著增加。20世纪80年代中国社会科学院考古所编著的《新中国的考古发现和研究》[⑤]、《中国大百科全书·考古学》[⑥]，王仲殊的《汉代考古学概说》[⑦]均有对中国南方汉墓的概括性论述。20世纪90年代，山东大学、南京大学、四川大学分别出版《战国秦汉考古》讲义[⑧]，其中有关南方汉墓的内容不仅更加丰富充实，而且在汉墓分区、分期、分类方面也有各自的认识。2002年赵化成、高崇文等著的《秦汉考古》[⑨]对20世纪秦汉时期的考古发现与研究做了综述。黄晓芬女士的《汉墓的考古学研究》[⑩]则在汉墓传统与变革的意义上进行了系统论述；《中国考古学（秦汉卷）》一书对20世纪以来秦汉时期的考古发现和研究成果进行了系统的综合性论述[⑪]。刘尊志的《汉代墓外设施研究：以王侯墓葬与中小型墓葬为参考》一书详细考察了两汉诸侯王墓、列侯墓以及中小型墓地、中小型墓葬的外部设施，概括出汉代墓外设施系统的内容及其发展过程[⑫]。

2）区域研究的集大成者。如蒋晓春的《三峡地区秦汉墓研究》[⑬]一书系统收集了三峡地区秦汉墓葬的材料，建立了三峡地区秦汉墓葬的分期，在此基础上，开展墓地制

① 韩国河：《论秦汉魏晋时期的家族墓地制度》，《考古与文物》1999年第2期。

② 韩国河：《试论汉晋时期合葬礼俗的渊源及发展》，《考古》1999年第10期。

③ 韩国河：《秦汉魏晋丧葬制度研究》，陕西人民出版社，1999年。

④ 刘瑞、刘涛：《西汉诸侯王陵墓制度研究》，中国社会科学出版社，2010年。

⑤ 中国社会科学院考古研究所：《新中国的考古发现和研究》，文物出版社，1984年。

⑥ 中国大百科全书总编辑委员会《考古学》编辑委员会：《中国大百科全书·考古学》，中国大百科全书出版社，1986年。

⑦ 王仲殊：《汉代考古学概说》，中华书局，1984年。

⑧ 李发林：《战国秦汉考古》，山东大学出版社，1991年；查瑞珍：《战国秦汉考古》，南京大学出版社，1990年；宋治民：《战国秦汉考古》，四川大学出版社，1993年。

⑨ 赵化城、高崇文等：《秦汉考古》，文物出版社，2002年。

⑩ 黄晓芬：《汉墓的考古学研究》，岳麓书社，2003年。

⑪ 中国社会科学院考古研究所：《中国考古学（秦汉卷）》，中国社会科学出版社，2010年。

⑫ 刘尊志：《汉代墓外设施研究：以王侯墓葬与中小型墓葬为参考》，科学出版社，2021年。

⑬ 蒋晓春：《三峡地区秦汉墓研究》，巴蜀书社，2010年。

度、墓葬结构及方向、墓内配置的研究，同时与关中、洛阳地区秦汉墓进行比较，进而考察“汉制”在三峡地区确立与发展过程中的特点。杨勇的《战国秦汉时期云贵高原考古学文化研究》①一书，对云贵地区早期汉文化遗存进行了分期、埋葬制度及习俗的探讨，并对早期汉文化与土著青铜文化的关系进行了剖析。《浙江汉墓》②一书对浙江已经报告的770座汉墓进行了系统收集，建立了浙江汉墓的年代框架，对其包含的文化因素进行了分析，并在此基础上进行区域类型及原因的探讨。吴小平的《两汉时期云贵地区汉文化的考古学探索》③一书，在建立云贵地区考古学文化编年基础上，探讨汉文化对当地土著的影响，总结云贵地区汉文化的发展过程和特征。刘瑞的《秦汉帝国南缘的面相——以考古视角的审视》④一书，首次将传世文献和秦汉帝国南缘地区60余年考古资料结合起来，凭借地理信息系统，将各类考古资料置于变化的秦汉郡国进行研究，揭示了华南社会发展多层面的全景式画卷，是华南地区考古学研究的一篇力作。

3）对汉墓研究的思考。《考古学科“十二五”规划调研报告》⑤中提出，对汉墓的研究以后的重点应放在墓葬等级制度、墓地的整体布局、墓葬所反映的意识形态及宗教观念的演变等方面上，以及关注墓地布局结构、风水堪舆，陵寝制度等所反映的皇权、族属、等级和世俗观念等的变化情况，从中探讨相关社会、文化背景及变迁。郑君雷总结了汉代边远地区汉化过程的几个类型，即“移民类型”“土生类型”“转生类型”“涵化类型”等⑥。韩国河和朱津在《关于中小型汉墓研究的思考》⑦一文中，对中小型汉墓研究的现状进行梳理，提出在研究广度方面，汉墓的分区研究需要完善，需要更广阔的视野进行对比研究；研究高度方面，需要对中小型汉墓进一步解读，上升到对社会制度和历史发展规律的探讨；研究深度方面，对中小型汉墓的研究需要更加细致化，科技分析方法要更多地应用其中。

二、研究现状

综上所述，20世纪南方地区汉墓的研究取得了重要成就，概括有以下几点。

1）据笔者初步统计，截至2020年，已发表材料的南方地区汉墓已达上万座（不包括简讯、综述和调查材料），资料非常丰富。

---

① 杨勇：《战国秦汉时期云贵高原考古学文化研究》，科学出版社，2011年。

② 浙江省文物考古研究所：《浙江汉墓》，文物出版社，2016年。

③ 吴小平：《两汉时期云贵地区汉文化的考古学探索》，浙江大学出版社，2018年。

④ 刘瑞：《秦汉帝国南缘的面相——以考古视角的审视》，中国社会科学出版社，2019年。

⑤ 考古学科“十二五”规划调研报告课题组：《考古学科“十二五”规划调研报告》，《南方文物》2011年第1期。

⑥ 郑君雷：《西汉边远地区汉文化的形成模式》，《人民论坛》2010年第35期。

⑦ 韩国河、朱津：《关于中小型汉墓研究的思考》，《文博》2015年第3期。

2）主要地区相继建立起比较可靠的汉墓分期编年序列，树立了初步的年代学标尺。

3）在分区、分期研究的基础上，研究内容更加深入，研究范围更加宽广，专题研究内容也更为丰富。

4）南方地区汉墓的综合性研究越来越受到重视，相关著述日益增多。

尽管取得了许多成果，但是南方地区汉墓研究仍然存在某些问题。

1）虽然关于汉墓的论著呈增长趋势，但总体说来，以整个中国南方地区汉墓为研究对象的则比较少。

2）对中小型汉墓的研究多集中于西汉墓葬，东汉时期墓葬相对薄弱。

3）区域性的综合研究往往依从现今行政区划或自然地理单元展开，缺乏从考古资料所反映的文化面貌出发进行分区的区域性研究，且这种研究多限于对墓葬进行分期和编年，而缺乏对南方汉墓区域特点的归纳总结和对其区域文化形成原因的探讨。

4）较少注意当时行政制度、郡国设置、民族分布、人文地理等背景因素的影响，也是一个比较明显的缺憾。

第三节 研究思路及目的

一、研究思路

通过上述对中国南方地区汉墓研究中存在问题的分析，本书在前人研究的基础上，拟在以下几个方面做比较系统的研究。

1）对南方地区两汉墓葬材料进行系统的梳理，在大致了解整个中国南方地区汉墓文化面貌的基础上，打破现有的行政区划和自然的地理单元，从两汉时期汉墓所反映出来的考古学文化面貌出发，进行考古学意义上的分区。

2）在分区的基础上，进行各区的分期研究。根据各区墓葬材料的特点，运用不同的方法进行两汉墓葬的考古学分期。对于纪年材料较少的地区，主要结合墓葬形制和随葬器物的类型学分析进行编年。对于纪年材料比较多的地区，则利用比较学的方法，根据器物组合及其墓葬的综合信息进行墓葬归类，先建立墓葬的年代框架，再对随葬器物的演变规律进行探讨。由此凸现了历史时期分期研究的多样性，也充分体现了从实际出发，实事求是的哲学分析方法。

3）在分期基础上，对各区两汉时期所存在的诸种文化因素进行剖析。以时间为纵轴，以文化因素为横轴，通过对不同时期不同文化因素的势力消长关系，来考察汉文化在各区的形成过程。

4）对各区地域文化特征进行总结，结合当时的历史、文化、经济、政治、军事等背景资料，对各区地域文化特征的形成原因进行考察。

5）在了解了汉文化在各区形成过程的基础上，考察汉文化在整个中国南方地区的形成过程。概括汉文化在中国南方地区的特点，并结合当时中国南方地区的社会发展状况及政治经济等因素来探究其形成原因。

二、本书的主要研究目的

1）对中国南方地区进行考古学意义上的分区。

2）全面系统地梳理中国南方地区两汉墓葬资料，建立起中国南方地区两汉墓葬的年代框架。

3）从基础材料出发，对历史上遗留的悬而未决的部分问题提出解决方案以及自己的见解。

4）考察不同分区地域文化特点，将考古学研究成果和历史文献相结合，讨论其形成原因。

5）对中国南方地区汉文化形成过程进行细致深入的探讨，考察中国南方地区汉文化的特点及其形成原因。

本书所用到的墓葬材料主要为正式发表的可进行再研究的报告、简报等。对于已经发表的但不可再利用的材料，或者是简讯性质的材料，本书只在必要时提及，不作为讨论的重点。本书所引用的研究成果均属于已发表的论文或者学位论文。

第二章　中国南方地区两汉墓葬的分区

第一节　关于文化的区域研究与秦汉历史文献中的地理分区

文化的区域研究，在中国有着悠久的传统。已有研究者指出，最早文化区域研究可以追溯至“域分”“国风”的时代。《尚书·禹贡》《周礼·职方氏》《逸周书·职方》等都有关于“九州”的划分。《诗经》则按“十五国风”来收集编绘各地民歌，说明已经注意到了民间文艺与风俗的地域差异。这类记述不同地域文化与传统的文献，见诸正史、地方志、文人笔记及各类文集之中，其中以正史的“货殖列传”和“地理志”最为系统。《史记·货殖列传》以经济区域为骨架讨论了民俗文化的区域特色。《汉书·地理志》开创历朝“地理志”之先河，既论述行政区划、十三州之设置，更关注“生态”（水土之风气）与人文（君上之情欲）的互动关系对各地风俗养成的影响。此外，《汉书·地理志》所附朱赣之《风俗》是专门讨论风俗区域划分的作品，对秦汉风俗文化的分区有着重要的意义；杨雄所辑录各地之《方言》更是将秦汉的疆域依据“方言”情况做了分区，是秦汉文化分区研究的重要依据①。

可见，文化的区域研究由来已久，而关于区域文化的划分，也有经济文化区、风俗文化区、语言文化区、宗教文化区等多种标准。而本书，则是从考古发掘材料出发，进行考古学的分区研究，但同时兼顾了当时的风俗、语言、文化背景以及地理环境等因素的影响。

在汉文化的考古学研究中，区域差异的研究是一个不可忽视的重要课题。俞伟超在《考古学中的汉文化问题》中曾经论述：“在中国的考古学研究中，自20世纪80年代以来对新石器至青铜时代各文化的区域性探索，已经进行得相当广泛和比较深入了；但对于汉文化则很少有人认真思考这方面的问题……汉文化涵盖的空间范围远远超过以前的任何一种中国的考古学文化，所以其中存在的区域性差异，一定是很大的，对于汉文化研究，不能回避区域差别的问题。”②

但是，由于社会结构和政治体制的变化，中国历史考古学分区与史前考古学分区有着很大的不同，因此，两者在研究方法和研究内容上也有着较大的差异。在研究中国历史考古学文化分区时，一定要考虑到当时人们对地理分区的意见，且要兼顾由于

---

①　雷虹霁：《秦汉文化区域与区域文化研究综论》，《民族艺术》2002年第2期，104～120页。

②　俞伟超：《考古学中的汉文化问题》，《古史的考古学探索》，文物出版社，2002年，189页。

民族移动、战乱和自然灾害造成的人口迁徙对当时地区文化差异产生的影响[①]。

汉代人们对地理分区的意见，首先应考虑到的是班固《汉书·地理志》的分区。他是在《史记·货殖列传》对经济分区的基础上，补充了朱赣对各地风俗调查的材料综合而成的。当时的行政区划将全国划分为十三州，班固则将全国划分为八区。这八区是按照历史、文化、经济和自然地理之异同，按照战国以来的国别加以区分[②]。涉及中国南方的分区有以下几条记载：

> 楚地，翼、轸之分壄也。今之南郡、江夏、零陵、桂阳、武陵、长沙及汉中、汝南郡，尽楚分也[③]。……楚有江汉川泽山林之饶；……信巫鬼，重淫祀……[④]
>
> 吴地……今之会稽、九江、丹阳、豫章、庐江、广陵、六安、临淮郡，尽吴分也[⑤]。……粤既并吴，后六世为楚所灭。……本吴粤与楚接比，数相并兼，故民俗略同[⑥]。
>
> 粤地……今之苍梧、郁林、合浦、交阯、九真、南海、日南，皆粤分也[⑦]。……自合浦徐闻南入海，得大州，……武帝元封元年略以为儋耳、珠厓郡[⑧]。
>
> 巴、蜀、广汉本南夷，秦并以为郡，土地肥美，有江水沃野，山林竹木疏食果实之饶。南贾滇、僰僮，西近邛、莋马旄牛。民食稻鱼，亡凶年忧，俗不愁苦……[⑨]

概括为之，即班固的《汉书·地理志》将中国南方地区分为四区：巴蜀地、楚地、吴地、粤地。对应当时行政区划中的十三州便是：楚地为荆州，吴地为扬州，粤地为交趾，而巴蜀地为益州。益州为汉武帝新开拓的地区。

由于本书所涉及的时空范围比较大，而且汉代历史上行政区划也是不断变化的。因此，需要对此做两点说明：

1）本书所涉及的时间范围是从西汉建立的公元前206年，到东汉灭亡的220年。

---

① 徐苹芳：《中国历史考古学分区问题的思考》，《考古》2000年第7期，81～87页。

② 徐苹芳：《中国历史考古学分区问题的思考》，《考古》2000年第7期。

③ 《汉书·地理志第八下》，中华书局，1962年，1665页。

④ 《汉书·地理志第八下》，中华书局，1962年，1666页。

⑤ 《汉书·地理志第八下》，中华书局，1962年，1666页。

⑥ 《汉书·地理志第八下》，中华书局，1962年，1668页。

⑦ 《汉书·地理志第八下》，中华书局，1962年，1669页。

⑧ 《汉书·地理志第八下》，中华书局，1962年，1670页。

⑨ 《汉书·地理志第八下》，中华书局，1962年，1645页。

因为西汉时期各地区的差异较东汉时期的区域差异大，且所涉及的文化面貌也比较复杂，因此，本书分区的依据主要是基于西汉时期的区域差异。

2）所涉及的空间范围是秦岭淮河以南的中国南方地区，但汉代疆域是不断变化的，由于汉武帝时期疆域最为宏大，且是大一统局面最终形成的时期，行政区划至此时也开始稳固，因此，本书所涉及的行政区划均以汉武帝时期的版图为基准，即以汉武帝时期的汉代疆域范围为切入点进行考察和讨论。

第二节　中国南方地区两汉墓葬的考古学分区

任何一种考古学文化都不是独立发展的，它都是在本地域原有文化基础上发展起来的，汉文化也不例外。在中国南方地区广袤的范围内，在先秦时期，今湖北地区、湖南北部的考古学遗存为楚文化。今苏南、皖南、浙江、赣东北和闽西北地区主要是以土墩遗存为代表的吴越文化区[①]。今湖南湘江、资水流域、江西赣鄱地区，两广和福建地区是没有土墩遗存的百越文化区[②]。今四川西部以成都平原为中心的先秦时期的考古学遗存为蜀文化，四川东部以重庆为中心的先秦时期考古学遗存为巴文化[③]。

本书打破现有的行政区划，主要从两汉墓葬所反映出来的文化特征出发，兼顾其文化传统，对中国南方地区进行以考古学文化面貌为主体的分区研究。综合起来，可将中国南方地区划分为四个大分区（图2.1）。

一、两　湖　区

包括今湖北和湖南地区。其范围涵括秦岭以南、巫山以东、大别山以西、南岭以北的广大地区。主要由两湖平原、丘陵和山地组成。其中两湖平原为长江中下游平原的重要组成部分，由位于湖北省中南部的江汉平原和湖南省北部的洞庭湖平原组成。主要水系有长江及其支流汉江、洞庭湖水系。

湖北地区地势西高东低，西、北、东三面环山，略成一个向南敞开的不完整盆地。山地、丘陵占全省面积的70%，平原不到30%。西、北、东三面被武当山、荆山、大巴山、巫山、武陵山、桐柏山、大别山、大洪山、幕阜山等山地环绕。山前丘陵岗地广布，中南部为江汉平原，与湖南省洞庭湖平原连成一片。主要河流为长江及其支流汉江。

---

① 杨楠：《江南土墩遗存研究》，民族出版社，1998年，136页。

② 郑小炉：《吴越和百越地区周代青铜器研究》，吉林大学博士学位论文，2004年。

③ （晋）常璩撰，刘琳校注：《华阳国志卷一·巴志》："武王既克殷，以其宗姬封于巴，爵之以子……其属有濮、賨、苴、共、奴、獽、夷蜑之蛮。"巴蜀书社，1984年，21～28页。

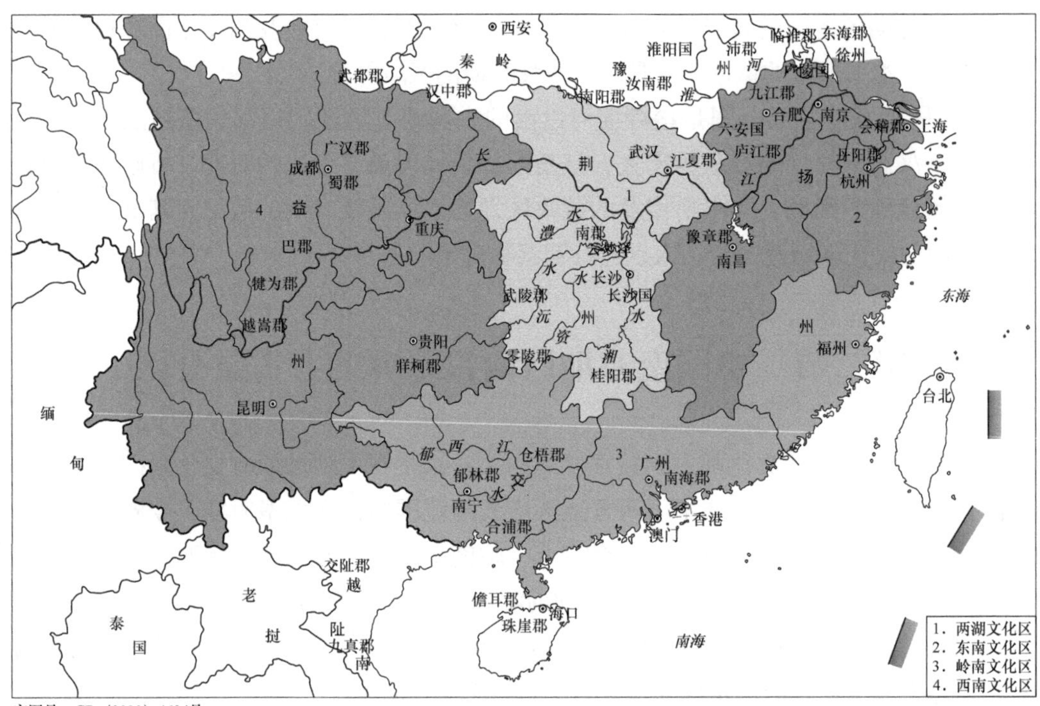

审图号：GB（2020）4634号

图2.1　中国南方地区两汉墓葬分区示意图
（根据标准地图服务系统里的中国地图节选填充而成）

湖南地区地势南高北低。东、南、西三面山地环绕，中部丘陵、盆地起伏，北部湖泊、平原交错。主要山脉有雪峰山、武陵山、南岭和罗霄山。丘陵和山地合占全省面积的80%以上。主要平原为洞庭湖平原。主要河流有洞庭湖水系的湘江、沅江、资水、澧水。

这一分区在先秦时期同属于楚文化区，具有相同的文化传统。在西汉时隶属荆州刺史部，与《汉书·地理志》所划分的楚地大致相当。按《汉书·地理志》记载："楚地，翼、轸之分壄也。今之南郡、江夏、零陵、桂阳、武陵、长沙及汉中、汝南郡，尽楚分也。"[①]这里的楚地即包含了荆州刺史部下分置的南阳郡、南郡、江夏郡、武陵郡、长沙国、零陵郡以及桂阳郡这几个部分。其中南阳郡跨越今湖北、河南两省，今湖北西北部的老河口市、十堰市和随州市即处在当时南阳郡治下。桂阳郡跨越今湖南、广东两省，今湖南的郴州市和衡阳市的南部即处在当时的桂阳郡治下。其余郡国涵括当今的湖南、湖北地区。

根据西汉时期随葬陶器陶质的不同，以湖北境内的澴水为界，又可将两湖文化区分为两亚区。澴水以西的湖北西部和西北部地区为鄂西分区，澴水以东的湖北东部地

① 《汉书·地理志第八下》，中华书局，1962年，1665页。

区和湖南地区则统称为湘—鄂东分区。

鄂西分区发现的两汉墓葬主要集中在襄樊、房县、荆州、宜昌以及三峡库区。西汉时期随葬器物以普通的泥质陶为主。

湘—鄂东区发现的两汉墓葬主要集中在蕲春、湘乡、长沙、常德、衡阳等地区。西汉时期泥质陶和硬陶器并存，还存在部分的釉陶器。当时处于桂阳郡治下两汉墓葬比较集中的郴县、耒阳和资兴地区，由于受其所处地理位置和文化背景的影响，由墓葬所反映的考古学文化表现出和湘—鄂东分区其他区不一致的面貌。如郴县和耒阳地区墓葬中出土了大批岭南文化的器物，而资兴地区的墓葬则表现出较强的地域特点，即越文化因素的器物和汉文化因素的器物在整个西汉时期共存，并可见来自岭南文化因素的影响。但这几个地区墓葬的主体文化面貌仍和湘—鄂东区比较接近，而岭南文化因素只在其文化因素构成中占据较少比例，因此，仍旧将这几区归属于湘—鄂东区进行研究。

《汉书·地理志》曾描述此地风俗："正南曰荆州：其山曰衡，薮曰云梦，川曰江、汉，浸曰颍、湛；其利丹、银、齿、革；民一男二女；畜及谷宜，与扬州同。"[①]"楚有江汉川泽山林之饶；江南地广，或火耕水耨。民食鱼稻，以渔猎山伐为业，果蓏蠃蛤，食物常足。故呰窳偷生，而亡积聚，饮食还给，不忧冻饿，亦亡千金之家。信巫鬼，重淫祀。而汉中淫失枝柱，与巴蜀同俗。"[②]

二、东　南　区

包括今安徽淮河以南地区、江苏南部地区、浙江地区、江西地区及上海市。其范围涵括淮河以南、大别山以东、武夷山以西地区和沿海地区。主要有平原、丘陵和山地地形。其中鄱阳湖平原、苏皖平原、长江三角洲平原为长江中下游平原的重要组成部分。主要水系有淮河和鄱阳湖。

淮河以南的安徽地区，中部为江淮丘陵、南部为皖南山区；江苏南部地区以平原为主，占全省总面积的68%。主要有江淮平原、滨海平原和长江三角洲平原。上海即属长江三角洲平原的一部分；浙江以丘陵、山地为主。山地约占全省面积的70%。主要山脉有雁荡山、天目山、天台山、莫干山；江西以山地、丘陵地形为主，占全省面积的70%，东、南、西三面环山，北部为鄱阳湖平原，中部多丘陵，南部属南岭山地。

这一分区春秋战国时期为吴、越的本土。春秋末年，勾践灭吴，这一带属于越地。战国末年，楚灭越，这一带属楚地，直至秦始皇设立郡县为止。西汉时隶属扬州刺史部，相当于《汉书·地理志》中所分之吴地。按照《汉书·地理志》所记载：

---

① 《汉书·地理志第八上》，中华书局，1962年，1539页。

② 《汉书·地理志第八下》，中华书局，1962年，1666页。

"吴地，斗分野也。今之会稽、九江、丹阳、豫章、庐江、广陵、六安，临淮郡，尽吴分也。"[①]根据这一记载，吴地应包括当时扬州刺史部，以及徐州刺史部的临淮郡和广陵国（江苏南部）。而当时的扬州刺史部下分置九江郡、庐江郡、丹阳郡、会稽郡、豫章郡。除去会稽郡治下的今福建地区，正好涵括了现在的皖、苏、浙、赣地区和上海市。

根据随葬陶器陶质的不同，可分为两个亚区，即皖分区和苏浙赣分区。

皖分区发现的两汉墓葬主要集中在六安、合肥、舒城一带。从墓葬所反映的文化面貌看，同时并行着泥质陶器与釉陶器两套系统。苏浙赣区发现的两汉墓葬主要集中在南京、盱眙、扬州、上海福泉山、上虞、余姚、高淳、郯山、东华山一带。从墓葬所反映的文化面貌看，该区是以釉陶为主的系统，还有部分硬陶器，泥质陶器只占有极少比例。

《汉书·地理志》曾描述此地风俗："东南曰扬州：其山曰会稽，薮曰具区，川曰三江，浸曰五湖；其利金、锡、竹箭；民二男五女；畜宜鸟兽，谷宜稻。"[②]

三、岭　南　区

岭南区包含今广东、广西和福建地区。其范围涵括南岭以南、南海以北、武夷山以东、云贵高原以东的广大地区。岭南地区山地、丘陵、台地、平原交错，且山地较多，岩石性质差别较大，形成地貌类型复杂多样的特点。河流众多，大多源自西北部、北部和东部的崇山峻岭中。主要水系有珠江及其支流西江、东江和北江。

广东地势北高南低，山地、平原、丘陵、台地交错。山地约占全省总面积的1/3，山脉多为东北—西南走向。主要山脉有南岭、青云山、九连山、罗浮山、莲花山、海岸山、云开大山、云雾山，石坑崆等。山地之间分布着大小不等的盆地。主要平原有珠江三角洲、潮汕平原。主要河流有珠江、韩江、漠阳江、鉴江。广西以山地为主。主要山脉有海洋山、越城岭、云开大山、六万大山、十万大山、金钟山、九万大山、天平山、架桥岭、大瑶山、都阳山、大明山。平原主要分布在河谷和岩溶盆地中。河流有红水河、融江、柳江、黔江、邕江、郁江、浔江、桂江。福建山地丘陵约占全省面积的80%。主要山脉有武夷山、太姥山、鹫峰山、戴云山。主要河流有闽江。

先秦时期的两广和福建地区是没有土墩遗存的百越文化区。西汉时这一分区隶属交趾刺史部，与《汉书·地理志》所划分的粤地相当。按《汉书·地理志》记载"粤地，牵牛、婺女之分壄也。今之苍梧、郁林、合浦、交阯、九真、南海、日南，皆粤

① 《汉书·地理志第八下》，中华书局，1962年，1666页。

② 《汉书·地理志第八上》，中华书局，1962年，1539页。

分也”[①]，即交趾刺史部下置郁林郡、苍梧郡、南海郡、合浦郡等。今两广地区即在这四郡的治下（唯有今广东北江以北的韶关市在荆州刺史部的桂阳郡治下）。另外，交趾刺史部下置的交趾郡、九真郡、日南郡则均分布于今越南境内。

这一地区发现的两汉墓葬主要集中在广州、番禺、顺德、合浦、贵港、贺州等地。

西汉早期，今两广地区处在南越国统治之下，其土著的百越文化陶器与汉文化的仿铜陶礼器并行存在，直至汉武帝元鼎六年（公元前111年）平灭南越王国[②]，今两广地区才正式归入汉代的郡县辖区内。但此地两汉时期的墓葬从随葬器物的器类到纹饰均有着较强的地域特征，不同于同时代的其他地区。福建由于历史原因，汉代墓葬很少发现。

《汉书·地理志》曾记载此地风俗：“秦南海尉赵佗亦自王，传国至武帝时，尽灭以为郡云。处近海，多犀、象、毒冒、珠玑、银、铜、果、布之凑，中国往商贾者多取富焉。番禺，其一都会也。自合浦徐闻南入海，得大州，东西南北方千里，武帝元封元年略以为儋耳、珠厓郡。”[③]

四、西　南　区

西南区包含今四川、贵州、云南地区和重庆市。其范围主要包含巫山以西、秦岭以南、青藏高原以东的广大地区。有四川盆地、云贵高原、丘陵、山地等地形。主要水系有岷江、雅砻江、乌江、嘉陵江等。

四川地形复杂多样，可分为平原、丘陵、山地和高原四大类。地势西高东低，西部山地、高原隆起；东部相对低下，为四川盆地。主要山脉有大巴山、米仓山、岷山、邛崃山、大雪山、大凉山、峨眉山等。川西北平原、川西南山地面积广大，雅砻江、岷江、沱江、嘉陵江等依地势汇入长江。重庆市山地、丘陵、盆地兼备。东、南、北为山地，西及西南部分地区有丘陵和平坝分布。长江自西向东横切巫山，形成著名的长江三峡。贵州为典型的山区地貌，地势西部高、东部和南部低。小型盆地散布山间。云南的山地高原占全省面积的94%，仅6%为山间盆地。地势西北高、东南低。

四川地区和重庆市在秦汉以前，虽然出现了较为发达的青铜文明，但一直被认为仍是不知礼仪的蛮夷之地。

被纳入汉代统治的四川及重庆地区在西汉时期隶属益州刺史部。今重庆及重庆以北的四川部分地区属于益州刺史部治下的巴郡，其余纳入统治的四川地区属于益州刺史部治下的蜀郡、广汉郡和犍为郡。

---

① 《汉书·地理志第八下》，中华书局，1962年，1669页。

② 中国社会科学院考古研究所、广州市文物管理委员会、广州市博物馆：《广州汉墓》，文物出版社，1981年，1页。

③ 《汉书·地理志第八下》，中华书局，1962年，1670页。

今四川和重庆地区两汉墓葬主要分布在涪陵、云阳、忠县、万州、奉节、成都、郫县、绵阳、新都一带。

两汉时期，这一地区在巴蜀文化的基础上，兼收并蓄了包括汉文化在内的各种文化因素，形成了一个特殊的文化单元。除了盛行别的地方少见的崖葬、摇钱树、西王母俑等，还有着自己独具特色的文化面貌。

《汉书·地理志》曾记载此地风俗："巴、蜀、广汉本南夷，秦并以为郡，土地肥美，有江水沃野，山林竹木疏食果实之饶。南贾滇、僰僮，西近邛、莋马旄牛。民食稻鱼，亡凶年忧，俗不愁苦，而轻易淫泆，柔弱褊阸。"①

贵州地区两汉时期的材料不多，西汉时期主要为夜郎文化。夜郎文化的命名目前为止仍有争议，目前比较一致的看法是，夜郎文化是与同时代的滇文化并存的一支文化，其大部分分布于今天的贵州境内，形成于战国时期，经过秦汉时期的发展，在西汉末年夜郎国灭后逐渐衰落，是一支以夜郎族为主体创造的民族文化②。因其主体为少数民族文化，因此不在本书的研究范围之内。

不属于夜郎文化的墓葬主要集中在今清镇市、黔西县、平坝县、安顺市、兴仁、兴义县、赫章县、习水县等地，多为东汉时期墓葬，其文化面貌基本和四川地区汉代墓葬相似，因此都纳入西南区进行研究。

云南地区先秦时期人群构成复杂。到两汉时期，云南滇池区域有滇，洱海区域有嶲、昆明。据《汉书·西南夷两粤朝鲜传》所记："（南）夷君长以十数，夜郎最大。其西，靡莫之属以十数，滇最大。……此皆椎结，耕田，有邑聚。其外，西自桐师以东，北至叶榆，名为嶲、昆明，编发，随畜移徙，亡常处，亡君长，地方可数千里。"③即滇人和夜郎、邛都等族人民一样，结发为椎髻，从事农耕，有邑聚，有君长。而嶲、昆明等族人民编发，过着游牧生活，没有君长。

直至汉武帝时，云南开始设郡，才正式纳入汉王朝的统治范畴。《汉书·西南夷两粤朝鲜传》："元封二年，天子发巴蜀兵击灭劳深、靡莫，以兵临滇。滇王始首善，以故弗诛。滇王离西夷，滇举国降，请置吏入朝。于是以为益州郡，赐滇王王印，复长其民。"④

整个西汉时期，由于"昆明"和嶲人的东迁及僰人的南移，还有内地的汉族人口亦有大量移居云南，迫使滇池区域的"滇人"大规模向南迁徙，其时滇王国已经名存实亡。西汉末至东汉初，滇王国最后消亡，大多数"滇人"已经南移至今元江流域及西双版纳地区，仅有部分散居在滇池区域以南至今思茅一线。迁入云南的汉人包含汉

① 《汉书·地理志第八下》，中华书局，1962年，1645页。

② 宋先世：《夜郎文化与民族考古》，《贵州民族研究》2006年第5期。

③ 《汉书·西南夷两粤朝鲜传》，中华书局，1962年，3837页。

④ 《汉书·西南夷两粤朝鲜传》，中华书局，1962年，3842页。

族官吏、士卒、屯户及商贾。不过当时云南的汉族人口也只是少数，而且大多在今昭通、曲靖至滇池区域的交通沿线。尚未出现大面积的汉民族聚居区。

目前在云南地区发现的两汉墓葬，数量较少。排除明确知道为滇文化的墓葬外，其余主要集中于大理市、大关县和昭通市，个别分布在禄丰县和呈贡县。多为东汉时期墓葬。东汉时期的云南地区，由于其墓葬的文化面貌和四川地区比较相近，当地的土著居民已经基本汉化，因此亦纳入西南区进行研究。

第三章　各区墓葬的形制分析

对于秦汉时期墓葬形制的分类，长期以来有不同的标准。综合归纳主要有三种模式：一是侧重于墓葬建材进行的分类，如木椁墓、空心砖墓、崖墓、砖室墓等。二是侧重于墓葬装饰特征的分类，如壁画墓、画像石墓等。三是侧重于墓葬的内部结构特征进行的分类，如椁墓与室墓[①]、竖穴式墓与横穴式墓[②]的两分法。

目前比较流行的是竖穴式墓和横穴式墓的两分法，但此两分法并未有科学的界定，不同的学者看法也不一样。如王仲殊前后对横穴式墓的理解就不一样，之前将地下坑道式横穴墓和砖室墓并列，之后将砖石室墓归入横穴式墓[③]。此两分法现在争议颇多，很难进行严格的区分。

比较著名的还有黄晓芬在《汉墓的考古学研究》一书中的分法，即分成“椁墓”和“室墓”。她认为：“埋葬设施的主体部分以埋葬椁为中心者称为椁墓，埋葬设施的主体部分以埋葬室为中心者称为室墓。汉代以前，具传统性的墓葬形制几乎都可归属竖穴原理的椁墓，其最突出的构造特点在于加强密封及与外界的隔绝，呈密闭性构造。与此相对，室墓形制从构造到机能都一反传统突出表现在以横穴原理为特点，通过给地下埋葬设施内导入羡道、玄门、联络通道之后，开创了与外界全面开通的地下构造，同时还有意模仿地上建筑来筑造高大的死后空间。如此，密闭型的椁墓与开通型的室墓在本质和筑造方法上都呈现出根本差异。”[④]正如蒋晓春所说，黄晓芬的分法强调了墓葬的空间结构和形制特征，无疑颇具眼光，但是她忽略了一个问题，她的椁墓概念是建立在有椁的前提下的[⑤]。但其实汉代存在很多没有椁只有棺的墓，那么这种仅有棺的墓和无棺无椁的土坑墓应该如何归属？

蒋晓春在黄晓芬基础上，采纳了密闭型和开通型这两个概念，对三峡地区秦汉墓做出了自己的划分。他指出密闭型必须具备墓室内部的密闭和墓室内部与外界的密闭两个特点，后者是指墓室与外界缺乏沟通的墓门、甬道、墓道等设施。开通型则恰好相反，

---

① 如黄晓芬：《汉墓的考古学研究》，岳麓书社，2003年。后文中简称“黄文”，不再重复注释。

② 蒋晓春：《三峡地区秦汉墓研究》，巴蜀书社，2010年。

③ 如王仲殊：《汉代考古学概说》，中华书局，1984年。

④ 黄晓芬：《汉墓的考古学研究》，岳麓书社，2003年。

⑤ 蒋晓春：《三峡地区秦汉墓研究》，巴蜀书社，2010年。

不但墓室内有较大的立体空间，而且拥有与外界连通的墓门、甬道、墓道等。其密闭型的内涵比竖穴式墓稍大，而开通型墓的概念比横穴式稍小。如三峡地区一些带斜坡墓道的土坑墓属于横穴式墓，但其中某些墓室内部仍然使用了密闭型的椁、膏泥和填土，因此不属于开通型墓①。他的分类包含了黄文所漏掉的土坑墓和土坑木棺墓，在某种程度上还突出了墓葬结构的根本变革。因此不失为一个很好的划分法。只是中国南方地区汉墓的墓葬形制种类太过复杂，此概念的两分法在实际应用中带来了操作上的困难。

那究竟怎样的分类才是科学的？笔者认为，对汉墓的分类，只要是有着不同层次的、有明确体系的分类，这个分类就应该是合理的。

在探讨中国南方地区汉墓形制之前，需要对与墓葬形制相关的名词进行详细说明。

笔者比较认可宋蓉在《汉代郡国分治的考古学观察——以关东地区汉代墓葬为中心》②一书中对棺、椁、墓室概念的界定，本书对这几个概念的解释主要借鉴其观点。

1）棺：指直接安放尸体的贴身葬具，一般来说，棺体积较小，通常仅能容纳尸骨及贴身器物。

2）椁：在墓穴内部以木、砖、石等材料来构建，用以收纳棺及一部分随葬品的墓内设施。椁直接建筑在墓坑之中，当葬礼完成下棺和安置随葬品的仪式后，将盖板从正上方对其进行封闭，形成一个完全封闭的空间。

3）墓室：不同于椁的纵向箱式结构，墓室横向修筑，侧面设墓门，上部修砌成平顶、券顶或穹隆顶等形式。墓室意在模仿地上房屋，希望给逝者提供一个与生前相似的环境。与椁从上部悬封的方式不同，棺与随葬品从侧面的墓门送入，墓门与直通墓内的斜坡墓道底部基本持平，实现了埋葬的内外相通。

第一节　中国南方地区汉墓形制分类

中国南方地区的两汉墓葬，由于所跨地域广大，地理环境和文化传统都有着较大的差异，因此，其墓葬形式也纷繁复杂。根据墓葬建造方式的不同，可大致将这些墓葬分为竖穴土坑墓③、室墓、竖穴土墩墓、土洞墓、崖墓几类（表3.1）。

第一类：竖穴土坑墓

竖穴土坑墓一般指在平地上挖凿出长方形或方形的墓圹，然后在墓圹中放置葬具

① 蒋晓春：《三峡地区秦汉墓研究》，巴蜀书社，2010年。

② 宋蓉：《汉代郡国分治的考古学观察——以关东地区汉代墓葬为中心》，上海古籍出版社，2016年。

③ 重庆和湖北地区由于地理环境的因素，有些墓葬挖入时深入岩层中，报告中多称之为岩坑墓，因其布局构造及其墓葬特征和土坑墓无任何区别，因此视为一类。

或直接放入尸体进行埋葬。

根据葬具的不同可以分为无椁墓和椁墓两种。

1）无椁墓。是指直接在墓圹中放置尸体或者用棺装殓尸体进行埋葬。可以分为A、B、C三型，A型无葬具墓、B型有棺墓、C型木板墓。

A型　无葬具墓。即直接在墓圹中放置尸体进行埋葬。这型墓中还包含某些使用了葬具，但由于保存条件较差，已经无法辨认出来的墓葬。

B型　有棺墓。指使用棺作为葬具装殓尸体进行埋葬。可根据棺的材质分为Ba型木棺墓和Bb型砖棺墓两种。

C型　木板墓。指在墓底铺垫一层木板作为葬具，将尸体与随葬品都放置其上，然后直接进行掩埋。

2）椁墓。本书的椁墓和黄晓芬所定义的椁墓不尽相同，其范围更广，指使用椁作为主体葬具进行埋葬。

根据构建椁材质的不同分为A型木椁墓、B型砖椁墓、C型砖木合构椁墓、D型石椁墓（包括用石块和石板做成的椁墓，因为同为石质，统称为石椁墓）。

其中A型木椁墓数量最多，且形制最为复杂，因此可以进一步细分。

根据封土下墓穴数量的不同可将A型木椁墓分为两种：一种为同一封土堆下两墓穴并列排列的夫妻合葬墓，仅存在于岭南区，且数量有限。因此视为特殊形制的木椁墓，单独举例说明。一种是一封土堆下仅有一个墓穴，这种数量较多。

根据墓坑形式的不同又可将木椁墓分为二亚型。

Aa型　墓坑不分室木椁墓，即整个墓坑放置木椁及相关设施，坑内无分隔。这种形制的墓葬数量最多。

根据坑内设置的不同和椁内结构的差别可将Aa型木椁墓分为四式。

Ⅰ式：木椁外无独立箱形结构，椁内不分箱（黄文中称为箱椁型墓），即一般用木材或板材组合构成长方体或正方体的箱形结构，在纳入棺及随葬品之后封闭椁盖板。

Ⅱ式：木椁外无独立箱形结构，椁内分箱，即利用平面分隔的方法用隔板将椁内分隔为数个相对独立的空间，也称为箱，然后从上往下分别放置棺及随葬品后加盖封闭。

Ⅲ式：木椁外无独立箱形结构，椁内上下分层。它和平面分隔椁内空间的构造不同，而是用板材将椁内空间上下分隔。一般以上层置棺、下层放置随葬品者为多，还有在同一椁内同时采用平面分隔和上下分层者。

Ⅳ式：木椁外有独立的木质头箱或边箱，或者在墓道里设置外藏椁。

Ab型　墓坑分室木椁墓。一般多将墓坑分为前后两部分，以高低落差错开不同的分室。多在后室置棺椁，前室放置随葬品。但主体葬具仍为木椁。个别墓葬将墓坑内隔为前室、中部棺椁室和左右藏室几个部分。

根据椁内结构的不同可将Ab型木椁墓分为二式。

Ⅰ式：椁内不分箱。

Ⅱ式：椁内分箱。

第二类：室墓

以室作为主体埋葬设施的墓葬。这个室墓的概念比黄文中室墓的概念要小。黄文中的室墓还包含本书所定义椁墓中的带有墓道和象征性墓门（黄文中称为“玄门”）的木椁墓。本书的室墓是指通过模仿地面建筑，在地下构筑高大的埋葬空间，并通过造设甬道、墓门、墓道等设施来开启横向通道，重视地下埋葬空间的相互流通。最后，按横入口方向封堵墓门。这种墓葬一般有拱形、券形或穹隆形墓顶。具有相对高大的埋葬空间是必备要素。这也是区别于椁墓最重要的一点。如长方形单砖室墓，虽然无横向联系的通道，但因为有高大的立体空间，因此仍属于室墓范畴。

本书采用下列标准对中国南方地区的室墓进行划分。

根据构建室墓材质的不同，可以分为A型砖室墓、B型石室墓、C型砖石合构室墓、D型木室墓、E型砖木合构室墓。除D型和E型外，其余各型还可以根据墓室数量的不同进一步细分。

A型砖室墓可分为四亚型：Aa型，单室墓。Ab型，双室墓。Ac型，多室墓。Ad型，两墓室并列相连的砖室墓，为同穴异室合葬墓。

Aa型单室墓又可分为二式：Ⅰ式，带甬道的凸字形或刀形单室墓。Ⅱ式，不带甬道的单室墓。

Ab型双室墓可分为四式：Ⅰ式，前后室纵向排列，前室横长方形。Ⅱ式，前后室纵向排列，前室长方形。Ⅲ式，两室横向排列，墓室大小相当。Ⅳ式，两室横向排列，墓室一大一小。

Ad型同穴异室合葬墓可分为二式：Ⅰ式，两墓室均为单室墓。Ⅱ式，两墓室均由两个或两个以上的墓室构成。

B型石室墓可分为三亚型：Ba型，单室墓。Bb型，双室墓。Bc型，多室墓。

C型砖石合构墓可分为三亚型：Ca型，单室墓。Cb型，双室墓。Cc型，多室墓。

第三类：竖穴土墩墓

是指在因丧葬目的而有意构筑的土墩内埋葬死者的墓葬类型①。这种墓葬最重要的特点是在地表上铺垫的土层或构筑的土台与其上的封土共同构成了土墩，墓葬即埋设在土墩之中。如果墓坑开挖在地表以下而封土完全在墓坑之上，那这种墓就是封土墓而非土墩墓②。

① 施劲松：《商周两汉的土墩墓》，《秦汉土墩墓考古发现与研究——秦汉土墩墓国际学术研讨会论文集》，文物出版社，2013年，20页。

② 施劲松：《商周两汉的土墩墓》，《秦汉土墩墓考古发现与研究——秦汉土墩墓国际学术研讨会论文集》，文物出版社，2013年，19页。

这种墓葬形状从外表上看基本与带封土的竖穴土坑墓相同，只是下葬在人工堆筑的熟土台内。这种墓葬的构筑方式为：从外部运土堆筑熟土台，墓葬下葬在熟土台内，墓口和熟土台的高度基本相同。墓葬下葬后建造封堆。封土下墓葬数量不一，既有一墩一墓也有一墩多墓。墩内墓葬有无葬具的土坑墓、带葬具的土坑墓（木棺、木椁），以及砖（石）室墓等不同的类型。主要分布于南方地区的长江流域。

汉代土墩墓早年便有发现，但在20世纪90年代以前并未引起学术界的重视，直到近些年才被识别出来。

第四类：土洞墓

其构造方式是先从地表往下挖一竖穴土坑或长斜坡墓道，在墓道一端掏洞作为墓室。这种形制的墓葬在中国南方地区数量较少，偶尔见于重庆地区、湖北地区和安徽地区。

第五类：崖墓

是在石崖壁面以90°角向内开凿成墓室的一种特殊的墓葬[①]。

这类墓葬构造比较复杂，一般包括墓道、甬道、正室、侧室、前堂和耳室等，此外，墓室内还常有利用山岩凿成并与墓穴融为一体的附属设施，如灶台、壁龛、尸台、原岩石棺、房形石棺和龛形石棺等。

根据墓室的数量划分为A型单室墓、B型双室墓和C型多室墓。

另外两汉时期还存在的一种墓葬形制是崖葬。有学者认为，崖葬文化应与古代苗蛮集团延续下来的居于峒、行于舟等民族文化传统密切相关[②]。由于崖葬属于少数民族的埋葬习俗，因此不在本书的研究范畴之内。

第二节　各区墓葬形制介绍

根据上节中所划分的墓葬类型，本节将分区对墓葬形制进行详细介绍，鉴于整个南方地区采用了统一的划分标准，因此介绍各分区墓葬形制时只涉及各区能见到的类型，而没被提及的类型即可以视为本区迄今为止并未发现的形制。

一、两　湖　区

除了第五类崖墓外，其余墓葬形制在这一地区均有发现，只是第四类土洞墓的数量较少。

① 罗二虎：《四川崖墓的初步研究》，《考古学报》1988年第2期。

② 吴春明：《中国南方崖葬的类型学考察》，《考古学报》1999年第3期。

（一）鄂西分区

鄂西分区共发现三种形制的墓葬，即第一类、第二类、第四类墓（图3.1～图3.3）。

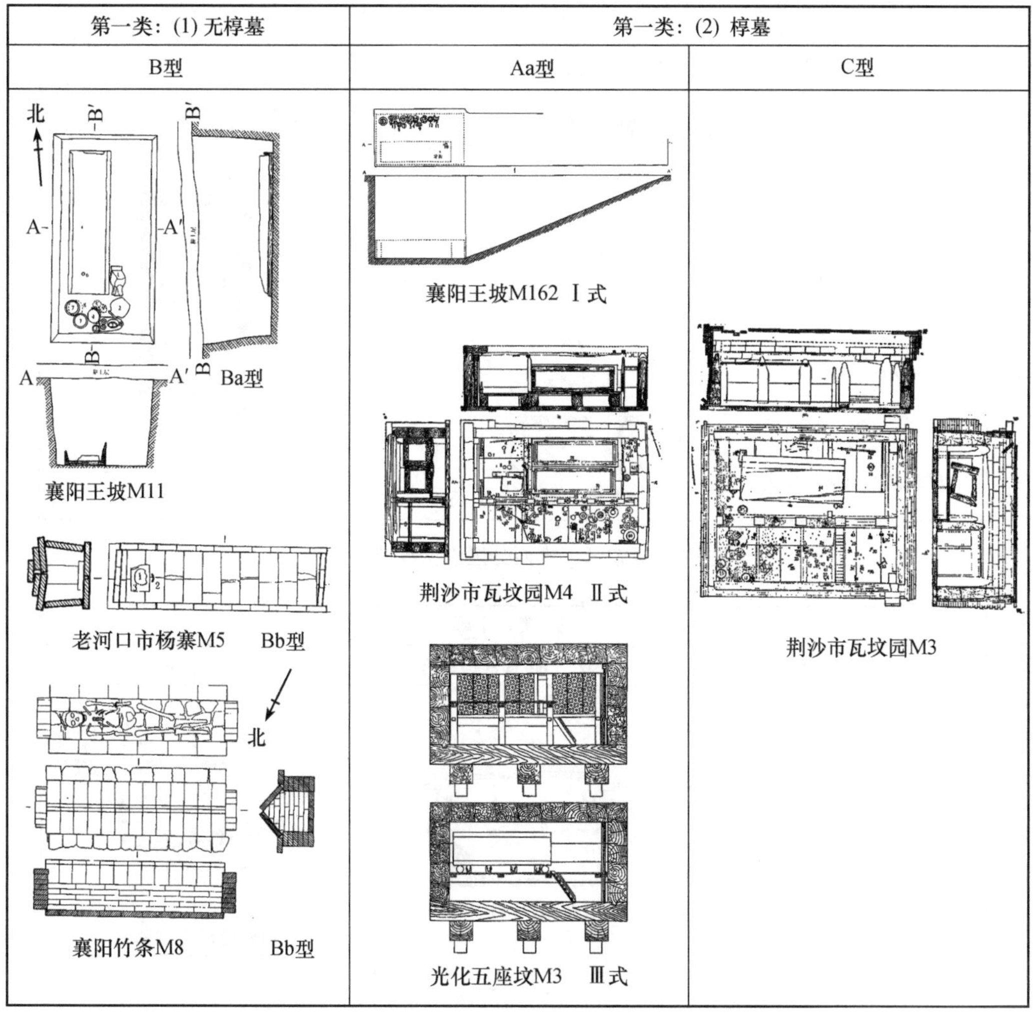

图3.1 两湖区（鄂西分区）两汉墓葬形制

第一类：竖穴土坑墓

（1）无椁墓

本区仅发现B型墓。

B型 有棺墓。

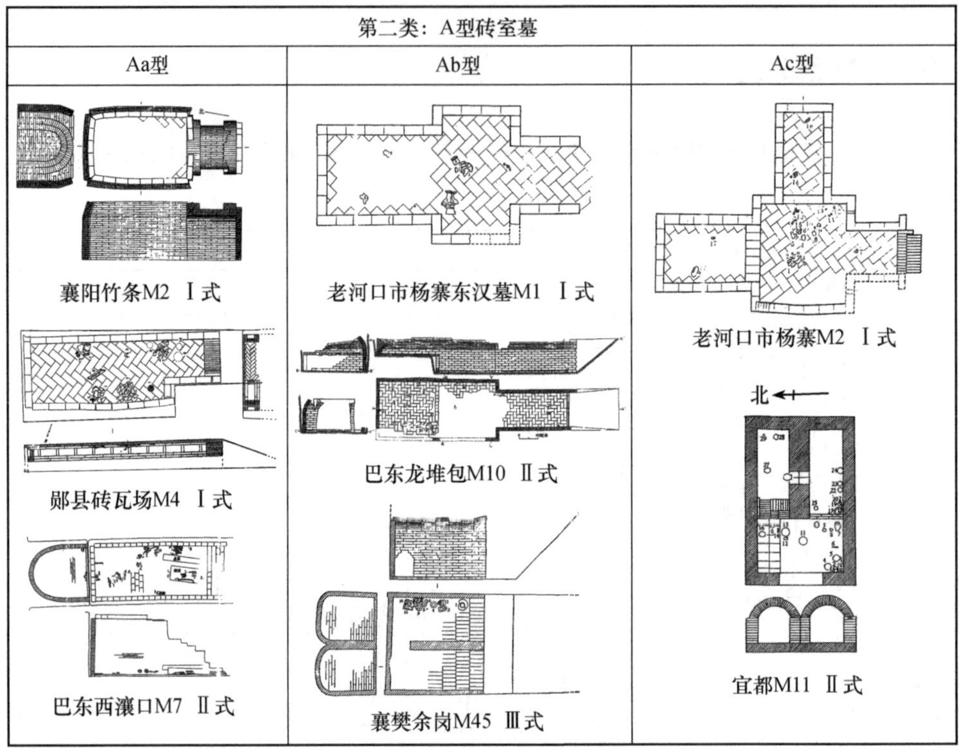

图3.2　两湖区（鄂西分区）两汉墓葬形制

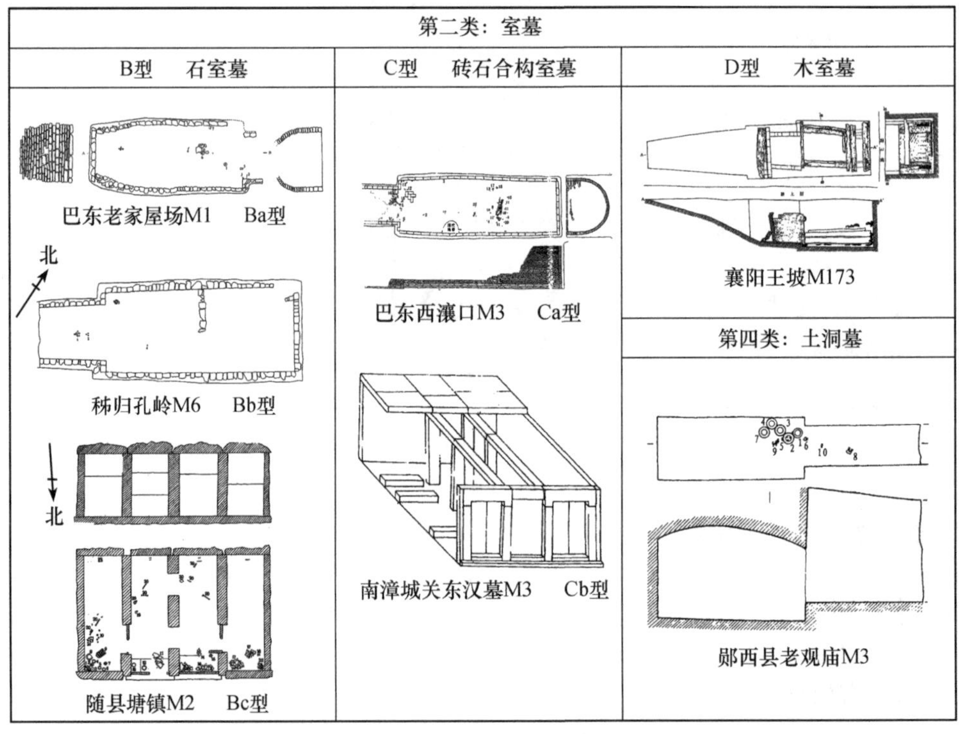

图3.3　两湖区（鄂西分区）两汉墓葬形制

Ba型　木棺墓。如襄阳王坡M11[①]，为单棺墓。墓坑口大底小，木棺为平底方棺，人骨已朽尽。

Bb型　砖棺墓。如老河口市杨寨M5[②]，为青灰色小砖紧靠土坑四壁砌筑的长方形砖棺。长1.86、宽0.56、高0.53米。墓顶遭破坏，推测原墓顶应做成屋脊状。棺内南端发现头骨、牙齿痕迹。无随葬品。

襄阳竹条M8[③]，为两面斜顶砖棺墓。两道侧墙的上面有一层砖向外错出形成子母状卡槽，利用卡槽以整砖依次两两架起，形成屋顶状的二面斜顶。底部系残砖铺平。长2、宽0.46、高0.52米。内有人骨架一具。

（2）椁墓

本区仅发现A、C二型。

A型　木椁墓。本区仅发现Aa型木椁墓。

Aa型　墓坑不分室木椁墓。分三式。

Ⅰ式：木椁外无独立箱形结构，椁内不分箱。如襄阳王坡M162[④]，斜坡墓道位于墓室北部，平面呈长方形，木质棺椁已朽，仅见灰痕。椁室平面呈长方形，椁痕长2.8、宽1.6米。棺位于椁内东部，棺痕长2.23、宽0.64米。

Ⅱ式：木椁外无独立箱形结构，椁内分箱。椁室内用立柱、隔板和门窗将椁室分成数个相对独立空间的木椁墓。如湖北荆沙市瓦坟园M4[⑤]，椁室平面为长方形，由盖板、东西挡板、南北墙板、底板、垫木、立柱、门、窗、隔板等组成，分为前、后、中、侧四室。在中室内棺床上呈东西方向并列两具彩绘长方形盒状木棺。棺内人骨已朽。

Ⅲ式：木椁外无独立箱形结构，椁内上下分层，即用板材将椁内空间上下分隔。如光化五座坟M3[⑥]，为双层多室建筑。分南楼和北楼，由三级木梯相连。北楼的东南侧由一长0.42、宽0.24米的升降口，将楼下楼上连接起来。棺木放在北楼的西侧。

C型　砖木合构椁墓。

外为砖椁，内为木椁，如荆沙市瓦坟园M3[⑦]为竖穴土坑砖木合构墓，带长斜坡墓

---

① 湖北省文物考古研究所、襄樊市考古队、襄阳区文物管理处：《襄阳王坡东周秦汉墓》，科学出版社，2005年。

② 老河口市博物馆：《老河口市杨寨东汉墓清理简报》，《江汉考古》1996年第4期。

③ 湖北省文物考古研究所、襄阳县文物管理处：《襄阳竹条汉代墓葬窑址发掘》，《江汉考古》2000年第1期。

④ 湖北省文物考古研究所、襄樊市考古队、襄阳区文物管理处：《襄阳王坡东周秦汉墓》，科学出版社，2005年。

⑤ 荆州博物馆：《湖北荆沙市瓦坟园西汉墓发掘简报》，《考古》1995年第11期。

⑥ 湖北省博物馆：《光化五座坟西汉墓》，《考古学报》1976年第2期。

⑦ 荆州博物馆：《湖北荆沙市瓦坟园西汉墓发掘简报》，《考古》1995年第11期。

道。外为砖椁，内为木椁。椁室内用立柱、隔板、门窗等分隔成前室、后室、侧室三部分。砖椁砌法是在木椁四周用砖砌出外壁。并在砖椁南北壁东端从下至上分别砌出一砖墙，侈出墙壁外，起到加固内椁墙板的作用。

第二类：室墓

A型　砖室墓。

Aa型　单室墓。分为二式。

Ⅰ式：带甬道的凸字形或刀形单室墓。

如襄阳竹条M2[①]，由斜坡墓道、甬道、墓室构成。墓室略呈长方形。顶部坍塌，但四边略内收。墓室底部边缘残存铺地砖。甬道为长方形券顶结构，底部未见铺地砖。有斜坡墓道通向墓室。

如郧县砖瓦厂M4[②]平面呈弧刃刀形。由墓室、甬道、墓门、斜坡墓道组成。该墓被盗严重。

Ⅱ式：不带甬道单室墓。这种最常见。

如巴东西瀼口M7[③]，为长方形单室单砖券顶墓。墓室前面有封门，墓前部分倒塌，其余尚存。葬具已朽，棺痕内有两个个体的残骨。

Ab型：双室墓。分为三式。

Ⅰ式：前后室呈纵向排列双室墓，前室横长方形。

如老河口市杨寨东汉墓M1[④]，平面呈中字形。墓葬由于受到严重破坏，墓坑墓道无存。由甬道、前室、后室组成。甬道、前室的铺地砖呈人字形，甬道平面呈长方形。前室长1.9、宽1.12米。后室平面呈长方形，长1.92、宽1.26～1.28厘米。

Ⅱ式：前后室呈纵向排列双室墓，前室呈长方形。

如巴东龙堆包M10[⑤]，由墓道、甬道、前室和后室构成。方形砖砌墓壁，楔形砖砌券顶，甬道和墓室均用平砖铺地，甬道口作墓门，外为斜坡墓道。券顶及南壁已破坏。

Ⅲ式：双室横向排列，墓室大小相当。

---

① 湖北省文物考古研究所、襄阳县文物管理处：《襄阳竹条汉代墓葬窑址发掘》，《江汉考古》2000年第1期。

② 湖北省博物馆：《湖北郧县砖瓦厂的两座东汉墓》，《江汉考古》1986年第2期。

③ 广西壮族自治区文物工作队：《巴东县西瀼口古墓葬2000年发掘简报》，《江汉考古》2002年第1期。

④ 老河口市博物馆：《老河口市杨寨东汉墓清理简报》，《江汉考古》1996年第4期。

⑤ 湖北省文物考古研究所：《巴东龙堆包墓群发掘报告》，《湖北库区考古报告集（第三卷）》，科学出版社，2006年。

如襄樊余岗M45[①]，带斜坡墓道，两室内长2.4、南北宽1.1、北室宽1.04米，墓室顶为单砖纵向平砌。清理时，墓室顶有些坍塌。墓室中间隔墙东端近底处有通道，宽0.52、高0.68米。没有发现葬具，人骨腐朽。

Ac型　多室墓。分为二式。

Ⅰ式：带甬道多室墓。

如老河口市杨寨M2[②]，平面呈十字形，由甬道、前室、后室、侧室组成。封门砖残存两层。

Ⅱ式：不带甬道多室墓。

如宜都M11[③]，为长方形圆券顶横前室双后室砖墓。双后室顶部保存完好。清理时封门砖倒塌，顶部还有一盗洞。

B型　石室墓。

Ba型　单室墓。这种占绝大多数。

如巴东老屋场M1[④]，凸字形单土圹竖穴券顶石室墓。墓室壁以较规整的长条石顺向错缝叠砌，甬道亦由长条石顺向错缝平砌。券顶大多已遭破坏。

Bb型　双室墓。

如秭归孔岭M6[⑤]，为凸字形土圹双室石室墓，有甬道，用石垒矮墙分隔出前后室。

Bc型　多室墓。

如随县塘镇M2[⑥]，是一座用石材构筑的平顶多室墓，有四个并列的墓室，即东西室和东西侧室，皆呈长方形。墓底皆用石块平铺，墓壁石侧砌，均压在铺底石上，在两石砌缝内灌以泥浆，使缝紧合。

C型　砖石合构室墓。

Ca型　单室墓。

如巴东西瀼口M3[⑦]，为凸字形券顶砖石合构墓，由甬道和墓室构成。墓壁两侧先用三层修整好的长条形石块错缝平砌，然后在石上以单砖错缝平砌，距底约1米处

---

① 襄樊市博物馆：《湖北襄樊市余岗战国至东汉墓葬发掘报告》，《考古学报》1996年第3期。

② 老河口市博物馆：《老河口市杨寨东汉墓清理简报》，《江汉考古》1996年第4期。

③ 宜昌地区博物馆、宜都县文化馆（王家德）：《湖北宜都发掘三座汉晋墓》，《考古》1988年第8期。

④ 黑龙江省文物考古研究所：《巴东老屋场墓群发掘报告》，《湖北库区考古报告集（第一卷）》，科学出版社，2003年。

⑤ 湖北省文物考古研究所：《秭归马槽岭与孔岭东汉墓发掘简报》，《湖北库区考古报告集（第二卷）》，科学出版社，2005年。

⑥ 湖北省文物管理委员会：《湖北随县唐镇汉魏墓清理》，《考古》1966年第2期。

⑦ 广西壮族自治区文物工作队：《巴东县西瀼口古墓葬2000年发掘简报》，《江汉考古》2002年第1期。

起券。

Cb型　双室墓。

如南漳城关东汉墓M3①，为长方形双室砖石墓，由墓道，墓圹、墓门和墓室组成。墓室由砖、石构筑。其中，墓壁以灰色条砖横、直平铺交错叠砌，共25层，墓室中部则立六根方形石柱，柱上纵向架梁，将其分隔成东西两室和中间夹道三部分。梁上覆盖石板为顶。西室横置三根石条为棺床。

D型　木室墓。

这种在湖北地区仅见一例，如襄阳王坡M173②，由长方形斜坡墓道、甬道和木构椁室组成。椁室位于墓坑北部，木棺置于椁内东侧。坑内南部用青砖砌筑一竖井式长方形甬道与北部椁室相接。墓坑南端设斜坡墓道。

第四类：土洞墓

如湖北郧西县老观庙M3③，为带墓道的凸字形土洞墓，墓室低于墓道0.58米，未发现葬具及人骨。

（二）湘—鄂东分区

湖南地区西汉墓葬由于保存条件不好，很多葬具与人骨均腐朽无存。对两汉墓葬形制的考察造成一定的困难。尤其是木椁墓，很多已经无法辨认其布局。因此，本书中木椁墓的分类其实是对能分辨布局的墓葬进行的。其依据有两点：①一般带椁的墓底均有枕木沟，因此，虽然有些墓葬棺椁不存，但根据墓底的枕木沟槽可以推断应为椁墓。②根据墓葬中的残留物（如棺椁腐痕），以及随葬器物的摆放位置，来推断其布局及棺椁设置情况。

这一地区目前共发现三种形制的墓葬，即第一类、第二类和第三类墓葬（图3.4）。

第一类：竖穴土坑墓

（1）无椁墓

B型　木棺墓。

---

① 南漳县博物馆：《南漳城关东汉墓清理简报》，《江汉考古》2000年第2期。

② 湖北省文物考古研究所、襄樊市考古队、襄阳区文物管理处：《襄阳王坡东周秦汉墓》，科学出版社，2005年。

③ 祝恒富、王毅：《湖北郧西县老观庙汉墓的清理》，《考古》1999年第7期。

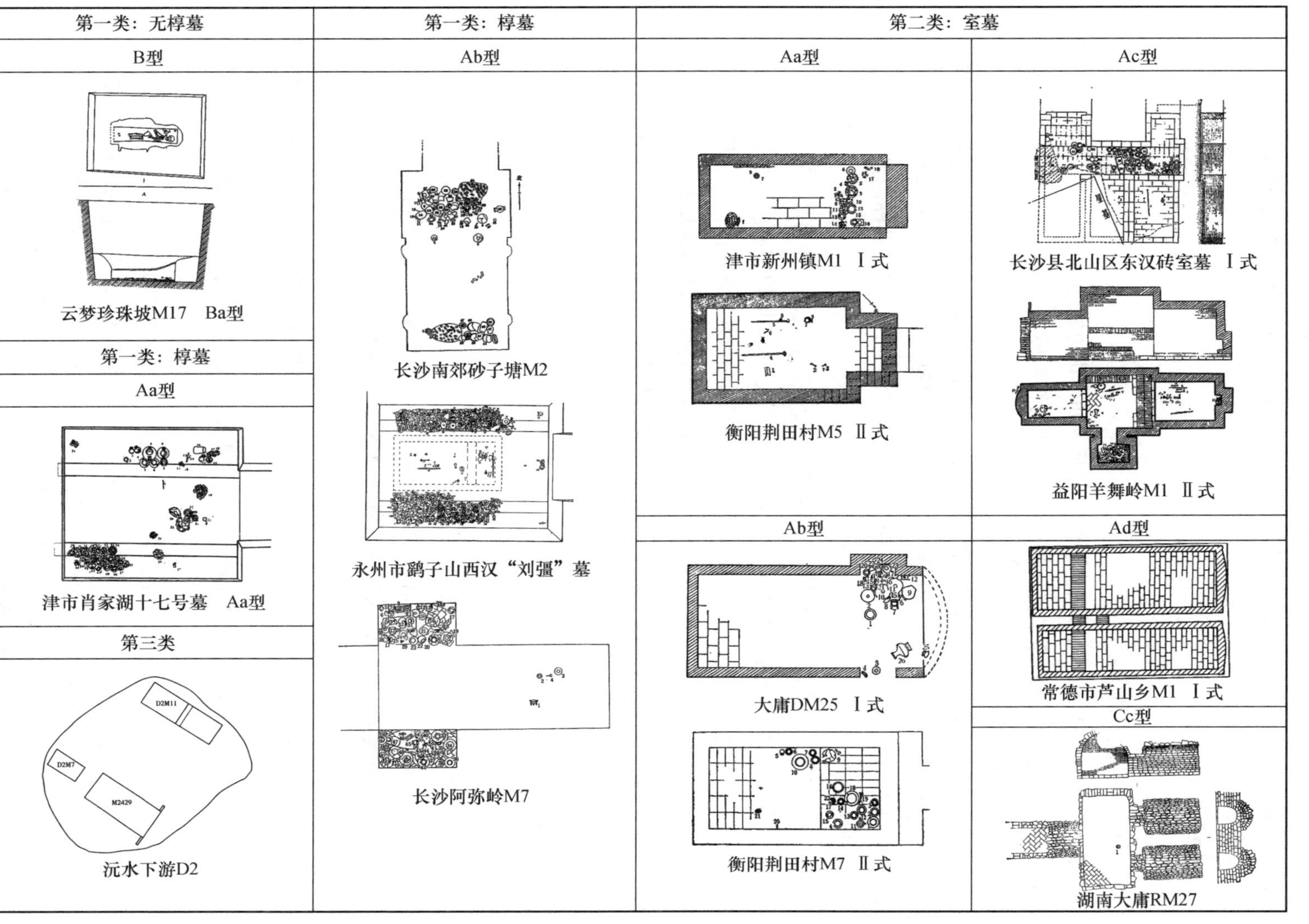

图3.4　两湖区（湘—鄂东分区）两汉墓葬形制

Ba型　木棺墓。如云梦珍珠坡M17[①]，为小型的方形土坑竖穴墓，没有封土和墓道，有一周熟土二层台，二层台距墓口1.54米，从朽痕看出有南北向平列放置的木板搁在二层台面上。

（2）椁墓

A型　木椁墓。

Aa型　墓坑不分室墓。

Ⅱ式：木椁外无独立箱形结构，椁内分箱。如津市肖家湖十七号墓[②]，根据墓中随葬品的分布情况，推测此椁室应具备头箱、南北边箱和棺箱。

Ab型　墓坑分室墓。

Ⅰ式：椁内分箱。如长沙南郊砂子塘M2[③]，为带斜坡墓道的长方形土坑竖穴墓，墓室分前后两部分，前室两侧较后室各宽出0.1米，形成两个高1.4米的耳室。后室两侧墓壁有枕木痕迹，推测应该有椁。根据随葬品的摆放位置可知，其椁内最少应该设置了头箱或足箱。

如永州市鹞子山西汉“刘彊”墓[④]，根据报告作者描述，墓葬为带斜坡墓道的竖穴土坑墓，根据器物分布的整体平面看，可分为前室、中部棺椁室和左右藏室。椁室内辟有头箱和棺室两部分[⑤]。这种结构的墓在两汉时期的中国南方地区比较罕见。

另有一例墓坑分室墓，由于保存条件的限制，无法知晓其椁内结构。长沙阿弥岭M7[⑥]，为带墓道的凸字形土坑竖穴墓，墓室分前后两部分，前部稍高于后部，前部左右突出，形成两个耳室。葬具与尸骨无存。

第二类：室墓

A型　砖室墓。

Aa型　单室墓。根据有无甬道分为二式。

Ⅰ式：无甬道。如津市新洲镇M1[⑦]，为长方形券顶单室砖墓，无甬道。

Ⅱ式：带甬道凸字形墓。如衡阳荆田村M5[⑧]，平面呈凸字形，由墓道、甬道、墓

① 湖北省文物考古研究所：《湖北省云梦珍珠坡M17、M18发掘简报》，《江汉考古》1992年第2期。

② 常德市文物工作队、津市市文物管理所：《津市肖家湖十七号汉墓》，《湖南考古辑刊（第六集）》，1994年，112～120页。

③ 湖南省博物馆：《长沙南郊砂子塘汉墓》，《考古》1965年第3期。

④ 零陵地区文物工作队：《湖南永州市鹞子山西汉“刘彊”墓》，《考古》1990年第11期。

⑤ 零陵地区文物工作队：《湖南永州市鹞子山西汉“刘彊”墓》，《考古》1990年第11期。

⑥ 湖南省博物馆：《长沙树木岭战国墓阿弥岭西汉墓》，《考古》1984年第9期。

⑦ 津市文管所：《湖南津市新洲镇清理两座东汉墓》，《江汉考古》1991年第3期。

⑧ 衡阳市文物工作队：《湖南衡阳荆田村发现东汉墓》，《考古》1992年第10期。

室组成。

Ab型　双室墓。均为前后室纵向排列墓室，根据前室形状分为二式。

Ⅰ式：前后室纵向排列，前室呈横长方形。如大庸DM25①，甬道很短，前室横列，后室较长。

Ⅱ式：前后室纵向排列，前室呈长方形。如衡阳荆田村M7②，由前后室和墓道组成，前室低于后室6厘米，铺一层地砖，后室铺两层地砖。

Ac型　多室墓。根据有无甬道分为二式。

Ⅰ式：带甬道。如长沙县北山区东汉砖室墓③，由两甬道、一前室和三后室组成。这种结构略呈倒“册”字形。

Ⅱ式：无甬道。如益阳羊舞岭M1④，为多室券顶砖墓，分前、中、后三室，在中室东侧有一耳室。后室北端砌一小龛。

Ad型　两墓室并列相连的券顶砖墓，即为同穴异室合葬墓。

Ⅰ式：两墓室均为单室墓。如常德市芦山乡M1⑤，在长5.8、宽4、深1.2米的土坑内筑成左右并列的两室，大小略有差别，相距0.3米。中间有一条用砖砌成的通道。

C型　砖石合构墓。本区仅见Cc型。

Cc型　多室墓。如湖南大庸RM27⑥，为带甬道横前室双后室墓，除甬道前端和前室两壁用砖砌之外，余皆用青石料构成。

第三类：竖穴土墩墓

墓葬形状基本与土坑竖穴墓相同，只是下葬在人工堆筑的熟土台内。这种墓葬的构筑方式为：从外部运土堆筑成高1.7～2米的熟土台。墓葬下葬在熟土台内，墓口和熟土台的高度相同。墓葬下葬后建造封堆。封土下墓葬数量不一，既有一墩一墓也有一墩多墓。分带墓道与不带墓道两种。墓道有竖穴式、斜坡式、竖穴式与斜坡式相结合而成的几种形式。

---

① 湖南省文物考古研究所、湘西自治州文物工作队、大庸市文物管理所：《湖南大庸东汉砖室墓》，《考古》1994年第12期。

② 衡阳市文物工作队：《湖南衡阳荆田村发现东汉墓》，《考古》1992年第10期。

③ 长沙市文物工作队：《长沙县北山区东汉砖室墓清理记》，《湖南考古辑刊（第3集）》，岳麓书社，1986年，265～269页。

④ 益阳地区文物工作队：《益阳羊舞岭战国东汉墓清理简报》，《湖南考古辑刊（第2集）》，岳麓书社，1984年，70～77页。

⑤ 常德市文物事业管理处：《湖南常德市芦山乡发现一座东汉墓》，《考古》2004年第5期。

⑥ 湖南省文物考古研究所、湘西自治州文物工作队、大庸市文物管理所：《湖南大庸东汉砖室墓》，《考古》1994年第12期。

一墩一墓数量较少，如沅水下游D1①内仅发现一座带竖穴墓道的竖穴土坑墓（编号D1M2）。D1M2位于封堆中部，墓道位于南侧，方向210°。墓室平面呈凸字形，墓葬开口距封堆顶部最高3.2米。墓底有两条枕木沟，封门情况不明。因多次被盗，葬具不明，从残留痕迹推测为两层椁室，内棺不明。

一墩多墓数量较多，如沅水下游D2，发掘前北部已被破坏，封堆外形呈不规则半圆形，底部最大直径37、高4米。D2内发现两座竖穴土坑墓（编号D2M7、D2M11）和一座东汉早期砖室墓M2429。

二、东　南　区

（一）皖分区

五种墓葬形制在本分区均有发现（图3.5）。

第一类：竖穴土坑墓

（1）无椁墓

B型　带棺墓。

Ba型　木棺墓。如舒城凤凰嘴M2②，为长方形竖穴土坑墓，墓坑中南北两侧有熟土二层台，长2、宽 0.84、高0.4米。靠南边处有漆木腐朽的痕迹（原文没有配图）。

（2）椁墓

A型　木椁墓。

Aa型　墓坑不分室墓。分二式。

Ⅰ式：木椁外无独立的箱形结构，椁内不分箱。如霍山县M3③，葬具为一椁一棺。椁室平面近方形，椁室内不用隔板。棺为一长方盒形的髹漆木棺，内朱外黑。棺放置在椁室中部，东西两端与椁壁相依，南北两端与椁壁之间形成两个边箱，随葬品放在边箱内。

Ⅱ式：木椁外无独立的箱形结构，椁内分箱。如九里沟M176④，葬具为一棺一椁。木椁平面呈长方形，椁内中间用厚6厘米的隔板分隔为东西两室，西侧为棺室，内

---

① 湖南省常德市文物局、常德博物馆、鼎城区文物局、桃源县文物局、汉寿县文物局：《沅水下游汉墓》，文物出版社，2016年。后文中提到的沅水汉墓均出自该报告，不再重复注释。

② 安徽省文物考古研究所：《舒城凤凰嘴发现二座战国西汉墓》，《考古》1987年第8期。

③ 安徽省文物考古研究所、霍山县文物管理所：《安徽霍山县西汉木椁墓》，《文物》1991年第9期。

④ 安徽省文物考古研究所、六安市文物管理所：《安徽六安市九里沟两座西汉墓》，《考古》2002年第2期。

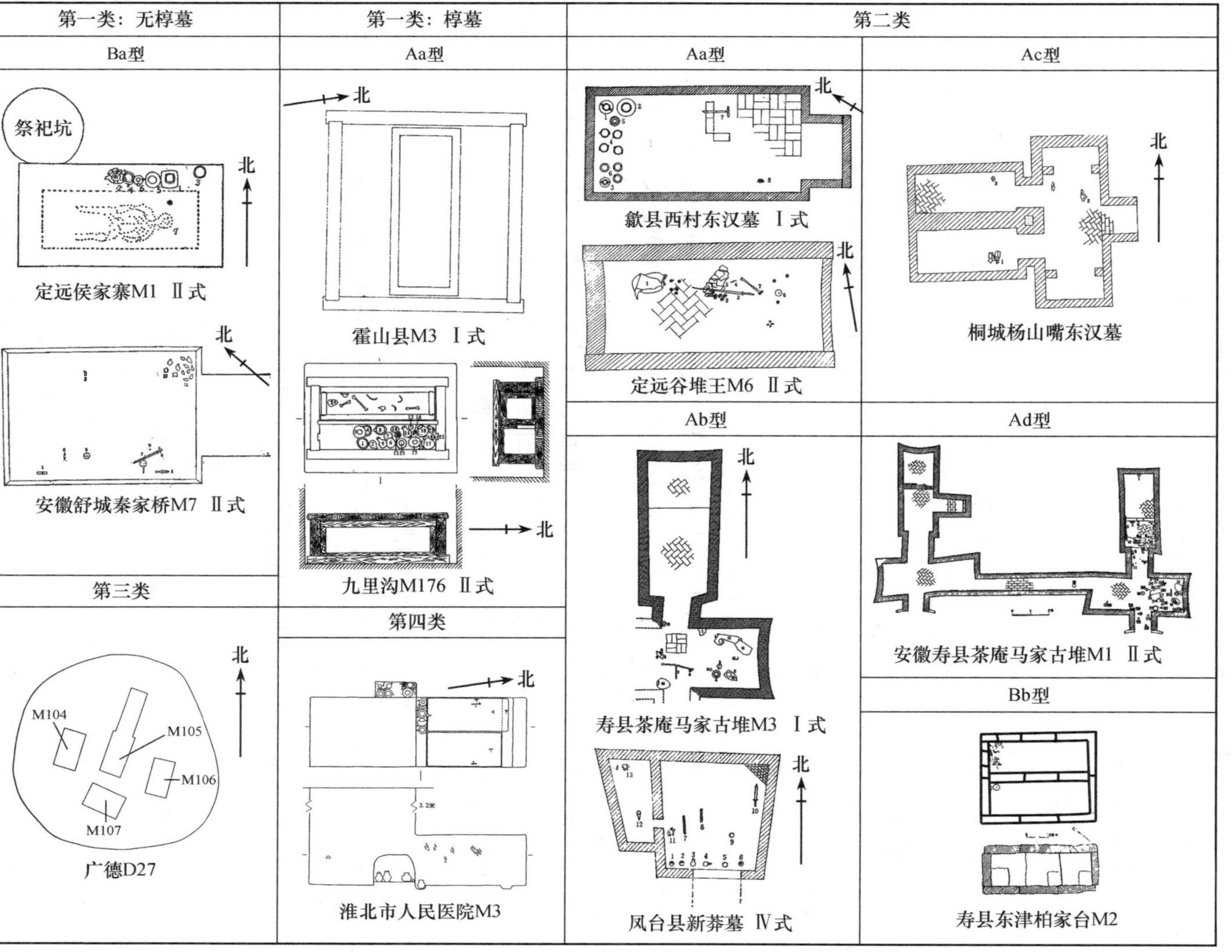

图3.5　东南区（皖分区）两汉墓葬形制

置木棺一具。东侧集中陈放随葬品。

D型　石椁墓。

仅见一例。如淮南市双孤堆M11①，为带斜坡墓道的石椁墓。石椁仅套木棺，四壁间隙5～7厘米，棺具不存，从石椁内壁残留的痕迹测量，木棺高63厘米（原文没有配图）。

第二类：室墓

A型　砖室墓。

Aa型　单室墓。

Ⅰ式：带甬道的凸字形单室墓。如安徽歙县西村东汉墓②，为单室券顶砖室墓，平面呈凸字形，由墓室和甬道两部分组成。墓室和甬道的券顶呈半圆形，均用长方形青灰砖纵向错缝砌筑而成。

Ⅱ式：不带甬道单室墓。如定远谷堆王M6③，为长方形单室券顶砖室墓，平面呈长方形，无甬道。墓底有人字形铺地砖。

Ab型　双室墓。

Ⅰ式：前后室纵向排列，前室横长方形。

如安徽寿县茶庵马家古堆M3④，由横前堂和后室组成。中间连以过道，墓门在南，已遭破坏，前堂西部被破坏。后室北端有棺台。前堂中间偏南处发现腿骨，后室棺台下发现头盖骨，前后室可能各葬一人。

Ⅳ式：两室横向排列，墓室一大一小。如安徽凤台县新莽墓⑤，为一座券顶砖室墓。由墓道、主室、侧室三部分组成，墓葬平面呈梯形。墓道开在主室南端东侧。墓主室左侧有一长方形小门通往侧室。主室置单棺，侧室置器物。

Ac型　多室墓。

带甬道多室砖墓。如安徽桐城杨山嘴东汉墓⑥，为券顶砖室墓。墓门正东向，短甬道。前室呈南北长方形，并列双后室，东西长方形，大小相同。前室后壁有两条短甬道与双后室相通。该墓被盗严重。

Ad型　由两墓室并列相连的砖墓，即同穴异室合葬墓。

---

① 淮南市博物馆：《淮南市双孤堆西汉墓清理简报》，《文物研究（第12辑）》，黄山书社，1999年，83～90页。

② 杨鸠霞：《安徽歙县西村东汉墓》，《考古》1995年第11期。

③ 安徽省文物考古研究所：《安徽定远谷堆王九座汉墓的发掘》，《考古》1985年第5期。

④ 安徽省文物局文物工作队、寿县博物馆：《安徽寿县茶庵马家古堆东汉墓》，《考古》1966年第3期。

⑤ 王西河、秦克非、王光辉：《安徽凤台县新莽时期墓葬》，《考古》1992年第11期。

⑥ 安徽省文物考古研究所：《安徽桐城杨山嘴东汉墓的清理》，《考古》1985年第9期。

Ⅱ式：两墓室均有两个或两个以上的墓室组成。如安徽寿县茶庵马家古堆M1[①]，由东西二室和一条狭长的通道构成，东西二室又各由横前堂和后室组成，而西后室又多一耳室。所有室顶全毁，结构不详。西室早年被盗，除耳室出一铁器外，别无所有。东室前后室均出有残骨，大约各葬一人。

B型　石室墓。

Bb型　双室墓。

此型形制比较特殊，仅见一例。安徽寿县东津柏家台M2[②]，为石板立成的竖穴式双室合葬墓。墓底用六块石平铺，两侧墓壁分别用三块石块立砌成，然后在两壁间用三块石板立砌成隔墙，将墓室一分为左右两个墓室，并在隔墙的下方留有三个方洞，使两室相通。墓室两端分别用两块石板堵住，墓顶用六块石板分两排盖住，无棺木葬具。

第三类：竖穴土墩墓

安徽地区的土墩墓亦发现一墩一墓和一墩多墓两种形制。墩下的墓葬形制主要有竖穴土坑墓和砖室墓两种。

如广德D27[③]，圆形土墩内共分布4座墓葬，M105规模最大，带有墓道，位于土墩的中央位置，M104、M106、M107围绕着M105排列。

第四类：土洞墓

数量较少。如淮北市人民医院M3[④]，为竖穴墓道土洞墓，由墓道、墓室两部分组成。墓道位于墓室南端，在墓道西壁近墓室处有一长方形耳室。墓室内并置双棺，棺木已朽。

第五类：崖墓

数量较少。

如安徽涡阳稽山崖墓[⑤]，其开凿方式均为从山顶往下凿出竖井式墓道，然后向东横凿出墓室。在墓室与墓道之间用4块条石横排封堵。墓室内未见棺木，尸骨及随葬器物不存。

---

① 安徽省文物局文物工作队、寿县博物馆：《安徽寿县茶庵马家古堆东汉墓》，《考古》1966年第3期。

② 寿县博物馆、寿县文管所：《安徽寿县东津柏家台两座汉墓的清理》，《江汉考古》1992年第4期。

③ 安徽省文物考古研究所：《安徽广德县南塘汉代土墩墓发掘简报》，《考古》2014年第1期。

④ 淮北市博物馆：《安徽淮北市人民医院住院部古墓群发掘简报》，《华夏考古》2017年第4期。

⑤ 刘海超、杨玉彬：《安徽涡阳稽山汉代崖墓》，《文物》2003年第9期，发掘报告未附墓葬形制图。

（二）苏浙赣分区

本区可见第一类、第二类、第三类墓葬（图3.6）。

第一类：竖穴土坑墓

（1）无椁墓

B型　带棺墓。

Ba型　木棺墓。如淮阴小徐庄M1①，竖穴土坑墓，葬具为一木棺，棺由独木刳成。陶器环列棺内四周。

（2）椁墓

A型　木椁墓。

Aa型　墓坑不分室墓。

Ⅰ式：木椁外无独立的箱形结构，椁内不分箱。如浙江安吉上马山M5②，竖穴土坑木椁墓，椁内西侧置棺，东侧放置随葬品。

Ⅱ式：木椁外无独立的箱形结构，椁内分箱。如江苏邗江县姚庄M102③，为竖穴土坑木椁墓。椁内放置南北向枕木两根，内分为棺室、头箱、足箱和东西两个边箱五部分，棺室内并置两棺，为夫妻合葬。各箱之间皆有直棂式的隔墙，隔墙上置双扇对开或独扇单开的板门。

Ⅳ式：木椁外有独立的木质头箱或边箱。这种形制比较特殊且少见。如江苏盐城三羊墩M1④，墓室西南端设墓道，墓道中横放木板2块，上放置两个男木俑。坑内用大块楠木构筑椁室。椁外砌砖一层，并填土夯实，填土与椁壁上口齐平时，再绕椁室一周平铺方砖一层，形成砖铺二层台。椁壁用16块大木板垒筑而成，设内外两层，两层紧靠无空隙。分棺室、头箱和边箱三部分。棺室在方坑内的西南角，是由重椁三棺组成。头箱、边箱位于棺室的东边和北边成曲尺形，围在椁室之外。

B型　砖椁墓。

如江苏盐城三羊墩M2⑤，长方形土坑砖椁墓。墓底铺砖一层，坑内用砖砌成椁室，椁室与坑壁的空隙处填土夯实，在其上又铺一层砖形成二层台。椁室顶部平铺一

---

① 王厚宇、王剑：《淮阴小徐庄西汉墓出土文物》，《东南文化》1989年第2期。

② 安吉县博物馆：《浙江安吉县上马山西汉墓的发掘》，《考古》1996年第7期。

③ 扬州博物馆：《江苏邗江县姚庄102号汉墓》，《考古》2000年第4期。

④ 江苏文物管理委员会、南京博物院：《江苏盐城三羊墩汉墓清理报告》，《考古》1964年第8期。

⑤ 江苏文物管理委员会、南京博物院：《江苏盐城三羊墩汉墓清理报告》，《考古》1964年第8期。

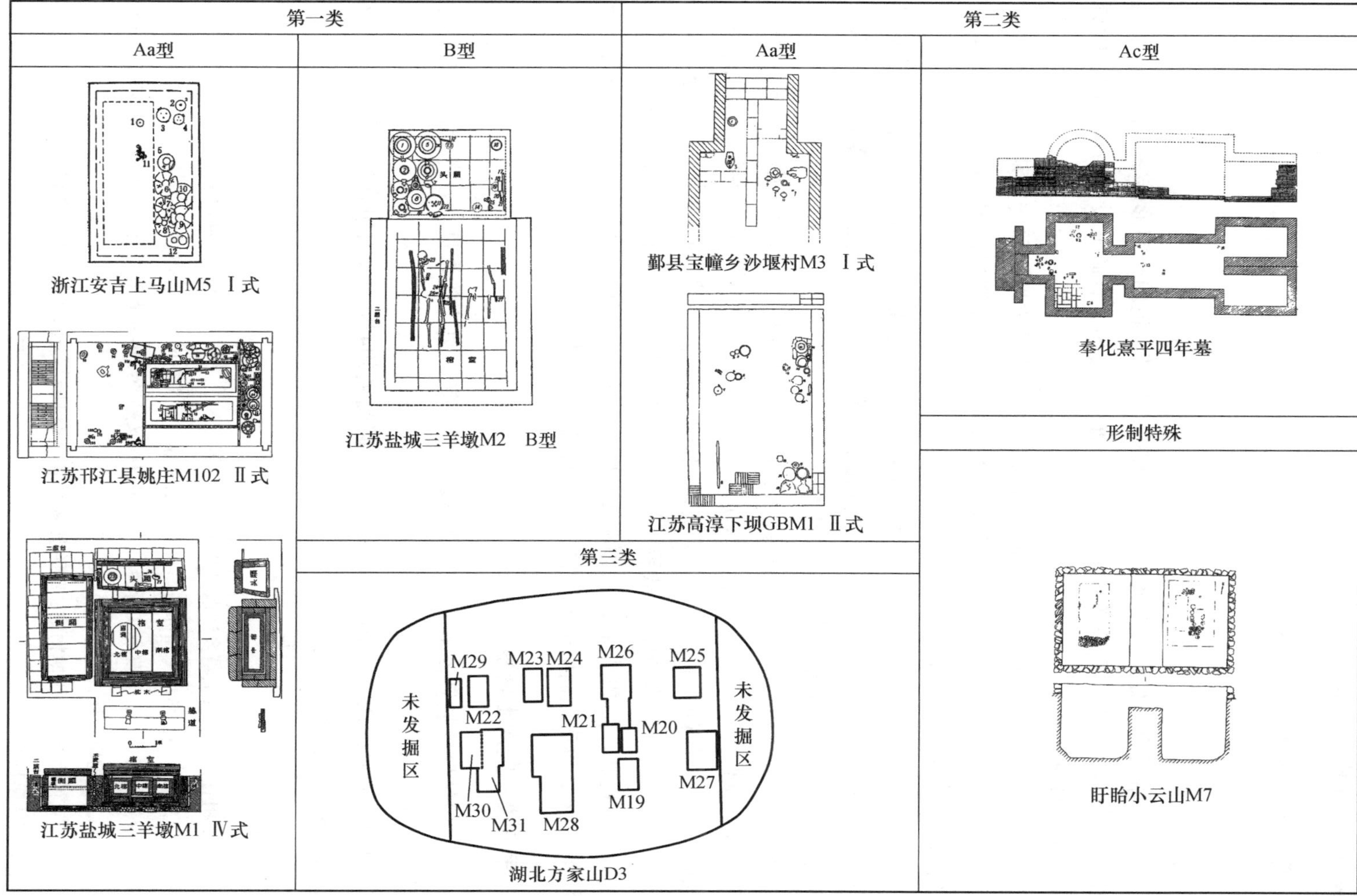

图3.6　东南区（苏浙赣分区）两汉墓葬形制

层砖为盖，盖上又平铺一层竹席。椁内放置两棺，男左女右。椁室东部有用木框围成的头箱，内放置随葬品。

第二类：室墓

A型　砖室墓。

Aa型　单室墓。

Ⅰ式：带甬道。如鄞县宝幢乡沙堰村M3[①]，为带甬道的凸字形砖室券顶墓。墓室底高出甬道底4.5厘米。墓底横砖平铺，中间铺一行直砖，直砖下设一条排水沟。随葬品多集中在墓室前部。

Ⅱ式：不带甬道。如江苏高淳县下坝GBM1[②]，为长方形无顶砖室墓，墓室东面无壁，只有两条象征性的门柱与二壁等高，并与两壁相隔10厘米，用双砖平铺三层连接两边门柱，作门楣，无门。

Ac型　多室墓。如奉化白杜“熹平四年”墓[③]，由前、中、后三室组成。前室设有甬道，外为封门。中室与前室以甬道连接。后室又分为东、西二室。墓全长13.8米，全部用砖砌成。由于早年被盗，墓顶已倒塌。

此区有一例形制比较特殊的墓，难以归属到任何一种形制之中。盱眙小云山M7[④]，封土残高3米，夯土分六层，墓坑开口于层下。坑口四周用石块垒砌，中间平铺一层碎瓦片。在坑的中部有一个低于坑口1.5米的南北向隔梁，宽2.2米，将墓分为东西两室。东室在坑口下约1米深处放置一层大石块，坑底的四边修凿不整齐，在偏西处放置一棺，棺已朽。随葬品置于棺北侧和东侧。西室填土较松，在坑内用大石块砌一石框，深约2米，坑底四周修凿不齐整，中部置棺，棺已朽。

第三类：竖穴土墩墓

浙江地区发现数量较多的竖穴土墩墓，以一墩多墓比较常见。江苏地区亦有一定数量的发现。

如湖州方家山D3[⑤]，土墩呈馒头状，隆起高度约4米。墩内包含13座汉墓排列有序，13座墓均为土坑竖穴墓。

---

① 施祖青：《鄞县宝幢乡沙堰村几座东汉、晋墓》，《东南文化》1993年第2期。

② 李文明、郝明华：《江苏高淳县下坝东汉墓》，《东南文化》1988年第1期。

③ 奉化县文管会、宁波市文管会：《奉化白杜汉熹平四年墓清理简报》，《浙江省文物考古研究所学刊》，文物出版社，1981年，208～211页。

④ 南京博物院、淮阴博物馆、盱眙县博物馆：《盱眙小云山六七号西汉墓发掘报告》，《东南文化》2002年第11期。

⑤ 浙江省文物考古研究所：《浙江湖州市方家山第三号墩汉墓》，《考古》2002年第1期。

三、岭　南　区

岭南区仅见第一类和第二类墓。这一地区的木椁墓具有较强的地域特征（图3.7、图3.8）。

第一类：竖穴土坑墓

（1）无椁墓

A型　无葬具墓。

如广州M1002[①]，竖穴上部较平整，在距坑底0.68米处，两侧壁向内收窄如斜坡形，凹凸不齐。坑底平整，仅宽0.56米，头端稍扩宽一些以放随葬物。此墓近底部的填土很干净，原来应该没有棺。

B型　带棺墓。

如广州M1014，平面呈不规则长方形，从器物的排列可知棺置于西侧，棺位置内无遗物。

（2）椁墓

A型　木椁墓。

此区木椁墓里包含着两种情况，第一种即上节所提到的仅见于此区的同一封土堆下两墓穴并行排列的夫妻合葬墓。此种数量有限。

如广西合浦凸鬼岭M202[②]，为带独立墓道的两座并列的竖穴土坑墓，两墓穴之间仅有一条土质较黑的细泥将之分开，无隔梁。M202A墓室较大，墓底比墓道口低5米，墓室西部置棺材。M202B墓室稍小，棺置于东部，两棺相距较近。

最为常见的仍是一封土堆下仅有一个墓穴的情况，这种形制的木椁墓根据墓坑数量的不同分为二亚型。

Aa型　墓坑不分室墓。

Ⅰ式：木椁外无独立箱形结构，椁内不分箱。这种形制里面又可分为不带腰坑不铺小石的普通墓、带腰坑墓、底铺小石墓、既带腰坑又在墓底铺小石墓几种。

不带腰坑不铺小石的普通墓。如广州M1094，平面呈长方形，正北向。坑长4.45、宽2.48、深5.1米。椁已朽，有板灰痕。坑底挖出横列的垫木沟二道。木棺全朽。

---

① 中国社会科学院考古研究所、广州市文物管理委员会、广州市博物馆：《广州汉墓》，文物出版社，1981年，29页。第三区墓葬形中所提到的广州墓，均出自《广州汉墓》报告，不再重复注释。

② 广西壮族自治区博物馆、合浦县博物馆：《广西合浦县凸鬼岭清理两座汉墓》，《考古》1986年第9期。

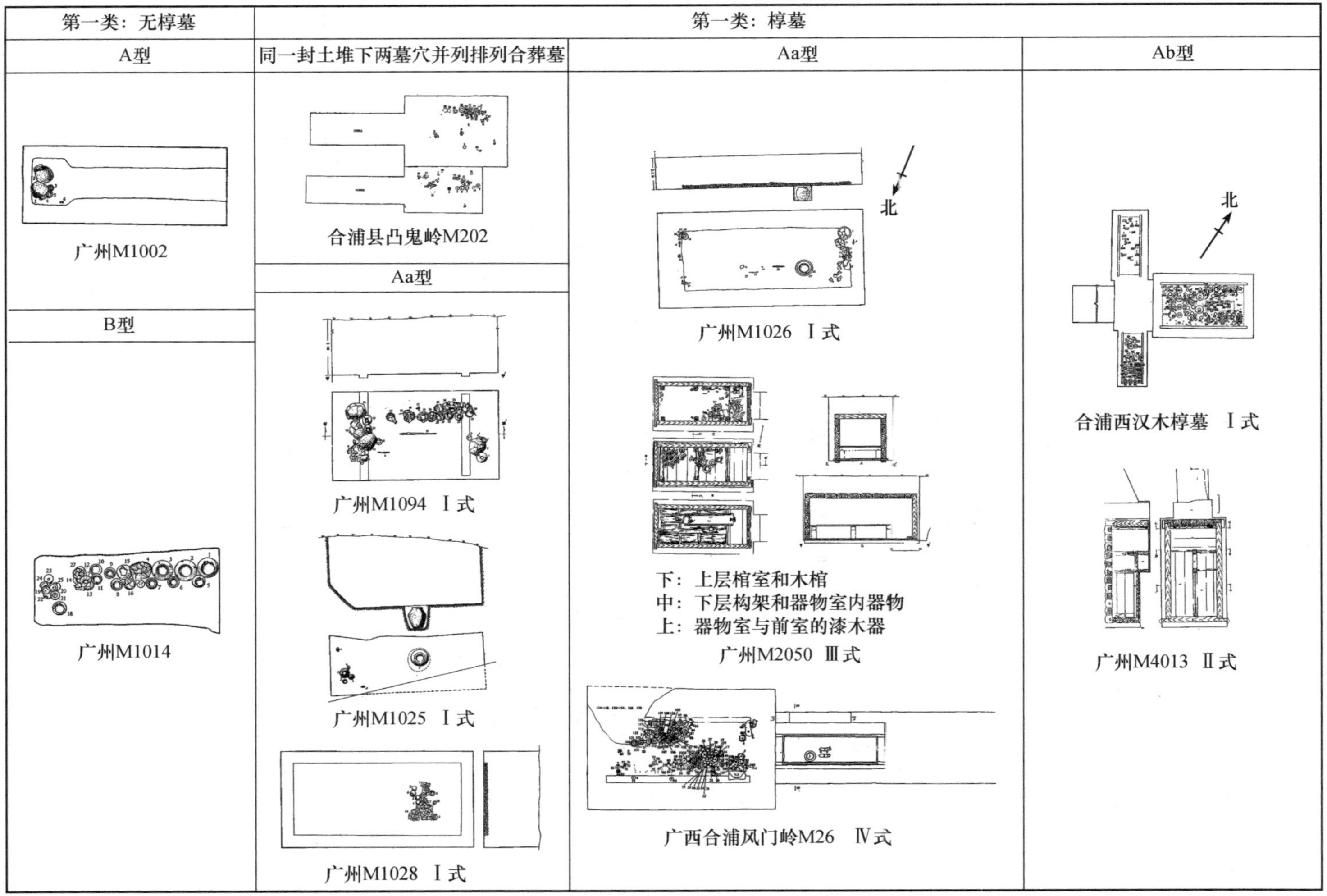

第一类：无椁墓	第一类：椁墓		
A型	同一封土堆下两墓穴并列排列合葬墓	Aa型	Ab型
广州M1002	合浦县凸鬼岭M202	广州M1026　Ⅰ式	合浦西汉木椁墓　Ⅰ式
B型	Aa型	下：上层棺室和木棺 中：下层构架和器物室内器物 上：器物室与前室的漆木器 广州M2050　Ⅲ式	广州M4013　Ⅱ式
广州M1014	广州M1094　Ⅰ式 广州M1025　Ⅰ式 广州M1028　Ⅰ式	广西合浦风门岭M26　Ⅳ式	

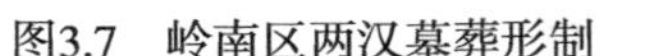

图3.7　岭南区两汉墓葬形制

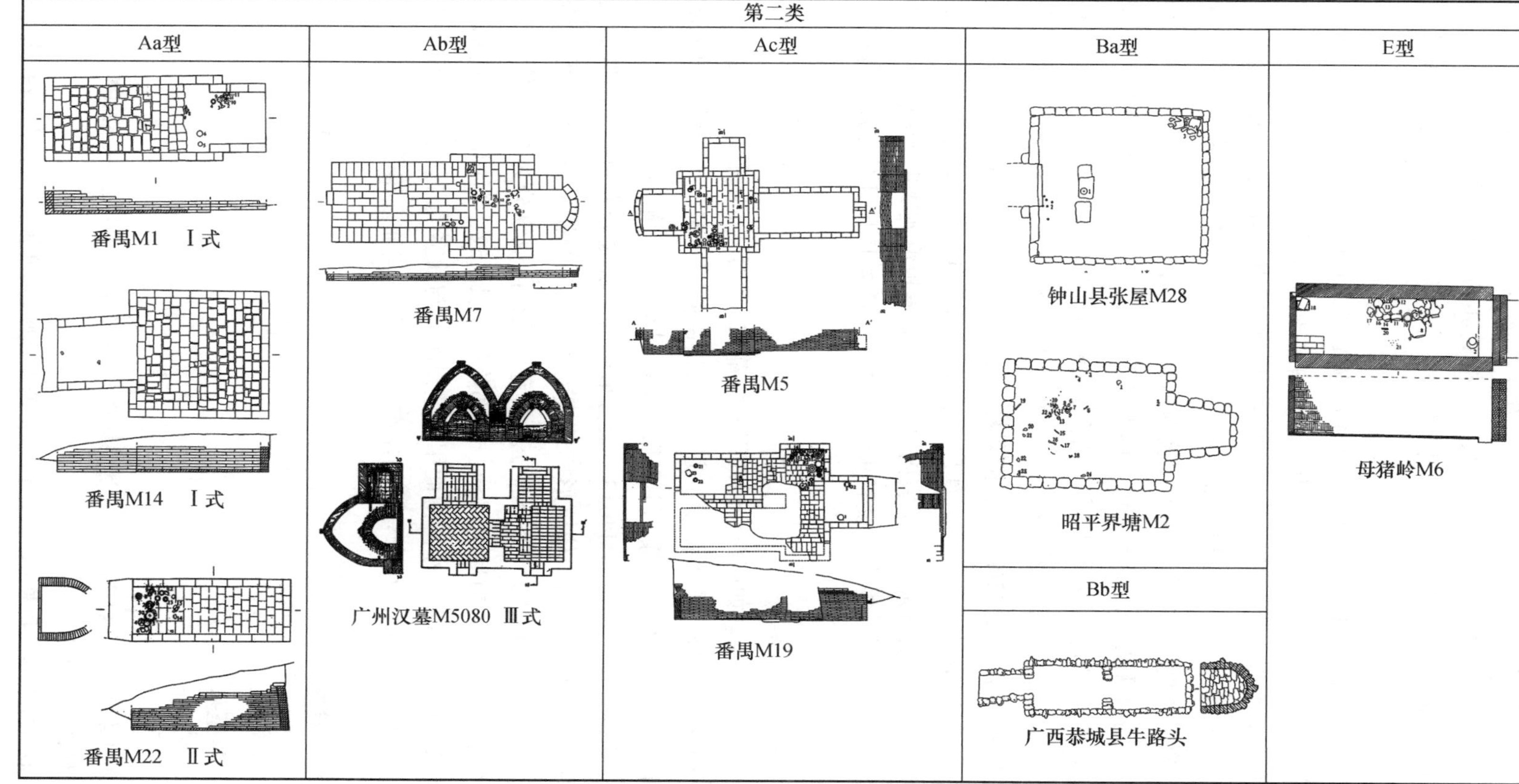

图3.8 岭南区两汉墓葬形制

带腰坑。如广州M1025，墓坑西北角在平土时削去。坑长3.94、东宽1.6、深1.2米。椁全朽，仅余一块木节及少许板灰痕，棺具亦朽，在棺位中部之下有一个直径0.6、深0.61米平面呈圆形的腰坑，内藏大陶瓮一个，瓮中为沙土填满，无他物，亦不见其他痕迹。

底铺小石。如广州M1028，墓坑长4.45、宽2.33、深0.5米。沿坑壁四周留出约0.3米，当中铺一层厚10厘米的小石。木椁全朽，棺亦朽，仅留少许朱砂。

既带腰坑又在墓底铺小石的墓。仅见一例。如广州M1026，墓底平铺小石一层，厚约10厘米。木椁已朽，棺具位于墓中偏左侧，已朽，仅余棺漆残片。棺位置的中后部有腰坑，圆形，直径0.5、深0.44米，坑内埋瓮1个，瓮中出土一小铜锛，余无他物。

Ⅲ式：木椁外无独立的箱形结构，椁内上下分层。如广州M2050，墓道位于东壁正中，墓道底在距封门0.36、离墓底高0.67米处起斜坡。椁室上部颇残，下部保存较好。前面为一纵长0.74、横宽1.52米的前室。后面分为上下两层，上层棺室，下层器物室。棺室、器物室占椁室内长的3/4，两层构架是“立架式”结构。椁口的封门柱六根。

Ⅳ式：在墓道里设置外藏椁。如广西合浦风门岭M26[①]，墓道底端顺坡势设外藏椁，底部有枕木沟和板灰痕迹。椁室内虽无连续的隔板痕迹表明分箱，但从器物的累叠及局部的板灰痕迹看，椁内应设有头箱和边箱。椁室上下四周均有白膏泥。棺位于墓室后部的右侧。

Ab型　墓坑分室墓。

Ⅰ式：椁内不分箱。如广西合浦西汉木椁墓[②]，平面呈干字形，分墓道、甬道、南北两耳室和主室几部分。甬道作横长方形，甬道两侧两耳室，均有两条垫木沟横贯两端。主室椁底板、壁板均髹朱漆。主室后部中央纵呈一棺，棺施朱漆。

Ⅱ式：椁内分箱。如广州M4013，长方形竖穴，坑底分为两级，前低后高。墓道在南面。椁室平面呈长方形，依坑形构筑成前后两级，俯视呈曲尺形。椁室内分为前室、左棺室、右棺室和器物室四个部分。棺室有板壁间隔纵分为左右两棺室，右棺室前面又有木板间隔，分为前后两部分：后部陈棺，长2.62、宽1.08米；前部是一个小间，纵长0.91、横宽1.08米。小间南面用板壁封闭，与前室隔开。器物室位于棺室南端下面，前壁与棺室的上层底板套合，偏左有一方形门洞与前室相通。

第二类：室墓

A型　砖室墓。

Aa型　单室墓。

---

① 广西壮族自治区文物工作队、合浦县博物馆：《合浦风门岭汉墓——2003～2005年发掘报告》，科学出版社，2006年。

② 广西壮族自治区文物考古写作小组：《广西合浦西汉木椁墓》，《考古》1972年第5期。

Ⅰ式：带甬道。

墓葬平面呈长方形。如番禺M1[①]，由封门、墓道、甬道、主室组成。封门砖墙已不存。甬道和主室平面均呈纵长方形。葬具已朽，无痕迹。

墓葬平面近方形。如番禺M14，由封门、墓道、甬道、主室组成。封门砖墙已不存。甬道平面呈纵长方形，主室平面近方形，穹隆顶。葬具已朽，无痕迹。

Ⅱ式：不带甬道。如番禺M22，无甬道，由墓道和墓室组成。封门已毁，封门砖墙已不存。墓室平面呈纵长方形，直券顶。葬具朽，无痕迹。

Ab型　双室墓。

Ⅰ式：前后室纵向排列，前室平面呈横长方形。如番禺M7，由封门、甬道、前室、后室和壁龛组成。封门仅存下部，甬道平面呈纵长方形，前室平面呈横长方形，穹隆顶。后室位于前室后端，平面呈纵长方形，壁龛位于后室后壁处。

Ⅲ式：两室横向排列，墓室大小相当。如广州汉墓M5080，墓葬分东西两个主室，中有券形过道相连，各设后龛，各有甬道，平面如两个并排的凸字形。

Ac型　多室墓。

带侧室。如番禺M5，由封门、甬道、前室、耳室、左侧室、右侧室、后室、壁龛组成。甬道平面呈纵长方形，前室平面近方形，耳室位于前室右壁中部，左侧室位于前室左壁中部，后室位于前室的后端，平面呈纵长方形。壁龛位于后室后壁。葬具已朽，无痕迹。

不带侧室。如番禺M19，由墓道、封门、甬道、前室、左后室和右后室组成。甬道平面近方形，前室横长方形，并列双后室，即两个平面纵长方形的直券顶墓室并列在一起。

B型　石室墓。

Ba型　单室墓。

墓葬平面呈长方形。如张屋M28[②]，由墓道和墓室组成。长方形穹隆顶单室墓。靠近墓口的墓壁用自然的长条形石块砌成，其余三壁用大小不一的石块砌筑，墓底不铺石，只在墓门处铺一长条形石板，距墓门0.8米处铺两块石板，可能作祭台之用，墓顶为穹隆顶。

墓葬平面呈凸字形。如昭平界塘M2[③]，由甬道和墓室组成，墓顶用石板条横盖。

---

① 广州市文物考古研究所、广州市番禺区文管会办公室：《番禺汉墓》，科学出版社，2006年。下文中的番禺墓，均出自《番禺汉墓》报告，不再重复注释。

② 广西壮族自治区文物工作队、钟山县博物馆：《广西钟山县张屋东汉墓》，《考古》1998年第11期。

③ 广西壮族自治区博物馆、昭平县文物管理所：《广西昭平东汉墓》，《考古学报》1989年第2期。

墓室四壁用自然石块砌筑，壁面平整。墓底未铺石板，墓顶用石板条横盖。

Bb型　双室墓。如广西恭城县牛路头石室墓①，墓室平面呈长方形，分甬道、前室、后室几部分。墓壁和券顶用石灰石砌筑。

E型　砖木合构墓。

如母猪岭M6②，为带斜坡墓道的单室砖墓。墓室与墓道间有封门相隔，墓室前端近封门处有一横向沟槽，可能是排水设施。墓顶已塌，根据墓壁四壁高度相等，不起券及墓室堆积中没有砖等情况看，应是木板横铺而成的平顶。

四、西　南　区

两汉时期，西南区墓葬形制呈现出复杂多样的面貌。除第三类竖穴土墩墓外，其余墓葬形制在本区均有发现（图3.9、图3.10）。

第一类：竖穴土坑墓

（1）无椁墓

A型　无棺墓。该型墓葬规模都不大，长度多在3～5米。如郫县古城乡M7③，长方形竖穴土坑墓，在墓坑中间发现一具人骨，不见葬具痕迹。随葬器物置于人骨头顶一侧。

B型　有棺墓。

Ba型　木棺墓。如涪陵镇安M1④，棺置于墓圹底中部偏北，依腐痕看，棺呈井字形，四角出头。棺底部三根垫木。

C型　木板墓。如四川绵竹县西汉木板墓⑤，为一个土坑下的同穴合葬木板墓。两墓底均用三块大木板并排铺垫，木板上直接放置尸体和随葬器物，木板下还垫有10厘米厚的石膏泥。

（2）椁墓

A型　木椁墓。均为Aa型。

Aa型　墓坑不分室墓。

---

① 俸艳：《广西恭城县牛路头发现一座东汉石室墓》，《考古》1998年第1期。

② 广西壮族自治区文物工作队、合浦县博物馆：《合浦风门岭汉墓——2003～2005年发掘报告》，科学出版社，2006年。

③ 成都市文物考古研究所、郫县博物馆：《四川郫县古城乡汉墓》，《考古》2004年第1期。

④ 北京市文物研究所三峡考古队、重庆市涪陵区博物馆：《涪陵镇安遗址发掘报告》，《重庆库区考古报告集·1998卷》，科学出版社，2003年，850～894页。

⑤ 四川省博物馆、绵竹县文化馆：《四川绵竹县西汉木板墓发掘简报》，《考古》1983年第4期。

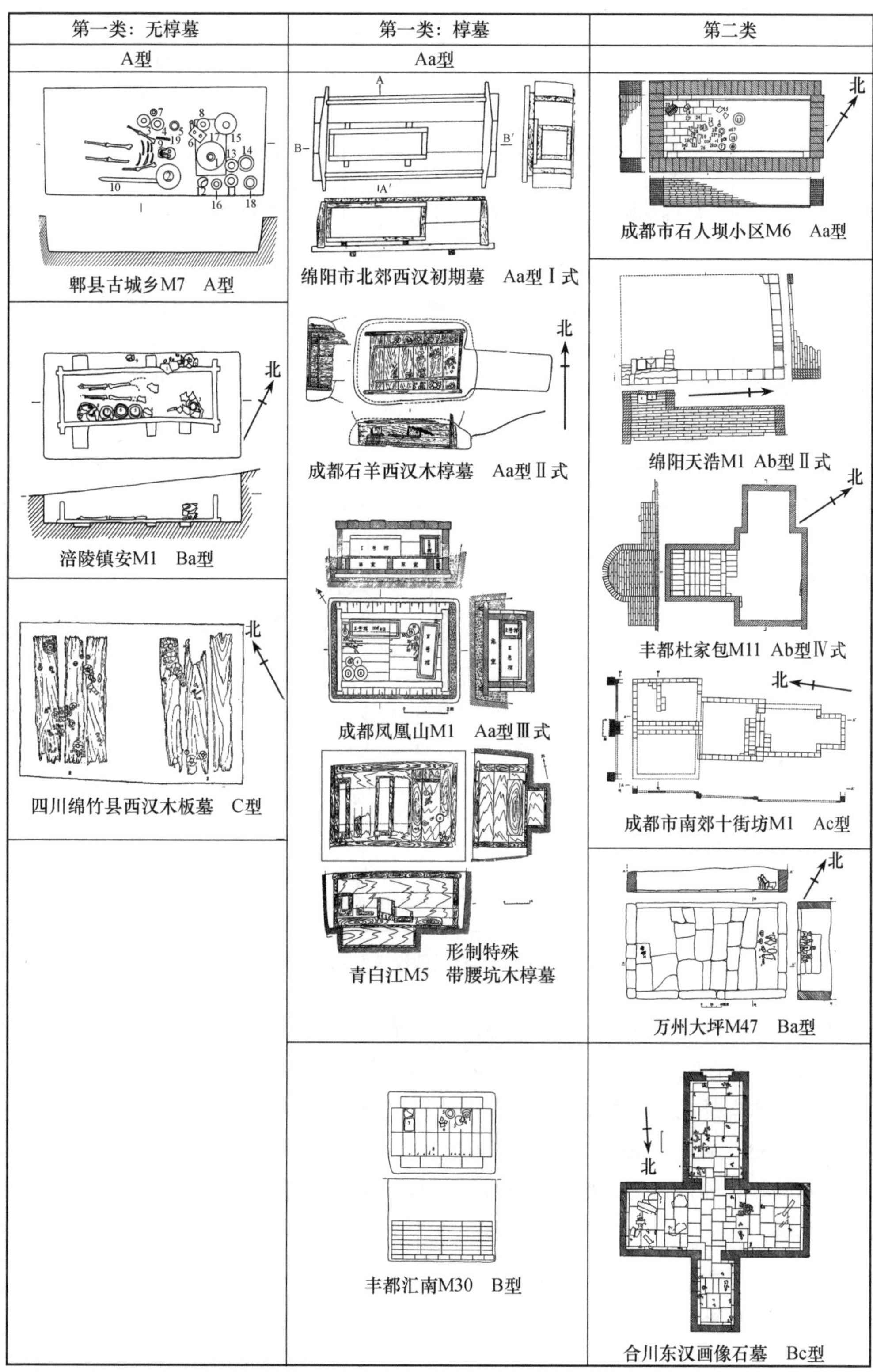

图3.9　西南区两汉墓葬形制

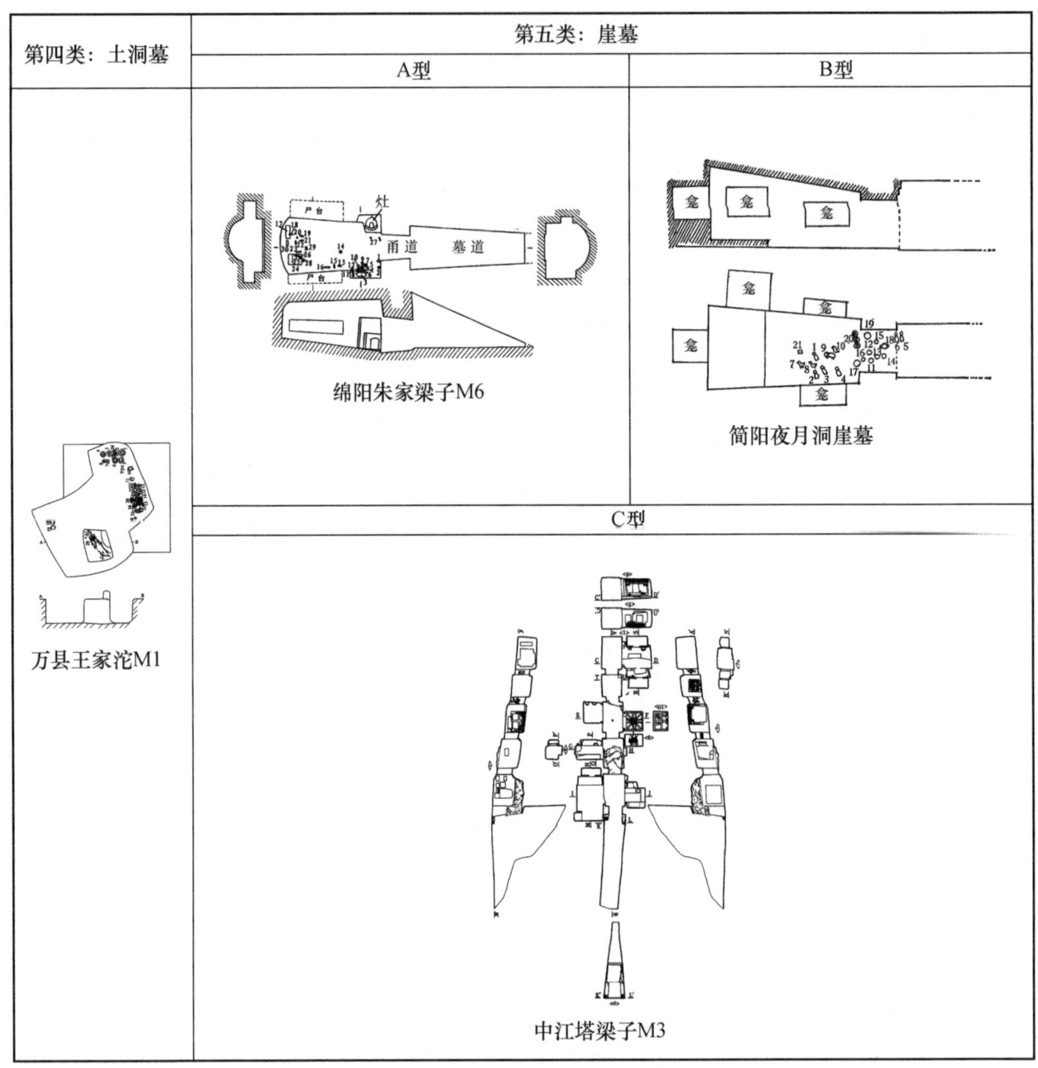

图3.10　西南区两汉墓葬形制

Ⅰ式：木椁外无独立箱形结构，椁内不分箱。如绵阳市北郊西汉初期墓①，为一长方形土坑竖穴木椁墓，棺位于椁室东头偏北，随葬品多至于椁的西头。

Ⅱ式：木椁外无独立箱形结构，椁内分箱。如成都石羊西汉木椁墓②，坑底南北向各置一根长3.9、宽0.1、厚0.1米的垫木。垫木上南北向铺六块木板作为椁底。椁底置东西向枕木两根，隔椁底为三部分，南北两侧即相当于边箱，放置随葬品。枕木上南北向置棺三口。

① 绵阳地区文化馆、绵阳市文物保管所：《四川绵阳市发现西汉初期墓》，《考古与文物》1986年第2期。

② 四川省文物管理委员会：《成都石羊西汉木椁墓》，《考古与文物》1983 年第2期。

Ⅲ式：木椁外无独立箱形结构，椁内上下分层。如成都凤凰山M1[①]，为长方形木椁墓。分上下两层，上层为椁室，下层为底室。椁室内有木棺两具，一靠北墙，一靠东墙。底室内有横木三根把底室分为四室，器物位于中间两室内。

此区有一例形制比较特殊的木椁墓，难以归属到任何一种形制之中。青白江M5[②]，椁室底部开有腰坑，腰坑四壁及底部分别由1块木板构成，其上放置木棺4具完全封住腰坑开口。

B型　砖椁墓。如丰都汇南M30[③]，仅用砖砌成长方形边框，直接将人骨与随葬品置于其中，无门无券顶，应该属于砖椁性质。

第二类：室墓

A型　砖室墓。

Aa型　单室墓。这型墓葬数量较多。如成都市石人坝小区M6[④]，为长方形单室砖墓，人骨、葬具均不存。

Ab型　双室墓。

Ⅱ式：前后室纵向排列，前室长方形。如绵阳天浩M1[⑤]，墓顶与墓道已经不存，前室较后室低0.42米。

Ⅳ式：两室横向排列，墓室一大一小。如丰都杜家包M11[⑥]，平面呈不规则曲尺形。

Ac型　多室墓，由三个或三个以上墓室构成，如成都市南郊十街坊M1[⑦]，由甬道、前室、中室、并列双后室组成。中室与后室之间设有一阶梯式过道。

B型　石室墓。

---

① 徐鹏章：《成都凤凰山西汉木椁墓》，《考古》1991年第5期。

② 成都市文物考古工作队、青白江区文物管理所：《成都市青白江区跃进村汉墓发掘简报》，《文物》1999年第8期。

③ 四川省文物考古研究所、丰都县文管所：《丰都汇南墓群发掘报告》，《重庆库区考古报告集·1998卷》，科学出版社，2003年，766～812页。

④ 成都市文物考古工作队：《四川成都市石人坝小区汉墓清理简报》，《考古》2000年第1期。

⑤ 四川省文物考古研究所、绵阳市博物馆：《绵阳“天浩公寓”工地发掘简报》，《四川文物》2004年第1期。

⑥ 重庆市博物馆：《丰都杜家包汉墓群发掘简报》，《重庆库区考古报告集·1999卷》，科学出版社，2006年，681～701页。

⑦ 成都市文物考古研究所：《成都市南郊十街坊遗址年度发掘纪要》，《成都考古发现1999》，科学出版社，2001年，1～28页。

Ba型　单室墓。如万州大坪M47[①]，为无甬道的长方形石室墓。

Bc型　多室墓。如合川东汉画像石墓[②]，呈中字形。由墓门及前、中、后三室构成。中室为横长方形，前、中、后三室相通。前后两室放置随葬品。

C型　砖石合构墓。如达县三里坪M4[③]，为砖石合构券顶单室墓，由砖砌甬道、石砌封门、砖砌墓室几部分构成。

第四类：土洞墓

仅1座。如万州王家沱M1[④]，带台阶的竖井式墓道。墓室中间有棺床，将整个墓室一分为二，西部为主墓室。

第五类：崖墓[⑤]

崖墓在中国南方地区仅见于西南区。根据其墓室的多少可以分为三型。

A型　单室墓。

如绵阳朱家梁子M6[⑥]

B型　双室墓。

如简阳夜月洞崖墓[⑦]，前后室以台阶分隔开，在墓室一侧或两侧凿有壁龛，墓室一角筑有灶台。

C型　多室墓。

如中江塔梁子M3[⑧]，主墓室5间，侧（耳）室6间，共11间。

各区墓葬形制情况详见表3.1。

---

① 重庆市文物局、重庆市移民局：《万州大坪墓地》，科学出版社，2006年。

② 重庆市博物馆、合川县文化馆田野考古工作小组：《合川东汉画像石墓》，《文物》1977年第2期。

③ 张明扬、任超俗：《达县三里坪4号汉墓清理简报》，《四川文物》1997年第1期。原文未配图。

④ 重庆市博物馆、上海大学文物考古研究中心、重庆市文化局、万州区文管所：《万州王家沱遗址发掘报告》，《重庆库区考古报告集·1999卷》，科学出版社，2006年，462页。

⑤ 燕妮在《川西平原两汉墓葬研究》（吉林大学硕士学位论文2006年）一文中对崖墓有较为细致的划分。

⑥ 绵阳博物馆、绵阳市文物稽查勘探队：《四川绵阳市朱家梁子东汉崖墓》，《考古》2003年第9期。

⑦ 方建国、唐朝君：《四川简阳县夜月洞发现东汉崖墓》，《考古》1992年第4期。

⑧ 四川省文物考古研究所、德阳市文物考古研究所、中江县文物保护管理所：《四川中江塔梁子崖墓发掘简报》，《文物》2004年第9期。

表3.1　中国南方不同分区墓葬形制表

<table>
<tr><th></th><th colspan="4">墓葬形制分类</th><th>两湖区</th><th>东南区</th><th>岭南区</th><th>西南区</th></tr>
<tr><td rowspan="13">第一类：竖穴土坑墓</td><td rowspan="4">无椁墓</td><td colspan="3">A型：无葬具墓</td><td></td><td></td><td>√</td><td>√</td></tr>
<tr><td rowspan="2">B型：有棺墓</td><td colspan="2">Ba型：木棺</td><td>√</td><td>√</td><td>√</td><td>√</td></tr>
<tr><td colspan="2">Bb型：砖棺</td><td>√</td><td></td><td></td><td></td></tr>
<tr><td colspan="3">C型：木板墓</td><td></td><td></td><td></td><td>√</td></tr>
<tr><td rowspan="9">椁墓</td><td rowspan="6">A型：木椁墓</td><td rowspan="4">Aa型：墓坑不分室木椁墓</td><td>Ⅰ式：木椁外无独立箱形结构，椁内不分箱墓</td><td>√</td><td>√</td><td>√</td><td>√</td></tr>
<tr><td>Ⅱ式：木椁外无独立箱形结构，椁内分箱墓</td><td>√</td><td>√</td><td></td><td>√</td></tr>
<tr><td>Ⅲ式：木椁外无独立箱形结构，椁内上下分层</td><td>√</td><td></td><td>√</td><td>√</td></tr>
<tr><td>Ⅳ式：木椁外有独立的木质头箱或边箱，或者在墓道里设置外藏椁</td><td></td><td>√</td><td>√</td><td></td></tr>
<tr><td rowspan="2">Ab型：墓坑分室木椁墓</td><td>Ⅰ式：椁内不分箱</td><td>√</td><td></td><td>√</td><td></td></tr>
<tr><td>Ⅱ式：椁内分箱</td><td></td><td></td><td>√</td><td></td></tr>
<tr><td colspan="3">B型：砖椁墓</td><td></td><td>√</td><td></td><td>√</td></tr>
<tr><td colspan="3">C型：砖木合构椁墓</td><td>√</td><td></td><td></td><td></td></tr>
<tr><td colspan="3">D型：石椁墓</td><td></td><td>√</td><td></td><td></td></tr>
<tr><td colspan="2" rowspan="17">第二类：室墓</td><td rowspan="9">A型：砖室墓</td><td rowspan="2">Aa型：单室</td><td>Ⅰ式：带甬道</td><td>√</td><td>√</td><td>√</td><td>√</td></tr>
<tr><td>Ⅱ式：不带甬道</td><td>√</td><td>√</td><td>√</td><td>√</td></tr>
<tr><td rowspan="4">Ab型：双室</td><td>Ⅰ式：前后室纵向排列，前室横长方形</td><td>√</td><td>√</td><td>√</td><td>√</td></tr>
<tr><td>Ⅱ式：前后室纵向排列，前室长方形</td><td>√</td><td></td><td></td><td></td></tr>
<tr><td>Ⅲ式：两室横向排列，墓室大小相当</td><td>√</td><td>√</td><td>√</td><td></td></tr>
<tr><td>Ⅳ式：两室横向排列，墓室一大一小</td><td></td><td>√</td><td></td><td>√</td></tr>
<tr><td>Ac型：多室</td><td></td><td>√</td><td>√</td><td>√</td><td>√</td></tr>
<tr><td rowspan="2">Ad型：两墓室相连的同穴异室合葬墓</td><td>Ⅰ式，两墓室均为单室砖墓</td><td>√</td><td></td><td></td><td></td></tr>
<tr><td>Ⅱ式，两墓室均由两个或两个以上的墓室构成</td><td></td><td>√</td><td></td><td></td></tr>
<tr><td rowspan="3">B型：石室墓</td><td>Ba型：单室</td><td></td><td>√</td><td></td><td>√</td><td>√</td></tr>
<tr><td>Bb型：双室</td><td></td><td>√</td><td>√</td><td>√</td><td></td></tr>
<tr><td>Bc型：多室</td><td></td><td>√</td><td></td><td></td><td>√</td></tr>
<tr><td rowspan="3">C型：砖石合构室墓</td><td>Ca型：单室</td><td></td><td>√</td><td></td><td></td><td>√</td></tr>
<tr><td>Cb型：双室</td><td></td><td>√</td><td></td><td></td><td></td></tr>
<tr><td>Cc型：多室</td><td></td><td>√</td><td></td><td></td><td></td></tr>
<tr><td colspan="3">D型：木室墓</td><td>√</td><td></td><td></td><td></td></tr>
<tr><td colspan="3">E型：砖木合构墓</td><td></td><td></td><td>√</td><td></td></tr>
<tr><td colspan="5">第三类：竖穴土墩墓</td><td>√</td><td>√</td><td></td><td></td></tr>
<tr><td colspan="5">第四类：土洞墓</td><td>√</td><td>√</td><td></td><td>√</td></tr>
</table>

续表

	墓葬形制分类	两湖区	东南区	岭南区	西南区
第五类：崖墓	A型：单室墓				√
	B型：双室墓				√
	C型：多室墓				√

由表3.1可见：第一类竖穴土坑墓中的砖木合构椁墓、砖棺墓，第二类室墓中的砖石合构双室和多室墓、木室墓等形制仅见于两湖区；第一类中的石椁墓仅见于东南区；第一类砖木合构室墓仅见于两湖区；第一类中的砖椁墓仅见于东南区和西南区；第三类竖穴土墩墓主要见于两湖区和东南区；第四类土洞墓目前仅有岭南地区未有发现；第五类崖墓仅见于西南区。这几种类型的墓葬数量较少，分布具有较强的地域性。

第四章 各区随葬器物的类型学分析及墓葬的分期

中国南方地区汉墓的随葬品，根据质地可分为铜、陶、铁、漆、木、竹、玉、滑石、铅、丝织品、琉璃器等。其中以陶器、铜器、漆器最为多见。

铜器和漆器部分，已经有较多的研究文章，且研究也比较深入和全面。吴小平对汉代出土的铜容器按地域分系别对不同容器的形制、铭文、纹饰、分期和演变进行分析研究。同时还从汉代青铜容器的生产经营方式和统治政策对青铜容器的影响角度进行了探索[①]。洪石对战国秦汉出土的漆器在类型学分析基础上，对漆器的制造工艺、漆器上的文字内容、生产的管理机构、其使用等级和流通情况进行了综合论述[②]。因此，本书中的铜器和漆器部分主要参照了已有的研究成果。相对于铜器和漆器的研究，对中国南方地区汉代墓葬中随葬的陶器则缺少全面深入的系统研究。而陶器具有使用普遍且易于破碎、形态的变化速度较快、变化的幅度也较大等特点，因此，本书主要选择了出土数量较多、流传较为长久的陶器作为典型器物进行类型学分析，并在类型学分析的基础上，对墓葬进行分期与年代的判断。

第一节 墓葬分期断代的依据

不同时期的考古学，分期断代所采用的方法也各不相同。对于无文字记载的史前考古，多在地层学基础上，通过器物类型学研究和排比来确定遗存的相对年代。而历史时期的考古学则不同：在田野发掘中经常会发现一些带有文字或纪年铭文的遗迹或遗物，为遗存的断代提供了较为可靠的依据；具有重要时代特征的铜镜或钱币也有大量发现，为遗存的断代提供了比较好的条件。由于历史时期考古材料的差异，因此在进行分期研究时，可以采用较为灵活的方式。

在已经发现的中国南方地区中小型汉墓中，由于各个分区墓葬的材料情况均不相同，分期所采用的方法也各有差别。但大致说来，分期主要参考了以下几点内容。

---

① 吴小平：《汉代青铜容器的考古学研究》，岳麓书社，2005年。

② 洪石：《战国秦汉漆器研究》，文物出版社，2006年。

1. 墓葬本身所反映出来的信息

主要包含墓葬形制、器物的种类、器形特征、器物组合等诸多方面的信息。通过对这些因素的综合考察，排列出墓葬间的相对年代，建立墓葬的纵向发展演变序列，即传统类型学基础上的分期研究。

2. 墓葬中的纪年材料

中国南方地区的纪年材料主要包括：带有纪年铭文的墓砖或器物、出土的印章和简牍资料等。

南方地区两汉时期最为常见的纪年资料是带有铭文的墓砖。虽然墓砖上的纪年多是墓砖的制造年代，而非使用年代，但一般来说，墓砖的制造年代与墓葬的下葬年代比较接近。如在湖北的巴东县发现了不同墓葬均使用“永元十二年”的铭文砖，不仅砖上的铭文一模一样，这些墓葬的随葬器物在器物组合和器物形制方面亦都比较接近。这说明当时这种铭文砖并不是特定为某一墓主所烧制，应是“永元十二年”批量生产出的一批墓砖①。因此这批墓葬的下葬年代与“永元十二年”应该相差不远。

由于墓砖还可以反复使用，即后代人可以利用以前的墓砖。因此，利用墓砖断代时得考虑这一个问题。但由于砖室墓在中国南方地区主要出现于西汉晚期—东汉初年，大量出现则是东汉中期以后，因此，这种反复使用墓砖的情况应该还比较少，在此可以忽略不计。

印章通常包括官位章、姓名章等，多见于等级较高的墓葬。如果能够在史书中找到与之对应的人名和官位，则可以知道墓主人的身份及生平，其墓葬的年代也由此确定。

简牍资料的内容比较丰富，普遍所见的是“告地下官吏书”和“遣策”。“告地下官吏书”是为死者治丧的人员由阳间发往阴间的介绍信，相当于死者的一份死亡登记表，死者的身份、年龄、死亡年代都很清楚。“遣策”即随葬器物的清单，内容多记载器物名称、大小和数量，部分“遣策”还记有下葬的具体年份，因此，这种“遣策”一旦出土，其墓葬的年代就能确定下来。

3. 具有时代特征的钱币和铜镜

墓中出土的钱币和铜镜具有很好的时代指示性。

（1）钱币

由于钱币在相当大的程度上受到当朝政治因素的影响，并通过各种政令得以广泛

① 广西壮族自治区文物工作队：《巴东县西瀼口古墓葬2000年发掘简报》，《江汉考古》2002年第1期。

流通。因此，其年代特征非常明显，成为两汉时期考古学断代的常用器物之一。

两汉时期，有过多次币制改革，这些不同时期流行的货币为汉墓分期提供了线索。相关文献中也记载了两汉时期币制的变化：

秦兼天下，……铜钱质如周钱，文曰“半两”，重如其文①。

汉兴，以为秦钱重难用，更令民铸荚钱②。

（汉高后二年，前186年）秋七月，恒山王不疑薨。行八铢钱③。

（汉高后六年，前182年）六年春，……行五分钱④。

（汉文帝前元五年，前175年）五年……夏四月，除盗铸钱令。更造四铢钱⑤。

（武帝建元元年，前140年）令县官销半两钱，更铸三铢钱，文如其重⑥。

（武帝建元五年，前136年）五年春，罢三株钱，行半两钱⑦。

（汉武帝元狩五年，前118年）五年，……罢半两钱，行五铢钱⑧。

（王莽居摄二年，7年）五月，更造货：错刀，一直五千；契刀，一直五百；大钱，一直五十，与五铢钱并行⑨。

（王莽天凤元年，14年）是岁，罢大小钱，更行货布，长二寸五分，广一寸，直货钱二十五，货钱径一寸，重五铢，枚直一⑩。

（光武帝建武十六年，40年）初，王莽乱后，货币杂用布、帛、金、粟。是岁，始行五铢钱⑪。

（灵帝中平三年，186年）三年……又铸四出文钱⑫。

（献帝初平年间，190～193年）董卓坏五铢钱，更铸小钱⑬。

---

① 《汉书·食货志第四下》，中华书局，1962年，1152页。
② 《汉书·食货志第四下》，中华书局，1962年，1152页。
③ 《汉书·高后纪第三》，中华书局，1962年，97页。
④ 《汉书·高后纪第三》，中华书局，1962年，99页。
⑤ 《汉书·文帝纪第四》，中华书局，1962年，121页。
⑥ 《史记·平准书第八》，中华书局，2014年修订本，1722页。
⑦ 《汉书·武帝纪第六》，中华书局，1962年，159页。
⑧ 《汉书·武帝纪第六》，中华书局，1962年，179页。
⑨ 《汉书·王莽传第六十九上》，中华书局，1962年，4087页。
⑩ 《汉书·王莽传第六十九下》，中华书局，1962年，4163、4164页。
⑪ 《后汉书·光武帝纪第一下》，中华书局，1965年，67页。
⑫ 《后汉书·孝灵帝纪第八》，中华书局，1965年，352、353页。
⑬ 《后汉书·孝献帝纪第九》，中华书局，1965年，370页。

根据上述文献，可以看出两汉时期货币变化的基本脉络，即从秦半两—高祖榆荚半两—高后八铢半两—文帝四铢半两—武帝三铢钱—武帝半两—武帝五铢—莽钱—光武帝建武五铢—灵帝四出五铢—东汉末小钱。

上述铸币中，半两钱和莽钱的使用时间相对较短且比较清楚，五铢钱的使用则跨越了西汉和东汉两个时期。判断五铢钱的年代主要有两个根据。一是出土了一些有纪年的铸造五铢钱的钱范，如果墓葬中出土的五铢钱其钱文与这些有纪年的钱范的钱文字体相同或相近，则可以据此将这些五铢钱流行的年代视为与钱范的纪年相当。另外是一些有确切纪年的墓葬中出土了五铢钱，可据此判断这些五铢钱流行的年代与墓葬的纪年大体相当。利用钱币进行断代时，一般以最晚出现的钱币为其参照的标准。其墓葬的年代不能早于这种货币发行的年代。同时，还得考虑钱币断代的局限性。部分钱币的板型使用时间较长，导致钱币的断代存在一些不准确因素①。如东汉建武五铢，使用达整个东汉。正如蒋若是所说"东汉建武十七年（41年）之后的墓中出土的五铢钱，除少数前朝遗留及私铸钱外，基本上都属建武五铢。大批墓葬埋葬的货币，是社会流通货币的缩影，在时间上是可靠的。其间虽有个别钱文略有不同，然而既构不成时代特征，就不能作为断代的依据。故东汉墓葬的断代（至少在晚期以前）仍只能以墓葬本身的墓形结构及出土器物和钱的质量为依据"②。所以，在使用五铢钱断代时，多同时参照墓葬的其他因素进行综合考虑。

（2）铜镜

由于汉代的每一款铜镜都有相对集中流行的年代，因此铜镜在汉墓的考古学研究中是一个重要的参照物。根据《中国古代铜镜》一书对各地出土铜镜的分析结果可知：

西汉初年流行蟠螭纹镜、蟠虺纹镜、草叶纹镜。

西汉中期除草叶纹镜继续流行外，新出现并流行星云纹镜、日光镜、昭明镜和四乳四虺镜。

西汉晚期及王莽时期主要流行日光镜、昭明镜及四乳四虺镜，开始出现并流行规矩纹镜、四乳禽鸟镜。

到了东汉时期，西汉中晚期最普遍的日光镜、昭明镜、四乳四虺镜渐渐被其他镜类所取代。东汉早期盛行规矩镜。

东汉中期除规矩镜继续沿用外，连弧纹镜、夔凤纹镜出现并流行起来，神兽镜和画像镜在中国南方出现并广泛流行起来。变形四叶纹镜、龙虎纹镜出现。

东汉晚期除连弧纹镜类（主要是长宜子孙连弧纹镜）、夔凤纹镜类以及南方的神兽镜、画像镜继续流行外，上期开始出现的变形四叶纹镜、龙虎纹镜类也流行

① 蒋晓春：《三峡地区秦汉墓研究》，巴蜀书社，2010年。

② 蒋若是：《秦汉钱币研究》，中华书局，1997年，214页。

起来[①]。

4. 已有的分析成果

对于个别已经建立起年代标尺的地区，通过重新梳理原始资料，参照研究者的分析结果，摒弃不足，得出最理想的分期方案。

5. 本地区汉代以前的材料以及周边的资料

通过墓葬形制、器物组合或者器物形制的发展演变规律，与本地区汉代以前的资料进行纵向对比研究，以及与同时期周边地区的材料进行横向对比研究，进而确定墓葬的年代。

第二节 两湖区随葬器物的类型学分析及墓葬分期

一、鄂西区墓葬随葬器物的类型学分析及墓葬分期

鄂西区两汉墓葬数量较多，其分布广泛，遍及鄂西各个地区。规模较大的墓地主要集中在鄂西北和江汉平原及其以西的长江沿线（详见表1.3）。本区共发现纪年墓13座，主要集中于西汉早期和东汉中晚期（见表4.2）。

对这些墓葬的发掘整理工作已经形成一系列大型综合性报告：《罗州城与汉墓》[②]、《荆州高台秦汉墓》[③]、《三峡考古之发现》[④]、《湖北库区考古报告集》[⑤]（第一～六卷）、《秭归庙坪》[⑥]、《秭归柳林溪》[⑦]、《巴东罗坪》[⑧]、《湖北南水

① 孔祥星、刘一曼：《中国古代铜镜》，文物出版社，1984年，105页。

② 黄冈市博物馆、湖北省文物考古研究所、湖北省京九铁路考古队：《罗州城与汉墓》，科学出版社，2000年。

③ 湖北省荆州博物馆：《荆州高台秦汉墓》，科学出版社，2000年。

④ 国家文物局三峡工程文物保护领导小组湖北工作站：《三峡考古之发现》（一）（二），湖北科学技术出版社，1998年、2000年。

⑤ 国务院三峡工程建设委员会办公室、国家文物局编著：《湖北库区考古报告集》（第一卷）（第二卷）（第三卷）（第四卷）（第五卷）（第六卷），科学出版社，2003年、2005年、2006年、2007年、2010年、2010年。

⑥ 湖北省文物事业管理局、湖北省三峡工程移民局：《秭归庙坪》，科学出版社，2003年。

⑦ 国务院三峡工程建设委员会办公室、国家文物局：《秭归柳林溪》，科学出版社，2003年。

⑧ 国务院三峡工程建设委员会办公室、国家文物局：《巴东罗坪》，科学出版社，2006年。

北调工程考古报告集》[①]（第一～七卷）、《襄阳王坡东周秦汉墓》[②]、《清江考古（长阳地区考古发掘报告）》[③]、《巴东罗坪》[④]、《当阳岱家山秦汉墓》[⑤]、《郧县老幸福院墓地》[⑥]、《秭归卜庄河》[⑦]、《秭归土地湾》[⑧]、《老河口九里山秦汉墓》[⑨]、《巴东红庙岭》[⑩]、《秭归东门头》[⑪]、《秭归陶家坡》[⑫]、《丹江口牛场墓群》[⑬]、《丹江口潘家岭墓地》[⑭]、《武当山柳树沟墓群》[⑮]、《湖北宜城跑马堤东周秦汉墓地》[⑯]等。

目前为止，关于鄂西区两汉墓葬分期研究的文章数量较少。涉及西汉时期的有陈振裕的《湖北西汉墓初析》[⑰]，因发表年代较早，收集的材料有限。阴会莲的《湖北地

① 湖北省文物局等编：《湖北南水北调工程考古报告集》（第一卷）（第二卷）（第三卷）（第四卷）（第五卷）（第六卷）（第七卷），科学出版社，2013年、2013年、2014年、2014年、2014年、2015年、2017年。

② 湖北省文物考古研究所、襄樊市考古队、襄樊区文物管理处：《襄阳王坡东周秦汉墓》，科学出版社，2005年。

③ 湖北省清江隔河岩考古队、湖北省文物考古研究所：《清江考古（长阳地区考古发掘报告）》，科学出版社，2004年。

④ 国务院三峡工程建设委员会办公室、国家文物局：《巴东罗坪》，科学出版社，2006年。

⑤ 湖北省宜昌博物馆：《当阳岱家山楚汉墓》，科学出版社，2006年。

⑥ 南水北调中线水源有限责任公司、湖北省移民局、湖北省文物事业管理局：《郧县老幸福院墓地》，科学出版社，2007年。

⑦ 国务院三峡工程建设委员会办公室、国家文物局：《秭归卜庄河》，科学出版社，2008年。

⑧ 国务院三峡工程建设委员会办公室、国家文物局：《秭归土地湾》，科学出版社，2006年。

⑨ 襄樊市文物考古研究所、武安铁路复线九里山考古队：《老河口九里山秦汉墓》，文物出版社，2009年。

⑩ 国务院三峡工程建设委员会办公室、国家文物局：《巴东红庙岭》，科学出版社，2010年。

⑪ 国务院三峡工程建设委员会办公室、国家文物局：《秭归东门头》，科学出版社，2010年。

⑫ 国务院三峡工程建设委员会办公室、国家文物局：《秭归陶家坡》，科学出版社，2010年。

⑬ 湖北省文物局、湖北省移民局、南水北调中线水源有限责任公司：《丹江口牛场墓群》，科学出版社，2013年。

⑭ 湖北省文物局、湖北省移民局、南水北调中线水源有限责任公司：《丹江口潘家岭墓地》，科学出版社，2013年。

⑮ 湖北省文物局、湖北省移民局、南水北调中线水源有限责任公司：《武当山柳树沟墓群》，科学出版社，2015年。

⑯ 武汉大学、湖北省文物考古研究所、宜城市博物馆：《湖北宜城跑马堤东周两汉墓地》，科学出版社，2017年。

⑰ 陈振裕：《湖北西汉墓初析》，《文博》1988年第2期。

区秦至西汉墓葬研究》[①]，主要侧重于分区及其特点的研究，分期部分则主要采用原报告作者的分期。涉及东汉时期的有冯瑞臻的《湖北地区东汉墓葬分期研究》[②]，此论文资料收集全面，类型学分析细致。

鉴于鄂西区的材料情况和研究现状，本书首先对随葬器物进行类型学分析，结合墓葬形制的演变规律，建立起墓葬的相对年代序列。其中东汉时期类型学分析较多采用了冯瑞臻的研究成果[③]。

其次，对照纪年墓，结合墓葬中出土的纪年器物，对墓葬做出年代判断，从而建立起鄂西区墓葬的分期序列。

（一）鄂西区墓葬随葬器物的类型学研究

鄂西区虽然在西汉时期墓葬中出土了比较多的铜器和漆器，但整体上随葬器物仍以陶器为大宗。西汉时期的陶器主要为泥质陶或夹砂陶，少量器物器表施釉，还有部分硬陶器。陶器数量最多的是仿铜陶礼器、日用陶器和模型明器。东汉时期则以后两种为主，并且硬陶器数量明显增多。陶器中最常见的器物为鼎、盒、壶、罐、囷、井、灶。这几类器物不仅发现数量众多、分布广泛，而且有演变规律可循，因此本书主要选取这几类器物进行类型学分析。

1. 鼎

多为泥质陶。根据足和底部形态的不同分为三型（图4.1）。

A型　平底，蹄足鼎。分为二亚型。

Aa型　浅盖，深腹。分为三式。

演变趋势：大平底→小平底；足由矮→高。

Ab型　盖和腹深度大致相当或盖深略大于腹深，浅腹。分为四式。

演变趋势：弧腹→上腹部较直，下腹部内收；足直立→外撇→内聚。

B型　圜底，蹄足鼎。分为四亚型。

Ba型　器物纵剖面呈长方形或方形，蹄足直立或略内聚。分为三式。

演变趋势：盖上纽从无到有；直耳→曲耳；近直腹→斜腹内收；足直立→内聚。

Bb型　器物纵剖面呈扁圆形，蹄足外撇。分为四式。

演变趋势：盖由浅→深；盖上纽由有→无；子口越来越矮；下腹内收趋缓。

Bc型　器物纵剖面近圆球形，高子口，八棱形蹄足。分为三式。

演变趋势：盖越来越深；腹越来越浅。

---

① 阴会莲：《湖北地区秦至西汉墓葬研究》，吉林大学硕士学位论文，2003年。

② 冯瑞臻：《湖北地区东汉墓葬分期研究》，吉林大学硕士学位论文，2007年。

③ 冯瑞臻：《湖北地区东汉墓葬分期研究》，吉林大学硕士学位论文，2007年。

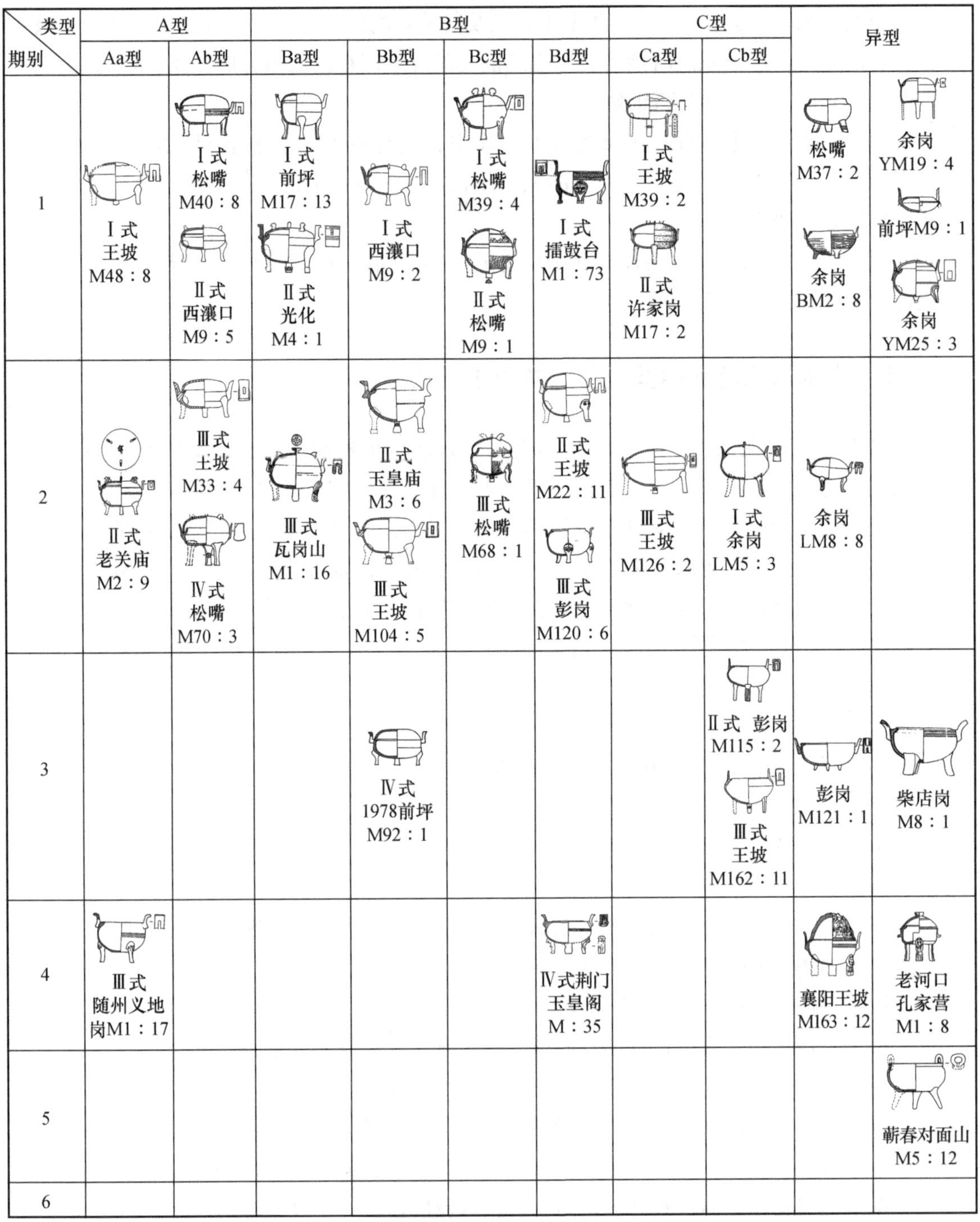

类型 期别	A型		B型				C型		异型	
	Aa型	Ab型	Ba型	Bb型	Bc型	Bd型	Ca型	Cb型		
1	Ⅰ式 王坡 M48：8	Ⅰ式 松嘴 M40：8 Ⅱ式 西濮口 M9：5	Ⅰ式 前坪 M17：13 Ⅱ式 光化 M4：1	Ⅰ式 西濮口 M9：2	Ⅰ式 松嘴 M39：4 Ⅱ式 松嘴 M9：1	Ⅰ式 擂鼓台 M1：73	Ⅰ式 王坡 M39：2 Ⅱ式 许家岗 M17：2		松嘴 M37：2 余岗 BM2：8	余岗 YM19：4 前坪M9：1 余岗 YM25：3
2	Ⅱ式 老关庙 M2：9	Ⅲ式 土坡 M33：4 Ⅳ式 松嘴 M70：3	Ⅲ式 瓦岗山 M1：16	Ⅱ式 玉皇庙 M3：6 Ⅲ式 王坡 M104：5	Ⅲ式 松嘴 M68：1	Ⅱ式 王坡 M22：11 Ⅲ式 彭岗 M120：6	Ⅲ式 王坡 M126：2	Ⅰ式 余岗 LM5：3	余岗 LM8：8	
3				Ⅳ式 1978前坪 M92：1				Ⅱ式 彭岗 M115：2 Ⅲ式 王坡 M162：11	彭岗 M121：1	柴店岗 M8：1
4	Ⅲ式 随州义地 岗M1：17					Ⅳ式荆门 玉皇阁 M：35			襄阳王坡 M163：12	老河口 孔家营 M1：8
5										蕲春对面山 M5：12
6										

图4.1　两湖区（鄂西分区）两汉墓葬出土陶鼎

Bd型　多无盖，人面兽形蹄足。分为四式。

演变趋势：下腹内收趋缓；足直立→外撇→内聚；三足之间距离减小。

C型　多为圜底，高柱状足。分为二亚型。

Ca型　浅腹。分为三式。

演变趋势：腹逐渐加深；足逐渐变短。

Cb型　深腹，且腹较鼓。分为三式。

演变趋势：耳外撇→直立；足外撇→直立。

不能划分型式的详见异形鼎。

2. 盒

多为泥质陶。根据盒底形状的不同分为二型（图4.2）。

期别＼类型	A型		B型		
	Aa型	Ab型	Ba型	Bb型	Bc型
1	Ⅰ式 江陵高台M18：7 Ⅱ式 松嘴M38：1	Ⅰ式 随州市城北	Ⅰ式 松嘴M62：1		Ⅰ式 前坪M36：2
2	Ⅲ式 松嘴M68：3	Ⅱ式 王坡M126：1	Ⅱ式 王坡M167：3	Ⅰ式 彭岗M120：4	Ⅱ式 玉皇庙M6：3 Ⅲ式 王坡M166：1
3	Ⅳ式 秭归卜庄河 M5：1	Ⅲ式 柳林溪M9：7		Ⅱ式 王坡M162：9	Ⅳ式　长虹 南路M2：7
4			Ⅲ式 老河口孔家营 M1：13	Ⅲ式 随州义地岗 M1：22	
5					
6					

图4.2　两湖区（鄂西分区）两汉墓葬出土陶盒

A型　盒底为圈足。分为二亚型。

Aa型　圈足捉手盒盖。分为四式。

演变趋势：器盖和器身形状大小完全相同→盒盖变浅；盖上附小圈足捉手→大圈足捉手→假圈足捉手；底矮圈足→高圈足外撇→假圈足。

Ab型　无圈足捉手的弧形盖。分为三式。

演变趋势：腹内收程度逐渐趋缓；底假圈足→矮圈足→高圈足。

B型　盒底为平底。分为三亚型。

Ba型　圈足捉手盒盖。分为三式。

演变趋势：盖由深变浅；小平底→大平底。

Bb型　覆钵形盖，盖顶为小平底。分为三式。

演变趋势：盒身斜直壁→折腹内收。

Bc型　弧形盒盖。分为四式。

演变趋势：器身由浅变深；斜直腹→鼓腹；盒底为小平底→大平底。

3. 壶

多为泥质或夹砂陶，少量硬陶。部分施釉。根据耳、足及底特征的不同分为五型（图4.3）。

A型　肩附双耳。分为二亚型。

Aa型　平底。分为四式。

演变趋势：束颈→直颈；最大腹径逐渐下移。

Ab型　圈足。分为六式。

演变趋势：耳位于腹中部→耳位于颈腹交界处；圈足由低变高。

B型　圈足壶，无耳。分三亚型。

Ba型　长直颈，有盖。分为四式。

演变趋势：盖上三竖纽→盖上三环纽；圆鼓腹→垂腹；高圈足→矮圈足。

Bb型　粗短颈，有盖。分为四式。

演变趋势：盖上三纽→盖上无纽；圆鼓腹→长圆腹。

Bc型　粗颈，无盖。分为三式。

演变趋势：颈越来越长；长鼓腹→圆鼓腹；圈足越来越高。

C型　平底壶，无耳。分为三亚型。

Ca型　细颈罐形壶，整体较清瘦。分为四式。

演变趋势：长腹→鼓腹；溜肩→鼓肩。

Cb型　长直颈鼓肩壶。分为二式。

演变趋势：颈由细到粗。

Cc型　粗颈罐形壶，整体矮胖。素面或腹部饰有绳纹。分为四式。

演变趋势：圆鼓腹→鼓腹→微折腹。

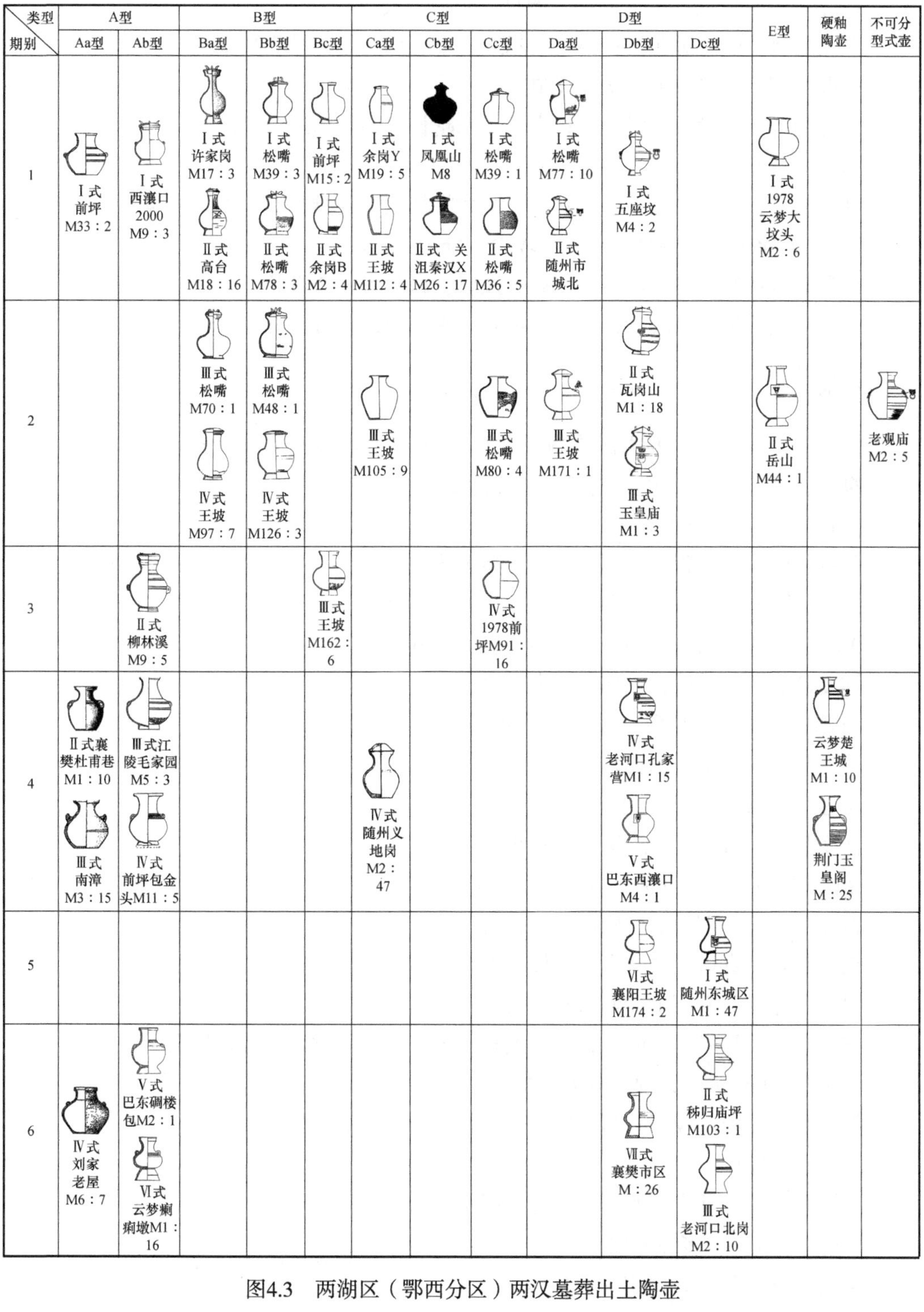

类型 期别	A型		B型			C型			D型			E型	硬釉陶壶	不可分型式壶
	Aa型	Ab型	Ba型	Bb型	Bc型	Ca型	Cb型	Cc型	Da型	Db型	Dc型			
1	Ⅰ式 前坪 M33：2	Ⅰ式 西瀼口 2000 M9：3	Ⅰ式 许家岗 M17：3 Ⅱ式 高台 M18：16	Ⅰ式 松嘴 M39：3 Ⅱ式 松嘴 M78：3	Ⅰ式 前坪 M15：2 Ⅱ式 余岗B M2：4	Ⅰ式 余岗Y M19：5 Ⅱ式 王坡 M112：4	Ⅰ式 凤凰山 M8 Ⅱ式 关 沮秦汉X M26：17	Ⅰ式 松嘴 M39：1 Ⅱ式 松嘴 M36：5	Ⅰ式 松嘴 M77：10 Ⅱ式 随州市 城北	Ⅰ式 五座坟 M4：2		Ⅰ式 1978 云梦大 坟头 M2：6		
2			Ⅲ式 松嘴 M70：1 Ⅳ式 王坡 M97：7	Ⅲ式 松嘴 M48：1 Ⅳ式 王坡 M126：3		Ⅲ式 王坡 M105：9		Ⅲ式 松嘴 M80：4	Ⅲ式 王坡 M171：1	Ⅱ式 瓦岗山 M1：18 Ⅲ式 玉皇庙 M1：3		Ⅱ式 岳山 M44：1		老观庙 M2：5
3		Ⅱ式 柳林溪 M9：5			Ⅲ式 王坡 M162： 6			Ⅳ式 1978前 坪M91： 16						
4	Ⅱ式襄 樊杜甫巷 M1：10 Ⅲ式 南漳 M3：15	Ⅲ式江 陵毛家园 M5：3 Ⅳ式 前坪包金 头M11：5				Ⅳ式 随州义 地岗 M2： 47				Ⅳ式 老河口孔家 营M1：15 Ⅴ式 巴东西瀼口 M4：1			云梦楚 王城 M1：10 荆门玉 皇阁 M：25	
5										Ⅵ式 襄阳王坡 M174：2	Ⅰ式 随州东城区 M1：47			
6	Ⅳ式 刘家 老屋 M6：7	Ⅴ式 巴东硼楼 包M2：1 Ⅵ式 云梦癞 痢墩M1： 16								Ⅶ式 襄樊市区 M：26	Ⅱ式 秭归庙坪 M103：1 Ⅲ式 老河口北岗 M2：10			

图4.3　两湖区（鄂西分区）两汉墓葬出土陶壶

D型　肩附对称铺首衔环。分为三亚型。

Da型　喇叭口，盖上无装饰，圈足。分为三式。

演变趋势：颈由短变长；腹越来越鼓；平底加圈足→圜底加圈足。

Db型　盘口，圆鼓腹。分为七式。

演变趋势：直盘口→斜盘口；束颈越来越长；圈足越来越高。

Dc型　盘口，扁鼓腹。分为三式。

演变趋势：最大腹径位于下腹部→最大腹径位于壶身中部；圈足→假圈足。

E型　八字形颈高圈足壶，数量较少。分为二式。

演变趋势：喇叭口→盘口；广肩→鼓肩；扁圆腹→圆鼓腹。

硬釉陶壶发现数量较少，主要为喇叭口平底壶，多带双耳。

4. 罐

罐的数量较多。主要为泥质陶或夹砂陶罐，少量硬陶罐。根据整体型式的不同分为折腹罐、双耳罐、双唇罐、矮领罐、高领罐几类。

（1）折腹（折肩）罐

根据折腹位置和程度的不同分为三型（图4.4）。

A型　有颈，仅有一处折肩或折腹。分为三亚型。

Aa型　折肩，直短颈较大，无沿。分为四式。

演变趋势：颈变短；小平底→大平底。

Ab型　折肩，细长颈，有沿。分为二式。

演变趋势：颈由短到长。

Ac型　折腹，有小直颈。分为二式。

演变趋势：折腹程度逐渐趋缓；小平底→大平底。

B型　中腹双折。分为二亚型。

Ba型　大口，双折的中腹较短。分为三式。

演变趋势：直口微敛→直口微侈；下腹内收程度逐渐趋缓。

Bb型　小口，双折的中腹较长。分为三式。

演变趋势：斜肩→微鼓肩；中腹逐渐加长，下腹斜收程度逐渐加剧。

C型　中腹对折，无颈。分为二式。

演变趋势：器形较大→器形较小；下腹斜内收→下腹缓内收。

（2）双耳罐

根据颈、口、耳形态的不同分为三型（图4.5）。

A型　颈较长，多饰绳纹。

Aa型　体型高大，长圆腹。分为三式。

演变趋势：大口→小口；最大腹径逐渐下移。

Ab型　体型较矮胖，圆鼓腹，粗颈，多为环耳。分为四式。

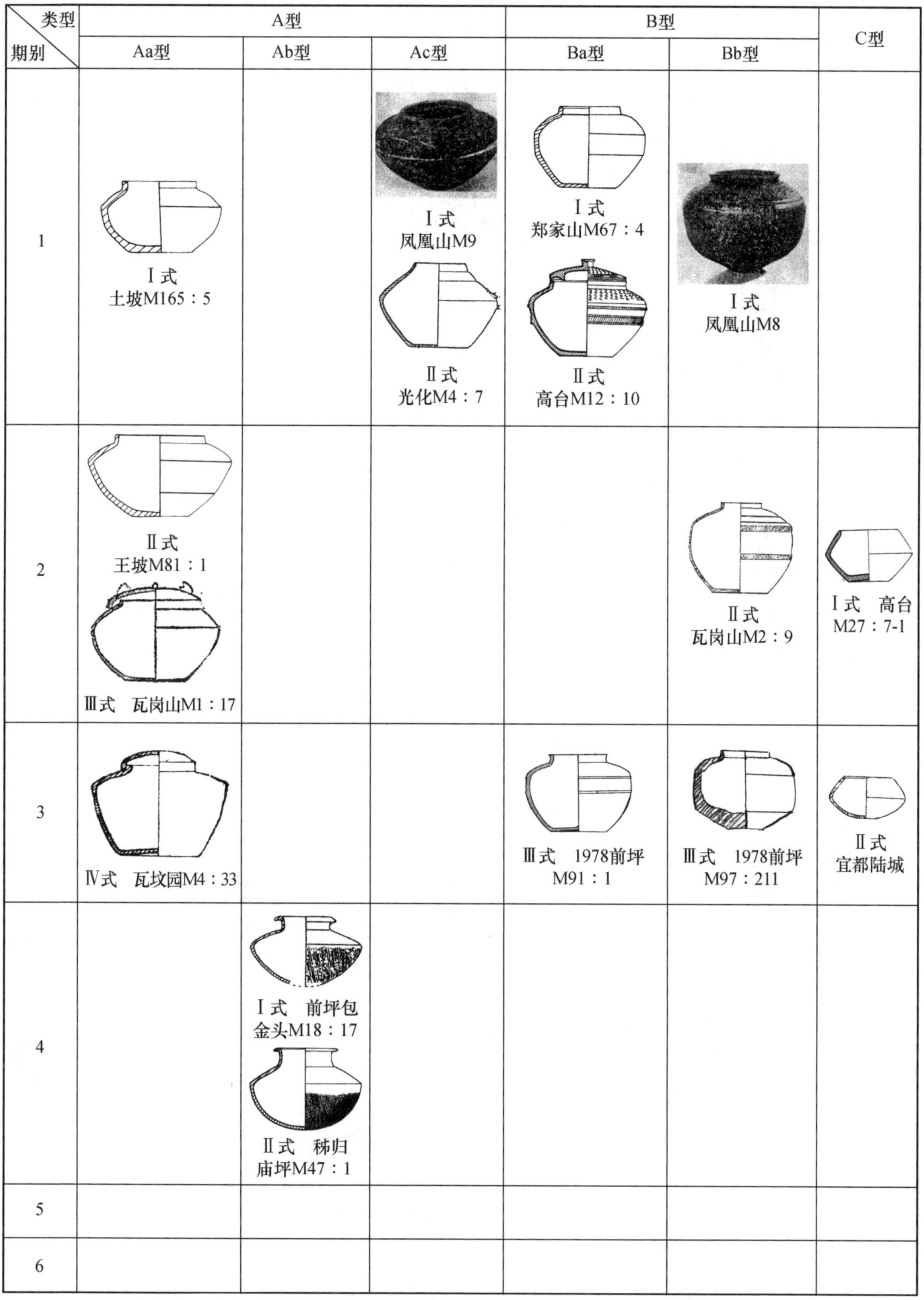

类型 期别	A型			B型		C型
	Aa型	Ab型	Ac型	Ba型	Bb型	
1	Ⅰ式 土坡M165：5		Ⅰ式 凤凰山M9 Ⅱ式 光化M4：7	Ⅰ式 郑家山M67：4 Ⅱ式 高台M12：10	Ⅰ式 凤凰山M8	
2	Ⅱ式 王坡M81：1 Ⅲ式　瓦岗山M1：17				Ⅱ式 瓦岗山M2：9	Ⅰ式　高台 M27：7-1
3	Ⅳ式　瓦坟园M4：33			Ⅲ式　1978前坪 M91：1	Ⅲ式　1978前坪 M97：211	Ⅱ式 宜都陆城
4		Ⅰ式　前坪包 金头M18：17 Ⅱ式　秭归 庙坪M47：1				
5						
6						

图4.4　两湖区（鄂西分区）两汉墓葬出土陶折腹罐

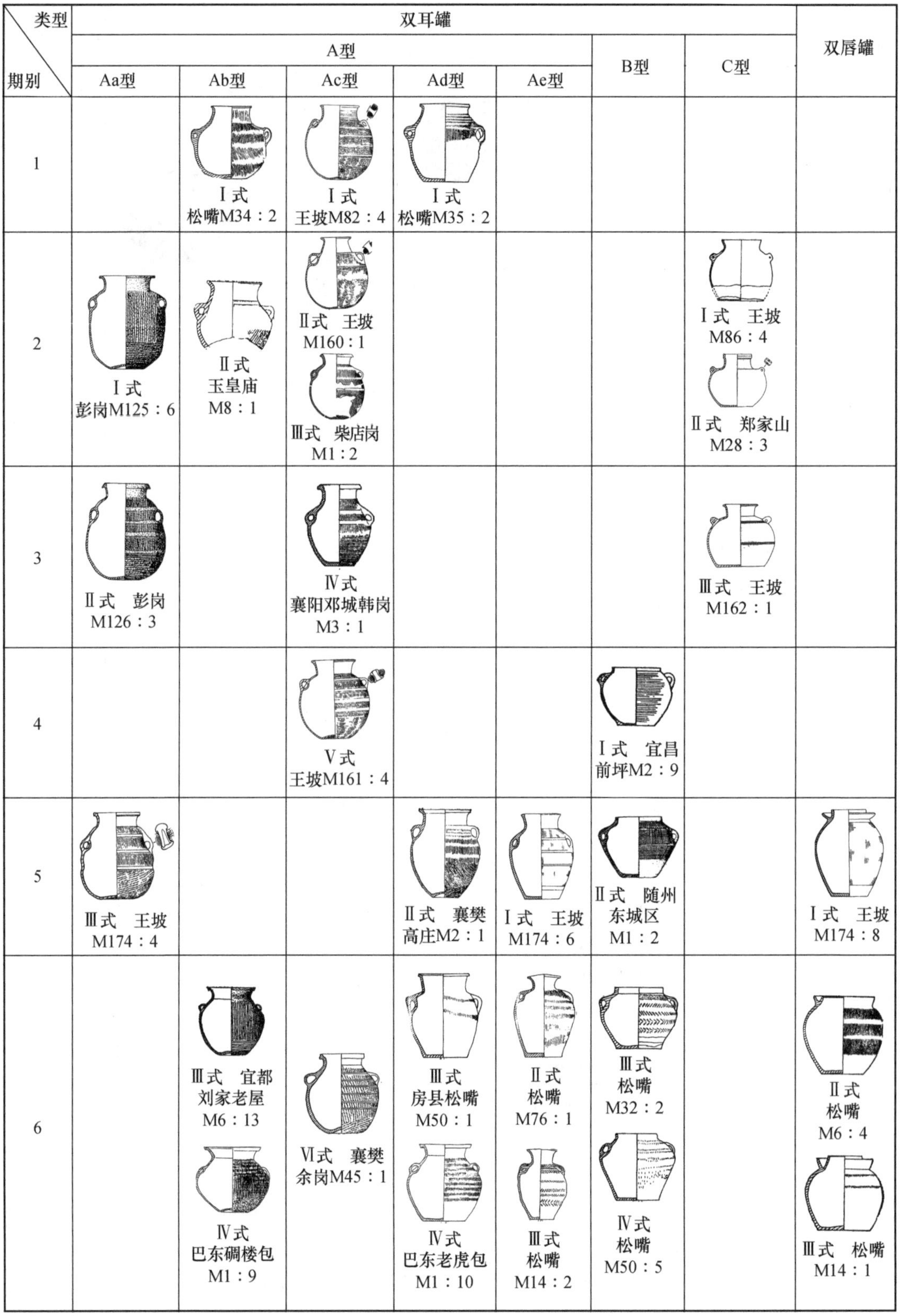

类型 期别	双耳罐							双唇罐
	A型					B型	C型	
	Aa型	Ab型	Ac型	Ad型	Ae型			
1		Ⅰ式 松嘴M34：2	Ⅰ式 王坡M82：4	Ⅰ式 松嘴M35：2				
2	Ⅰ式 彭岗M125：6	Ⅱ式 玉皇庙 M8：1	Ⅱ式 王坡 M160：1 Ⅲ式 柴店岗 M1：2				Ⅰ式 王坡 M86：4 Ⅱ式 郑家山 M28：3	
3	Ⅱ式 彭岗 M126：3		Ⅳ式 襄阳邓城韩岗 M3：1				Ⅲ式 王坡 M162：1	
4			Ⅴ式 王坡M161：4			Ⅰ式 宜昌 前坪M2：9		
5	Ⅲ式 王坡 M174：4			Ⅱ式 襄樊 高庄M2：1	Ⅰ式 王坡 M174：6	Ⅱ式 随州 东城区 M1：2		Ⅰ式 王坡 M174：8
6		Ⅲ式 宜都 刘家老屋 M6：13 Ⅳ式 巴东硐楼包 M1：9	Ⅵ式 襄樊 余岗M45：1	Ⅲ式 房县松嘴 M50：1 Ⅳ式 巴东老虎包 M1：10	Ⅱ式 松嘴 M76：1 Ⅲ式 松嘴 M14：2	Ⅲ式 松嘴 M32：2 Ⅳ式 松嘴 M50：5		Ⅱ式 松嘴 M6：4 Ⅲ式 松嘴 M14：1

图4.5　两湖区（鄂西分区）两汉墓葬出土陶双耳罐、双唇罐

演变趋势：口沿外侈程度逐渐加剧；最大腹径逐渐上移。

Ac型　体型较矮胖，圆鼓腹，细颈，多为牛鼻耳。分为六式。

演变趋势：颈逐渐变短；最大腹径逐渐下移。

Ad型　体型高瘦，弧腹，粗颈。分为四式。

演变趋势：颈渐短；小平底→圜底内凹→大平底。

Ae型　体型高瘦，弧腹，细颈。分为三式。

演变趋势：耳的位置逐渐上移；下腹内收程度加剧。

B型　短颈，直口罐。多饰弦纹或篦点纹。分为四式。

演变趋势：最大腹径逐渐上移；耳腹相接处内凹渐明显。

C型　小弓形耳罐，多素面。分为三式。

演变趋势：溜肩→鼓肩；颈逐渐加长。

（3）双唇罐

数量较少。分为三式（图4.5）。

演变趋势：器体瘦高→矮胖；长弧腹→圆鼓腹；底由大变小。

（4）矮领罐

领较短。根据陶质的不同、有无盖及底形态的不同分为三型（图4.6）。

A型、B型为泥质或夹砂陶矮领罐，C型为无釉硬陶罐。

A型　不带盖，平底罐。分为二亚型。

Aa型　体型矮胖，多饰绳纹或弦纹。分为七式。

演变趋势：侈口→微敛口→直口。

Ab型　体型矮胖，素面。分为四式。

演变趋势：侈口→直口。

B型　带盖，平底罐。分为二亚型。

Ba型　圆鼓腹，小平底罐。分为二式。

演变趋势：壶盖无装饰→盖上有纽；直口→敞口；平底→平底微内凹。

Bb型　广肩，大平底罐。分为二式。

演变趋势：器形由矮胖→清瘦；平顶一纽→平顶三纽。

C型　根据整体及肩形态的不同分为三亚型。

Ca型　体型清瘦，溜肩。分为二式。

演变趋势：最大腹径上移；大平底→小平底。

Cb型　体型清瘦，鼓肩。分为三式。

演变趋势：小口→大口；下腹内收程度趋缓。

Cc型　体型矮胖，鼓肩。分为三式。

演变趋势：口由矮变高；最大腹径逐渐上移。

（5）高领罐

领较长。根据器物大小的不同分为二型（图4.7）。

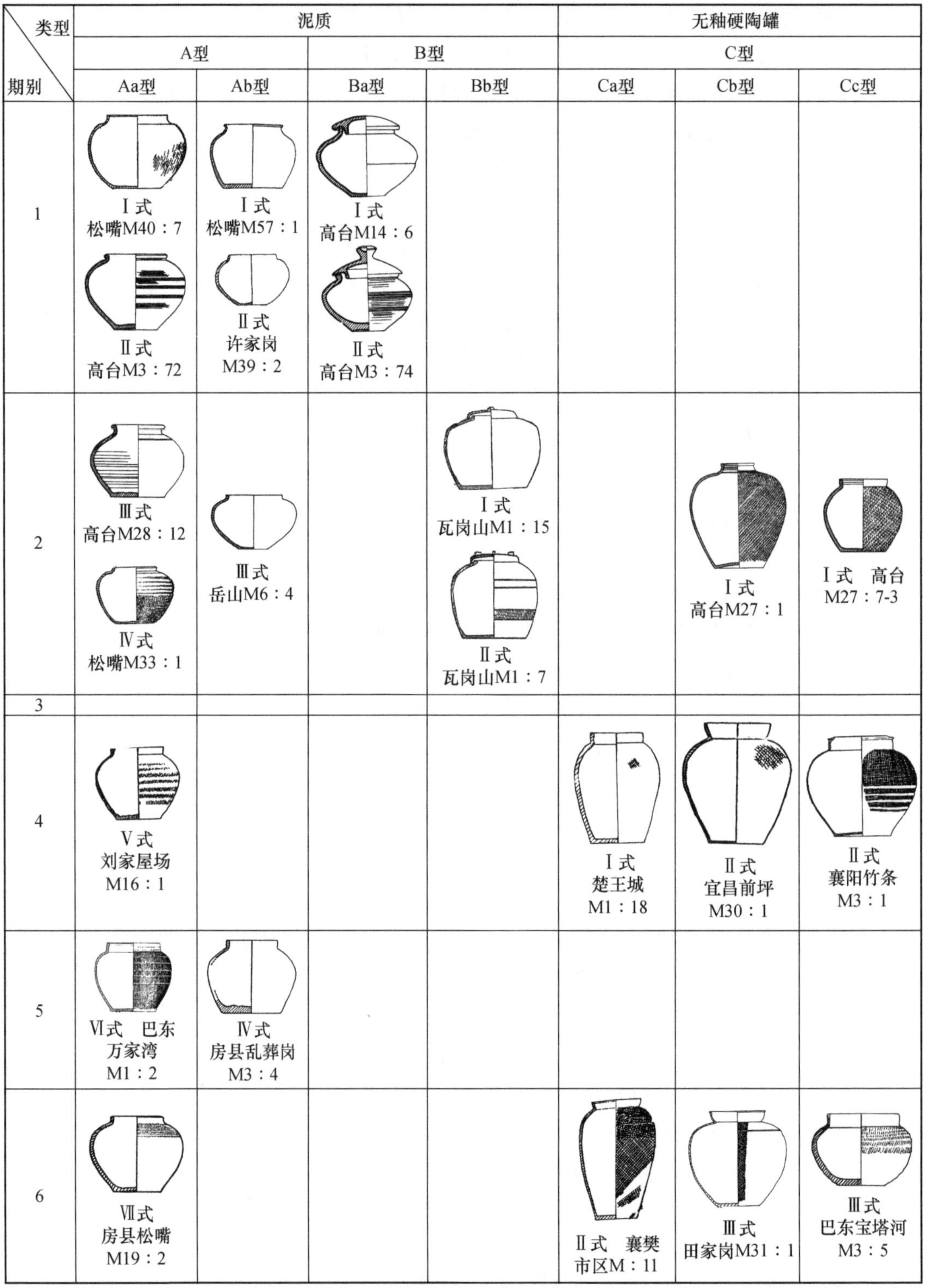

类型 期别	泥质				无釉硬陶罐		
	A型		B型		C型		
	Aa型	Ab型	Ba型	Bb型	Ca型	Cb型	Cc型
1	Ⅰ式 松嘴M40：7 Ⅱ式 高台M3：72	Ⅰ式 松嘴M57：1 Ⅱ式 许家岗 M39：2	Ⅰ式 高台M14：6 Ⅱ式 高台M3：74				
2	Ⅲ式 高台M28：12 Ⅳ式 松嘴M33：1	Ⅲ式 岳山M6：4		Ⅰ式 瓦岗山M1：15 Ⅱ式 瓦岗山M1：7		Ⅰ式 高台M27：1	Ⅰ式　高台 M27：7-3
3							
4	Ⅴ式 刘家屋场 M16：1				Ⅰ式 楚王城 M1：18	Ⅱ式 宜昌前坪 M30：1	Ⅱ式 襄阳竹条 M3：1
5	Ⅵ式　巴东 万家湾 M1：2	Ⅳ式 房县乱葬岗 M3：4					
6	Ⅶ式 房县松嘴 M19：2				Ⅱ式　襄樊 市区M：11	Ⅲ式 田家岗M31：1	Ⅲ式 巴东宝塔河 M3：5

图4.6　两湖区（鄂西分区）两汉墓葬出土陶矮领罐

类型 期别	A型				B型	
	Aa型	Ab型	Ac型	Ad型	Ba型	Bb型
1	Ⅰ式　1973前坪M54：3	Ⅰ式 高台M2：120		Ⅰ式 郑家山M35：1 Ⅱ式　前坪M17：5	Ⅰ式　高台M27：8 Ⅱ式 王坡M165：4	Ⅰ式　光化M4：4
2	Ⅱ式　岳山M11：3	Ⅱ式　岳山M42：3 Ⅲ式　岳山M14：2			Ⅲ式 玉皇庙M1：5	Ⅱ式 王坡M85：2
3						
4			Ⅰ式　秭归柳林溪M4：1			
5			Ⅱ式　巴东宝塔河M6：1			
6			Ⅲ式　秭归胜利街M1：6			

图4.7　两湖区（鄂西分区）两汉墓葬出土陶高领罐

A型　体型高大。分为四亚型。

Aa型　小口绳纹圆鼓腹罐。分为二式。

演变趋势：侈口→敛口；下腹内收程度趋缓。

Ab型　斜直颈，中腹双折，扁腹。分为三式。

演变趋势：长颈内束加剧；肩逐渐加宽；斜肩→耸肩。

Ac型　圆鼓腹束颈罐，平底内凹。分为三式。

演变趋势：口渐外敞；颈由粗变细。

Ad型　直颈鼓腹平底罐。分为二式。

演变趋势：耸肩→溜肩；下腹内收程度趋缓。

B型　体型较小。分为二亚型。

Ba型　垂腹，最大腹径在下腹部。分为三式。

演变趋势：直颈→束颈；斜腹→腹微折；小平底→大平底。

Bb型　鼓腹。分为二式。

演变趋势：小口→大口；腹越来越鼓；最大腹径逐渐下移。

5. 囷

在中国古代储藏粮食的设施和器具很多，但就考古发现来说，主要有两种，一种是仓，一种是囷（图4.8）。根据《说文·仓部》：“圜曰囷，方曰仓。”即仓应为方形，而囷为圆形。考古发现也有自铭为囷的圆体储粮器①。

鄂西区发现的基本为囷，仅有个别为仓。其陶质均为普通的泥质或夹砂陶，部分施釉。根据整体形态的不同为三型。

A型　瓮式囷。器身圆筒状，器形瘦高。分为五亚型。

Aa型　无足，折肩，无领，器身瘦高。分为六式。

演变趋势：直壁→斜直壁内收；底逐渐变小。

Ab型　无足，折肩，无领，器身相对矮胖。分为七式。

演变趋势：折肩位置逐渐上移；下腹内收逐渐趋缓。

Ac型　无足，折肩，有领，器形相对矮胖。分为二式。

演变趋势：囷门由有到无；斜直壁稍内收→斜直壁稍外张。

Ad型　无足，溜肩。分为四式。

演变趋势：器形瘦高→矮胖；下腹稍外张→下腹内收。

Ae型　三足，弧腹或直腹，器形瘦高。分为三式。

演变趋势：折肩→斜肩→溜肩。

B型　深腹盆式囷。器体较矮胖，多伞形盖，无足。分为三亚型。

---

① 张建锋：《两汉时期陶囷的类型学分析》，《江汉考古》1995年第4期。

类型 期别	A型					B型			C型
	Aa型	Ab型	Ac型	Ad型	Ae型	Ba型	Bb型	Bc型	
1						Ⅰ式 荆州高台 M35：9	Ⅰ式 荆州高台 M2：125		Ⅰ式　1973 前坪M52：5 Ⅱ式 前坪M35：5
2	Ⅰ式 余岗 BM2：7		Ⅰ式 瓦岗山 M1：2	Ⅰ式 彭岗 M114：7	Ⅰ式 前坪 M15：40	Ⅱ式　荆州 高台M29：12 Ⅲ式　前坪 M15：39	Ⅱ式 江陵岳山 M1：1	Ⅰ式　瓦岗山 M1：1 Ⅱ式　江陵 岳山M6：1	Ⅲ式　前坪 M15：13
3	Ⅱ式　瓦坟 园M4：59 Ⅲ式 随州 安居镇 （釉陶）	Ⅰ式 宜都陆城 Ⅱ式　彭岗 M121：5	Ⅱ式 宜都陆城	Ⅱ式 瓦坟园 M4：74	Ⅱ式 瓦坟园 M4：61	Ⅳ式 1978前坪 M103：1			Ⅳ式 柳林溪 M9：9
4	Ⅳ式　随州 义地岗 M1：62	Ⅲ式　宜昌 前坪M113：7		Ⅲ式　刘家 屋场M14：10	Ⅲ式　随州 义地岗M2：36	Ⅴ式　宜昌 前坪M3：2		Ⅲ式 宜昌前坪 M34：14	方形仓 宜昌前坪 M32：10
5	Ⅴ式　随州 东城区 M1：36	Ⅳ式　王坡 M174：15		Ⅳ式 襄阳王坡 M174：31					
6	Ⅵ式　老河 口北岗 M2：6	Ⅴ式　包金头 M18：6 Ⅵ式　老河 口北岗M2：3 Ⅶ式　老河 口杨寨M1：7						Ⅳ式 宜都 M11：18	

图4.8　两湖区（鄂西分区）两汉墓葬出土陶囷

Ba型　无足，鼓腹或弧腹。分为五式。

演变趋势：囷门由有到无；腹较圆鼓→腹微弧。

Bb型　无足，折腹。分为二式。

演变趋势：下腹微内收→下腹急剧内收。

Bc型　底带三足。折腹或弧腹，器形矮胖。分为四式。

演变趋势：口变小；肩渐明显；底变大。

C型　干栏式囷。囷身圆筒形，地板下有立柱。

演变趋势：三立柱→四立柱；四阿式屋顶→覆钵形顶。

另有方形仓，数量较少。如宜昌前坪M32：10，仓体似干栏式建筑，屋顶状长盖，平底，四柱状足。

6. 井

均为泥质陶，少数施釉。依肩、腹的不同分为四型（图4.9）。

A型　无颈，无肩，直腹。分为三亚型。

Aa型　斜直壁，口径小于底径。分为六式。

演变趋势：体型瘦高→矮胖；底由小变大。

Ab型　竖直壁，口径和底径大致相同。分为五式。

演变趋势：体型瘦高→矮胖。

Ac型　斜直壁，口径大于底径。分为二式。

演变趋势：下腹内收程度加剧。

B型　束颈或斜直颈，折肩。分为二亚型。

Ba型　体型矮胖。分为二式。

演变趋势：束颈→斜直颈；腹→斜直腹。

Bb型　体型瘦高，斜直腹，下腹稍外张。分为三式。

演变趋势：颈由长变短。

C型　束颈，无肩。分三亚型。

Ca型　体型瘦高，腹较直，下腹稍内收。分为五式。

演变趋势：长束颈→短束颈；口径小于底径→口径大于底径。

Cb型　束颈较长，体型矮胖。分为四式。

演变趋势：最大腹径逐渐下移。

Cc型　束颈较短，体型矮胖。分为五式。

演变趋势：颈逐渐加长；无封底→有封底。

D型　带井架。分为三式。

演变趋势：口径和底径大致相同→口径大于底径。

类型 期别	A型			B型		C型			D型
	Aa型	Ab型	Ac型	Ba型	Bb型	Ca型	Cb型	Cc型	
1								Ⅰ式　松嘴 M78：5	
2	Ⅰ式　松嘴 M2：5 Ⅱ式　彭岗 M120：3	Ⅰ式　光化 五座坟 M7：18	Ⅰ式　余岗 LM11：10			Ⅰ式　瓦岗山 M1：11	Ⅰ式　余岗 BM2：6	Ⅱ式　松嘴 M70：9	
3	Ⅲ式 宜都陆城		Ⅱ式　王坡 M162：8	Ⅰ式　彭岗 M116：1	Ⅰ式 江陵岳山 M32：11		Ⅱ式　彭岗 M121：3 Ⅲ式　随州 安居镇井	Ⅲ式 长虹南路 M1：7	
4	Ⅳ式　随州 义地岗 M1：52	Ⅱ式　江陵 毛家园 M4：8 Ⅲ式　随州 义地岗 M2：23		Ⅱ式　王坡 M163：1	Ⅱ式　襄樊 岘山M1：12 Ⅲ式　王坡 M173：17	Ⅱ式　荆门 十里九堰 M1：1 Ⅲ式 刘家屋场 M14：12		Ⅳ式 老河口柴店岗 M7：9	Ⅰ式　余岗 M45：4 Ⅱ式　前坪 M109：2
5		Ⅳ式 当阳半月 M1：8				Ⅳ式 沙市东郊 M2：8		Ⅴ式 房县乱葬岗 M3：7	Ⅲ式　王坡 M174：3
6	Ⅴ式 老河口北岗 M2：15 Ⅵ式 房县松嘴 M18：6	Ⅴ式 房县松嘴 M54：2				Ⅴ式　宜都 刘家老屋 M6：3	Ⅳ式　前坪 M18：25		方形井 异型　方形井 随州西城区 M1：25

图4.9　两湖区（鄂西分区）两汉墓葬出土陶井

还有一例比较特殊，如随州西城区M1∶25[①]，釉陶井，方形井圈，方形井口，井口四周设平台，上设带小滑轮的井架。

以上典型器物多有比较稳定的组合，据此可知不同器物间的型式对应关系，如表4.1。

表4.1　鄂西地区典型器物型式对应表

	鼎								盒					壶											
	Aa	Ab	Ba	Bb	Bc	Bd	Ca	Cb	Aa	Ab	Ba	Bb	Bc	Aa	Ab	Ba	Bb	Bc	Ca	Cb	Cc	Da	Db	Dc	E
1	Ⅰ	Ⅰ Ⅱ	Ⅰ Ⅱ	Ⅰ	Ⅰ Ⅱ	Ⅰ	Ⅰ Ⅱ		Ⅰ Ⅱ	Ⅰ	Ⅰ		Ⅰ	Ⅰ	Ⅰ	Ⅰ Ⅱ	Ⅰ Ⅱ	Ⅰ Ⅱ	Ⅰ Ⅱ	Ⅰ Ⅱ	Ⅰ Ⅱ	Ⅰ Ⅱ	Ⅰ		Ⅰ
2	Ⅱ	Ⅲ Ⅳ	Ⅲ	Ⅱ Ⅲ	Ⅲ	Ⅱ Ⅲ	Ⅲ	Ⅰ	Ⅲ	Ⅱ	Ⅱ	Ⅰ	Ⅱ Ⅲ			Ⅲ Ⅳ	Ⅲ Ⅳ		Ⅲ		Ⅲ	Ⅲ	Ⅱ Ⅲ		Ⅱ
3				Ⅳ				Ⅱ Ⅲ	Ⅳ	Ⅲ		Ⅱ	Ⅳ		Ⅱ			Ⅲ			Ⅳ				
4	Ⅲ					Ⅳ					Ⅲ	Ⅲ		Ⅱ Ⅲ	Ⅲ Ⅳ				Ⅳ				Ⅳ Ⅴ		
5																							Ⅵ	Ⅰ	
6														Ⅳ	Ⅴ Ⅵ								Ⅶ	Ⅱ Ⅲ	

续表4.1　鄂西地区典型器物型式对应表

	折腹罐						双耳罐							双唇罐	矮领罐						
	Aa	Ab	Ac	Ba	Bb	C	Aa	Ab	Ac	Ad	Ae	B	C		Aa	Ab	Ba	Bb	Ca	Cb	Cc
1	Ⅰ		Ⅰ Ⅱ	Ⅰ Ⅱ	Ⅰ			Ⅰ	Ⅰ	Ⅰ					Ⅰ Ⅱ	Ⅰ Ⅱ	Ⅰ Ⅱ				
2	Ⅱ Ⅲ				Ⅱ	Ⅰ	Ⅰ	Ⅱ	Ⅱ Ⅲ				Ⅰ Ⅱ		Ⅲ Ⅳ	Ⅲ		Ⅰ Ⅱ		Ⅰ	Ⅰ
3	Ⅳ			Ⅲ	Ⅲ	Ⅱ	Ⅱ		Ⅳ				Ⅲ								
4		Ⅰ Ⅱ							Ⅴ			Ⅰ			Ⅴ				Ⅰ	Ⅱ	Ⅱ
5							Ⅲ			Ⅱ	Ⅰ	Ⅱ		Ⅰ	Ⅵ	Ⅳ					
6								Ⅲ Ⅳ	Ⅵ	Ⅲ Ⅳ	Ⅱ Ⅲ	Ⅲ Ⅳ		Ⅱ Ⅲ	Ⅶ				Ⅱ	Ⅲ	Ⅲ

续表4.1　鄂西地区典型器物型式对应表

	高领罐						井									灶								
	Aa	Ab	Ac	Ad	Ba	Bb	Aa	Ab	Ac	Ba	Bb	Ca	Cb	Cc	D	Aa	Ab	Ac	B	Ca	Cb	Cc	Da	Db
1	Ⅰ	Ⅰ		Ⅰ Ⅱ	Ⅰ Ⅱ	Ⅰ								Ⅰ		Ⅰ	Ⅰ		Ⅰ	Ⅰ Ⅱ	Ⅰ		Ⅰ	
2	Ⅱ	Ⅱ Ⅲ			Ⅲ	Ⅱ	Ⅰ Ⅱ	Ⅰ	Ⅰ			Ⅰ	Ⅰ	Ⅱ		Ⅱ	Ⅱ		Ⅱ		Ⅱ	Ⅰ	Ⅱ	Ⅰ

① 王善才、王世振：《湖北随州西城区东汉墓发掘报告》，《文物》1993年第7期。

续表

	高领罐						井									灶								
	Aa	Ab	Ac	Ad	Ba	Bb	Aa	Ab	Ac	Ba	Bb	Ca	Cb	Cc	D	Aa	Ab	Ac	B	Ca	Cb	Cc	Da	Db
3							Ⅲ		Ⅱ	Ⅰ	Ⅰ		Ⅱ Ⅲ	Ⅲ		Ⅲ	Ⅲ Ⅳ	Ⅰ Ⅱ			Ⅲ	Ⅱ	Ⅲ	Ⅱ
4			Ⅰ				Ⅳ	Ⅱ Ⅲ		Ⅱ	Ⅱ Ⅲ	Ⅱ Ⅲ		Ⅳ	Ⅰ Ⅱ	Ⅳ	Ⅴ	Ⅲ	Ⅲ		Ⅳ			
5			Ⅱ					Ⅳ				Ⅳ		Ⅴ	Ⅲ		Ⅵ		Ⅳ	Ⅲ	Ⅴ			
6			Ⅲ				Ⅴ Ⅵ	Ⅴ				Ⅴ	Ⅳ			Ⅴ Ⅵ	Ⅶ Ⅷ		Ⅴ	Ⅳ	Ⅵ			

续表4.1　鄂西地区典型器物型式对应表

	囷								
	Aa	Ab	Ac	Ad	Ae	Ba	Bb	Bc	C
1						Ⅰ	Ⅰ		Ⅰ Ⅱ
2	Ⅰ		Ⅰ	Ⅰ	Ⅰ	Ⅱ Ⅲ	Ⅱ	Ⅰ Ⅱ	Ⅲ
3	Ⅱ Ⅲ	Ⅰ Ⅱ	Ⅱ	Ⅱ	Ⅱ	Ⅳ			Ⅳ
4	Ⅳ	Ⅲ		Ⅲ	Ⅲ	Ⅴ		Ⅲ	
5	Ⅴ	Ⅳ		Ⅳ					
6	Ⅵ	Ⅴ Ⅵ Ⅶ						Ⅳ	

7. 灶

均为普通的泥质陶或夹砂陶，部分施釉（图4.10）。根据灶体平面形状的不同分为四型。

A型　灶体平面呈长方形。数量较多。根据火眼的多少分为三亚型。

Aa型　单火眼。分为六式。

演变趋势：烟囱由有到无；挡火墙由有到无。

Ab型　两火眼。单火门。分为八式。

演变趋势：挡火墙由无到有。

Ac型　三火眼。分为三式。

演变趋势：火门及地→火门不及地；单火眼→双火眼。

B型　平面呈梯形。灶体一端较宽，一端较窄，均为双火眼。分为五式。

演变趋势：挡板由无到有；两火眼大小相同→两火眼一大一小。

C型　平面呈船形，方头尖尾或圆尾。分为三亚型。

Ca型　单火眼。分为四式。

演变趋势：火眼位于灶体中央→火眼较靠近火门处。

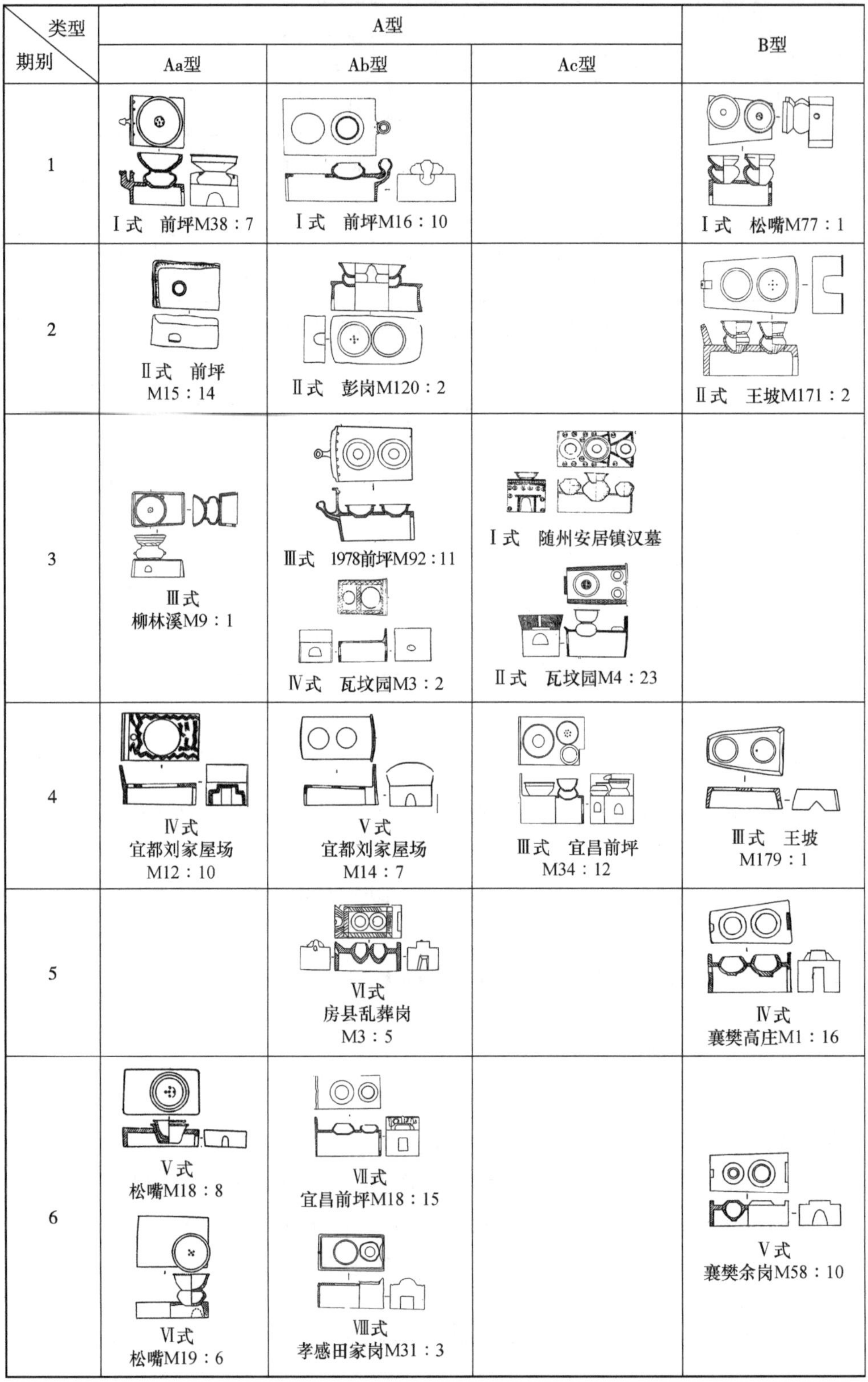

期别＼类型	A型			B型
	Aa型	Ab型	Ac型	
1	Ⅰ式　前坪M38：7	Ⅰ式　前坪M16：10		Ⅰ式　松嘴M77：1
2	Ⅱ式　前坪 M15：14	Ⅱ式　彭岗M120：2		Ⅱ式　王坡M171：2
3	Ⅲ式 柳林溪M9：1	Ⅲ式　1978前坪M92：11 Ⅳ式　瓦坟园M3：2	Ⅰ式　随州安居镇汉墓 Ⅱ式　瓦坟园M4：23	
4	Ⅳ式 宜都刘家屋场 M12：10	Ⅴ式 宜都刘家屋场 M14：7	Ⅲ式　宜昌前坪 M34：12	Ⅲ式　王坡 M179：1
5		Ⅵ式 房县乱葬岗 M3：5		Ⅳ式 襄樊高庄M1：16
6	Ⅴ式 松嘴M18：8 Ⅵ式 松嘴M19：6	Ⅶ式 宜昌前坪M18：15 Ⅷ式 孝感田家岗M31：3		Ⅴ式 襄樊余岗M58：10

图4.10　两湖区（鄂

C型			D型		异型
Ca型	Cb型	Cc型	Da型	Db型	
Ⅰ式　随州市城北西汉墓 Ⅱ式　松嘴 M70：8	Ⅰ式　睡虎地 M2：18		Ⅰ式　前坪 M20：10		
	Ⅱ式　彭岗 M118：4	Ⅰ式　光化五座坟 M7：13	Ⅱ式　江陵岳山 M11：4	Ⅰ式　瓦岗山 M1：8	郑家山 M68：1
	Ⅲ式　长虹南路 M2：4	Ⅱ式　王坡 M162：3	Ⅲ式　1978前坪 M103：8	Ⅱ式　宜都陆城	王坡 M53：2
	Ⅳ式　王坡 M161：3				
Ⅲ式　沙市东郊M2：10	Ⅴ式　松嘴 M7：1				
Ⅳ式　松嘴 M61：1	Ⅵ式　松嘴 M2：4				

西分区）两汉墓葬出土陶灶

Cb型　两火眼，灶体较短宽。分为六式。

演变趋势：火眼位于灶面中央→灶面一侧；灶尾由圆钝→圆尖。

Cc型　两火眼，灶体较窄长，近似长方形。分为二式。

演变趋势：有烟囱→仅有烟孔。

D型　平面呈曲尺形。分为二亚型。

Da型　两火眼，均为悬空的拱形火门。分为三式。

演变趋势：挡火墙由有到无。

Db型　三火眼，均有挡火墙。分为二式。

演变趋势：火门一个→两个；挡火墙直立→斜立。

还有两件形制比较特殊的灶，如郑家山M68：1①，曲尺形，带四个火眼。此种四火眼的灶数量较少。襄阳王坡M53：2②，为平面呈六边形的灶。

（二）鄂西区墓葬的分期及年代

有明确纪年的墓葬在墓葬分期研究中具有重要的参照作用。本区共发现纪年墓葬13座。其具体情况见表4.2。

表4.2　鄂西区纪年墓葬登记表

序号	墓葬地点	纪年器物	纪年内容	器物年代	墓葬形制	出土陶器	出处
1	江陵凤凰山M9	木牍	“十六年”	汉文帝十六年（前164年）	墓坑不分室椁内分箱木椁墓	囷1、灶1、釜2、甑1、盘1、罐4、壶2、熏1、陶鸟1	《文物》1974年第6期
2	江陵凤凰山M10	木牍	“四年后九月辛亥”	汉景帝四年（前153年）	墓坑不分室椁内分箱木椁墓	囷1、灶1、釜1、甑1、钵2、盘1、罐2、壶4	
3	江陵凤凰山M168	竹牍	“十三年五月庚辰”	汉文帝十三年（前167年）	墓坑不分室椁内分箱木椁墓	囷1、灶1、盂2、罐2、壶4、瓮2、圜底瓮1、盘1、盆1	《考古学报》1993年第4期
4	荆州高台M18	木牍	“七年十月丙子朔庚子”	汉文帝前元七年（前173年）	墓坑不分室椁内分箱木椁墓	鼎2、盒2、壶2、豆2、勺2、杯2、匜斗2、圜底罐1、矮领罐1	《荆州高台秦汉墓》，科学出版社，2000年

① 湖北省文物考古研究所、襄樊市博物馆：《湖北襄樊郑家山战国秦汉墓》，《考古学报》1999年第3期。

② 湖北省文物考古研究所、襄樊市考古队、襄樊区文物管理处：《襄阳王坡东周秦汉墓》，科学出版社，2005年。

续表

序号	墓葬地点	纪年器物	纪年内容	器物年代	墓葬形制	出土陶器	出处
5	毛家园M1	木牍	“十二年八月壬寅朔己未”	汉文帝十二年（前168年）	墓坑不分室椁内分箱木椁墓	仓？、灶？、罐？	《中国考古学年鉴（1987）》，文物出版社，1988年，204页
6	房县乱葬冈M3	纪年砖	“阳嘉元年八月作此”	汉顺帝阳嘉元年（132年）	刀形砖室墓	罐3、灶1、井1、钵2、陶片数十片	《考古》1978年第5期
7	房县乱葬冈M2	纪年砖	“建宁二年一月作”	汉灵帝建宁二年（169年）	凸字形砖室墓	钵1	《考古》1978年第5期
8	房县乱葬冈M1	纪年砖	“熹平五年”“阳嘉元年八月作此”	汉灵帝熹平五年（176年）、汉顺帝阳嘉元年（132年）	刀形砖室墓	罐4、灶1、钵1	《考古》1978年第5期
9	房县二龙冈M2	纪年砖	“本初元年闰月作”	汉质帝本初元年（146年）	长方形单砖室墓	罐1	《考古》1978年第5期
10	巴东纪年墓	纪年砖	“永元十二年三月十二日黄雅南”	东汉和帝永元十二年（100年）	双砖室墓	无陶器	《江汉考古》1983年第4期
11	宜都刘家屋场M14	纪年砖	“永平十八年”	汉明帝永平十八年（75年）	单砖室墓	罐5、钵1、囷2、井1、灶1、壶1、鼎1	《考古》1987年第10期
12	宜昌前坪包金头M14	纪年砖	“延光四年七月骆公”“延光四年七月骆平公作”	汉安帝延光四年（125年）	双石室墓	罐1、碗1、盘1、囷1、灶1	《考古》1990年第9期
13	巴东黄家梁子M1	纪年砖	“永平十年”	汉明帝永平十年（67年）	砖石合构墓	瓮1、罐1	《湖北库区考古报告集（第一卷）》，科学出版社，2003年

参照这些纪年墓，结合墓葬形制、随葬器物组合所表现出来的阶段性变化，可以将鄂西区墓葬分为六期。并根据各期出土的纪年砖、钱币、铜镜等对其年代做出判断。

第一期，以江陵凤凰山M168、M167、M9、M10，江陵高台M18，萧家草场M26，1978宜昌前坪M93、M96、M98、M100、M102、M104、M105，宜昌前坪M8、M12、M24、M25、M26、M28、M29、M36、M40、M41、M43、M44、M46、M52，随州市城北西汉墓为代表。

墓葬形制：全部为土坑无椁墓和木椁墓，因为棺椁保存条件不好，部分墓葬无法知晓棺椁情况。多数墓葬均为墓坑不分室木椁墓中的椁内分箱墓。木椁外多填有青膏泥。

此期墓葬随葬陶器比较单纯，仿铜陶礼器鼎、盒、壶（钫）成组随葬。但云梦江陵一带墓葬中大量出土罐、釜、盂、瓮、甑等日用陶器。个别墓葬伴出模型明器灶、囷。这一期较多的墓都有铜器或漆器随葬。铜器多见鼎、蒜头壶、钫、盘、勺、盆等。漆器多见盒、扁壶、奁、卮、耳杯、盘等。多见西汉前期发行的半两钱而不见五铢钱。属于该期的有5座纪年墓，集中于文帝和景帝时期。由此可知此期年代为西汉早期。个别墓葬年代上限可达战国晚期，其下限不超过汉武帝元狩五年（前118年）。

第二期，以荆门市瓦岗山M2，沙市东郊M1，光化五座坟M5、M7，襄樊彭岗M112、M114、M115、M117、M118、M120、M122、M125，郧西县老关庙M2等为代表。

墓葬形制：均为土（岩）坑无椁墓和木椁墓，部分棺椁保存不好，无法知晓其具体情况。可以分辨的有木棺墓、墓坑不分室木椁墓中的椁内分箱墓。

此期墓葬多见鼎、盒、壶、囷、灶、井的组合。钫基本不见。井从此期开始大量出现。日用陶器多见罐、瓮、甑、釜。铜器随葬不及上期普遍，但仍有较多墓葬随葬铜鼎、熏、灯、勺等。利用漆器随葬的现象大大减少。多出土昭明镜，其中的“昭明-清白”镜主要流行于昭宣时期①。出土的五铢钱多为西汉中期的样式，如郧西县老观庙M2出土的五铢（N2：13-1），“五”字中间交笔缓曲，整个字形如相对的两个三角形；铢字的“金”字头呈箭镞状，“朱”字头方折。其形制与河北满城西汉刘胜墓中室出土的郡国五铢二型②相似。综合以上因素，该期年代大致应为西汉中期，即武、昭、宣时期。其上限或可达汉武帝早期（前140～前118年）。

第三期：以荆沙市瓦坟园M3、M4，随州安居镇汉墓，宜都陆城汉墓，襄樊市长虹南路M1、M2，老河口市柴店岗M1、M2、M8等为代表。

墓葬形制：多土坑木椁墓，新出现室墓中的单砖室墓和土洞墓。

此期仿铜陶礼器组合松散，很少成组出现。盒的数量大大减少。相反，囷、灶、井则多成组出现。日用陶器随葬普遍，罐较多，伴出釜、盆、盂、甑等。新出现模型明器猪圈、鸡、狗、鹅等。利用铜器随葬的墓葬较少。漆器少见。铜镜亦少见，五铢钱却大量出土。五铢“五”字交叉两笔较弯曲，金字头很小，低于朱字，这种五铢钱多见于西汉晚期③。个别墓葬可见剪轮五铢，但未见新莽钱。综合以上因素，此期年代应为西汉晚期，即元、成、哀、平时期。

第四期：以襄樊岘山M1，襄樊杜甫巷M1、M2，老河口孔家营M1，谷城马铃沟汉墓，枣阳车架厂M3，南漳M3，江陵毛家园M5，襄阳王坡M163，宜昌前坪M3、M32、M34、M109，宜昌前坪包金头M11，宜都刘家屋场M14、M16，巴东黄家梁子M1，荆门玉

① 孔祥星、刘一曼：《中国古代铜镜》，文物出版社，1984年。

② 蒋若是：《秦汉钱币研究》，中华书局，1997年，130页。郡国五铢二型是直接采用《满城汉墓发掘报告》中对五铢钱的型式划分。此二型在报告中指“五字交叉两笔缓曲”者。

③ 李如森：《中国古代铸币》，吉林大学出版社，1998年，158、159页。

皇阁墓，襄阳王坡M179，秭归庙坪M47，巴东西瀼口M4，随州义地岗M1、M2为代表。

墓葬形制：以室墓为主。砖室墓有单室、双室、多室之分。石室墓中有单石室墓。砖木合构墓和砖石合构墓都有单室和双室两种。还有少量土（岩）坑无椁墓和木椁墓。

流行各种胎质的陶器，随葬品呈现出多样性，数量也很多。陶器中有鼎、盒、壶等仿铜陶礼器，罐、钵等日用陶器，囷、井、灶、楼、碓、牲畜俑等模型明器；铜器的类型和数量也比较多，有鼎、钼、鍪、釜甑、带钩、环、车马器等；铁器主要有铁剑、铁刀等。伴出大量莽钱以及流行于新莽至东汉早期的规矩八禽镜①、规矩四灵镜、云雷纹连弧纹镜②等，个别墓葬中还伴出西汉晚期常见的日光镜等。又因出“永平十年”（67年）、“永平十八年”（75年）纪年砖，可知该期年代大体相当于王莽前后到章帝时期，即王莽时期到东汉早期。

第五期：以襄阳王坡M174，宜昌前坪包金头M14，秭归孔岭M6，巴东宝塔河M6，浠水M2，当阳半月M1，襄樊高庄M1、M2，房县乱葬冈M3，房县二龙冈M2，宜昌前坪包金头M23，沙市东郊M2为代表。

墓葬形制：以室墓为主。砖室墓有单室、双室、多室之分。石室墓中有单室、双室之分。

仍流行各种胎质的陶器，但无釉硬陶渐发达，硬釉陶衰落，仿铜陶礼器亦衰落；模型明器中新出现了人物俑。铜器数量减少。总体上该期器物类型和数量相对较少。因出“永元十二年”（100年）、“延光四年七月”（125年）、“阳嘉元年”（132年）、“本初元年”（146年）纪年砖，可知该期年代大体相当于和帝至质帝时期，即东汉中期。

第六期：以襄樊市区汉墓，房县松嘴M50、M61、M76，宜都刘家老屋M6，宜都M11，宜昌前坪M18，秭归蟒蛇寨M19，巴东茅寨子湾M7，房县乱葬冈M1、M2，宜昌前坪M112，随州西城区M1，孝感田家岗M31，云梦瘌痢墩M1等为代表。

墓葬形制：以室墓为主。砖室墓有单室、双室、多室之分。石室墓中有单室、双室、多室之分。砖石合构墓中仅有单室墓。少量土（岩）坑无椁墓和木椁墓。

此期出现了新器类即青瓷器。陶器中模型明器数量增多、种类增加，且越来越仿生。还出现了日用陶器模型化的现象。伴出东汉晚期常见的剪轮五铢，东汉晚期流行的蝙蝠形柿蒂纹兽首镜，东汉末期流行的高浮雕龙虎纹镜、单线连弧纹镜、画纹带神兽镜、方枚四兽镜等。又因出“建宁二年”（169年）、“熹平五年”（176年）纪年

---

① 此类镜流行于新莽到东汉初年。湖北省博物馆、鄂州市博物馆：《鄂城汉三国六朝铜镜》，文物出版社，1986年，12页。

② 规矩四灵镜和云雷纹连弧纹镜流行于东汉早期。湖北省博物馆、鄂州市博物馆：《鄂城汉三国六朝铜镜》，文物出版社，1986年，12、14页。

砖，可知该期年代大体相当于桓、灵、献时期，即东汉晚期。

二、湘—鄂东区随葬器物的类型学分析及分期

湘—鄂东区的两汉墓葬，数量较多，主要集中于鄂东的蕲春县、湘东、湘南、湘北地区（详见表1.3）。本区共发现4座纪年墓，集中于东汉和帝和灵帝时期。此区发现了较多的诸侯王或列侯墓（见表1.1、表1.2）。

对这些墓葬的发掘整理工作形成了一系列大型综合性考古报告：《长沙发掘报告》[①]《长沙马王堆一号汉墓》[②]《长沙马王堆二、三号汉墓》[③]《里耶发掘报告》[④]《沅陵窑头发掘报告——战国至汉代城址及墓葬》[⑤]《沅水下游汉墓》[⑥]《益阳罗家嘴楚汉墓葬》[⑦]等。

关于这一分区西汉墓葬的研究成果较多，而有关东汉墓葬的研究则相对薄弱。1957年出版的《长沙发掘报告》[⑧]报道了在长沙近郊发掘的72座汉墓材料，初步建立起长沙地区两汉墓葬的年代标尺。但此批墓葬分期跨度较大，可兹参考的空间有限。后有宋少华对西汉时期长沙国范围内的中小型墓葬进行过比较详细的分期研究，将长沙地区西汉墓葬分为四期，即西汉初年—汉文帝时期、文景之际—武帝元狩五年、武帝元狩五年—元成之际、元成之际—新莽前后[⑨]。谭远辉在前人研究基础上，对湘西北地区的西汉墓进行了重新分期研究，最后将湘西北地区的西汉墓葬分为五期，即汉初—文帝前期、文帝后期—武帝元狩五年前、武帝元狩五年—武帝后期、昭帝—成帝时期、西汉末年至新莽时期[⑩]。罗炯炯系统收集了湖南地区西汉墓葬的材料，通过对墓葬

---

① 中国科学院考古研究所：《长沙发掘报告》，科学出版社，1957年。

② 湖南省博物馆、中国科学院考古研究所：《长沙马王堆一号汉墓》，文物出版社，1973年。

③ 湖南省博物馆、湖南省文物考古研究所：《长沙马王堆二、三号汉墓》，文物出版社，2004年。

④ 湖南省文物考古研究所：《里耶发掘报告》，岳麓书社，2007年。

⑤ 湖南省文物考古研究所：《沅陵窑头发掘报告——战国至汉代城址及墓葬》，文物出版社，2015年。

⑥ 湖南省常德市文物局、常德博物馆、鼎城区文物局、桃源县文物局、汉寿县文物局：《沅水下游汉墓》，文物出版社，2016年。

⑦ 湖南省文物考古研究所：《益阳罗家嘴楚汉墓葬》，科学出版社，2016年。

⑧ 中国科学院考古研究所：《长沙发掘报告》，科学出版社，1957年。

⑨ 宋少华：《西汉长沙国（临湘）中小型墓葬分期概论》，《考古耕耘录——湖南中青年考古学者论文选集》，岳麓书社，1999年。

⑩ 谭远辉：《湘西北地区西汉墓葬概论》，《考古耕耘录——湖南中青年考古学者论文选集》，岳麓出版社，1999年，288～296页。

的分类研究和随葬品的型式分析来探索湖南西汉墓葬的地域特征①。这几篇论文分期成果比较科学，基本上建立起湖南地区西汉墓葬的年代标尺。

鉴于本区的材料情况和研究现状，本区主要采用以下思路进行分期研究。

1）对本区随葬陶器开展类型学研究，在此过程中参照已有的分期成果以及诸侯王列侯墓发现的陶器，对照检验并调整其类型学分析结果。结合墓葬形制演变规律，形成墓葬的相对年代序列。

2）结合这些已有的分期成果、纪年墓以及墓葬中出土的纪年器物，判定墓葬的年代。从而建立起本区的年代框架。

（一）湘—鄂东区随葬器物的类型学分析

湘—鄂东区随葬器物种类丰富，数量众多。但仍以陶器为大宗，陶器多为泥质陶，部分为硬陶，部分施釉。陶器中最常见的器物为鼎、盒、壶、钫、罐、囷、灶、井、熏炉、鐎壶、鸡埘、猪圈、屋、仓等。这些器物不仅发现数量多、分布广泛，而且有演变规律可循，因此本书主要选取这14种器物进行类型学分析。

1. 鼎

根据底形状的不同分为二型（图4.11）。

A型　圜底鼎。分为二亚型。

Aa型　深腹。分为六式。

演变趋势：盖，弧盖较平→盖较隆起；盖上装饰由无到有；耳高于器盖→耳低于器盖。

Ab型　浅腹，器体呈扁圆形。分为四式。

演变趋势：盖上装饰由无到有；耳高于器盖→耳低于器盖。

B型　平底鼎。分为三亚型。

Ba型　深腹大平底鼎。分为七式。

演变趋势：盖上装饰由无到有；蹄足由高变矮。

Bb型　浅腹大平底鼎。分为四式。

演变趋势：竖直耳→附耳外撇；三蹄足外撇→三蹄足略曲内聚。

Bc型　小平底盒形鼎。分为四式。

演变趋势：器身和器盖完全相同→小盒盖大器身；足，内聚→外撇。

2. 盒

根据盖及底的不同分为三型（图4.12）。

---

① 罗炯炯：《湖南西汉墓葬研究》，湖南大学硕士学位论文，2009年。

类型 期别	A型		B型		
	Aa型	Ab型	Ba型	Bb型	Bc型
1	Ⅰ式　罗州城鳜M19：4 Ⅱ式　沅陵虎溪山MIT：60	Ⅰ式　衡阳市玄碧塘M2：31 Ⅱ式　津市肖家湖M12：8 Ⅲ式　罗州城茅M8：8	Ⅰ式　罗州城茅M25：24	Ⅰ式　衡阳市玄碧塘M1：23 Ⅱ式　罗州城对M10：8	Ⅰ式　罗州城鼓M4：11 Ⅱ式　桃源二里岗M11：9 Ⅲ式　长沙桐梓坡M39：14
2	Ⅲ式　永州市鹞子山西汉刘彊墓（51） Ⅳ式　靖州县团结村M1：6		Ⅱ式　罗州城草M5：5 Ⅲ式　罗州城陈M1：5	Ⅲ式　罗州城鳜M27：8	
3	Ⅴ式　桃源狮子山M68：10	Ⅳ式　溆浦县茅坪坳M32：3	Ⅳ式　衡阳市凤凰山M1：1 Ⅴ式　怀化M5：24	Ⅳ式　罗州城草M8：18	
4	釉 Ⅵ式　常德南M3：8		Ⅵ式　津市新州镇M1		
5			Ⅶ式　衡阳荆田村M8：11		
6					Ⅳ式　常德市芦山乡M1：39

图4.11　两湖区（湘—鄂东分区）两汉墓葬出土陶鼎

期别＼类型	A型		B型	C型	不可分型式
	Aa型	Ab型			
1	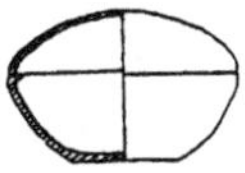 Ⅰ式　常德樟树山 M30：20 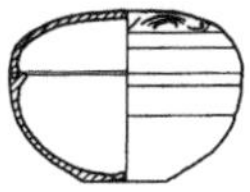 Ⅱ式　沅陵虎溪山 M1T：3 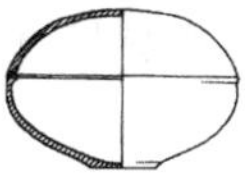 Ⅲ式　罗州城茅M25：12	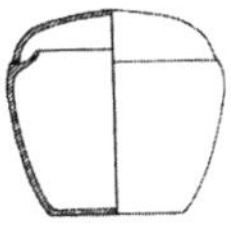 Ⅰ式　罗州城鳜 M24：15	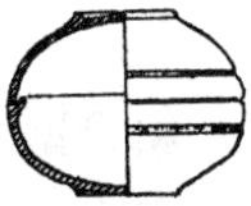 Ⅰ式　津市肖家湖 M44：6 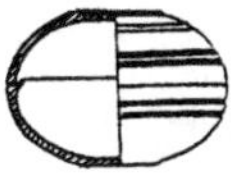 Ⅱ式　大庸三角坪 (M14：10)	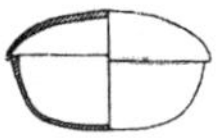 Ⅰ式　罗州城茅M11：10 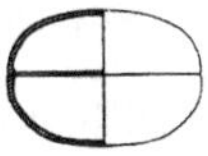 Ⅱ式　罗州城茅M9：6	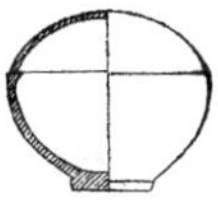 衡阳市玄碧塘 M1：21
2	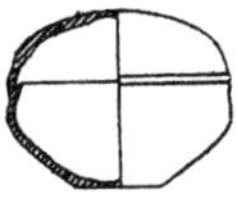 Ⅳ式　津市肖家湖 M11：4	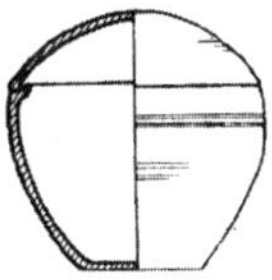 Ⅱ式　罗州城 付 M7：2	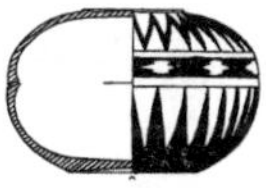 Ⅲ式　永州市鹞子山西汉刘彊墓（39） 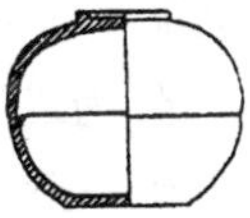 Ⅳ式　大庸落凤坪M28：9	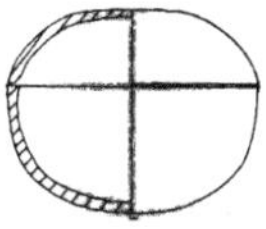 Ⅲ式　靖州县团结村M1：10	
3		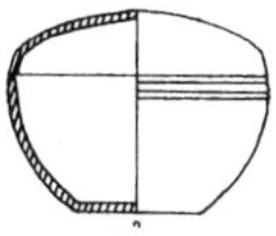 Ⅲ式　怀化 M5：28 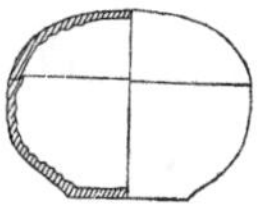 Ⅳ式　衡阳市凤凰山M1：3  Ⅴ式　罗州城付 M6：16	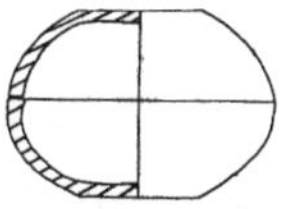 Ⅴ式　溆浦县茅坪坳 M31：4		
4					
5					
6					

图4.12　两湖区（湘—鄂东分区）两汉墓葬出土陶盒

A型　弧形盖，平底。分为二亚型。

Aa型　浅腹。分为四式。

演变趋势：弧盖越来越深；底越来越小。

Ab型　深腹。分为五式。

演变趋势：大弧盖→小弧盖；斜直壁→弧壁外鼓。

B型　盖顶有捉手，圈足底或平底。分为五式。

演变趋势：子口越来越矮；小圈足底→大平底。

C型　圜底，整体呈扁圆形。分为三式。

演变趋势：大弧盖→ 弧盖渐平。

还有一件圈足盒，湖南少见，但多见于湖北西部地区。如衡阳市玄碧塘M1：21[①]。

3. 壶

壶是湖南出土陶器中最为常见的一种器类。以泥质陶为主，也有部分硬陶。根据质料的不同分为泥质陶壶和硬釉陶壶两种。

（1）泥质陶壶

根据有无铺首、颈、足及腹部形态的不同分为四型（图4.13）。

A型　假圈足壶，无铺首。分为二亚型。

Aa型　高圈足壶，圈足较小。分为二式。

演变趋势：盘口→近直口；束颈→颈上粗下细。

Ab型　矮圈足壶，圈足较大。分为三式。

演变趋势：颈由细变粗；垂腹→圆鼓腹；圈足逐渐增高。

B型　圈足壶，无铺首。分为二亚型。

Ba型　束颈。分为三式。

演变趋势：腹，扁→圆；圈足，外侈→较直，高→矮。

Bb型　直颈。分为二式。

演变趋势：口近直→盘口；圆鼓腹→长圆腹；圈足由高变矮。

C型　大深盘口，束颈壶。个别有铺首。分为二式。

演变趋势：颈越来越长；铺首由有到无；假圈足→圈足。

D型　铺首壶。分为四亚型。

Da型　粗短颈，鼓腹。分为四式。

演变趋势：盘口→侈口；圈足外侈→圈足较直。

Db型　束颈较细，鼓腹。分为三式。

演变趋势：颈内束程度加剧；圈足由矮变高。

---

① 衡阳市文物工作队：《湖南衡阳市玄碧塘西汉墓清理简报》，《考古》1995年第3期。

类型 期别	A型		B型		C型	D型			
	Aa型	Ab型	Ba型	Bb型		Da型	Db型	Dc型	Dd型
1	Ⅰ式 长沙桐梓坡 M18：9	Ⅰ式 常德樟树山 M30：46 Ⅱ式　衡阳 市玄碧塘 M1：26	Ⅰ式 长沙桐梓坡 M20：4 Ⅱ式　津市 肖家湖 M66：14			Ⅰ式 沅陵虎溪山 M1T：1			
2		Ⅲ式　津市 肖家湖 M10：6	Ⅲ式　罗州 城草M2：11	Ⅰ式　桃源 二里岗 M5：2		Ⅱ式 靖州县团结村 M3：20	Ⅰ式　罗州城 草M3：10	Ⅰ式　永州市 鹞子山西汉 刘疆墓：54 Ⅱ式 靖州县团结村 M5：17	Ⅰ式　罗州城 付M3：10
3	Ⅱ式 长沙发掘报告 M244：9			Ⅱ式 溆浦马田坪 M33：26	Ⅰ式　溆浦县 茅坪坳 M19：7 Ⅱ式　溆浦县 茅坪坳 M31：6	Ⅲ式　溆浦县 茅坪坳 M32：23 Ⅳ式　溆浦 大江口 M3：24	Ⅱ式　怀化 M5：29 Ⅲ式　衡阳市 凤凰山M4：26	Ⅲ式　溆浦县 茅坪坳 M20：93	Ⅱ式　怀化 M11：16 Ⅲ式　溆浦 大江口M7：6
4									
5									
6									

图4.13　两湖区（湘—鄂东分区）两汉墓葬出土泥质陶壶

Dc型　粗长颈近直，鼓腹。分为三式。

演变趋势：腹圆鼓→腹较鼓；圈足由高到矮。

Dd型　束颈，喇叭口，垂腹。分为三式。

演变趋势：最大腹径逐渐上移；圈足由大变小。

（2）硬釉陶壶

根据颈、口、腹部形态的不同分为三型（图4.14）。

A型　长直颈弧腹壶。分为三式。

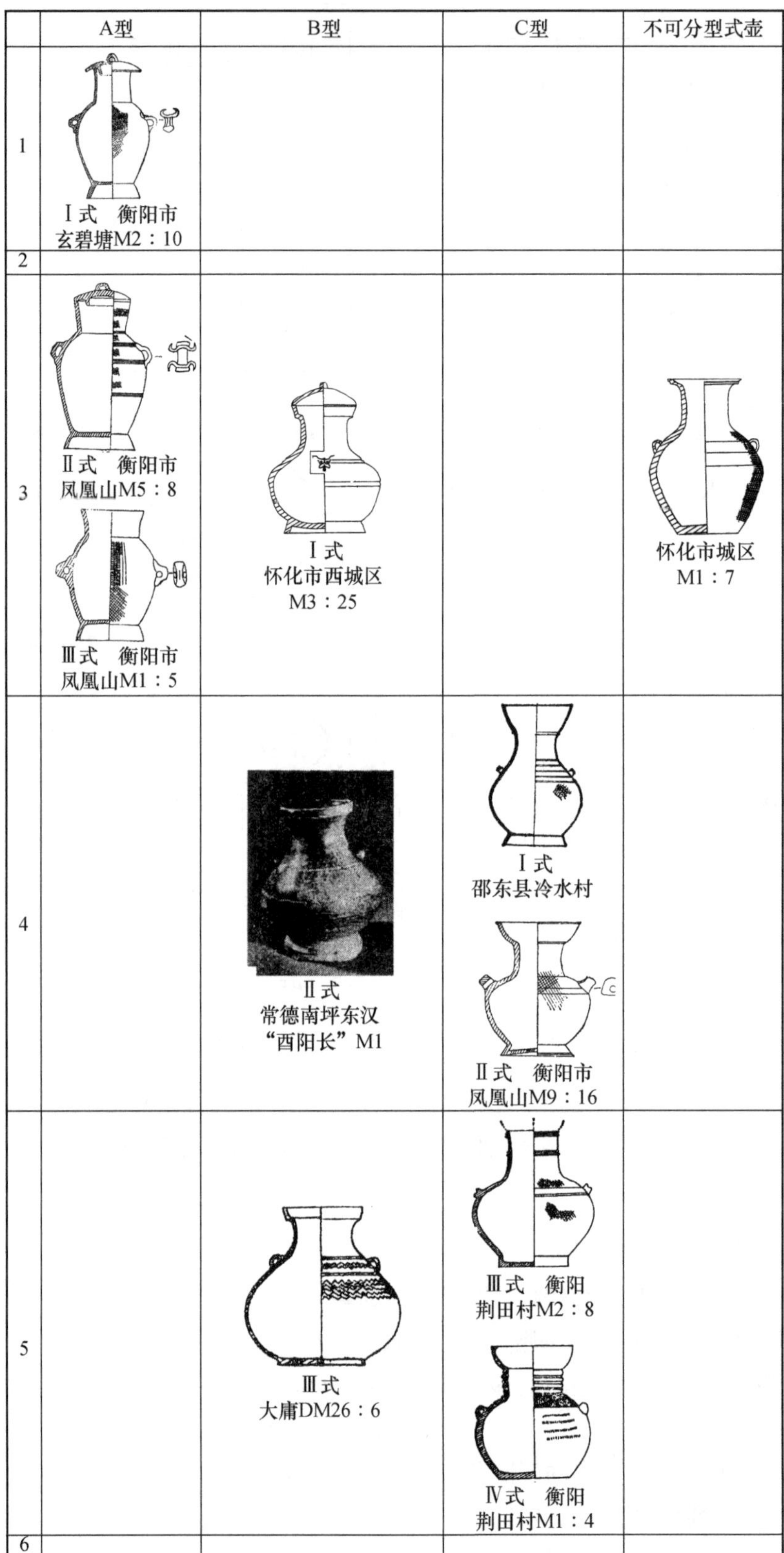

图4.14　两湖区（湘—鄂东分区）两汉墓葬出土硬陶壶

演变趋势：盖由有到无，伞形→覆钵形；直颈→斜颈内缩；耳的位置逐渐下移。

B型　浅盘口垂腹壶。分为三式。

演变趋势：颈由长变短；最大腹径逐渐下移；圈足→假圈足。

C型　大深盘口鼓腹壶。分为四式。

演变趋势：盘口由深到浅；肩附半圆形双系→肩附桥形耳；圈足→假圈足→平底。

另有一件无法分型式，如怀化市城区M1：7[①]，喇叭口，长直颈平底壶。

4. 罐

根据有无耳分为无耳罐、双耳罐和四系罐（图4.15、图4.16）。无耳罐根据陶质的不同可以分为硬釉陶无耳罐、泥质陶或夹砂陶或印纹硬陶无耳罐。

（1）无耳罐

硬釉陶无耳罐　根据整体形状的不同分为三型。

A型　整体较高。分为四亚型。

Aa型　长弧腹，溜肩。分为四式。

演变趋势：最大腹径逐渐上移。

Ab型　侈口，鼓腹。分为六式。

演变趋势：长圆腹→圆鼓腹。

Ac型　直口，腹较鼓。分为二式。

演变趋势：最大腹径逐渐上移。

Ad型　侈口，弧腹，耸肩。分为二式。

演变趋势：最大腹径逐渐下移；下腹内收逐渐加剧。

B型　整体较A型矮胖。分为二亚型。

Ba型　多侈口，弧腹。分为八式。

演变趋势：整体越来越高，下腹内收加剧。

Bb型　近直口，领或腹部多有凸棱。分为五式。

演变趋势：最大腹径逐渐上移，下腹斜收逐渐趋缓。

C型　整体器形最为矮胖。分为二亚型。

Ca型　宽扁腹。分为四式。

演变趋势：器身逐渐加高；鼓腹→弧腹。

Cb型　侈口，弧腹。分为三式。

演变趋势：领加高；平底内凹→平底。

泥质陶或夹砂陶或印纹硬陶无耳罐　根据整体形状的不同分为四型。

---

① 怀化地区文物工作队：《湖南怀化市城区西汉墓发掘简报》，《南方文物》1992年第4期。

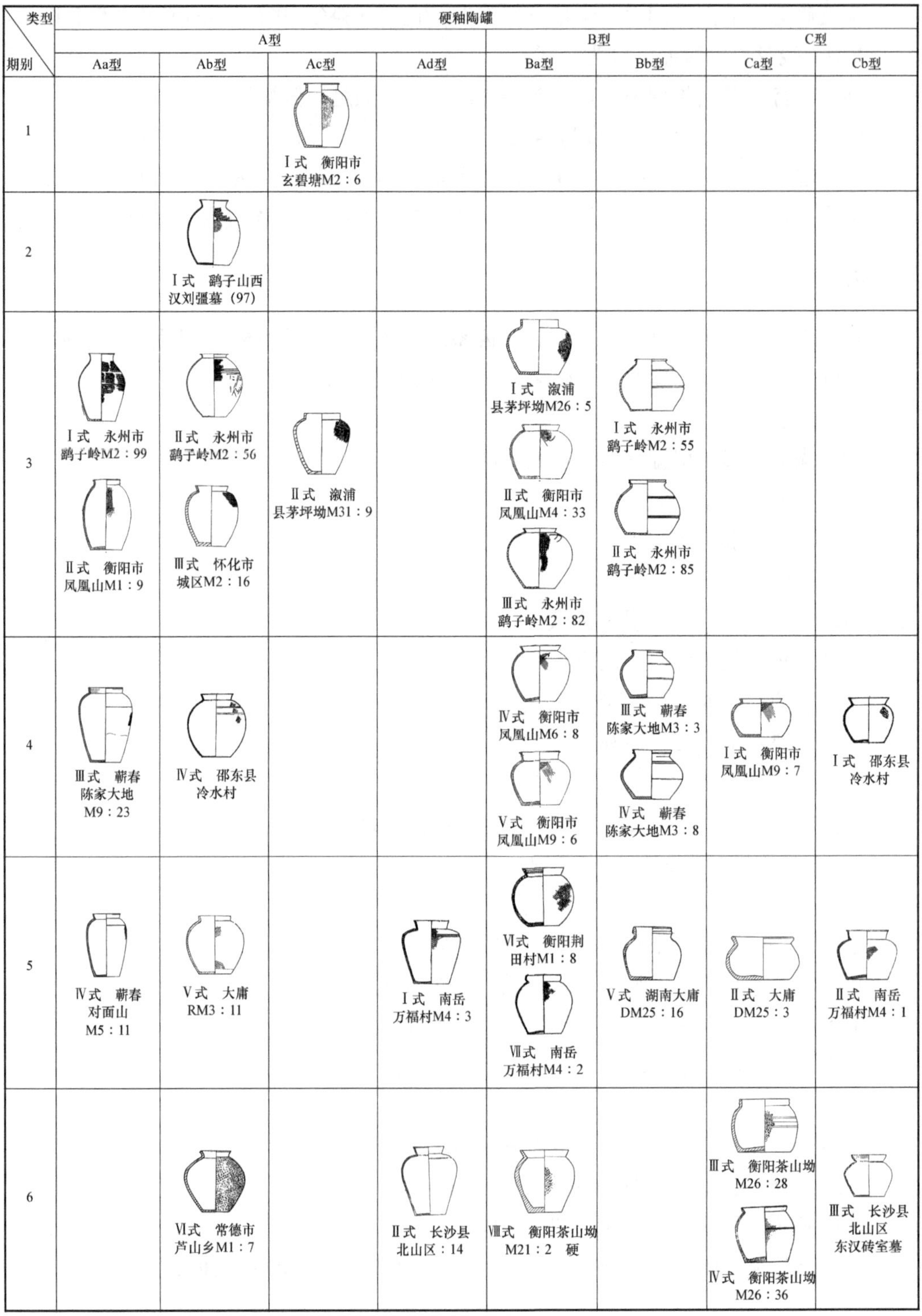

类型 期别	硬釉陶罐							
	A型				B型		C型	
	Aa型	Ab型	Ac型	Ad型	Ba型	Bb型	Ca型	Cb型
1			Ⅰ式　衡阳市玄碧塘M2：6					
2		Ⅰ式　鹞子山西汉刘彊墓（97）						
3	Ⅰ式　永州市鹞子岭M2：99 Ⅱ式　衡阳市凤凰山M1：9	Ⅱ式　永州市鹞子岭M2：56 Ⅲ式　怀化市城区M2：16	Ⅱ式　溆浦县茅坪坳M31：9		Ⅰ式　溆浦县茅坪坳M26：5 Ⅱ式　衡阳市凤凰山M4：33 Ⅲ式　永州市鹞子岭M2：82	Ⅰ式　永州市鹞子岭M2：55 Ⅱ式　永州市鹞子岭M2：85		
4	Ⅲ式　蕲春陈家大地M9：23	Ⅳ式　邵东县冷水村			Ⅳ式　衡阳市凤凰山M6：8 Ⅴ式　衡阳市凤凰山M9：6	Ⅲ式　蕲春陈家大地M3：3 Ⅳ式　蕲春陈家大地M3：8	Ⅰ式　衡阳市凤凰山M9：7	Ⅰ式　邵东县冷水村
5	Ⅳ式　蕲春对面山M5：11	Ⅴ式　大庸RM3：11		Ⅰ式　南岳万福村M4：3	Ⅵ式　衡阳荆田村M1：8 Ⅶ式　南岳万福村M4：2	Ⅴ式　湖南大庸DM25：16	Ⅱ式　大庸DM25：3	Ⅱ式　南岳万福村M4：1
6		Ⅵ式　常德市芦山乡M1：7		Ⅱ式　长沙县北山区：14	Ⅷ式　衡阳茶山坳M21：2　硬		Ⅲ式　衡阳茶山坳M26：28 Ⅳ式　衡阳茶山坳M26：36	Ⅲ式　长沙县北山区东汉砖室墓

图4.15　两湖区（湘—鄂东分区）两汉墓葬出土陶罐（1）

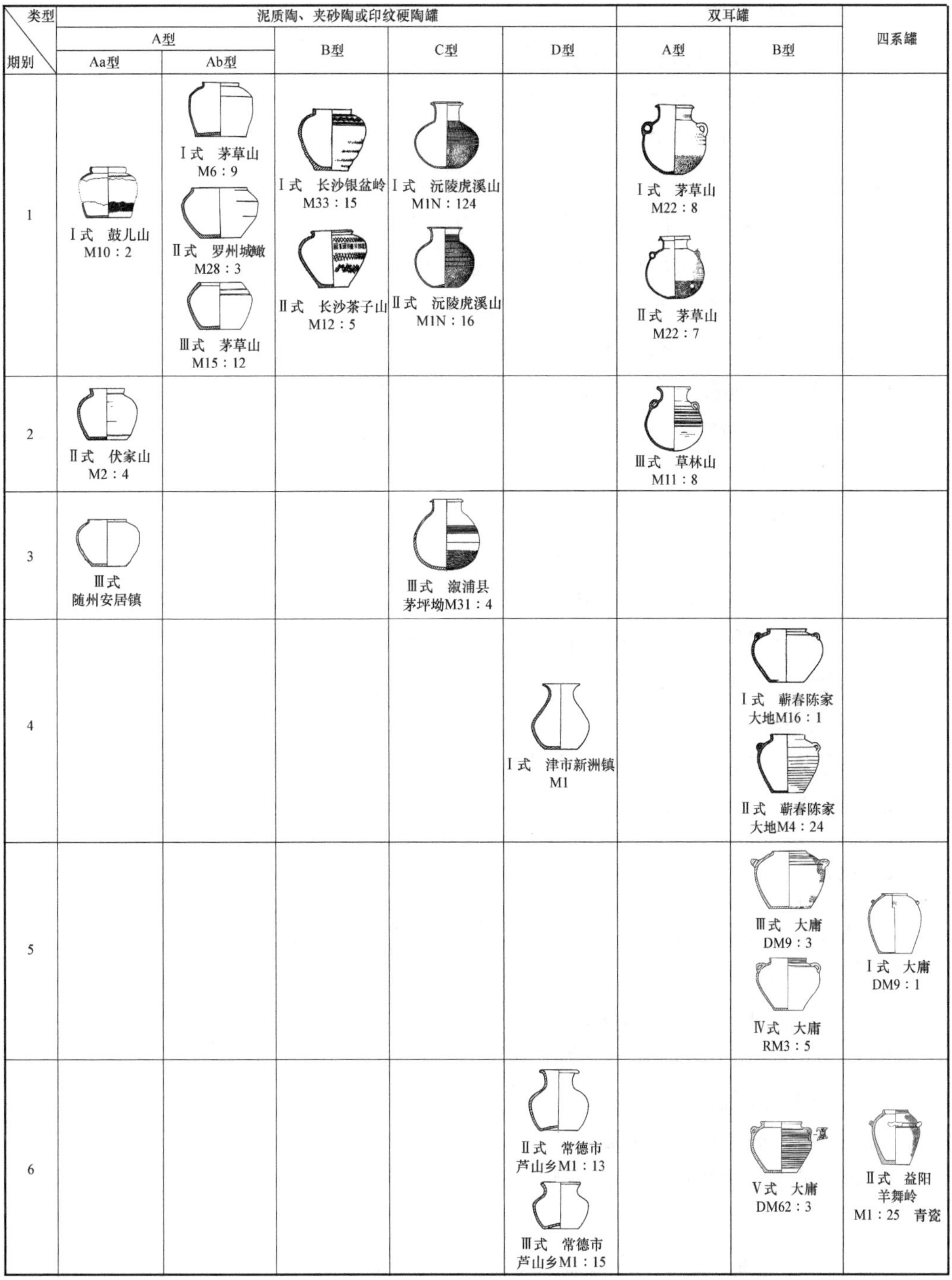

类型 期别	泥质陶、夹砂陶或印纹硬陶罐					双耳罐		四系罐
	A型		B型	C型	D型	A型	B型	
	Aa型	Ab型						
1	Ⅰ式　鼓儿山 M10：2	Ⅰ式　茅草山 M6：9 Ⅱ式　罗州城畈 M28：3 Ⅲ式　茅草山 M15：12	Ⅰ式　长沙银盆岭 M33：15 Ⅱ式　长沙茶子山 M12：5	Ⅰ式　沅陵虎溪山 M1N：124 Ⅱ式　沅陵虎溪山 M1N：16		Ⅰ式　茅草山 M22：8 Ⅱ式　茅草山 M22：7		
2	Ⅱ式　伏家山 M2：4					Ⅲ式　草林山 M11：8		
3	Ⅲ式 随州安居镇			Ⅲ式　溆浦县 茅坪坳M31：4				
4					Ⅰ式　津市新洲镇 M1		Ⅰ式　蕲春陈家 大地M16：1 Ⅱ式　蕲春陈家 大地M4：24	
5							Ⅲ式　大庸 DM9：3 Ⅳ式　大庸 RM3：5	Ⅰ式　大庸 DM9：1
6					Ⅱ式　常德市 芦山乡M1：13 Ⅲ式　常德市 芦山乡M1：15		Ⅴ式　大庸 DM62：3	Ⅱ式　益阳 羊舞岭 M1：25　青瓷

图4.16　两湖区（湘—鄂东分区）两汉墓葬出土陶罐（2）

A型　短颈鼓腹罐。分为二亚型。

Aa型　大平底，圆鼓腹。分为三式。

演变趋势：口越来越矮；腹越来越鼓。

Ab型　折腹。分为三式。

演变趋势：直口→敛口；折腹位置逐渐下移。

B型　印纹硬陶罐。小平底，耸肩。分为二式。

演变趋势：直口→尖唇口；下腹内收逐渐加剧。

C型　长颈绳纹罐。分为三式。

演变趋势：颈由长变短；平底→圜底。

D型　无耳长颈罐。分为三式。

演变趋势：束颈变短；斜肩→耸肩；平底→平底内凹。

（2）双耳罐

根据整体形态的不同分为二型。

A型　体型瘦高，颈较长。多泥质陶。分为三式。

演变趋势：直颈→曲颈；平底→圜底。

B型　体型较矮胖，颈较短。有硬陶、泥质陶等。分为五式。

演变趋势：口由小变大；最大腹径逐渐下移。

（3）四系罐

数量较少，多为釉陶或青瓷。分为二式。

演变趋势：平底→平底内凹。

5. 熏炉

熏炉又名博山炉、熏（图4.17）。根据整体形状的不同分为四型。

A型　盖豆状熏，喇叭形座。分为四式。

演变趋势：盖加深；柄加高。

B型　喇叭形座，豆形熏。分为二亚型。

Ba型　山峰式盖。分三式。

演变趋势：柄变短；座加高。

Bb型　锥形盖或弧形盖。分三式。

演变趋势：炉身逐渐加深。

C型　带座盘熏，底下有平底盘形炉座。分为八式。

演变趋势：柄，长→短→无；托盘，小→大。

D型　长柄喇叭形座。分为二式。

演变趋势：炉身变浅；空心柄→实心柄；底座加高。

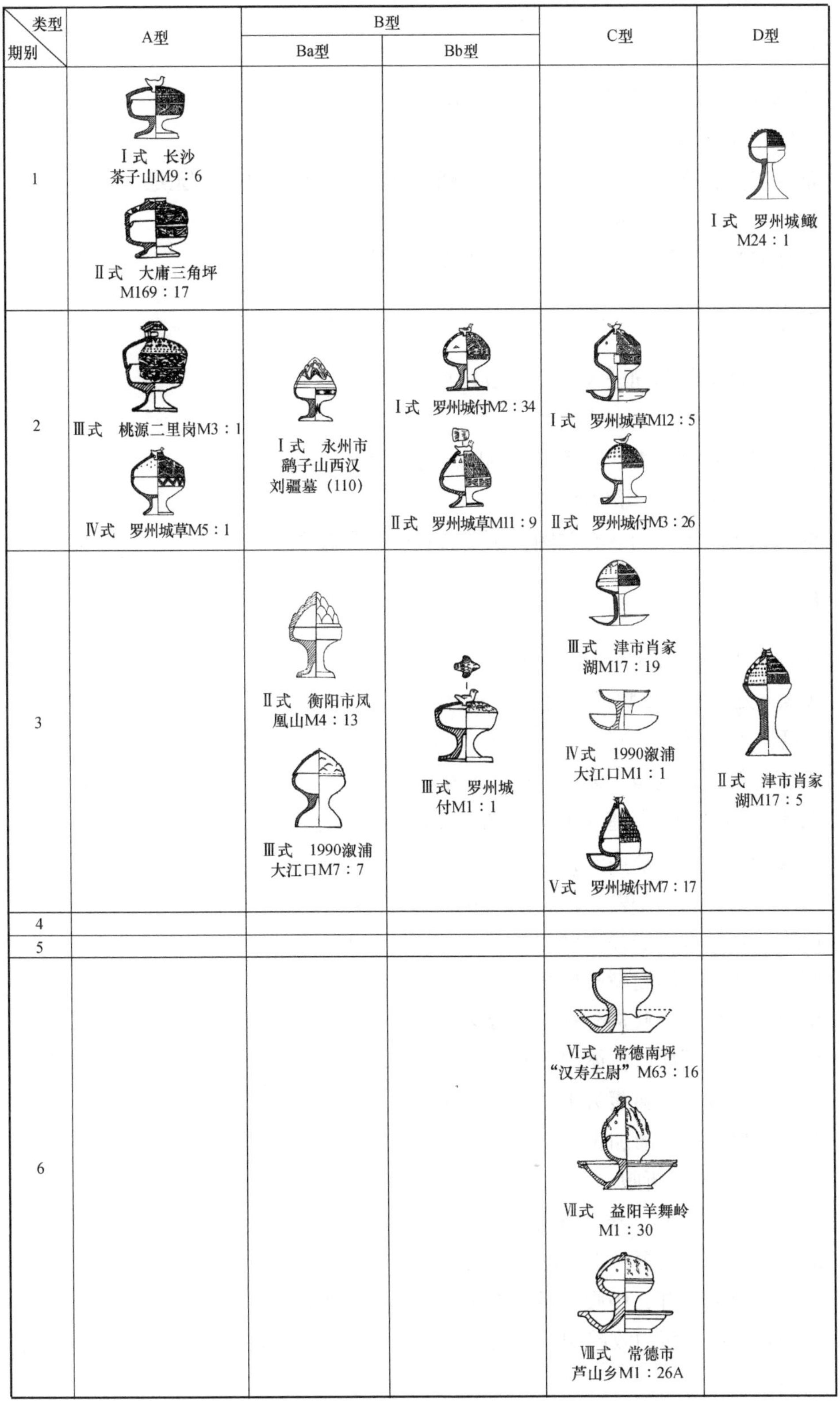

期别＼类型	A型	B型		C型	D型
		Ba型	Bb型		
1	Ⅰ式　长沙茶子山M9：6 Ⅱ式　大庸三角坪M169：17				Ⅰ式　罗州城鳅M24：1
2	Ⅲ式　桃源二里岗M3：1 Ⅳ式　罗州城草M5：1	Ⅰ式　永州市鹞子山西汉刘疆墓（110）	Ⅰ式　罗州城付M2：34 Ⅱ式　罗州城草M11：9	Ⅰ式　罗州城草M12：5 Ⅱ式　罗州城付M3：26	
3		Ⅱ式　衡阳市凤凰山M4：13 Ⅲ式　1990溆浦大江口M7：7	Ⅲ式　罗州城付M1：1	Ⅲ式　津市肖家湖M17：19 Ⅳ式　1990溆浦大江口M1：1 Ⅴ式　罗州城付M7：17	Ⅱ式　津市肖家湖M17：5
4					
5					
6				Ⅵ式　常德南坪“汉寿左尉”M63：16 Ⅶ式　益阳羊舞岭M1：30 Ⅷ式　常德市芦山乡M1：26A	

图4.17　两湖区（湘—鄂东分区）两汉墓葬出土陶熏炉

6. 鐎壶

根据底部形态的不同分为二型（图4.18）。

A型　圜底。分为六式。

演变趋势：狗头状流→鸟首状流；蹄足→乳丁状足→柱足→无足。

B型　平底。分为四式。

演变趋势：扁圆腹→圆鼓腹；足外撇→内聚。

7. 钫

根据整体形状不同分为二型（图4.18）。

A型　体型瘦长。分四式。

演变趋势：束颈由长变短，无领圈→有领圈。

B型　体型矮胖。分为四式。

演变趋势：无领圈→有领圈；领圈较宽→领圈较窄。

8. 井

根据有无井架及腹部形态的不同分为四型（图4.19）。

A型　无井架，直腹或斜直腹。分为二亚型。

Aa型　口径小于底径。分为三式。

演变趋势：颈微缩→无颈；口沿加宽。

Ab型　口径和底径基本同大。分为五式。

演变趋势：口沿外侈→直口沿。

B型　无井架，弧腹。分为三亚型。

Ba型　口径大于底径。分为二式。

演变趋势：器体瘦高→矮胖。

Bb型　束颈，下腹向外弧张。分为二式。

演变趋势：颈加粗；体型变矮胖。

Bc型　束颈，微弧腹近直。分为二式。

演变趋势：颈逐渐加长。

C型　无井架，折腹。分为三亚型。

Ca型　整体较高。分为四式。

演变趋势：颈变短；下腹内收加剧。

Cb型　整体矮胖，中腹对折，下腹斜直。分为四式。

演变趋势：下腹内收趋缓。

期别＼类型	鐎壶		钫	
	A型	B型	A型	B型
1	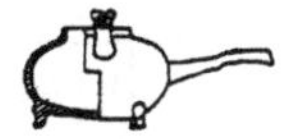 Ⅰ式　大庸三角坪M14：6 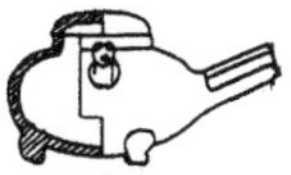 Ⅱ式　大庸三角坪M169：8		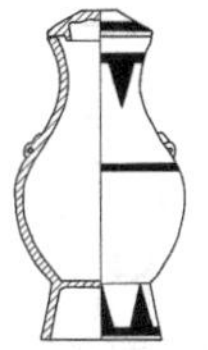 Ⅰ式　溆浦县中林、丰收M16：9	 Ⅰ式　衡阳市玄碧塘M1：28
2	 Ⅲ式 永州市鹞子山西汉刘彊墓（41）		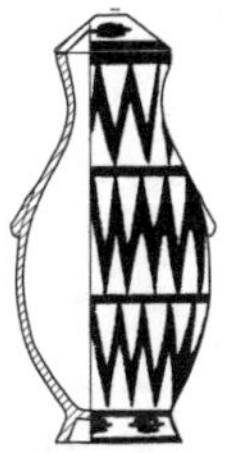 Ⅱ式 永州市鹞子山西汉刘彊墓（64）	 Ⅱ式　靖州县团结村M3：3 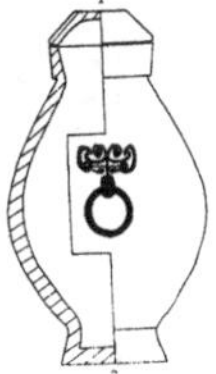 Ⅲ式　靖州县团结村M3：1
3	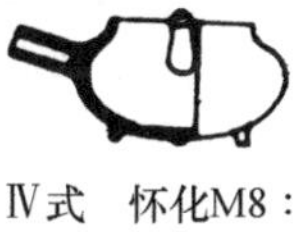 Ⅳ式　怀化M8：6 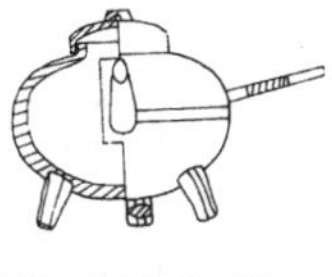 Ⅴ式　怀化市城区M2：45	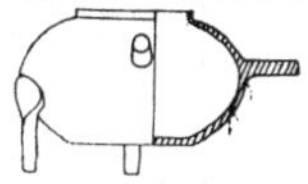 Ⅰ式　怀化M5：15 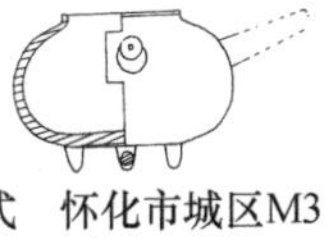 Ⅱ式　怀化市城区M3：30  Ⅲ式　怀化M7：13  Ⅳ式　溆浦县茅坪坳M32：19	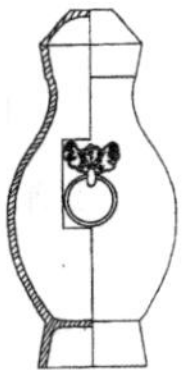 Ⅲ式　溆浦茅坪坳M20：47 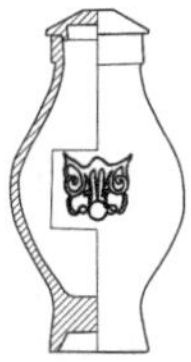 Ⅳ式　溆浦马田坪M33：21	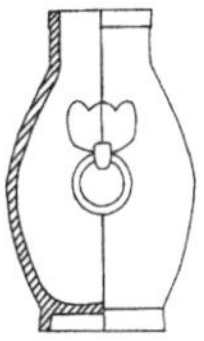 Ⅳ式　溆浦茅坪坳M31：3
4				
5	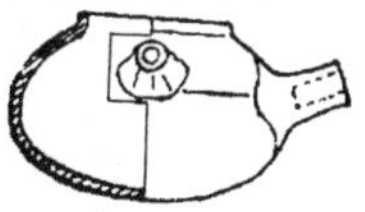 Ⅵ式　醴陵、株洲汉晋墓			
6				

图4.18　两湖区（湘—鄂东分区）两汉墓葬出土陶鐎壶、陶钫

类型 期别	A型		B型			C型			D型	不可分型式井
	Aa型	Ab型	Ba型	Bb型	Bc型	Ca型	Cb型	Cc型		
1	Ⅰ式 罗州城茅 M6：3		Ⅰ式 罗州城陈 M1：17				Ⅰ式 罗州城 (茅M6：31)			
2	Ⅱ式 罗州城付 M7：1			Ⅰ式 罗州城付 M5：19		Ⅰ式 罗州城鳜 M20：8		Ⅰ式　靖州 县团结村 M1：7		
3	Ⅲ式 怀化 M5：13	Ⅰ式　溆浦 马田坪 M56：13 Ⅱ式　溆浦 县茅坪坳 M31：12 Ⅲ式　衡阳 市凤凰山 M4：25	Ⅱ式　溆浦 马田坪 M33：13		Ⅰ式　溆浦 马田坪 M81：9		Ⅱ式 怀化市 城区M1：14 Ⅲ式 1990溆浦大 江口M1：6	Ⅱ式　怀化 M9：7		1990溆浦 大江口 M3：17 1990溆浦 大江口 M7：12
4		Ⅳ式　衡阳 市凤凰山 M9：17		Ⅱ式　津市 新洲镇M1		Ⅱ式 武汉辛冲 M401：7				
5		Ⅴ式　衡阳 荆田村 M7：17			Ⅱ式　蕲春 对面山 M5：2		Ⅳ式　大庸 DM26：8		Ⅰ式　大庸 DM9：18硬	蕲春鳜鱼 咀M34：8
6						Ⅲ式 长沙县北 山区：10 Ⅳ式 长沙县北 山区：49			Ⅱ式 武汉葛店 M：15 Ⅲ式　衡阳 茶山坳 M26：37 红胎绿釉	益阳羊舞 岭M1：34 釉 大庸 SM11：15

图4.19　两湖区（湘—鄂东分区）两汉墓葬出土陶井

Cc型　整体矮胖，下腹弧收。分为二式。

演变趋势：折腹位置下移。

D型　带井架。分为三式。

演变趋势：敛口→直口；直腹→直腹微鼓。

另外有几件形制比较特殊，因数量较少，无法分型式。如溆浦大江口M3：17、M7：12[①]，颈较长，弧腹较短。大庸SM11：15[②]，整体较矮，束颈，直腹。益阳羊舞岭M1：34[③]，带井架，口径大于底径。蕲春鳚鱼咀M34：8[④]，束颈较短，弧腹。

9. 灶

根据平面形状的不同分为四型（图4.20）。

A型　平面呈长方形。根据火眼的个数分为二亚型。

Aa型　单火眼。分为二式。

演变趋势：火门位置由位于一角→位于中央。

Ab型　双火眼。分为八式。

演变趋势：火门两个→一个；无烟囱→有烟囱。

B型　平面方形或近似方形。根据火眼的个数分为二亚型。

Ba型　方形，单火眼。分为二式。

演变趋势：火门不及地→及地；烟囱从无到有。

Bb型　近方形，多火眼。分成三式。

演变趋势：挡风墙从有到无；仅有烟道→烟囱。

C型　曲尺形。分为三式。

演变趋势：挡风墙从有到无。

D型　船形灶。根据器体形状分为二亚型。

Da型　整体宽扁。分为五式。

演变趋势：灶面越来越窄；火门，拱形→方形。

Db型　整体窄长。分为三式。

演变趋势：火门不及地→火门及地。

---

① 怀化地区文物工作队、溆浦县文物管理所：《1990年湖南溆浦大江口战国西汉墓发掘简报》，《考古》1994年第1期。

② 湖南省文物考古研究所、湘西自治州文物工作队、大庸市文物管理所：《湖南大庸东汉砖室墓》，《考古》1994年第12期。

③ 益阳地区文物工作队：《益阳羊舞岭战国东汉墓清理简报》，《湖南考古辑刊（第2集）》，岳麓书社，1984年，70～77页。

④ 黄冈市博物馆、湖北省文物考古研究所、湖北省京九铁路考古队：《罗州城与汉墓》，科学出版社，2000年。

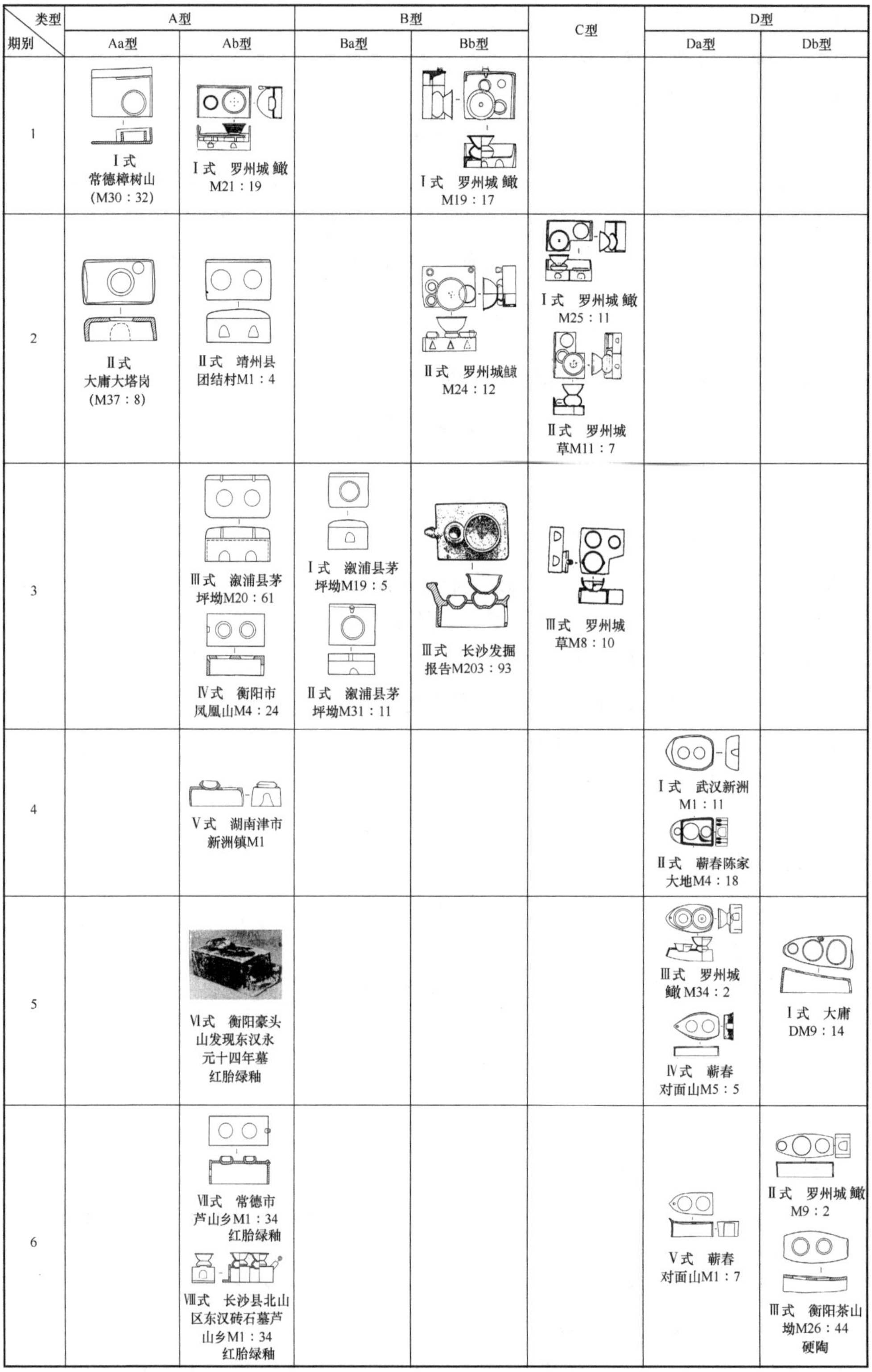

期别＼类型	A型		B型		C型	D型	
	Aa型	Ab型	Ba型	Bb型		Da型	Db型
1	Ⅰ式 常德樟树山（M30：32）	Ⅰ式 罗州城 鳡 M21：19		Ⅰ式 罗州城 鳡 M19：17			
2	Ⅱ式 大庸大塔岗（M37：8）	Ⅱ式 靖州县团结村M1：4		Ⅱ式 罗州城鳡 M24：12	Ⅰ式 罗州城 鳡 M25：11 Ⅱ式 罗州城 草M11：7		
3		Ⅲ式 溆浦县茅坪坳M20：61 Ⅳ式 衡阳市凤凰山M4：24	Ⅰ式 溆浦县茅坪坳M19：5 Ⅱ式 溆浦县茅坪坳M31：11	Ⅲ式 长沙发掘报告M203：93	Ⅲ式 罗州城 草M8：10		
4		Ⅴ式 湖南津市新洲镇M1				Ⅰ式 武汉新洲 M1：11 Ⅱ式 蕲春陈家大地M4：18	
5		Ⅵ式 衡阳豪头山发现东汉永元十四年墓 红胎绿釉				Ⅲ式 罗州城 鳡 M34：2 Ⅳ式 蕲春 对面山M5：5	Ⅰ式 大庸 DM9：14
6		Ⅶ式 常德市芦山乡M1：34 红胎绿釉 Ⅷ式 长沙县北山区东汉砖石墓芦山乡M1：34 红胎绿釉				Ⅴ式 蕲春 对面山M1：7	Ⅱ式 罗州城 鳡 M9：2 Ⅲ式 衡阳茶山坳M26：44 硬陶

图4.20　两湖区（湘—鄂东分区）两汉墓葬出土陶灶

10. 猪圈

根据整体形状的不同分为二型（图4.21）。

期别＼类型	猪圈		屋	仓
	A型	B型		
1				
2				
3				
4		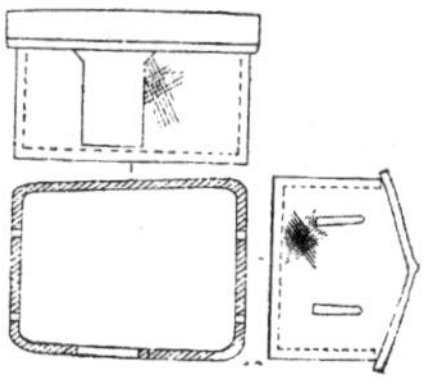 Ⅰ式　衡阳市凤凰山M9：12	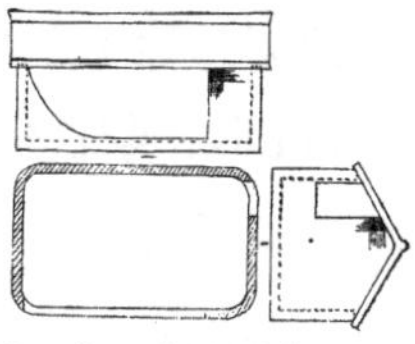 Ⅰ式　衡阳市凤凰山M9：11 软陶	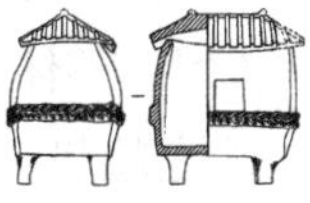 Ⅰ式　蕲春陈家大地 M3：11
5	 Ⅰ式 常德南坪东汉 “酉阳长”墓		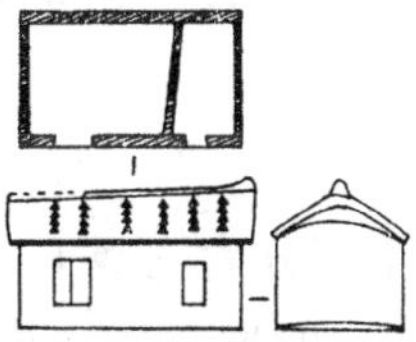 Ⅱ式　衡阳荆田M8：11 泥质软陶  Ⅲ式　常德南坪东汉 “酉阳长”M1　硬陶	
6	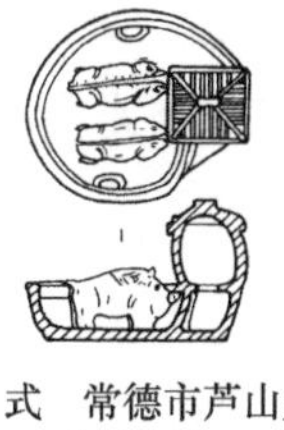 Ⅱ式　常德市芦山乡 M1：30	 Ⅱ式　衡阳茶山坳M26：？　硬陶	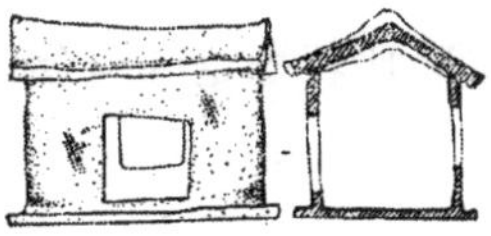 Ⅳ式　衡阳茶山坳 M26：58　硬陶	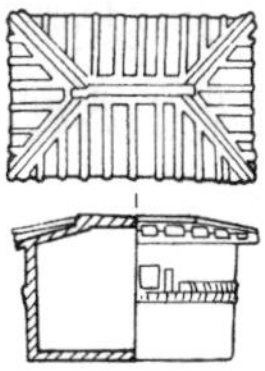 Ⅱ式　常德市芦山乡 M1：33A

图4.21　两湖区（湘—鄂东分区）两汉墓葬出土陶猪圈、陶屋、陶仓

A型　圈呈椭圆形，多釉陶。分二式。

演变趋势：悬山式顶→四阿式顶。

B型　屋形猪圈。分二式。

演变趋势：悬山式顶→卷棚式顶；窗由有到无。

11. 屋

根据屋顶的不同分为四式（图4.21）。

演变趋势：悬山式顶→卷棚式顶。

12. 鸡埘

分泥质陶、硬陶、釉陶几种（图4.22）。根据整体形态的不同分为三型。

A型　整体矮胖呈扁圆形，蒙古包式圆顶或锥形顶，大平底。分为三式。

演变趋势：平底→平底出边。

B型　整体瘦高。分为三式。

C型　房屋形。仅2件，形态基本相同。一件为衡阳豪头山永元十四年墓[①]出土釉陶鸡埘，一件为常德南坪东汉“酉阳长”墓[②]。

13. 囷

根据整体形状的不同分为三型（图4.22）。

A型　器腹为盆式，但带短颈，底附三足。仅有2件，且形制相同。

B型　深腹盆式囷，平底。分四式。

演变趋势：阶梯由无到有；平底内凹→平底出边→平底。

C型　干栏式囷。分为二式。

演变趋势：囷顶上有飞鸟→囷顶为锥状装饰。

14. 仓

数量较少。分为二式（图4.21）。

演变趋势：干栏式仓→屋形仓；弧壁→直壁；四柱状足→平底。

以上典型器物多有比较稳定的组合，据此可知不同器物的型式对应关系（表4.3）。

---

① 张欣如：《湖南衡阳豪头山发现东汉永元十四年墓》，《文物》1977年第2期。

② 湖南省博物馆：《湖南常德南坪东汉“酉阳长”墓》，《考古》1980年第4期。

类型 期别	囷			鸡埘		
	A型	B型	C型	A型	B型	C型
1			 Ⅰ式　常德 M30：39			
2						
3						
4		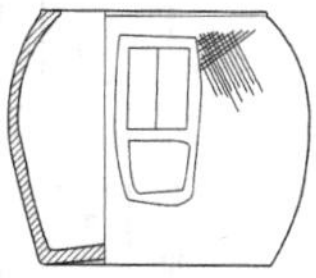 Ⅰ式　衡阳市 凤凰山M9：10		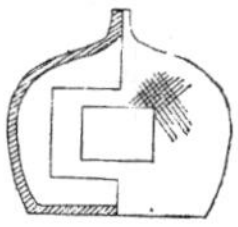 Ⅰ式　衡阳市 凤凰山M9：9		
5		 Ⅱ式　衡阳荆田村 M3：6	 Ⅱ式　大庸 DM25：11 釉陶	 Ⅱ式 衡阳荆田村 M4：6　硬陶	 Ⅰ式 衡阳荆田村 M1：13 硬陶 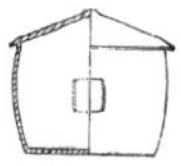 Ⅱ式　湖南大庸 DM9：12 硬陶  Ⅲ式　湖南大庸 DM25：10 釉	 衡阳豪头山　东汉 永元十四年墓　釉陶  常德南坪东汉 “酉阳长”墓　硬陶
6	 常德市芦山乡 M1：40　釉  长沙县北 山区：27　釉	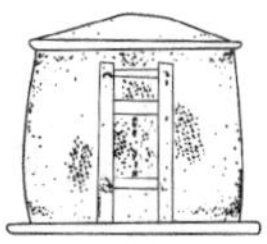 Ⅲ式　衡阳茶山坳 M26：50　硬陶  Ⅳ式　长沙县北山区 东汉砖室墓　硬陶		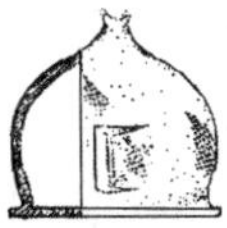 Ⅲ式　衡阳茶山 坳M26：51		

图4.22　两湖区（湘—鄂东分区）两汉墓葬出土陶囷、陶鸡埘

表4.3 湘—鄂东区典型器物型式对应表

	鼎					盒				泥质陶壶									硬陶壶			钫	
	Aa	Ab	Ba	Bb	Bc	Aa	Ab	B	C	Aa	Ab	Ba	Bb	C	Da	Db	Dc	Dd	A	B	C	A	B
1	Ⅰ Ⅱ	Ⅰ Ⅱ Ⅲ	Ⅰ	Ⅰ Ⅱ	Ⅰ Ⅱ Ⅲ	Ⅰ Ⅱ Ⅲ	Ⅰ	Ⅰ Ⅱ	Ⅰ Ⅱ	Ⅰ	Ⅰ Ⅱ	Ⅰ Ⅱ			Ⅰ				Ⅰ			Ⅰ	Ⅰ
2	Ⅲ Ⅳ		Ⅱ Ⅲ	Ⅲ		Ⅳ	Ⅱ	Ⅲ Ⅳ	Ⅲ		Ⅲ	Ⅲ	Ⅰ		Ⅱ	Ⅰ	Ⅰ Ⅱ	Ⅰ				Ⅱ	Ⅱ Ⅲ
3	Ⅴ	Ⅳ	Ⅳ Ⅴ	Ⅳ			Ⅲ Ⅳ Ⅴ	Ⅴ		Ⅱ			Ⅱ	Ⅰ Ⅱ	Ⅲ Ⅳ	Ⅱ Ⅲ	Ⅲ	Ⅱ Ⅲ	Ⅱ Ⅲ	Ⅰ		Ⅲ Ⅳ	Ⅳ
4	Ⅵ		Ⅵ																	Ⅱ	Ⅰ Ⅱ		
5			Ⅶ																	Ⅲ	Ⅲ Ⅳ		
6					Ⅳ																		

续表4.3 湘—鄂东区典型器物型式对应表

	熏					鐎壶		泥（夹、印）陶无耳罐					双耳罐		四系罐	硬釉陶无耳罐							
	A	Ba	Bb	C	D	A	B	Aa	Ab	B	C	D	A	B		Aa	Ab	Ac	Ad	Ba	Bb	Ca	Cb
1	Ⅰ Ⅱ				Ⅰ	Ⅰ Ⅱ		Ⅰ	Ⅰ Ⅱ Ⅲ	Ⅰ Ⅱ	Ⅰ Ⅱ		Ⅰ Ⅱ					Ⅰ					
2	Ⅲ Ⅳ	Ⅰ	Ⅰ Ⅱ	Ⅰ Ⅱ		Ⅲ		Ⅱ					Ⅲ				Ⅰ						
3		Ⅱ Ⅲ	Ⅲ	Ⅲ Ⅳ Ⅴ	Ⅱ	Ⅳ Ⅴ	Ⅰ Ⅱ Ⅲ Ⅳ	Ⅲ			Ⅲ					Ⅰ Ⅱ	Ⅱ Ⅲ	Ⅱ		Ⅰ Ⅱ Ⅲ	Ⅰ Ⅱ		
4												Ⅰ		Ⅰ Ⅱ		Ⅲ	Ⅳ			Ⅳ Ⅴ	Ⅲ Ⅳ	Ⅰ	Ⅰ
5						Ⅵ								Ⅲ Ⅳ	Ⅰ	Ⅳ	Ⅴ		Ⅰ	Ⅵ Ⅶ	Ⅴ	Ⅱ	Ⅱ
6				Ⅵ Ⅶ Ⅷ								Ⅱ Ⅲ		Ⅴ	Ⅱ		Ⅵ		Ⅱ	Ⅷ		Ⅲ Ⅳ	Ⅲ

续表4.3　湘—鄂东区典型器物型式对应表

	灶							井									猪圈		屋	困			仓	鸡埘		
	Aa	Ab	Ba	Bb	C	Da	Db	Aa	Ab	Ba	Bb	Bc	Ca	Cb	Cc	D	A	B		A	B	C		A	B	C
1	Ⅰ	Ⅰ		Ⅰ				Ⅰ		Ⅰ				Ⅰ								Ⅰ				
2	Ⅱ	Ⅱ		Ⅱ	Ⅰ Ⅱ			Ⅱ			Ⅰ		Ⅰ		Ⅰ											
3		Ⅲ Ⅳ	Ⅰ Ⅱ	Ⅲ	Ⅲ			Ⅲ	Ⅰ Ⅱ Ⅲ	Ⅱ		Ⅰ		Ⅱ Ⅲ	Ⅱ											
4		Ⅴ				Ⅰ Ⅱ			Ⅳ		Ⅱ		Ⅱ					Ⅰ	Ⅰ		Ⅰ		Ⅰ	Ⅰ		
5		Ⅵ				Ⅲ Ⅳ	Ⅰ		Ⅴ			Ⅱ		Ⅳ		Ⅰ	Ⅰ		Ⅱ Ⅲ		Ⅱ	Ⅱ		Ⅱ	Ⅰ Ⅱ Ⅲ	√
6		Ⅶ Ⅷ				Ⅴ	Ⅱ Ⅲ						Ⅲ Ⅳ			Ⅱ Ⅲ	Ⅱ	Ⅱ	Ⅳ	√	Ⅲ Ⅳ		Ⅱ	Ⅲ		

（二）湘—鄂东地区墓葬的分期及年代

湘—鄂东区共发现纪年墓葬4座，其具体情况见表4.4。

表4.4　湘—鄂东区纪年墓葬登记表

序号	墓葬地点	墓葬形制	纪年器物	纪年内容	随葬陶器	年代推测	出处
1	衡阳豪头山	长方形券顶砖墓	纪年砖	永元十四年	釉陶灶1、博山炉1、罐5、鸡埘1、屋顶1、猪1	和帝永元十四年（102年）	《文物》1977年第2期，93、94页
2	醴陵、株洲汉墓	长方形券顶砖墓	纪年砖	永元十六年六月中作	硬陶罐4、双耳罐5、釜3	东汉和帝永元十六年（104年）	《湖南考古辑刊（第3集）》，岳麓书社，1986年，127～131页
3	南岳万福村M4	带墓道长方形砖墓	纪年砖	元兴元年七月作	硬陶罐2、夹砂陶罐1、釜1、鐎壶1、杵1	东汉和帝元兴元年（105年）	《考古》1992年第5期，471～475页
4	湖南衡阳茶山坳M26	带甬道凸字形单室砖墓	纪年砖	熹平五年七□	硬陶或釉陶：罐9、镡2、钵3、釜2、井2、甑5、困1、灶2、碗4、家禽寮1、屋3、猪圈3	东汉灵帝熹平五年（176年）	《考古》1986年，第12期，1079～1093页

结合已有的分期成果和纪年墓的情况，以及墓葬形制和随葬器物组合所表现出来的阶段性变化，可以将湘—鄂东区两汉时期墓葬分为六期，并可根据各期出土的钱币、铜镜及纪年砖等对其年代做出判断。

第一期，以湖南衡阳玄碧塘M1～M3、溆浦县中林、丰收西汉墓、衡阳赤石天门山M131，常德M30，津市花山寺M2、M5～M7，长沙西郊桐梓坡桐M24、M43、M49，茶子山M9，长沙发掘报告中的西汉早期墓等为代表。

墓葬形制：因为葬具多保存不好，仅知全部为土坑竖穴墓中的无椁墓或木椁墓。仅有个别墓葬根据残留物可以大致判断为土坑木椁墓。

本期随葬器物以陶器为主，多见鼎、盒、壶、钫、罐，或者鼎、盒、壶、罐、釜、甑的组合。其他比较常见的陶器还有陶鐎壶、陶甑、陶盘、陶釜等。个别墓伴出陶囷、陶灶、陶勺、滑石璧。随葬泥质郢称、泥半两钱、泥金饼、泥质"两"版、泥一两、铜一两、铜半两等。但泥质"郢称"和泥质"两"版不共出。泥质"郢称"的年代偏早，多流行于汉初至文景之际①。本期未见五铢钱。铜镜以蟠螭纹镜、重环纹镜、卷云纹地连弧纹镜、菱纹地内连弧龙纹镜为主。综合以上因素，推测此期墓葬年代为西汉早期，其下限不超过武帝元狩五年（前118年）。

第二期，以湖南永州市鹞子山西汉刘彊墓，保靖县栗家坨西汉墓，湖南靖州县团结村M1～M5，罗州城付M7、付M5等为代表。

墓葬形制：保存条件不好，仅知全部为土坑竖穴墓中的无椁墓或木椁墓。棺椁保存完好的一例是鹞子山刘彊墓，为墓坑分室木椁墓。

本期随葬器物仍以鼎、盒、壶、钫为主，出现一定数量的硬陶罐和壶，同时出土较多的陶熏炉、井、灶、釜、甑等。个别墓伴出铜长颈壶、提梁壶和带钩。大量随葬滑石璧。多见铜五铢以及西汉中期常见的四乳四螭镜、日光镜等。因此，推测此期墓葬年代为西汉中期，大致相当于汉武帝元狩五年—宣帝时期。

第三期，以长沙汤家岭汉墓，长沙阿弥岭M7，杨家山M304，湖南溆浦茅坪坳M7、M20、M31、M32，津市肖家湖M17等为代表。

墓葬形制：推测以木椁墓为主，保存较好的有阿弥岭M7，为木椁墓中的墓坑分室墓。

随葬器物以壶、罐为主，罐多有硬陶、泥质陶和夹砂陶之分，釉陶壶也较普遍。部分墓葬仍出土仿铜陶礼器组合，但多见鼎、壶，盒已经少见。同时，灶、井、熏炉出土较多。滑石器大量随葬，有鼎、釜、甑、石磨、井、璧等。滑石璧数量最多。铜礼器组合较前两期更加完整，器类有铜鼎、壶、钫、盘、勺、钟、洗、灯等。随葬钱币有铜五铢、泥金饼、泥五铢等。未见莽钱。铜镜有西汉中期流行的四乳四螭镜以及西汉晚期流行的规矩镜、四神规矩镜和昭明镜等。推测此期年代为西汉晚期，大致相当于元、成、哀、平时期。个别墓葬年代上限可达宣帝时期。

第四期，以湖南邵东县冷水村东汉墓，衡阳凤凰山M6、M9，津市新洲镇M1、M2，武汉辛冲M401，蕲春陈家大地M3、M9为主。

---

① 宋少华：《西汉长沙国（临湘）中小型墓葬分期概论》，《考古耕耘录——湖南中青年考古学者论文选集》，岳麓书社，1999年。

墓葬形制：以砖室墓为主，流行单室砖墓、少量双室砖墓，并存少量土坑竖穴无椁墓和木椁墓（葬具不明）。

此期随葬器物比较简单，以硬陶罐、壶、盆为主。比较常见的器物为鼎、四系罐、井、灶、猪圈、鸡埘、盘等。少量墓葬出土青瓷器，如青瓷杯、洗、四系罐等。伴出铁削、铁刀等。东汉时期的铜五铢和货泉、大泉五十同出。铜镜以四乳四螭镜、四神规矩镜、四乳禽兽镜为主。推测此期年代为新莽—东汉早期，其年代下限为东汉和帝永元十四年（102年）。

第五期，以醴陵、株洲发现的汉墓、湖南南岳万福村M1～M4、湖南衡阳豪头山永元十四年墓、长沙金塘东汉墓、衡阳荆田村M1～M7、蕲春对面山M5为代表。

墓葬形制：仍以单室砖墓为主，并有部分双室砖墓、少量多室砖墓和土坑竖穴无椁墓或木椁墓。

随葬器物：以各种硬陶及夹砂陶罐、敞口釜为主。模型明器出土较多，有陶猪、灶、囷、屋、鸡埘、猪圈、斗、耳杯等。同时新出现一批青瓷双腹杯、盂、罐等。大量墓葬伴出铁釜架、铁釜、铁环首刀、铁灯。个别墓葬共出铜敞口洗、盘口釜、鐎壶等。流行规矩四神独角羊镜、尚方镜、双龙镜、柿蒂叶纹镜等。结合出土的东汉和帝“永元十六年”（104年）、“永元十四年”（102年）、“元兴元年”（105年）纪年砖，推测此期墓葬年代为东汉中期。年代上限为东汉和帝永元十四年（102年），年代下限为东汉灵帝熹平五年（176年）。

第六期，以湖南衡阳茶山坳M26、益阳羊舞岭M1、长沙县北山区东汉砖室墓、常德南坪“汉寿左尉”墓、常德市芦山乡M1、蕲春对面山M1为代表。

墓葬形制：以多室墓为主，部分单室和双室砖墓。混合结构墓一例，如大庸RM27为砖石混合结构多室墓。

此期随葬器物种类大大增加，以硬陶罐、釜、钵、甑、四系罐等为主，多伴出青瓷碗或铜碗。模型明器大量出土，种类有硬釉陶屋、灶、井、囷、仓、猪圈、熏炉、泥质陶狗等。伴出铁釜架、铁釜。个别墓葬还出土铜釜、铜鐎壶等。随葬钱币以铜五铢为主，铜镜有四叶八凤纹镜、龙凤纹镜、多乳禽兽镜、神兽镜、“长宜子孙”连弧纹镜等。结合墓中出土的“熹平五年”（176年）纪年砖，推测此期年代为东汉晚期。大致相当于灵、少、献时期。

第三节　东南区墓葬随葬器物的类型学分析及墓葬分期

一、皖　分　区

迄今为止，皖分区见诸正式报道的两汉墓葬上千座。遍布省内各县区。其中尤以六安和宿州地区墓葬最为集中（详见表1.3）。本区未发现纪年墓。鉴于本区的材料情况，主要采取以下思路进行分期研究。

本区出版了一系列大型考古报告，如《潜山林新战国秦汉墓》[①]《天长三角圩墓地》[②]《庐江汉墓》[③]《巢湖汉墓》[④]《萧县汉墓》[⑤]《巨鹰墓地发掘报告》[⑥]等。

1）对墓葬中出土的随葬器物进行类型学分析，结合墓葬形制的变化，排列出墓葬的相对年代序列。

2）根据随葬器物组合的变化，结合墓中出土的纪年器物对墓葬进行年代判断，从而形成本区的年代框架。

（一）皖分区墓葬随葬器物的类型学分析

皖分区汉墓中的随葬陶器，根据陶质的不同主要分为三类，即泥质陶、釉陶和硬陶。泥质陶器多分布在皖西部和湖北毗邻的地区。硬陶及釉陶器则普遍分布在皖东部和江浙毗邻的地区。

泥质陶主要为泥质灰陶，少量夹砂陶。大多数器物烧成温度不高，胎质疏松，皖东部的六安市、淮南市出土陶器器表多髹黑色或褐色漆衣，部分器物并绘以白内、红外套色花纹。有些髹漆已脱落。纹饰主要有弦纹，还有云鸟纹、波状纹、几何纹和菱纹等。根据功能的不同分为陶礼器、日用陶器和模型明器三种。陶礼器主要有鼎、壶、盒、钫、罐、杯、鐎壶、盘、匜等。日用陶器主要有双耳罐、陶杯等。模型明器有井、灶、陶楼、圈厕等。

釉陶分为两种：一种为青釉陶。这种釉陶烧制火候较高，胎质坚硬，釉色有青绿和青黄两种。器物多上半部施釉，下半部露胎。多釉色不匀，有脱釉现象。纹饰多样，多弦纹、水波纹和云气纹。陶礼器有鼎、盒、壶、瓿、钫、匜。日用陶器有杯、钵、罐、双唇罐。模型明器有仓、井。另一种是在中原地区汉代墓葬中较为多见的软釉陶，或称为铅釉陶[⑦]。这种釉陶烧制火候较低，陶质较软，多红胎红釉。这种釉陶器仅见于两三座墓，但器类较全，陶礼器有鼎、盒、匜，日用陶器有甑、釜、杯，模型明器有灶、井、圈厕、鸡埘等。由于出土软釉陶的墓葬并不多，因此本书主要选择流行时间较长、分布较广泛的青釉陶器参与类型学研究。

硬陶器在安徽地区出土很少，多夹砂陶，均火候较高、质地坚硬，敲击时有铿锵

① 安徽省文物考古研究所：《潜山林新战国秦汉墓》，文物出版社，2013年。

② 安徽省文物考古研究所：《天长三角圩墓地》，科学出版社，2013年。

③ 安徽省文物考古研究所：《庐江汉墓》，科学出版社，2013年。

④ 安徽省文物考古研究所、巢湖市文物管理所：《巢湖汉墓》，文物出版社，2007年。

⑤ 安徽省文物考古研究所、安徽省萧县博物馆：《萧县汉墓》，文物出版社，2008年。

⑥ 安徽省文物考古研究所：《巨鹰墓地发掘报告》，上海古籍出版社，2017年。

⑦ 杨哲峰：《汉墓结构和随葬釉陶器的类型及其变迁》，北京大学博士学位论文，2005年。

之声。陶礼器有鼎、盒、盘口壶，日用陶器有直腹罐、印纹陶罐，模型明器有羊圈、猪圈等。

两汉时期的皖分区，釉陶器和泥质陶器始终是并行发展的两套系统，因此本书同时选择了泥质陶中的鼎、盒、壶、小壶、钫、双耳罐、杯和井，釉陶中的鼎、盒、壶、瓿，硬陶中的鼎、盒参与类型学研究。这些器物因为发现数量多，分布范围广泛且有演变规律可循，因此比较典型且具代表性。本书即以这几种器物为切入点来探讨皖分区两汉墓葬的分期问题。

1. 泥质陶器

（1）鼎

根据器物整体形态的不同分为三型（图4.23）。

A型　整体较圆，深腹，最大径大约位于腹中部。分为二式。

演变趋势：器盖较平→盖面圆隆；斜直腹→直腹；足逐渐加高。

B型　整体呈扁圆形。浅腹，最大径位于腹盖交界处，器高一般小于腹径。分为三式。

演变趋势：腹部逐渐加深；底由平底变成圜底。

C型　整体呈椭圆形。器形较小。分成二式。

演变趋势：整体趋扁；蹄足由外撇→直立。

（2）盒

根据盖及整体形状的不同分为三型（图4.23）。

A型　弧形盖较深，整体纵剖面呈圆形或扁圆形。分为三式。

演变趋势：弧形盖→盖顶起一圈凸棱；圈足→平底。

B型　盖顶带捉手，整体纵剖面呈方形。分为二式。

演变趋势：器盖和器身完全相同→器盖较浅；腹部逐渐加深。

C型　弧形盖较浅，器身呈钵形，钵下腹急斜收。分为二式。

演变趋势：器盖渐浅；整体器形由瘦高→宽扁。

（3）钫

根据腹部有无带铺首分成二型（图4.23）。

A型　腹部带铺首。分为二式。

演变趋势：由长束颈变成短粗颈；最大腹径下移；铺首位置逐渐上移。

B型　腹部不带铺首。分为二式。

演变趋势：颈部变短；最大腹径下移；圈足变矮。

（4）壶

器高基本都在30厘米左右（图4.24）。分为二型。

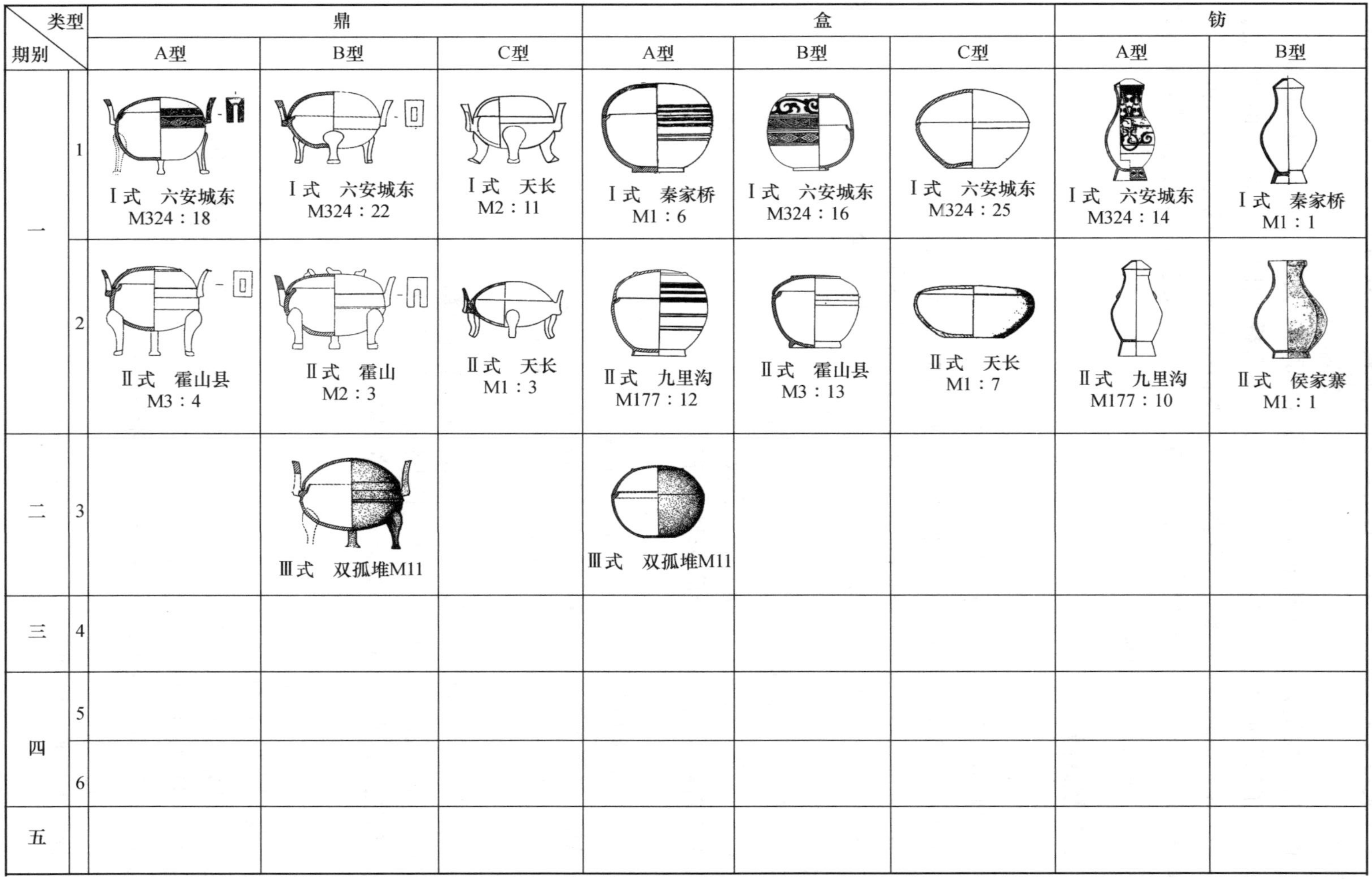

期别		鼎			盒			钫	
		A型	B型	C型	A型	B型	C型	A型	B型
一	1	Ⅰ式　六安城东 M324：18	Ⅰ式　六安城东 M324：22	Ⅰ式　天长 M2：11	Ⅰ式　秦家桥 M1：6	Ⅰ式　六安城东 M324：16	Ⅰ式　六安城东 M324：25	Ⅰ式　六安城东 M324：14	Ⅰ式　秦家桥 M1：1
	2	Ⅱ式　霍山县 M3：4	Ⅱ式　霍山 M2：3	Ⅱ式　天长 M1：3	Ⅱ式　九里沟 M177：12	Ⅱ式　霍山县 M3：13	Ⅱ式　天长 M1：7	Ⅱ式　九里沟 M177：10	Ⅱ式　侯家寨 M1：1
二	3		Ⅲ式　双孤堆M11		Ⅲ式　双孤堆M11				
三	4								
四	5								
	6								
五									

图4.23　东南区（皖分区）两汉墓葬出土陶鼎、盒、钫

期别＼类型		壶				双耳罐	杯		井	铜镜
		A型		B型	小壶		A型	B型		
		Aa型	Ab型							
一	1	Ⅰ式　六安城东M324：5	Ⅰ式　六安城东M324：8		Ⅰ式　六安城东M324：9	Ⅰ式　秦家桥M1：4	Ⅰ式　六安城东M324：11	Ⅰ式　秦家桥M2：3		六安城东M324：2
	2	Ⅱ式　双孤堆M12	Ⅱ式　九里沟M176：15	Ⅰ式　九里沟M64：1		Ⅱ式　九里沟M177：1				
二	3		Ⅲ式　双孤堆M11	Ⅲ式　双孤堆M11		Ⅲ式　侯家寨M2：1	Ⅱ式　双孤堆M11	Ⅱ式　双孤堆M11	Ⅰ式　金牛M4：9	
三	4				Ⅱ式　叶屯M1：4					叶屯M1：16 叶屯M1：19
四	5					Ⅳ式　凤台县			Ⅱ式　柏家台M2：3	凤台县
	6					Ⅴ式　谷堆王M8：8			Ⅲ式　下陈村	谷堆王M7：2
五	7									

图4.24　东南区（皖分区）两汉墓葬出土陶壶、双耳罐、杯、井及铜镜

A型　铺首壶。根据圈足形状不同又可分为二亚型。

Aa型　圈足壶。分为二式。

演变趋势：颈部逐渐变细变长，最大腹径逐渐下移。

Ab型　假圈足壶。分为三式。

演变趋势：腹部由圆鼓腹变成长鼓腹；铺首位置逐渐上移；圈足变矮。

B型　无铺首，鼓腹，长束颈假圈足壶，分为二式。

演变趋势：腹部占全器的比例逐渐缩小；假圈足越来越高。

（5）小壶

指器高小于20厘米的壶（图4.24）。分为二式。

演变趋势：颈变短粗；无耳→桥形耳；长圆腹→圆鼓腹。

（6）双耳罐

根据口、颈、腹及底部形态的不同分为五式（图4.24）。

演变趋势：口沿由较薄并逐渐变宽；长直颈→粗短颈；圆鼓腹→长鼓腹；圜底内凹→小平底。

（7）杯

根据器身和柄形状的不同分为二型（图4.24）。

A型　下腹向内斜收，在底和腹中间形成细柄。分为二式。

演变趋势：下腹部由急剧内收变为缓收，底座相对越变越宽。

B型　斜直腹，无明显柄部。分为二式。

演变趋势：足由较平变成外撇。

（8）井

根据井身形状的不同划分为三式（图4.24）。

演变趋势：弧形壁→直壁；口沿和井腹之间的收缩变得不再明显。

2. 硬釉陶器

安徽地区硬陶数量有限，其器物种类形态与釉陶器基本相同，因此本书将硬陶器纳入釉陶体系中进行研究。

（1）釉陶鼎

根据盖和足形状的不同划分为二型（图4.25）。

A型　盖顶装饰三环纽，蹄足较高。分为四式。

演变趋势：钵形盖由浅变深；腹部逐渐加深；足由内聚→稍外撇。

B型　盖上基本没有装饰，蹄足较矮。分为四式。

演变趋势：钵形盖越来越浅，最后发展成攒尖顶形盖；足最后基本退化。

（2）釉陶盒

一般盖面盖身均施釉，个别仅在器盖上施釉，有青白釉、青黄釉和红釉几种（图4.26）。分为五式。

演变趋势：覆碗形盖→覆钵形盖→攒尖形盖；弧腹→斜直腹，且逐渐加深；圈足→平底→平底内凹。

（3）釉陶壶

根据口形状的不同分为二型（图4.25）。

A型　喇叭口壶。分为三亚型。

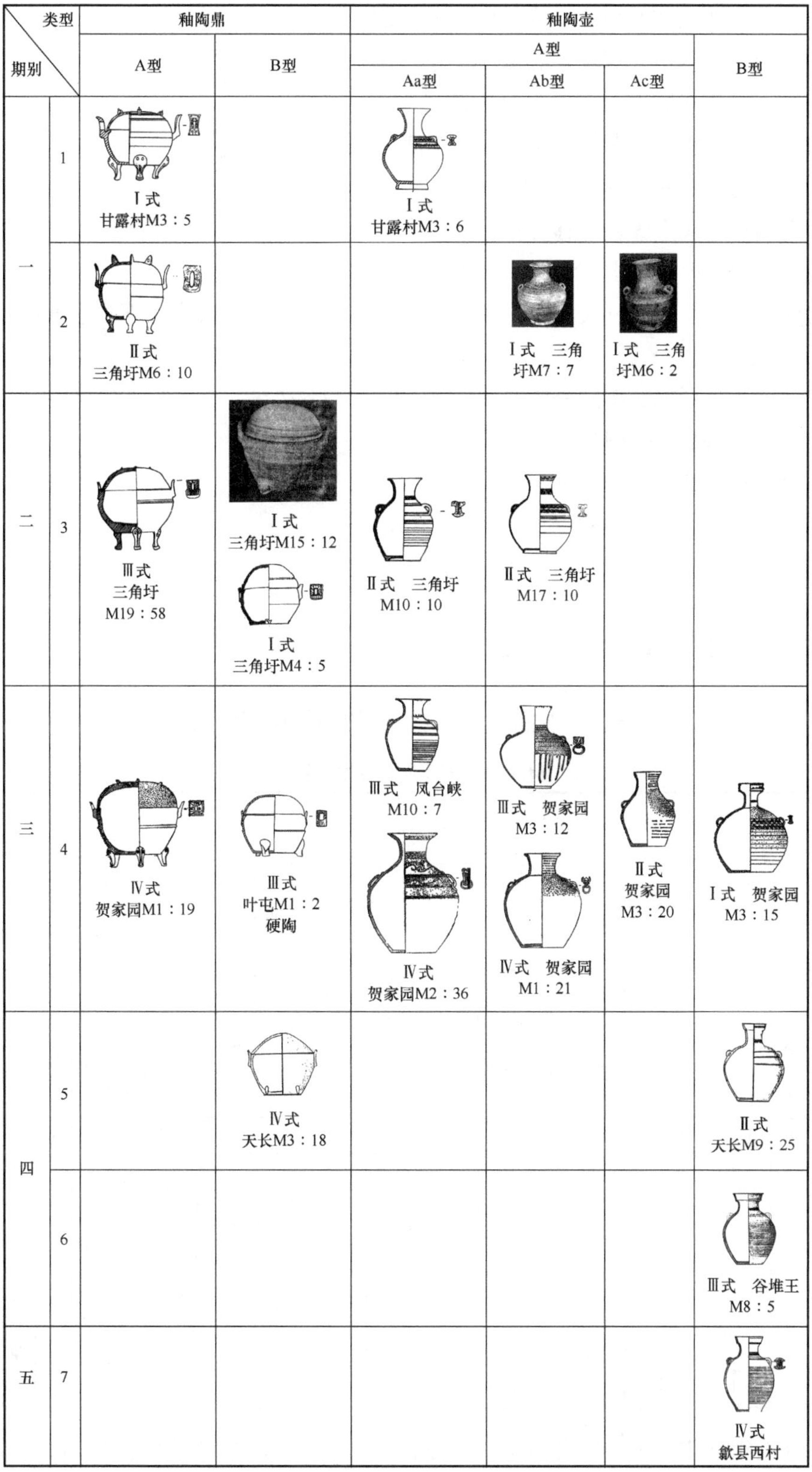

期别＼类型		釉陶鼎		釉陶壶			
		A型	B型	A型			B型
				Aa型	Ab型	Ac型	
一	1	Ⅰ式 甘露村M3：5		Ⅰ式 甘露村M3：6			
	2	Ⅱ式 三角圩M6：10			Ⅰ式　三角圩M7：7	Ⅰ式　三角圩M6：2	
二	3	Ⅲ式 三角圩 M19：58	Ⅰ式 三角圩M15：12 Ⅰ式 三角圩M4：5	Ⅱ式　三角圩 M10：10	Ⅱ式　三角圩 M17：10		
三	4	Ⅳ式 贺家园M1：19	Ⅲ式 叶屯M1：2 硬陶	Ⅲ式　凤台峡 M10：7 Ⅳ式 贺家园M2：36	Ⅲ式　贺家园 M3：12 Ⅳ式　贺家园 M1：21	Ⅱ式 贺家园 M3：20	Ⅰ式　贺家园 M3：15
四	5		Ⅳ式 天长M3：18				Ⅱ式 天长M9：25
	6						Ⅲ式　谷堆王 M8：5
五	7						Ⅳ式 歙县西村

图4.25　东南区（皖分区）两汉墓葬出土釉陶鼎、壶

Aa型　细颈大喇叭口壶，多鼓腹。分为四式。

演变趋势：束颈→直颈；圈足→平底。

Ab型　小喇叭口圆鼓腹壶。分为四式。

演变趋势：腹部逐渐加长；圈足→平底。

Ac型　粗筒颈折腹壶。分为二式。

演变趋势：最大腹径下移；圈足→平底。

B型　盘口壶。根据口的不同分为四式。

演变趋势：小盘口→大盘口；颈逐渐加粗；圆鼓腹→长鼓腹，下腹逐渐内收。

（4）釉陶瓿

根据腹及耳形态的不同分为二型（图4.26）。

A型　圆鼓腹。分为四式。

演变趋势：最大腹径逐渐下移。

B型　折腹，腹下部急剧斜收。分为三式。

演变趋势：颈从无到有；平底→平底内凹。

（二）皖分区墓葬的分期及年代

以上典型器物多有比较稳定的组合，据此可知不同器物的型式对应关系（表4.5）。

表4.5　皖分区典型器物分组情况

	泥质陶																釉陶器								
	陶礼器												日用器			模型明器									
	鼎			盒			钫		壶			小壶	双耳罐	杯		井	鼎		盒	壶				瓿	
	A	B	C	A	B	C	A	B	A		B			A	B		A	B		A			B	A	B
									Aa	Ab										Aa	Ab	Ac			
1	Ⅰ	Ⅰ	Ⅰ	Ⅰ	Ⅰ	Ⅰ	Ⅰ	Ⅰ	Ⅰ	Ⅰ		Ⅰ	Ⅰ	Ⅰ	Ⅰ		Ⅰ		Ⅰ	Ⅰ				Ⅰ	
2	Ⅱ	Ⅱ	Ⅱ	Ⅱ	Ⅱ	Ⅱ	Ⅱ	Ⅱ	Ⅱ	Ⅱ	Ⅰ		Ⅱ				Ⅱ		Ⅱ		Ⅰ	Ⅰ			Ⅰ
3		Ⅲ		Ⅲ						Ⅲ	Ⅱ		Ⅲ	Ⅱ	Ⅱ	Ⅰ	Ⅲ	Ⅰ Ⅱ	Ⅲ	Ⅱ	Ⅱ			Ⅱ	Ⅱ
4												Ⅱ					Ⅳ	Ⅲ	Ⅳ	Ⅲ Ⅳ	Ⅲ Ⅳ	Ⅱ	Ⅰ	Ⅲ Ⅳ	Ⅲ
5													Ⅳ			Ⅱ		Ⅳ	Ⅴ				Ⅱ		
6													Ⅴ			Ⅲ							Ⅲ		
7																							Ⅳ		

根据七组器物的组合情况和器物形态的变化，可将这七组视为连续发展的7段。

期别		釉陶盒	釉陶瓿 A型	釉陶瓿 B型	钱币及铜镜
一	1	Ⅰ式 甘露村M3：7	Ⅰ式 甘露村M3：1		郢称　甘露村M3；泥半两 甘露村M3
	2	Ⅱ式 三角圩M6：3		Ⅰ式 三角圩M18：4	三角圩M6
二	3	Ⅲ式 祝涧窑厂	Ⅱ式　三角圩 M17：7	Ⅱ式　天长县杨村 M8：1	祝涧窑厂
三	4	Ⅳ式　叶屯 M1：8 硬陶	Ⅲ式 贺家园 M3：14；Ⅳ式 贺家园 M2：22	Ⅲ式　贺家园 M1：22	贺家园M3：9　贺家园M3；贺家园M2：24　贺家园M2
四	5	Ⅴ式　天长 (M3：11)			天长M3：1　天长M3：2
	6				谷堆王M6：9；谷堆王M6：3-1
五	7				

图4.26　东南区（皖分区）两汉墓葬出土釉陶盒、瓿、铜镜及钱币

第1段：对应第1组。主要包括六安城东M324，舒城秦家桥M1～M4，天长M2，无为县甘露村M3等。

第2段：对应第2组。主要包括九里沟M64、M176、M177，霍山县M2、M3，侯家寨M1，双孤堆M12，天长M1，天长三角圩M6、M7、M18，巢湖北山头M1等。

第3段：对应第3组。主要包括双孤堆M11，侯家寨M2，肥西县金牛M4，天长三角圩M4、M10、M15、M17、M19，天长县祝涧窑厂，天长县杨村M8，巢湖放王岗M1等。

第4段：对应第4组。主要包括庐江县金牛镇叶屯M1，贺家园M1～M3，凤台峡山口M10等。

第5段：对应第5组。主要包括凤台县新莽墓，寿县东津柏家台M2，天长M3、M9等。

第6段：对应第6组。主要包括定远谷堆王M6～M8，淮南市下陈村东汉墓等。

第7段：对应第7组。主要包括歙县西村东汉墓等。

根据各段墓葬在墓葬形制、随葬器物组合所表现出的阶段性变化，可将上述7段墓葬分为五期，并根据各期墓葬中出土的铜镜和钱币对其年代做出判断。

第一期：包含第1段和第2段。

墓葬形制均为木棺墓和木椁墓。流行单人葬。大多数墓在木椁周围填木炭，木炭外围填青膏泥，也有的墓仅填青膏泥。

随葬器物包含泥质陶和釉陶器。泥质陶器为主，釉陶器较少。

泥质陶中的陶礼器组合齐全，普遍随葬鼎、盒、壶的组合。大部分器表有黑色陶衣或漆衣。伴出钫、鐎壶、盘、匜、勺。日用陶器主要有杯、罐、钵，伴出釜、甑、扁壶、蒜头壶、盂等。模型明器出土较少，仅见灶和仓。共出的铜器有带钩、剑、矛和砝码。漆器主要有漆奁、几、耳杯、盘。还出土木制梳篦及木俑。其漆器的器类和形制与战国楚文化所出漆器比较类似。

釉陶器数量较少，多见鼎、盒、壶、瓿的组合。有的墓仅见鼎和壶。伴出泥质陶罐，铜匜、铜钫、铜弩机、漆樽、漆耳杯等。

此期墓葬保留了较多楚墓的特征，如椁外填青膏泥，出土的漆器形制及纹饰风格多保留楚文化的遗风。此期可见双线蟠螭纹镜。蟠螭纹镜自战国中晚期便已流行，至西汉早期仍普遍沿用，但西汉早期的蟠螭纹镜与战国时期相比已有变化，多为双线的蟠螭纹，有的出现三字一句、四字一句的吉语铭文①。个别墓葬可见汉文帝时期发行的四铢半两。因此，此期墓葬的时代可以定为西汉早期。由于此期墓并未见五铢钱，因此年代下限应该早于汉武帝元狩五年（前118年）。根据类型学划分的第1段和第2段，分别相当于西汉早期前段和西汉早期后段。

第二期：包含第3段。

---

① 孔祥星、刘一曼：《中国古代铜镜》，文物出版社，1984年，43页。

墓葬形制仍以木椁墓为主。新出现石椁墓。仅有一例，即淮南市双孤堆M11为带斜坡墓道的土坑石椁木棺墓。基本都是单人葬。随葬器物包含泥质陶和釉陶器，仍以泥质陶为主。

泥质陶中的陶礼器多见鼎、盒、壶，钫基本绝迹。日用陶器常见罐、杯、釜。模型明器新出现井。铜器有带钩、剑、矛以及弩机。

釉陶器出土组合均不齐全，多见壶和瓿。部分墓仅出土鼎和盒中的一种器物。

出土西汉中期流行的星云镜或昭明镜，同时伴出半两钱和五铢钱。出土的五铢钱“五”字交叉笔画稍微弯曲，“金”字四点较短，“金”字与“朱”字基本平齐，钱面或穿上横郭或穿下横郭。这种五铢钱常见于西汉中期[①]。本期的年代晚于第一期，约在汉武帝元狩五年（前118年）之后的西汉中期，大致相当于武、昭、宣时期。

第三期：包含第4段。

墓葬形制主要有木椁墓，新出现单砖室墓。均为单人葬。随葬泥质陶器数量较少，不成组合，硬陶和釉陶则比较发达。

泥质陶以罐、壶为主，伴出灶、盆、熏炉。

硬陶多鼎、盒搭配，伴出葫芦瓢、勺、耳杯、灯、羊圈、猪圈等。

釉陶器多为壶、瓿的组合。仅有少数墓仍保留鼎、钫、壶、瓿这一套完整组合。伴出釜、钵，以及模型明器仓、灶、井和圈厕。铜器多鐎盉、博山炉、提梁壶，同时还有鼎、壶、盆、行灯、灯、凤鸟。个别墓还伴出种类丰富的滑石器如鼎、壶、钫、罐等。铁器有剑、削。漆器较少，仅见盒。

普遍出土西汉晚期流行的日光镜、昭明镜、四乳四螭镜等。伴出的五铢钱“五”字交叉笔弯曲明显，“金”字头很小，低于“朱”字，这种五铢钱常见于西汉晚期[②]。不见新莽钱。由此可以判断，此期应为西汉晚期，大致相当于元、成、哀、平时期。

第四期：包含第5、6段。

这一时期除了木椁墓外，新出现双砖室墓、多砖室墓和石板墓。新出现同穴同室合葬和同穴异室合葬。

随葬器物以泥质陶为主，少见釉陶器。

泥质陶中，陶礼器基本不见。而以日用陶器为主，多出土罐、瓮、盆等。偶见甑、釜、钵等器物。模型明器多出灶，其他比较少见。伴出铜带钩、铜环。

釉陶器组合多不齐全，多见鼎、壶，盒较少，瓿基本不见。

此期器物种类与前期相比大大减少。铜镜多见王莽—东汉早期流行的四乳规矩纹镜、四乳禽兽镜等。钱币多见王莽时期的货泉、大泉五十，部分墓葬还出土五铢钱。据此可以推测，此期年代大致相当于王莽—东汉早期。

---

① 李如森：《中国古代铸币》，吉林大学出版社，1998年，158、159页。

② 李如森：《中国古代铸币》，吉林大学出版社，1998年，158、159页。

第五期：包含第7段。

墓葬均为砖室墓。单室、双室、多室墓都有。流行同穴异室合葬。

这一期墓葬数量较少，器物有泥质陶、硬陶和釉陶器。

泥质陶以罐、瓮为主。还伴出模型明器灶、井、磨。

硬陶器以盘口壶、印纹罐、直腹罐为主。釉陶仅见双唇罐。

铜镜出土较多，其中既有东汉中期流行的九连弧柿蒂纹镜、龙虎镜，也有东汉中晚期流行于南方地区的神兽镜、六乳神兽镜，以及东汉晚期流行的长宜子孙连弧纹镜等。钱币以五铢为主，包括东汉晚期常见的磨郭五铢等。由此判断，此期年代大致为东汉中晚期。

二、苏浙赣分区

苏浙赣分区的两汉墓葬，集中分布于江苏省的中部、浙江省的中部和东部地区（详见表1.3）。

本区已经出版的大型考古报告有《印记与重塑：镇江博物馆考古报告集（2001—2009）》①《余杭义桥汉六朝墓》②《浙江汉六朝墓报告集》③《穿越宜溧山地：宁杭高铁江苏段考古发掘报告》④《穿越长三角——京沪、沪宁高铁江苏段考古发掘报告》⑤《衢州汉墓研究》⑥等。

本区共发现8座纪年墓，这8座纪年墓从西汉中期一直持续到东汉晚期，中间没有间断。其中西汉中期1座、西汉晚期1座、东汉早期1座、东汉中期4座、东汉晚期1座（表4.6）。通过这些纪年墓，可初步建立起本区的年代序列。同时，本区大量发现出土有铜镜或钱币的墓葬（表4.8），根据这些断代器物，亦可以判断出一部分墓葬的年代。

鉴于本区材料的特殊性，特别采用了与其他区不同的思路进行分期研究。

1）通过对本区发现的纪年墓年代进行考察，根据其出土的随葬品，初步建立起其年代序列。

2）对于出土了与纪年墓相同或相似器物组合的墓葬，通过与这些纪年墓进行横向对比，初步确立部分墓葬的年代。

3）对于未出土与纪年墓相同或相似器物组合，但出土了铜镜和钱币的墓葬，结合

---

① 镇江博物馆：《印记与重塑：镇江博物馆考古报告集（2001—2009）》，江苏大学出版社，2010年。

② 杭州市文物考古所、余杭区博物馆：《余杭义桥汉六朝墓》，文物出版社，2010年。

③ 浙江省文物考古研究所：《浙江汉六朝墓报告集》，科学出版社，2012年。

④ 南京博物院：《穿越宜溧山地：宁杭高铁江苏段考古发掘报告》，科学出版社，2013年。

⑤ 南京博物院：《穿越长三角——京沪、沪宁高铁江苏段考古发掘报告》，科学出版社，2013年。

⑥ 衢州博物馆：《衢州汉墓研究》，文物出版社，2015年。

随葬器物的特征，判断墓葬的年代。

4）将未出断代器物的墓葬中的随葬器物进行类型学排比，纳入上述年代体系中，从而形成整个区的分期序列。

5）对墓葬主要出土器物的年代演变规律进行探讨。

（一）苏浙赣区两汉时期墓葬年代框架的建立

1. 纪年墓年代的分析

本区发现的纪年墓详细情况见表4.6。

表4.6　苏浙赣分区纪年墓葬统计表

序号	墓葬地点	纪年器物	纪年内容	年代推测	出处
1	江苏邗江胡场M5	木牍	卌七年十二月丙子朔辛卯广陵宫司空长前丞□敢告土主	推测墓主卒年为宣帝本始四年夏（前70年）	《文物》1981年第11期，12～23页
2	江苏仪征胥浦M101	“先令券书”竹简	元始五年九月壬辰朔辛丑亥（？）	平帝元始五年（五年）	《文物》1987年第1期，1～19页
3	浙江淳安古墓	M28出土铭文砖	建初六年六月□□	东汉章帝建初六年（81年）	《考古》1959年第9期，464页
4	浙江淳安古墓	M12出土铭文砖	永元十三年太岁□□	东汉和帝永元十三年（101年）	
5	浙江上虞蒿坝东汉永初三年墓	M52出土铭文砖	永初三年乙酉	东汉安帝永初三年（109年）	《文物》1983年第6期，40～44页
6	浙江上虞凤凰山古墓葬	M229出土铭文砖	永元十五年	东汉和帝永元十五年（103年）	《浙江省考古研究所学刊（建所十周年纪念专刊1980～1990）》，科学出版社，1993年，206～257页
7	浙江安吉天子岗M1	铭文砖	永和二年二月十三日辛	东汉顺帝永和二年（137年）	《文物》1995年第6期，28～39页
8	奉化白杜汉熹平四年墓	买地券砖	熹平四年六月	东汉灵帝熹平四年（175年）	《浙江省文物考古所学刊》，文物出版社，1981年，208～211页

江苏邗江胡场M5，根据报告分析，墓主亡卒日期为宣帝本始三年十二月十六日。其下葬日期，参照随葬漆笥中出土有甜瓜和西瓜籽等夏熟植物，应稍晚于卒年，因此推断其下葬日期为宣帝本始四年夏。由于甜瓜和西瓜籽可以长期存放，其不必非为夏

季所有，然而可以肯定的是，此墓应离宣帝本始三年不远。

江苏仪征胥浦M101，其出土的“先令券书”竹简所记“元始五年九月”应该是其立嘱时间。根据“女徒何贺”简所记日期为“元始五年十月□日”可知墓主朱凌应该在九月到十月之间已经亡故，其下葬日期应该也相差不远。因此，此墓的年代应在西汉末年汉平帝时期。

根据简报描述，浙江淳安M28出土的“部分砖侧面有花纹并有‘建初六年六月□□’”的铭文，因此此墓年代应该不早于东汉章帝建初六年，可惜此墓被盗，并无残存随葬品。仅知该墓形制为带甬道凸字形券顶砖室墓。M12也被盗，仅知墓葬形制也为带甬道凸字形券顶砖室墓。

浙江上虞蒿坝东汉永初三年墓，出土的都是刻有“永初三年”的铭文砖，永初三年（东汉安帝109年）应该是制砖的年月，那么此墓的年代应该不早于安帝永初三年（109年）。

浙江上虞凤凰山M229出有“永元十五年”的纪年砖，可惜报告中并未就M229墓葬形制与随葬器物做任何说明。

浙江安吉天子岗M1出土“永和二年”的纪年砖，因此，此墓的年代应该不早于顺帝永和二年（137年）。

奉化白杜汉熹平四年墓，出土“熹平四年”买地券纪年砖，因此，此墓的年代应该不早于汉灵帝熹平四年（175年）。

2. 和纪年墓葬的对比分析

通过对以上纪年墓葬的梳理，可以大致了解这一分区从西汉中期到东汉晚期墓葬发展的基本线索，并建立该区从西汉中期到东汉晚期墓葬分期与年代判定标准。然后可以将其他具有与上述纪年墓相同或相似器物组合的墓葬进行分期与年代的归属，详见表4.7。

表4.7　和纪年墓具有相同或相似器物组合的墓葬

序号	墓葬地点	器物形制	出土陶、釉陶、瓷器	年代推测	具有相同或相似器物组合的墓葬
1	江苏邗江胡场M5	墓坑不分室异椁夫妻合葬墓	陶鼎2、壶2、瓿2、盒2、罐1、井1、灶1	西汉中期	仪征烟袋山M1、东阳M3、盘古山M2、盱眙小云山M6、平山养殖场M3、湖州方家山第三号墩M27
2	江苏仪征胥浦M101	墓坑不分室木椁墓，椁内分头箱、棺箱和1边箱，椁内并置两棺	釉陶瓿4、壶4、罐3，硬陶罐2，陶罐2、熏1、盆1、井1、灶1	西汉晚期	邗江姚庄M101、湖州方家山第三号墩M21
3	浙江上虞蒿坝东汉永初三年墓	前后室纵向排列双室砖墓	釉陶五管瓶1、双耳罐1、簋1、鉢1、耳杯13，原始瓷双耳罐1，陶钟1，印纹硬陶罍1	东汉中期	浙江嘉兴九里汇东汉墓

续表

序号	墓葬地点	器物形制	出土陶、釉陶、瓷器	年代推测	具有相同或相似器物组合的墓葬
4	浙江安吉天子岗M1	单室砖墓	陶壶1、双耳罐5、灶1、纺轮1	东汉中期	浙江江山市庵汉墓（壶、双耳罐相似）、嘉兴九里汇（灶）
5	奉化白杜汉“熹平四年”墓	多室砖墓	青瓷耳杯1、五联罐1、灶1、薰1、井1	东汉晚期	浙江鄞县宝幢乡东汉墓

3. 随葬铜镜或钱币的墓葬年代的判断

出土铜镜和钱币的墓葬，其年代特征相对明显。这些墓葬的详细情况见表4.8。

表4.8　出土了铜镜或钱币的墓葬

序号	墓葬地点	墓葬形制	随葬陶、瓷器	出土断代器物	年代推测
1	仪征张集团山M1	椁内分头箱、足箱、南北边箱，单棺	釉陶鼎8、盒6、壶8、细颈壶2、钫2、罐16、折肩罐2、钟2、盆1、洗1、匜2、釜1、釜甑1、熏1、灯2、卮2、勺6，陶编钟9、编磬12	泥半两10000余枚、禽兽纹镜1	推测为江都王的陪葬墓，年代上限为公元前153年，年代下限为公元前127年或稍后。
2	浙江安吉上马山M5	椁内分箱木椁墓	釉陶鼎2、盒2、壶2，印纹硬陶罐2，泥质陶灶2	蟠虺纹镜1、半两钱54	西汉早期
3	浙江嵊州剡山M39	土坑无椁木棺墓	釉陶鼎2、壶2、盒2、瓿4，印纹硬陶罐1，陶罐1	蟠螭纹镜1、半两钱	西汉早期
4	上海福泉山M39 M18 M3 M35 M24 M34 M28 M19 M31	土坑无椁木棺墓	多为釉陶鼎、盒、壶、瓿的组合，个别有泥质陶罐、双耳罐	蟠螭纹镜、蟠螭菱纹镜、蟠虺四乳镜、半两	西汉早期
5	上海福泉山M17 M41 M15 M43 M45 M38 M27 M8 M22 M1	土坑无椁木棺墓	以釉陶鼎、盒、壶、瓿的组合为主，个别墓葬同出陶罐、陶双耳罐等	蟠螭纹镜、五铢钱、泥五铢、四乳草叶纹镜、几何地纹镜、星云百乳镜、四乳连弧纹镜	西汉中期
6	上海福泉山M20、M37 M25 M2 M44 M42 M5	土坑无椁木棺墓	以釉陶鼎、盒、壶、瓿为主要组合	星云百乳镜、日光连弧纹镜、铜五铢	西汉晚期
7	常州市酱品厂M1	已残，仅知为木椁墓	釉陶壶2、鼎1、小罐1、长颈壶1、杯形器1、灯盏1、瓢1、猪狗马羊牛鸭各一	五铢钱若干、昭明镜1、连弧纹清白镜1	西汉中期
8	龙游东华山87M3	不明	原始瓷鼎2、盒2、壶2、瓿2，釉陶罐1，陶罐1、釜1	蟠螭纹镜1、半两1（武帝半两）、五铢1	西汉中期

续表

序号	墓葬地点	墓葬形制	随葬陶、瓷器	出土断代器物	年代推测
9	浙江安吉上马山M9	椁内分箱木椁墓	釉陶鼎2、盒2、壶4、瓿3，印纹陶罐3、瓮2，泥质陶灶1、釜1、甑1	铜五铢117、草叶纹镜1	西汉中期
10	南昌东郊M14	土坑竖穴双室墓（棺椁不清）	陶壶2、双系罐4、双唇罐6、罐8、屋1	日光镜、草叶纹镜、五铢20	西汉中期
11	江苏盱眙东阳M7	椁内分头箱、棺箱木椁墓，椁内并置两棺	陶壶6、瓿2	昭明镜、铜华镜	西汉晚期
12	扬州西汉“妾莫书”木椁墓	两椁一棺墓，椁内不分箱	釉陶鼎、盒、壶，陶灶	昭明镜、五铢（西汉晚期五铢）	西汉晚期
13	南京大厂陆营汉墓	椁内分头箱、边箱、棺箱木椁墓	釉陶壶2、瓿2，陶罐2、灶1	五铢（西汉中晚期均有）、剪轮五铢、半两、规矩纹镜	西汉晚期
14	江苏邗江宝女墩M104	椁内分头箱、足箱、南北边箱	釉陶盘口壶7、（侈口或喇叭口）壶8、瓿4，硬陶罐2，陶罐2、灶1	大泉五十鎏金铜钱5、云雷连弧纹镜1、连弧铭文镜1	新莽时期
15	江苏盐城三羊墩M1	木椁墓，墓坑不分室，但木质头箱和边箱独立于椁室之外	釉陶壶2，硬陶瓮1，陶灶1	清白连弧纹镜、四乳四虺镜、四乳八鸟镜、五铢，磨郭五铢	西汉末年—东汉初年
16	江苏盐城三羊墩M2	砖椁墓	釉陶壶2、罐3，陶盆1、灶1、甑1、釜1、罐2	素面镜、五铢（西汉晚期五铢）	西汉末年—东汉初年
17	东阳M2 M3 M5 M6 M01	木椁墓，椁内分箱	陶鼎、盒、壶、瓿等礼器组合	星云纹镜、日光镜、昭明镜、五铢（武帝、宣帝五铢）	西汉中期
	东阳M1、M4、M7	椁内分箱木椁墓，一椁双棺	陶壶、瓿等	四乳四螭镜、昭明镜、规矩镜、神兽镜、五铢（宣平五铢）、大泉五十	西汉晚期—新莽
18	龙游东华山87M6	不明	釉陶壶1、罐2，陶壶1、罐7、罍1	昭明镜1、大泉五十1、五铢1	新莽—东汉初
	龙游东华山89M28	带墓道椁内分箱墓	原始瓷瓿2、壶12、罐4，陶罐7	昭明镜1、五铢、大布黄千、大泉五十	王莽或稍后
19	南京市京家山M2	土坑墓，棺椁情况不明	陶罐9，青瓷壶1、灶、案、钵等	大布黄千100、大泉五十5800、五铢2900、剪轮五铢、綖环五铢	新莽时期

续表

序号	墓葬地点	墓葬形制	随葬陶、瓷器	出土断代器物	年代推测
20	江苏高淳县下坝M1	单砖室墓	印纹硬陶壶3、罐4，陶罐1、坛1、盆1、井1、灶1	规矩神兽镜2、五铢79、大泉五十1	新莽—东汉早期
21	江苏高淳县下坝M2	单砖室墓	釉陶盘口壶4，印纹硬陶罐8，陶盆2、灶1、井1	规矩神兽镜2、四乳鸟纹镜1、五铢1000	新莽—东汉早期
22	扬州市郊M5	椁内分足箱和棺箱，椁内两漆棺并置	釉陶壶2，陶罐2	规矩神兽镜1、规矩镜1、五铢1、大泉五十14	新莽时期
23	扬州市郊M6	椁内分足箱和棺箱，椁内两漆棺并置	釉陶盘口壶2，陶井1、灶1	四乳四神镜1、五铢154、大泉五十218、大布黄千6	新莽时期
24	江苏邗江县姚庄M102	椁内分棺箱、头箱、足箱、两侧箱，椁内并置两棺	釉陶碗1、罐1	四乳鸟纹镜1、连弧铭文镜2、错金刀币2、契刀币8、小泉直一2、大泉五十19、五铢钱3280、饼金2	男棺（东）棺底有序铺满五铢钱，无新莽货币，应为西汉晚期，女棺应晚于新莽始建国元年以后（即公元9年以后）
25	扬州东风砖瓦厂墓群M1—M7	均椁内分箱墓	釉陶壶20、瓿7、罐1，灰陶罐5、灶5、豆1、缸1，红陶罐1，印纹硬陶罐1	日光镜、规矩镜、四乳镜、四兽镜、家常富贵镜	新莽时期或东汉初
26	江苏扬州七里甸汉代木椁墓	椁内分头箱、足箱和棺箱，椁内并置两棺	釉陶壶2、罐2	五铢、剪轮五铢共15枚	东汉初年
27	南京市京家山M2	竖穴土坑，其余情况不明	陶罐9，青瓷壶1、灶、案、钵	大布黄千100、大泉五十5800、五铢2900（包含剪轮五铢、綖环五铢等）	新莽—东汉初年
28	绍兴狮子山M307	单室砖墓	青瓷壶1，陶双耳罐3、钵1、盂1	五铢、綖环五铢、剪轮五铢、货泉、还有少量剪去外轮、凿去内廓的劣币	东汉末年
29	浙江象山县M2	单室砖墓	青瓷双耳罐2	神兽镜、磨廓五铢、剪轮五铢、凿边五铢、五朱钱、无文钱	东汉末年

注：木椁墓均为墓坑不分室墓。注明“陶”指的是泥质陶器。

由于上述墓葬都出土了较多的钱币或铜镜，这些器物年代特征较为明确。其中需要说明的是一些墓葬同时出土了半两钱和蟠螭纹镜，半两钱均为文帝时期的四铢半两，蟠螭纹镜多为双线蟠螭纹，或有四字一句的吉语铭文，亦为西汉早期的特点。因此可以确定这些墓葬的年代应该为西汉早期。

同样道理，根据墓中出土的钱币和铜镜，可以确定江浙赣地区大部分墓葬的年代。至此，苏浙赣地区从西汉早期到东汉中晚期的年代序列基本形成。

4. 未出任何可供断代的墓葬年代的推断

对照苏浙赣地区已经形成的年代序列，对其他年代特征不明显的墓葬进行归类，纳入其年代序列中。

鉴于此类墓葬数量较多，受篇幅所限，在此不一一赘述。仅选择两座墓葬为例来说明具体的判断方法。

如常州发现西汉墓[①]，此墓以鼎、盒、壶、瓿为基本组合，出现双耳罐。其出土的Ⅰ式釉陶盒盖作覆钵形，带圈足。和东阳大云山（M1：15）（西汉早期墓）比较相似。其出土的双耳罐有短颈、圆肩、鼓腹，与邗江胡场M5（西汉中期）比较类似。其出土Ⅰ式瓿和盱眙小云山的瓿（M7w：9）（西汉中期）比较相似。双耳罐于西汉中期大量出现。因此，虽然盒年代偏早，但从整体来看，此墓的年代应该为西汉中期。

如高淳固城M4，根据墓葬平面图推测，其墓葬形制可能为椁内分箱型木椁墓。此墓器物组合主要为壶、瓿、盒、罐、瓮、仓、灶。且壶大量出土，根据发表的器物图，壶分两种，一种是侈口，一种是深盘口。盘口壶在此区大致出现于西汉晚期—东汉早期，其盘口壶与邗江宝女墩出土的盘口壶（M104：57）（新莽时期）比较相似。出土的瓿与盐城三羊墩的瓿（M2：6）（东汉早期）比较类似。因此，推测此墓的年代为东汉早期。

通过此种方法确立了年代的墓葬如下。

西汉早期的墓葬有仪征张集团山M2、M4，东阳大云山M1，丹徒乔麦山与北山M2，浙江嵊州郯山M28、M47、M69、M70。

西汉中期墓葬有盱眙小云山M7，东阳小云山M1，常州西汉墓，高淳固城M1、M2，苏州虎丘乡汉墓（个别可达西汉早期），湖州方家山第三号墩M25，龙游东华山79M11、79M22、87M12、89M27，安吉上马山M6、M10、M11，浙江嵊州郯山M38、M49、M61，江西南昌老福山木椁墓，江西新余西汉墓。

西汉晚期的墓葬有湖州方家山第三号墩M24、M26、M28、M31，龙游东华山M29、M12，安吉上马山M7、M8，浙江嵊州郯山M48、M59、M71、M72、M90。

东汉早期的墓葬有高淳固城M4，姜堰市官庄南华汉墓，湖州方家山第三号墩M20、M22、M23，浙江嵊州郯山M57，江西宜春东汉墓。

---

① 陈娟英、陈丽华：《常州发现西汉墓》，《文物》1993年第4期，50～53页。

东汉中期的墓葬有浙江嵊州郯山M45、M17，龙游东华山87M2，余姚湖山乡M28、M36。

东汉晚期的墓葬有绍兴狮子山M305，余姚湖山M48，江西南康荒塘M1、M2。

综上所述，苏浙赣分区两汉时期的墓葬总共可以分为六期。

第一期，西汉早期。其年代下限为汉武帝元狩五年（前118年）。

第二期，西汉中期。大致相当于汉武帝元狩五年之后到宣帝时期。

第三期，西汉晚期。大致相当于元、成、哀、平时期。

第四期，新莽—东汉早期。其下限不晚于东汉安帝永初三年（109年），即相当于新莽、光武、明、章、和、殇、安帝时期。

第五期，东汉中期。其年代上限为东汉安帝永初三年（109年），年代下限为东汉灵帝熹平四年（175年），即相当于顺、冲、质、桓时期。

第六期，东汉晚期。其上限不早于汉灵帝熹平四年（175年），即相当于灵、少、献帝时期。

（二）建立在分期基础上的随葬器物的类型学考察

在以上分期基础上，梳理每期的出土器物，对典型器物的形制特征及其演变规律进行考察，由此对整个年代框架里最为主要的陶器的演变过程和规律有一个基本的认识。

由于这一地区陶器均以硬胎釉陶为主，西汉时期主要器形为鼎、盒、壶、瓿、罍，出土少量的泥质陶器。东汉时期多出土釉陶壶和双耳罐，以及印纹硬陶罍，并伴随着少量的原始瓷或青瓷罐。因此本书主要对上述几种器物进行类型学考察。

（1）釉陶鼎

根据器物腹部以及底部形态分成二型（图4.27）。

A型　大平底深腹鼎。分成五式。

演变趋势：长斜立耳→短直耳；足由有到无，类似于盒。

B型　圜底鼎。根据器形的差别分为二亚型。

Ba型　平面近扁圆形，浅腹。分为三式。

演变趋势：耳变短；腹逐渐加深。

Bb型　平面近圆形，圜底，深腹。分为三式。

演变趋势：盖上三弦纽→盖上有捉手；耳变短。

（2）釉陶盒

根据盖、腹的形态分为五式（图4.27）。

演变趋势：盖上带圈足→覆钵形盖；器身越来越高；圆弧腹→斜腹；矮圈足→平底。

（3）釉陶壶

根据器物口部及整体形态可分为三型（图4.28）。

A型　侈口壶。根据腹部及足部特征又分为四亚型。

类型 期别	鼎			盒	瓿		
	A型	B型			A型		B型
		Ba型	Bb型		Aa型	Ab型	
1	Ⅰ式 浙江嵊州郯山 M39：12	Ⅰ式 丹徒乔麦山 M2：7 Ⅱ式 仪征张集团山 M1：32	Ⅰ式 东阳大云山 M1：10	Ⅰ式　东阳大云山 M1：15 Ⅱ式　安吉上马山 M5：2	Ⅰ式 浙江嵊州郯山 M39：1	Ⅰ式　上海福泉山M39：7 Ⅱ式　东阳大云山 M1：9	
2	Ⅱ式　上海福泉山M6：12 Ⅲ式　邗江胡杨M5 Ⅳ式　仪征烟袋山M1：2	Ⅲ式 常州 西汉墓	Ⅱ式　盱眙小云山 M7w：11 Ⅲ式　盱眙小云山 M7w：7	Ⅲ式　盱眙小云山 M6：25 Ⅳ式　东阳 M3：12	Ⅱ式　东阳小云山M1：99 Ⅲ式 邗江胡场M5	Ⅲ式　盱眙小云山 M7w：9	Ⅰ式 盱眙东阳 M5：3
3	Ⅴ式　龙游东华山M12：21			Ⅴ式 龙游东华山 M12：1	Ⅳ式 仪征胥浦 M101：77		Ⅱ式　盱眙东阳 M7：28 Ⅲ式 龙游东华山 M12：13
4							Ⅳ式 盐城三羊墩 M2：6
5							
6							

图4.27　东南区（苏浙赣分区）两汉墓葬出土陶鼎、盒、瓿

类型 期别	A型				B型		C型
	Aa型	Ab型	Ac型	Ad型	Ba型	Bb型	
1	Ⅰ式　安吉上马山M5：7 Ⅱ式　东阳大云山M1：04		Ⅰ式　仪征张集团M1：46				
2	Ⅲ式　东阳汉墓M5：2 Ⅳ式　常州酱品厂M1：15	Ⅰ式　淮阴小徐庄M1：03 Ⅱ式　邗江胡杨M5	Ⅱ式　东阳小云山M1：158 Ⅲ式　仪征烟袋山M1：9		Ⅰ式　安吉上马山M11：6		
3		Ⅲ式　仪征胥浦M101：75	Ⅳ式　龙游东华山M12：9	Ⅰ式　盱眙东阳M7：1	Ⅱ式　盱眙东阳M7：39		
4	Ⅴ式　邗江宝女墩M104：17 Ⅵ式　湖州方家山M22：5	Ⅳ式　高淳下坝M2：9		Ⅱ式　邗江宝女墩M104：51 Ⅲ式　龙游东华山89M28：15	Ⅲ式　邗江宝女墩M104：57 Ⅳ式　邗江宝女墩M104：60	Ⅰ式　高淳下坝M2：15 Ⅱ式　高淳下坝M2：12	
5						Ⅲ式　龙游东华山87M2：2	Ⅰ式　上虞蒿坝M52：2
6						Ⅳ式　绍兴狮子山M307：6	Ⅱ式　江西南康荒塘M2：22

图4.28　东南区（苏浙赣分区）两汉墓葬出土陶壶

Aa型　圈足，多饰弦纹和水波纹。分为六式。

演变趋势：耸肩→圆肩；最大腹径逐渐下移；圈足外撇→直圈足→圈足中间有一凸棱。

Ab型　平底或平底内凹，有简单弦纹或无纹饰。分为四式。

演变趋势：直颈→束颈；最大腹径逐渐上移。

Ac型　体型高大，带盖，圆鼓腹。分为四式。

演变趋势：盖，弧顶高隆→近平顶；溜肩→圆肩；圈足→平底→平底内凹。

Ad型　口外侈较甚，近似盘口。分为三式。

演变趋势：粗颈→细颈；圆鼓腹→瘦长腹；最大腹径逐渐上移。

B型　盘口壶。根据盘口及底的形状可以分为二亚型。

Ba型　深盘口，圈足或假圈足。分为四式。

演变趋势：鼓肩→溜肩；圈足逐渐变浅。

Bb型　盘口较深且稍外侈，平底，颈较长。分为四式。

演变趋势：鼓肩→溜肩→圆肩；鼓腹→圆鼓腹。

C型　浅盘口垂腹圈足壶，束长颈。分为二式。

演变趋势：束颈变长；圈足变高。

（4）釉陶瓿

根据肩及整体形态可以分为二型（图4.27）。

A型　整体较矮胖。根据底部形态的不同分为二亚型。

Aa型　平底。分为四式。

演变趋势：口由大变小；耳和口部齐平→耳低于口部。

Ab型　底下三足。分为三式。

演变趋势：广肩→圆肩；三足位于器底中央→三足位于底部边缘上。

B型　整体较瘦高。分为四式。

演变趋势：口由大变小，最大腹径逐渐下移。

（5）硬釉陶罍

根据口部形态及纹饰变化可以分为六式（图4.29）。

演变趋势：口由小变大；口沿越来越矮；纹饰由拍印席纹→栉齿纹。

（6）釉陶（个别为硬陶或原始瓷）双耳罐

根据口、腹及底部形态的不同分为三型（图4.29）。

A型　敛口，长圆腹。分为二式。

演变趋势：口由大变小；最大腹径逐渐上移。

B型　直口或直口微侈，圆鼓腹，整体瘦长形。分为六式。

演变趋势：口由小变大；最大腹径位于器腹中部→最大腹径位于肩部。

C型　侈口，大平底，整体呈扁圆形。分为三式。

类型 期别	罍	双耳罐		
		A型	B型	C型
1				
2	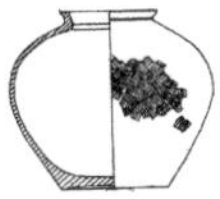 Ⅰ式 湖州方家山 M25：5	 Ⅰ式 安吉上马山 M11：23	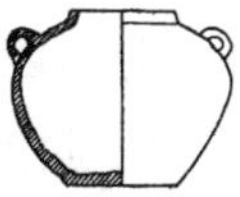 Ⅰ式 安吉上马山M4：15  Ⅱ式　邗江胡场M5	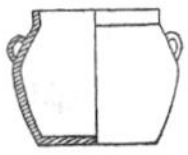 Ⅰ式　仪征烟袋山 M1：24 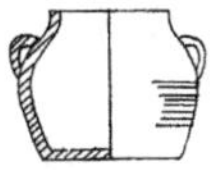 Ⅱ式　高淳固城 M3：18
3	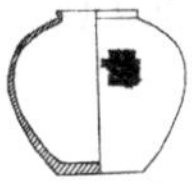 Ⅱ式　嵊州郯山 M22：1	 Ⅱ式 安吉上马山 M8：15		 Ⅲ式　仪征胥浦 M101：11
4	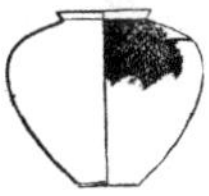 Ⅲ式　龙游东华山 87M5：34 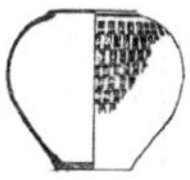 Ⅳ式　龙游东华山 87M6：10		 Ⅲ式　高淳下坝 M2：13　印	
5	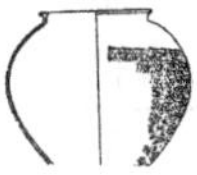 Ⅴ式　上虞 蒿坝M52：10 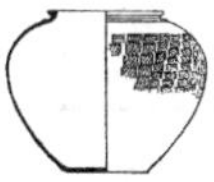 Ⅵ式　嘉兴 九里汇釉		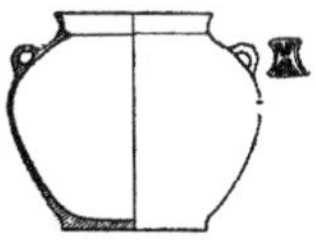 Ⅳ式　上虞 蒿坝M52：5 原始瓷	
6			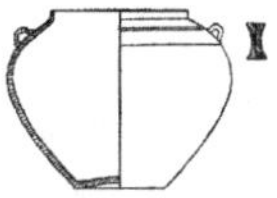 Ⅴ式　绍兴狮子山 M307：2　青瓷 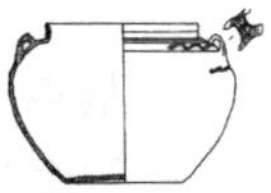 Ⅵ式　浙江象山县 M2：2　釉陶	

图4.29　东南区（苏浙赣分区）两汉墓葬出土陶罍、双耳罐

演变趋势：最大腹径逐渐上移；下腹内收程度逐渐加剧。

（7）井

多为泥质陶，个别为硬陶（图4.30）。根据颈和整体形态的不同分为二型。

A型　束颈较长，体型瘦高。分为四式。

演变趋势：颈由长变短；直腹→腹内收。

B型　有短颈或无颈，体型矮胖。分为三式。

演变趋势：微束颈→无颈；弧腹→斜直腹。

（8）灶

多为泥质陶，个别为釉陶（图4.30）。平面呈船形，方头尖尾或圆尾。分为六式。

演变趋势：圆形通道烟囱→仅有出烟孔；三火眼→两火眼；靠近火门一侧由宽变窄。

上述器物在墓葬中多有比较稳定的组合关系，不同期别器物的型式对应关系见表4.9。

表4.9　苏浙赣地区典型器物型式分期表

	鼎			盒	壶							瓿			罍	双耳罐			井		灶
	A	Ba	Bb		Aa	Ab	Ac	Ad	Ba	Bb	C	Aa	Ab	B		A	B	C	A	B	
1	Ⅰ	Ⅰ Ⅱ	Ⅰ	Ⅰ Ⅱ	Ⅰ Ⅱ		Ⅰ					Ⅰ	Ⅰ Ⅱ								
2	Ⅱ Ⅲ Ⅳ	Ⅲ	Ⅱ Ⅲ	Ⅲ Ⅳ	Ⅲ Ⅳ	Ⅰ Ⅱ	Ⅱ Ⅲ		Ⅰ			Ⅱ Ⅲ	Ⅲ	Ⅰ	Ⅰ	Ⅰ	Ⅰ Ⅱ	Ⅰ Ⅱ	Ⅰ Ⅱ	Ⅰ	Ⅰ Ⅱ
3	Ⅴ			Ⅴ		Ⅲ	Ⅳ	Ⅰ	Ⅱ			Ⅳ		Ⅱ Ⅲ	Ⅱ	Ⅱ		Ⅲ		Ⅱ	Ⅲ
4					Ⅴ Ⅵ	Ⅳ		Ⅱ Ⅲ	Ⅲ Ⅳ	Ⅰ Ⅱ				Ⅳ	Ⅲ Ⅳ		Ⅲ				Ⅳ
5										Ⅲ	Ⅰ				Ⅴ Ⅵ		Ⅳ		Ⅲ	Ⅲ	Ⅴ
6										Ⅳ	Ⅱ						Ⅴ Ⅵ		Ⅳ		Ⅵ

（三）各期墓葬的特点

第一期，以仪征张集团山M1、东阳大云山M1、东阳小云山M1为代表。

墓葬形制：以竖穴土坑木椁墓和木棺墓为主，木椁墓中多椁内分箱墓，多为单人葬。

该期墓葬以鼎、盒、壶、瓿为基本组合。一些墓还共出釉陶钫。个别可见陶豆和釉陶匜。一些规模较大的墓还出土较多的漆木器，其形制和种类与楚文化的漆木器一脉相承，有漆案、漆卮、六博盘、耳杯、木俑等。墓葬中多出土半两钱和蟠螭纹镜，蟠螭纹镜多为双线蟠螭纹或有铭文，不见五铢钱。

类型 期别	井		灶	不能划分类型式　器物图	
	A型	B型			
1					
2	 Ⅰ式　龙游县东华山79M22：21　硬  Ⅱ式　邗江胡场M5	 Ⅰ式　仪征烟袋山M1：25	 Ⅰ式 东阳小云山M1：160  Ⅱ式　邗江胡场M5	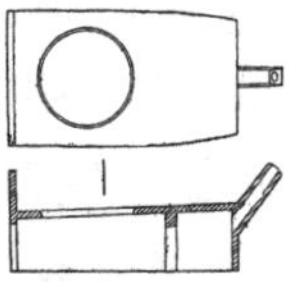 仪征烟袋山M1：29 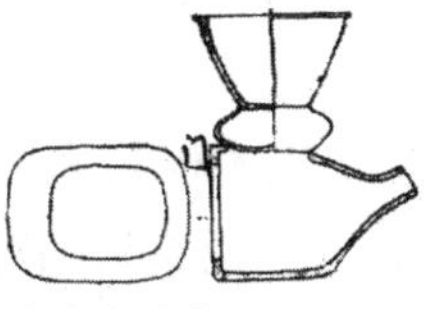 安吉上马山M9：20	 江西新余　釉陶鼎  邗江胡场M5 双耳罐
3		 Ⅱ式　仪征胥浦M101：57	 Ⅲ式　仪征胥浦M101：59	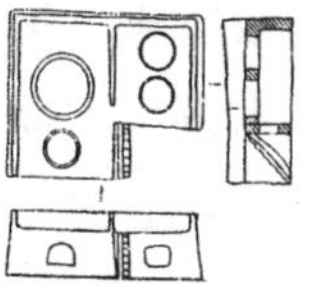 杭州M57：22	 仪征胥浦M101：64 双耳罐
4			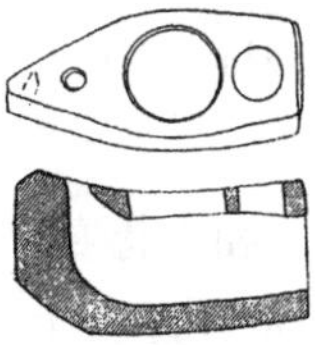 Ⅳ式 盐城三羊墩M1：27	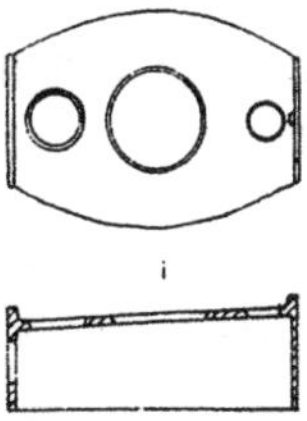 邗江宝女墩M104：71	 江西宜春　陶鼎  高淳固城M4：18
5	 Ⅲ式 高淳县下坝M1：18	 Ⅲ式 嘉兴九里汇	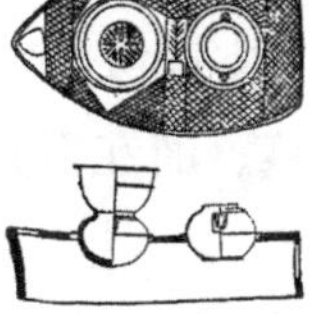 Ⅴ式　嘉兴九里汇		
6	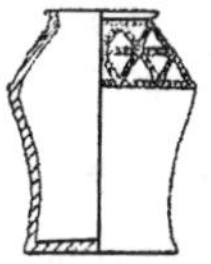 Ⅳ式 鄞县宝幢乡 青瓷		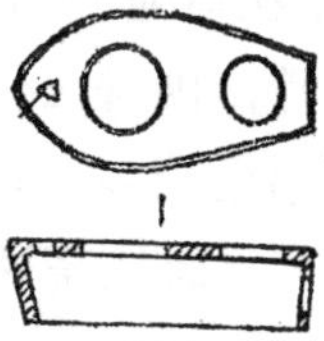 Ⅵ式 鄞县宝幢乡		

图4.30　东南区（苏浙赣分区）两汉墓葬出土陶井、灶等

第二期，以邗江胡场M5、东阳M3、仪征烟袋山M1、盱眙小云山M6、扬州平山养殖场M3为代表。

墓葬形制：仍以木椁墓和木棺墓为主。多为夫妻同穴合葬，个别夫妻异穴合葬。

此期器物种类大量增加，随葬品组合丰富。这一期新出现罍和双耳罐，壶和瓿也出现了新的器形。鼎、盒、壶、瓿的组合开始不完整。伴出少量的泥质陶灶、井、盆、罐、釉陶灯，釉陶小罐、铁刀、铁铍等。规模较大的墓还出土铜鼎、铜盘、铜豆、铜灯、铜带钩、铜盆等。连弧纹清白镜、夔凤纹镜、昭明镜、草叶纹镜在此期大量发现。

第三期，以仪征胥浦M101、邗江姚庄M101、扬州西汉“妾莫书”木椁墓、盱眙东阳M7为代表。

墓葬形制：仍以木椁墓为主。流行夫妻同穴合葬。

该期随葬品组合无论是随葬品的种类还是样式都较前期有所缩减。壶和双耳罐开始在墓葬中占据重要地位。鼎、盒则很少出现，伴出灰陶盆、陶井、陶灶、铜带钩、铜削、铜矛、硬陶双唇罐、铜鐎壶、铁釜。规模较大的墓随葬漆案、漆六博棋盘、漆盒、漆杯、木梳、木篦、木俑等。还有个别墓出土铜香熏、铜盘、铜洗、铜盆等。出土大量五铢钱，包括泥五铢、剪轮五铢，不见新莽钱。西汉晚期流行的昭明镜、铜华镜大量发现。个别可见规矩纹镜。

第四期，以邗江甘泉M2，邗江宝女墩M104，高淳下坝M1、M2，扬州市郊新莽墓，邗江县姚庄M102，扬州东风砖瓦厂M1～M6，扬州七里甸汉代木椁墓，南昌市京家山M2为代表。

墓葬形制：新出现砖椁墓和砖室墓，和木椁墓并存。多为夫妻同穴异室合葬。

此期随葬品以壶、瓿、罍、双耳罐的组合为主，盘口壶的大量出现是本期一个显著特征。鼎、盒基本不见。伴出釉陶瓮、四系陶罐、泥质陶坛、陶井、陶灶、陶甑、陶盆、铁矛、铁釜、铁剑、铜剑等。个别规模较大的墓还出土铜壶、铜洗、铜盆、铜碗、铜盘、铜灯、铜鐎壶、铜釜甑、漆耳杯、漆案、木碗、木勺等。多见大泉五十等新莽钱，并伴有部分五铢钱。铜镜多为规矩纹神兽镜、云雷连弧纹镜、四乳四神镜、连弧铭文镜。

第五期，以上虞蒿坝东汉永初三年墓、浙江嘉兴九里汇东汉墓、龙游东华山87M2为代表。

墓葬形制：以砖室墓为主。多夫妻同穴异室合葬。

此期，壶的种类大大减少，高圈足盘口壶开始盛行。瓿已经不见，罍则大量出现。浙江还新出现一种釉陶的五管瓶。伴出硬陶坛、硬陶双唇罐、泥质陶灶、陶甑、釉陶畜圈、陶井、陶灶等。这一期铁器出土较多，有铁矛、刀、剑、臿、鐎斗、灯、三足炉、釜等。个别墓葬出现一些釉陶楼、釉陶畜圈等。多见五铢钱和南方地区东汉中期开始出现的神人车马画像镜。

第六期，以奉化白杜“熹平四年”墓、鄞县宝幢东汉墓、象山M2为代表。

墓葬形制：以砖室墓为主。

此期多出土青瓷器。以青瓷双耳罐、壶、灶、耳杯为主。大量出现各种实用器，如青瓷钵、盂、四系罐等。伴出五联罐、井。此期器物在造型上整体趋于矮胖，与此前的同类器差别很大。如此期出土的盘口壶，盘口较小，短颈，鼓腹较扁，和此前出土的高圈足瘦长壶明显不同。此期出土货币以磨郭五铢、凿边五铢、剪轮五铢、綖环五铢、货泉等为主。个别墓葬还出土“五朱”钱以及献帝时期的无文钱。

第四节　岭南区随葬器物的类型学分析及墓葬分期

岭南地区两汉墓葬材料比较丰富，其墓葬集中分布于广州地区和广西地区的东部和南部（详见表1.3）。共发现纪年墓7座，年代集中于东汉后期。

目前，本区已经出版的大型综合性考古报告有《西汉南越王墓》[①]《番禺汉墓》[②]《广州汉墓》[③]《合浦风门岭汉墓：2003—2005年发掘报告》[④]《广西合浦文昌塔汉墓》[⑤]。

在对岭南地区，尤其是广东地区的汉代墓葬进行分期研究时，首先要解决两个问题。

1. 部分出土米字纹陶墓葬的年代问题

“米字纹陶类型”遗存主要包含出土米字纹陶的遗址和出土米字纹陶的墓葬两部分内容。对此文化遗存的年代问题，目前学术界争议较多。有学者认为“米字纹陶类型”遗存的年代相当于战国中、晚期，下限可至汉武帝平南越之前[⑥]，也有学者认为“米字纹陶类型”的年代均应晚于战国时期[⑦]。

2. 广州汉墓中西汉前期墓的年代问题

1981年出版的《广州汉墓》报告，汇集了1953～1960年在广州地区发掘的两汉墓

---

① 广州市文物管理委员会、中国社会科学院考古所、广东省博物馆：《西汉南越王墓》，文物出版社，1991年。

② 广州市文物考古研究所、广州市番禺区文管会办公室：《番禺汉墓》，科学出版社，2006年。

③ 中国社会科学院考古研究所、广州文物管理委员会、广州市博物馆：《广州汉墓》，文物出版社，1981年。

④ 广西壮族自治区文物工作队、合浦县博物馆：《合浦风门岭汉墓：2003—2005年发掘报告》，科学出版社，2006年。

⑤ 广西文物保护与考古研究所：《广西合浦文昌塔汉墓》，文物出版社，2017年。

⑥ 杨式挺：《五年来广东文物工作的重要发现》，《广东文博》1984年第2期。

⑦ 李龙章：《两广地区米字纹陶类型遗存和广州汉墓的年代》，《考古》2006年第4期，73页。

葬资料，为广州地区两汉墓葬建立了年代学标尺，成为指导两广地区汉墓研究的重要参考资料。报告将广州地区西汉前期墓葬（共182座）划为前、后两段，即南越国前期（秦始皇二十八年至文景期间）和后期（文景期间至武帝元鼎六年），每段大约50年[①]。但是有些学者对《广州汉墓》的年代有质疑，其中以李龙章的观点最具代表性。李龙章认为广州汉墓前段墓年代应晚于广州“秦汉造船工场”遗址第8层，而与南越王墓大体相同，即汉武帝前期。相应的广州汉墓前期后段墓的年代应晚于汉武帝元朔末元狩初，即处在南越国末期甚至更晚[②]。

由于这些出土米字纹陶墓葬年代的正确判断，涉及岭南地区战国秦汉考古学文化的编年，尤其是关系到岭南地区西汉早期墓葬的文化面貌问题。而广州西汉前期墓两阶段的划分与年代正确与否，关系到岭南地区两汉墓葬能否正确的分期断代，因此，在讨论岭南地区两汉墓葬的分期时，无可回避这两个问题。

鉴于本区目前的材料情况和研究现状，主要采取以下思路进行分期研究。

1）由于对米字纹陶墓葬的讨论要参照《广州汉墓》西汉早期墓的分段结果，因此，在进行分析的时候首先需对《广州汉墓》西汉早期墓葬的年代进行判定。首先按照《广州汉墓》分型式的标准，将南越王墓出土陶器重新进行型式划分。其次将出土的陶器进行型式比较，从而判断《广州汉墓》分段及其年代判断是否正确。

2）解决岭南地区米字纹陶墓葬的年代问题。对目前争议较多的墓葬一一进行分析。

3）在解决了以上两个问题的基础上，对岭南地区出土陶器进行类型学分析，得出墓葬的相对年代序列。

4）参照《广州汉墓》的分期结果，对墓葬进行分期及其年代判断，从而形成本区的年代框架。

一、广州西汉早期墓葬年代的讨论

1981年出版的《广州汉墓》报告为两广地区汉墓研究的标志性著作。这本报告汇集了1953～1960年在广州地区发掘的两汉墓葬资料，为广州地区两汉墓葬建立了年代学的标尺，成为指导两广地区汉墓研究的重要参考资料。报告将广州地区西汉前期墓葬（共182座）的年代上限定在秦派五军经略岭南的期间起（前219年），下限到汉武帝削平南越国的元鼎六年（前111年）止，前后共108年。当中划为前、后两段，即南越国前期（秦始皇二十八年至文景期间）和后期（文景期间至武帝元鼎六年），每段大约50年[③]。

① 中国社会科学院考古研究所、广州市文物管理委员会、广州市博物馆：《广州汉墓》，文物出版社，1981年。

② 李龙章：《两广地区米字纹陶类型遗存和广州汉墓的年代》，《考古》2006年第4期，69～80页。

③ 中国社会科学院考古研究所、广州市文物管理委员会、广州市博物馆：《广州汉墓》，文物出版社，1981年。

1983年发现的西汉南越王墓，经考证是第二代南越王赵眜的墓，其年代应该是在汉武帝元朔末元狩初（前122年左右）。由于此墓出土陶器与广州汉代前期墓出土陶器的面貌基本相同，因此可以相互比照[①]。

根据有明确纪年的南越王墓出土陶器的特征，有学者对《广州汉墓》报告中西汉前期墓的年代提出疑义。如李龙章先生提出，如果广州汉墓分期无误的话，那么根据南越王墓所处的年代，应该出土广州汉代前期第二段的器物。但是经过他的排比，此墓并无出土典型的第二段器物，相反却出土第一段器物。而南越王墓的年代判断应该是准确的，所以只能表明广州汉墓前期墓的年代判断和分期需要重新调整。由此，他认为广州汉代前期第一段墓的年代应该与南越王墓大体相同，即汉武帝前期。而第二段墓则应晚于汉武帝元朔末元狩初，即处在南越国末期甚至更晚[②]。

对照此观点，笔者认为有必要转换思路，从南越王墓出土陶器出发，进行重新分析。

由于《广州汉墓》报告未发表单位器物图，笔者不能对照不同的单位进行详细比照。因此只能整理南越王墓所有的出土陶器，并按照广州汉墓器物的型式划分标准对它们进行重新划分。其结果见图4.31。

按照广州汉墓的型式划分标准，得出南越王墓出土器物型式表，和广州汉代早期墓不同段的器物型式对比形成表4.10。

表4.10　广州汉代早期墓与南越王墓器物型式对照表

	瓮	四耳瓮	罐	双耳罐	四耳罐	小盒	三足盒	瓿	盆	釜	鼎	盒	壶	钫	提筒	井	灶
广州第一段	Ⅰ Ⅱ Ⅲ		A BⅠ BⅡ BⅢ	Ⅰ Ⅱ		Ⅰ① Ⅰ②	Ⅰ	Ⅰ① Ⅰ② Ⅰ③	Ⅰ Ⅱ	Ⅰ	Ⅰ Ⅱ	Ⅰ	Ⅰ Ⅱ	Ⅰ Ⅱ①	Ⅰ		
广州第二段	Ⅱ Ⅲ	Ⅰ Ⅱ	A BⅡ BⅢ BⅣ① C	Ⅱ Ⅲ Ⅳ	Ⅰ	Ⅰ② Ⅱ	Ⅰ Ⅱ Ⅲ	Ⅰ② Ⅰ③ Ⅱ	Ⅰ Ⅱ Ⅲ	Ⅰ Ⅱ	Ⅱ Ⅲ	Ⅰ	Ⅱ Ⅲ Ⅳ① Ⅳ② Ⅴ	Ⅱ① Ⅱ②	Ⅰ Ⅱ	Ⅰ	Ⅰ Ⅱ
南越王墓	Ⅲ		A BⅢ	异型		Ⅰ②	Ⅱ	Ⅰ① Ⅰ②	Ⅱ	Ⅱ	Ⅲ 异Ⅰ 异Ⅳ	Ⅰ	Ⅱ		Ⅰ Ⅱ		

① 广州市文物管理委员会、中国社会科学院考古所、广东省博物馆：《西汉南越王墓》，文物出版社，1991年。

② 李龙章：《两广地区米字纹陶类型遗存和广州汉墓的年代》，《考古》2006年第4期，69～80页。

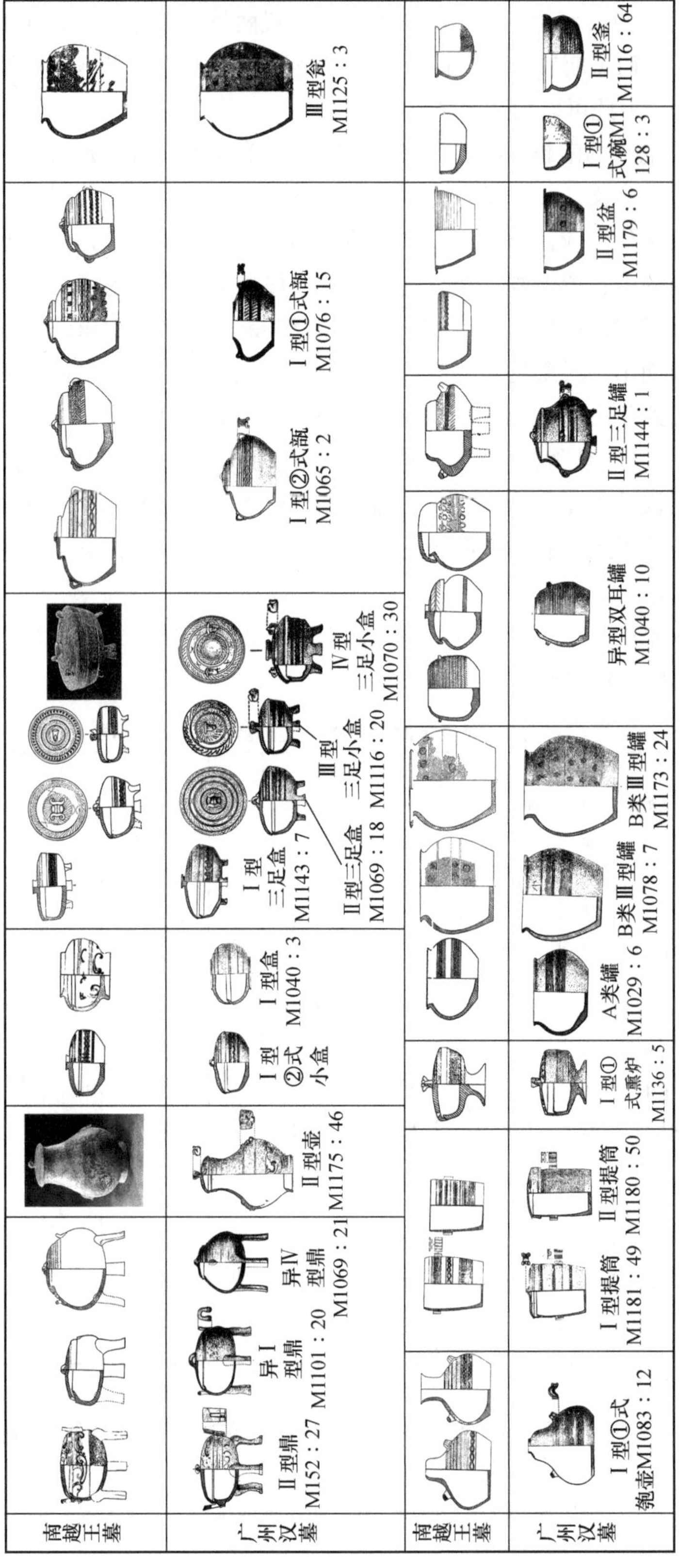

图4.31　广州汉墓出土陶器与南越王墓出土陶器比较图

从表4.10中可以看出，南越王墓出土的Ⅲ型陶瓮，A类、B类Ⅲ型罐，Ⅰ型②式小盒，Ⅱ型盆、Ⅰ型盒、Ⅱ型壶这几类器物均是广州汉代前期墓中从第一段开始出现，并在第二段继续沿用的器物。而三足盒Ⅱ型、鼎Ⅲ型、釜Ⅱ型、提筒Ⅱ型这些仅在广州汉代前期墓第二段中出现的器物，也见于南越王墓。Ⅰ型①式瓿这种仅见于第一段的器物也同时见于南越王墓。根据墓葬的年代应该不早于此墓中最晚出现器物年代的原则，则可以得出结论，南越王墓的年代应该是与广州汉代前期墓第二段时间相当。墓中出土仅有第一段才有的器物也属正常现象。

因此，根据现有材料分析，南越王墓的年代应该与广州汉代早期第二段的时间相当，即广州西汉早期墓的分段还是比较恰当的。

二、对岭南地区出土米字纹陶墓葬的考察

目前为止，两广地区可明确确定为秦代墓葬的有广东东郊罗岗M4[①]。此墓出土铜戈上有铭文“十四年属邦工（□）□蕺丞□□□”十二字。汉初为避高祖刘邦讳，将“邦”改为“国”。此墓仍用“邦”，证明时间未到汉初。从此戈铭的体例、字体结构及戈的形制看，均与1957年在长沙左家塘秦墓出土的“四年相邦吕不韦戈”和《三代吉金文存》《金文丛考》中所著录的“五年吕不韦戈”等相同。因此综合以上因素，断其为秦王政十四年物[②]。M3打破M4，因此M3年代稍晚。由于两墓墓葬形制和出土器物均相同，推测M3应为稍后袝葬，年代大约为秦汉之际。

以罗岗M3作为秦汉之际的代表性墓葬，以《广州汉墓》报告中的西汉早期墓作为西汉早期的代表性墓葬，可将之与出土米字纹陶的墓葬进行对比分析。

出土米字纹陶的墓葬出土器物详细情况见图4.32。

1. 广宁铜鼓岗墓群[③]

1977年，广宁铜鼓岗墓群发掘墓葬22座。这批墓共出土器物357件，青铜器多达295件。随葬最多的是兵器和工具，另外还有一些炊器、储藏器和乐器，且每座墓中均出一剑。陶器仅占1/10，其中出土印纹陶米字纹陶瓮3件，占此批墓出土陶器的8.5%。另外还有釉陶盆1、碗15、杯4，印纹陶罐2、瓿1，划纹陶瓿5、盅1，素面小罐1、盒1、杯1，泥质软陶罐3。报告作者认为其年代约为战国晚期，有些可能早到战国中期。

---

① 广州市文物管理委员会：《广州东郊罗冈秦墓发掘简报》，《考古》1962年第8期，404～406页。

② 广州市文物管理委员会：《广州东郊罗冈秦墓发掘简报》，《考古》1962年第8期，404～406页。

③ 广东省博物馆：《广东广宁县铜鼓岗战国墓》，《考古学集刊（第1集）》，中国社会科学出版社，1981年。

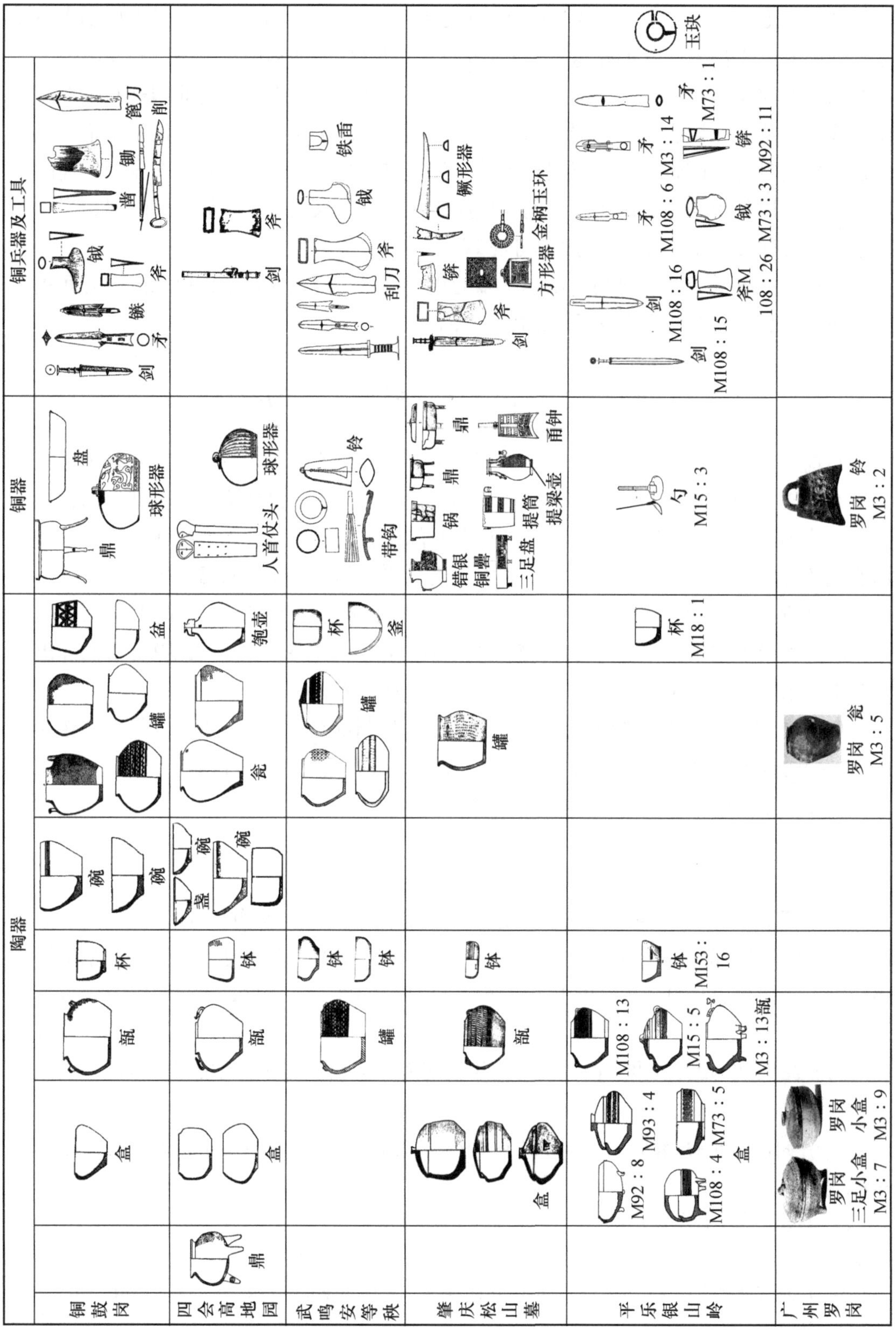

	陶器							铜器	铜兵器及工具	
铜鼓岗		盒	瓿	杯	碗 碗	罐	盆	鼎 盘 球形器	剑 矛 镞 钺 斧 凿 锄 篦刀 削	
四会高地园	鼎	盒	瓿	钵	盏 碗 碗	瓮	匏壶	人首仗头 球形器	剑 斧	
武鸣安等秧			罐	钵 钵		罐	杯 釜	带钩 铃	刮刀 斧 钺 铁臿	
肇庆松山墓		盒	瓿	钵		罐		错银铜罍 锅 鼎 鼎 三足盘 提筒 提梁壶 甬钟	剑 斧 锛 镢形器 方形器 金柄玉环	
平乐银山岭		M92：8 M93：4 M108：4 M73：5 盒	M108：13 M15：5 M3：13瓿	钵 M153：16			杯 M18：1	勺 M15：3	剑 M108：15 剑 M108：16 矛 M108：6 矛 M3：14 矛 M73：1 斧M108：26 钺 M73：3 锛 M92：11	玉玦
广州罗岗		罗岗三足小盒 M3：7 罗岗小盒 M3：9				罗岗 瓮 M3：5		罗岗 铃 M3：2		

图4.32　出土米字纹陶墓葬出土器物对照图

朱凤瀚认为M16、M17、M20年代可达战国中期①。

由于此批墓以铜兵器和工具为大宗，普遍随葬铜兵器，每墓出一剑。这种做法与广东地区西汉早期墓中铜兵器出土比较少的情况迥异，而且其出土的贯耳瓿和盒形态较原始，圈足杯和肩部带耳的罐均与广州汉代早期墓的明显不同。因此，其年代应该早于汉代。笔者认为原报告作者的年代判断基本可信。

2. 肇庆松山墓

此墓形制为土坑木椁墓。出土器物137件，大部分为铜器，占78%。铜容器13件，器类有鼎5、罍2、三足盘1、提梁壶1、提筒1、长方形盘1、铲形器1、锅1；编钟一组6件；兵器23件；工具40件；杂器24件。陶器21件，仅出土1件米字纹陶瓮，占此墓出土陶器的4.76%。分别为陶瓿1、罐4、钵1、盒8、瓮3、珠3。另外还有金、玉、石、琉璃器10件。

关于此墓的年代，存在较多争议。原报告认为该墓年代约早于秦汉而到战国晚期②。郑小炉先生认为该墓年代应为战国秦汉过渡时期③。黄展岳先生认为应该为南越王国时期④。李龙章先生也认为应该为秦汉时期⑤。

有学者提出，岭南地区战国墓以狭长形的土坑墓为基本特征，木椁墓的流行是南下汉文化影响所致⑥。笔者对此表示赞同。此墓形制为木椁墓，应该是秦占领岭南之后受岭北文化影响出现的。其墓中出土的陶瓿、盒、小盒、钵、罐，铜提筒等，无论是器类还是器形均与广州西汉早期墓出土的同类器较为接近。其出土的盒多为带盖盒，带盖器常见于中原地区⑦，而百越文化的盒则均无盖，这种带盖盒在两广地区的大量出现始于秦占岭南之后。其出土的铜器也和百越地区的传统不尽相同，岭南战国时期墓葬随葬的器物组合多为百越特色的铜兵器＋金属生产工具＋陶生活用具。此墓除出土的铜提筒、铜柱和铜钟具有岭南特点外，铜鼎、提梁壶、三足盘、错银铜罍的形制、花纹均与湖南等地出土的楚器相同。且此墓中出土了不少玉器，其中金柄涡纹玉环、鸭首形玉带钩均

---

① 朱凤瀚：《古代中国青铜器》，南开大学出版社，1995年，1102～1106页。

② 广东省博物馆、肇庆市文化局发掘小组：《广东肇庆市北岭松山古墓发掘简报》，《文物》1974年第11期。

③ 郑小炉：《东南地区春秋战国时期的“镇”——古越族向岭南迁徙的一个例证》，《边疆考古研究（第2辑）》，科学出版社，2004年。

④ 黄展岳：《论两广出土的先秦青铜器》，《考古学报》1986年第4期。

⑤ 李龙章：《两广地区米字纹陶类型遗存和广州汉墓的年代》，《考古》2006年第4期。

⑥ 朱海仁：《岭南汉文化发展的阶段性与地域性》，《汉代考古与汉文化国际学术研讨会论文集》，齐鲁书社，2006年，456页。

⑦ 邱丹丹：《广东西汉南越王墓内涵的文化因素分析》，《东南考古研究（第三辑）》，厦门大学出版社，2003年，212页。

为汉式器物。因此，此墓年代应该晚于战国，处于秦汉之际—南越国时期。

3. 四会高地园墓①

四会高地园共发现两座墓葬。M1形制为带三层台阶式墓道，并带腰坑的前后分室土坑墓。此种墓葬形制不见于广州西汉前期墓。M1、M2出土器物为青铜器18件，鼎3、半球形器2、人首仗头器2、短剑2、斧1、削2，此外还有鍪、洗、环等。磨石2。其中，M1出土陶器14件，M2出土陶器5件。其中M1出土1件米字纹陶匏壶，占此墓出土陶器的7.14%。M2出土1件米字纹陶瓮，占此墓出土陶器的20%。另外两墓还出土釉陶瓿1、碗2、盒1，硬陶瓮1、鼎1、缸1、盏3、钵1、盒1、碗1、盂2、器盖2。原报告作者认为两墓年代为战国中晚期。郑小炉先生认为M1年代为战国中期，M2年代与之相当或更晚②。李龙章先生认为匏壶年代未见早于秦汉时期，且其陶瓿、盒、碗均与广州汉墓出土的同类器相似，因此年代应该晚于战国，进入秦汉③。

但此墓匏壶和广州汉代早期墓匏壶相比，无论是形制还是纹饰均不相同（图4.33）。其陶鼎、瓿、无盖盒、碗与广州汉墓相比，形态较原始。其出土铜器均属于越族铜器，并无外来因素的影响。和肇庆松山墓相比，明显年代更早。因此其年代定在战国中晚期比较合适。

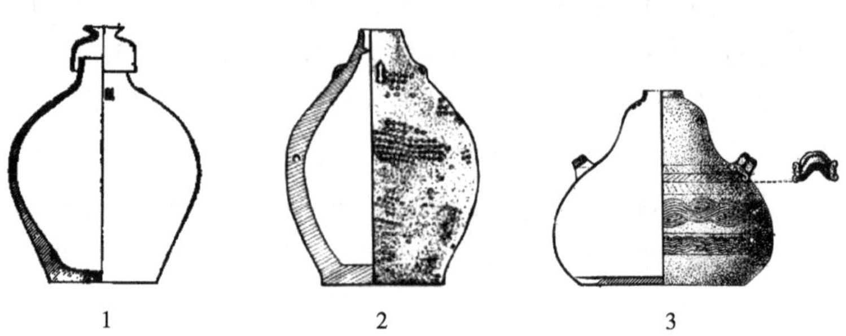

图4.33　各遗址出土匏壶比较图

1.四会高地园出土　2.德庆落雁山出土　3.广州汉墓出土（M1083：12）

4. 武鸣安等秧墓葬④

1985年在南宁市武鸣马头乡马头安等秧山发现一处墓葬群，85座墓共出土器物199

---

① 何纪生：《广东发现的几座东周墓葬》，《考古》1985年第4期。

② 郑小炉：《东南地区春秋战国时期的“镇”——古越族向岭南迁徙的一个例证》，《边疆考古研究（第2辑）》，科学出版社，2004年，197页。

③ 李龙章：《两广地区米字纹陶类型遗存和广州汉墓的年代》，《考古》2006年第4期。

④ 广西壮族自治区文物工作队、南宁市文物管理委员会、武鸣县文物管理所：《广西武鸣马头安等秧山战国墓群发掘简报》，《文物》1988年第12期，14～22页。

件。其中铜器87件，器类有剑15件、矛6、钺2、镞6（完整的4件）、斧31、刮刀8、镯10、钏1、带钩2、铃5，另有残铜块1。铁器仅有铁锸1件。陶器较完整者54件，仅出土1件米字纹陶罐，占此批墓出土陶器（以完整陶器共54件来计算）的1.85%。另外，还有陶罐13、钵4、杯12、釜24、纺轮1。玉石器57件，器类有玦55、璜2。原报告将这批墓葬年代定为战国时期。

此批墓出土陶器主要以杯、罐、釜、钵等实用器为主，而且出土了带盖盒和瓿[①]。这些瓿、盒、钵、罐均与广州西汉早期墓所出的同类器比较相似。其铜器中的矛、刮刀、钺、斧均为越文化的典型铜器，仅一件铜剑（M84：1）和一件铁臿与楚文化的同类器物比较相似。此批墓出土器物多与肇庆松山墓比较接近，其年代可能为战国晚期—西汉初年。

5. 广西平乐银山岭战国墓[②]

银山岭110座均为竖穴土坑墓。67.3%的墓葬墓室狭长，长宽比例为3：1。79%的墓葬墓底有腰坑。墓中出土铁器181件。随葬品的组合，普遍为铜兵器（或纺轮）＋金属生产工具＋陶生活用具，兵器中剑、矛、镞长短结合，生产工具中锄、刮刀经常共出，并附有砾石。陶器火候高，纹饰有刻划的弦纹、水波纹、模印的方格纹、米字纹等。刻划符号相当普遍。共出土米字纹陶器3件，其中米字纹陶瓮2件、米字纹陶罐1件，占出土陶器的0.83%。其他还有陶直筒杯和子口盒，以及少数瓮、罐、瓿、鼎。

发掘报告将这批墓年代定为战国晚期。李龙章先生认为由于墓中出土铁器较多，陶器形制与广州西汉早期墓接近，下限很可能到秦或西汉初[③]。黄展岳先生认为此批墓同广州西汉早期墓及贺县河东高寨墓相比，其墓葬形制、出土器物、陶器的器形、纹饰作风以及刻划符号，大都类同。出土的铁器占相当大的比例，器类、器形及出土情况也无区别。因此，这批铁器应是秦平岭南之后从中原带来的。而且这110座墓和12座西汉早期墓同在一个墓地，彼此交错，墓制相同，出土物相似，应该属于同一时期的墓葬，即同属于南越王国早期的墓葬[④]。

这批墓葬，以铜兵器（或纺轮）＋金属生产工具＋陶质生活用具为主要组合，陶器在墓葬中占有较小的比例，墓葬以窄坑带腰坑墓为主，这些都是年代偏早的特征。

① 此盒原文称为罐（M66：5），但其形状与其他墓葬出土的盒很相似（如银山岭盒M93：4），称为盒比较合适。瓿在原文中称为Ⅰ式罐（M45：8），实与其他墓葬出土的瓿颇为相似（如银山岭瓿M108：13），应该称为瓿比较合适。

② 广西壮族自治区文物工作队：《平乐银山岭战国墓》，《考古学报》1978年第2期，212～258页。

③ 李龙章：《两广地区米字纹陶类型遗存和广州汉墓的年代》，《考古》2006年第4期，71～80页。

④ 黄展岳：《论两广出土的先秦青铜器》，《考古学报》1986年第4期，409～433页。

其随葬的部分陶器与广州西汉前期墓相比较原始，如Ⅰ、Ⅱ式鼎，錾耳罐都显示出年代较早的特征。但其共出的Ⅰ、Ⅱ式瓿，三足瓿，三足盒，盒与广州汉代西汉早期墓同类器比较相似，如盒多为子母口，带盖，Ⅲ式铜勺、Ⅰ式剑多见于楚文化的墓葬。根据墓葬的年代应该以最晚出现的器物年代为参考标尺，因此，推测此批墓葬的年代应该已经接近南越王国早期，即西汉初年。个别墓葬年代稍早。

从墓葬的总体特征看，这批墓葬应该是当地土著越人的墓葬。墓中出土的铁器，推测应该是秦平岭南从中原带入或者西汉初期从岭北输入。

从以上分析可以得知，这些出土米字纹陶的墓葬中，武鸣安等秧墓群、肇庆松山墓、广西平乐银山岭战国墓群中的部分墓葬，其年代均接近秦汉之际或已达西汉初年。这些墓和广州地区西汉早期墓一起，构成了岭南地区西汉早期墓丰富的文化内涵。而通过和南越王墓出土陶器的比较，可知原报告作者对广州汉墓西汉早期墓葬的分段较为恰当，为岭南地区汉墓的分期工作奠定了良好的基础。

三、岭南地区随葬器物的类型学分析

岭南地区的陶器以灰白色的硬陶为主，釉陶占一定比例，釉色青黄而透明，属于南方早期的青釉系统。陶器纹饰以印纹和刻划纹为主，构图基本上是几何图形。陶器中最常见的器物为鼎、盒、壶、钫、瓿、罐、双耳罐、四耳罐、熏炉、仓、灶、井、屋、瓶、提筒、魁、三足釜、匏壶、碗、盂、釜、温酒樽、卮、簋、盆、瓮、四耳瓮等。这些器物不仅发现数量众多、分布广泛，而且有演变规律可循。因此本书主要选取这27种器物参与类型学分析。

（1）鼎

根据器物的整体形态和腹、底的不同分为三型（图4.34）。

A型　器身扁圆，腹上部内束。分为三式。

演变趋势：器腹由深变浅。

B型　器身较圆，圜底。分为二亚型。

Ba型　浅腹。数量较少，无法分式。

Bb型　深腹，整体较圆。分为四式。

演变趋势：下腹外撇→下腹内收；足位于下腹部→足位于底部。

C型　整体较宽扁，平底。分为二亚型。

Ca型　弧腹。数量较少，无法分式。

Cb型　鼓腹，腹中部有凸棱。分为二式。

演变趋势：耳由内聚→外敞；腹渐深。

还有各种异型鼎，具有强烈的地方特点，但流行时间较短，分布不广泛。因此，归于不可分型式器物表中。

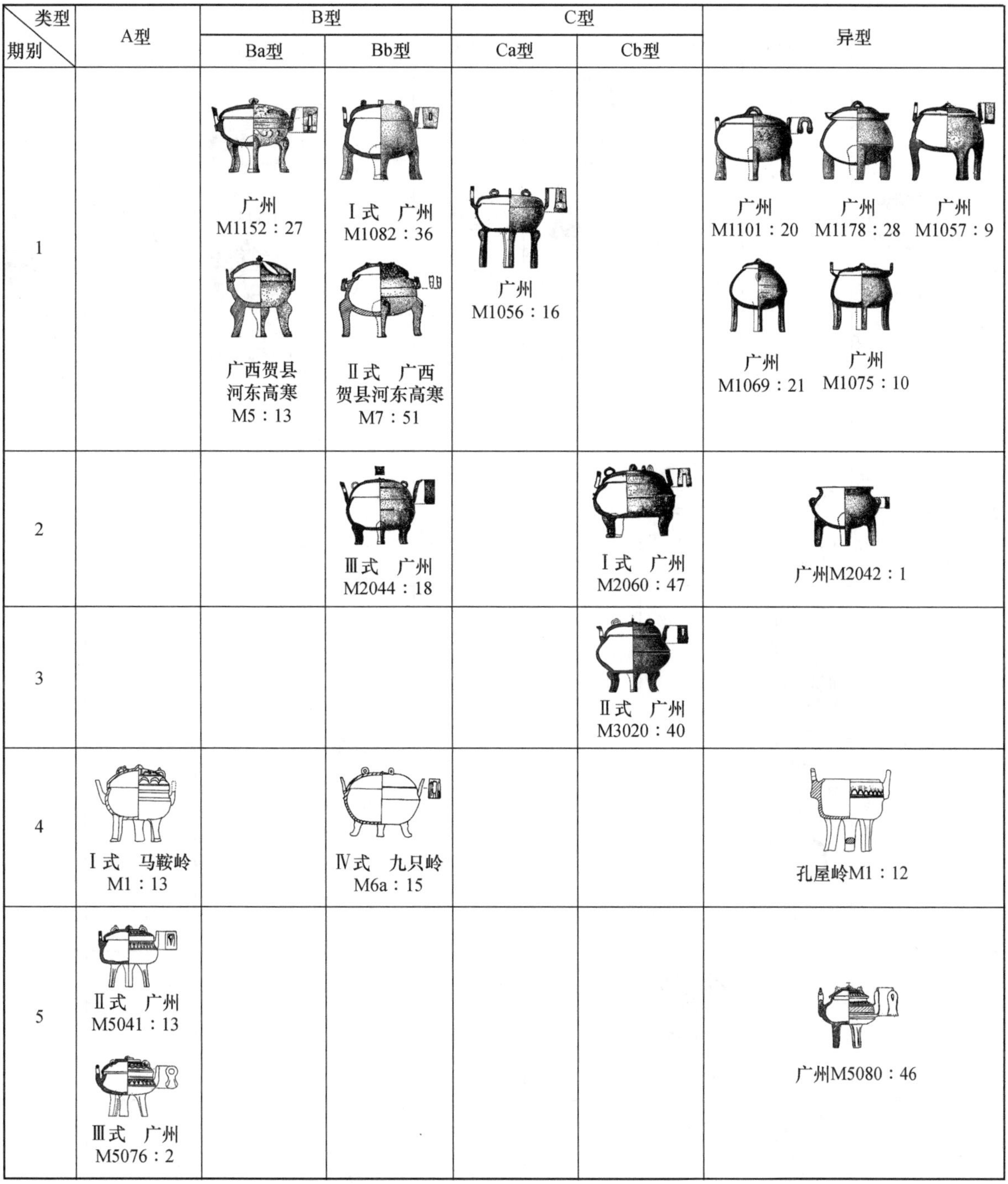

类型／期别	A型	B型		C型		异型
		Ba型	Bb型	Ca型	Cb型	
1		广州 M1152：27；广西贺县河东高寨 M5：13	Ⅰ式　广州 M1082：36；Ⅱ式　广西贺县河东高寨 M7：51	广州 M1056：16		广州 M1101：20；广州 M1178：28；广州 M1057：9；广州 M1069：21；广州 M1075：10
2			Ⅲ式　广州 M2044：18		Ⅰ式　广州 M2060：47	广州M2042：1
3					Ⅱ式　广州 M3020：40	
4	Ⅰ式　马鞍岭 M1：13		Ⅳ式　九只岭 M6a：15			孔屋岭M1：12
5	Ⅱ式　广州 M5041：13；Ⅲ式　广州 M5076：2					广州M5080：46

图4.34　岭南区两汉墓葬出土陶鼎

（2）盒

根据器物的大小和足部形态可以分为四型（图4.35）。

A型　体型较大。分为三亚型。

Aa型　盒底带圈足，覆钵形盖，圆弧腹。分为三式。

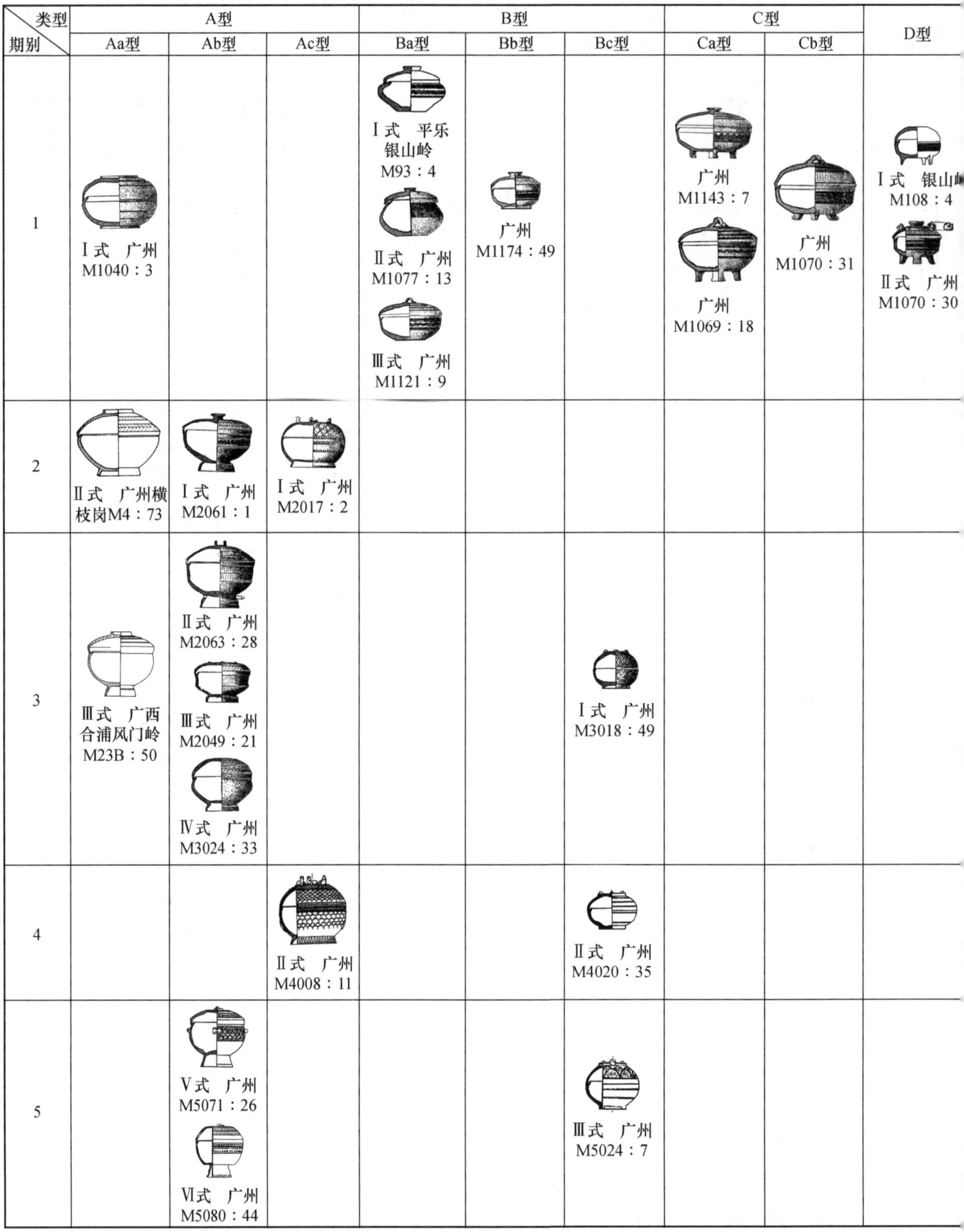

类型 期别	A型			B型			C型		D型
	Aa型	Ab型	Ac型	Ba型	Bb型	Bc型	Ca型	Cb型	
1	Ⅰ式　广州 M1040：3			Ⅰ式　平乐银山岭 M93：4 Ⅱ式　广州 M1077：13 Ⅲ式　广州 M1121：9	广州 M1174：49		广州 M1143：7 广州 M1069：18	广州 M1070：31	Ⅰ式　银山岭 M108：4 Ⅱ式　广州 M1070：30
2	Ⅱ式　广州横枝岗M4：73	Ⅰ式　广州 M2061：1	Ⅰ式　广州 M2017：2						
3	Ⅲ式　广西合浦风门岭 M23B：50	Ⅱ式　广州 M2063：28 Ⅲ式　广州 M2049：21 Ⅳ式　广州 M3024：33				Ⅰ式　广州 M3018：49			
4			Ⅱ式　广州 M4008：11			Ⅱ式　广州 M4020：35			
5		Ⅴ式　广州 M5071：26 Ⅵ式　广州 M5080：44				Ⅲ式　广州 M5024：7			

图4.35　岭南区两汉墓葬出土陶盒

演变趋势：圈足由大变小，并逐渐加高。

Ab型　浅器盖，深圆腹，子口合盖。分为六式。

演变趋势：直腹→弧腹；圈足越来越高。

Ac型　器身器盖合起来似扁球形，广圈足，是仿铜盒的造型。分为二式。

演变趋势：器盖加深。

B型　体型较小，俗称“小盒”。分为三亚型。

Ba型　平底。分为三式。

演变趋势：最大径位于肩部→最大径位于器腹中部。

Bb型　圈足，盖上有捉手。数量较少，无法分式。

Bc型　圈足，盖面圆隆，整体看似扁球形。分为三式。

演变趋势：器身越来越圆；盒底附圈足→盒底附假圈足。

C型　三足盒。流行时间比较短，数量较少。分为二亚型。

Ca型　三柱足直立。数量较少，无法分式。

Cb型　三柱足外撇。数量较少，无法分式。

D型　三足小盒。体型较小。分为二式。

演变趋势：盖上捉手从无到有；直蹄足→蹄足外撇。

（3）壶

根据整体以及颈的形态分为三型（图4.36）。

A型　体型矮胖，粗颈。分为三亚型。

Aa型　大平底。数量较少，无法分式。

Ab型　圈足。侈口，圆鼓腹，铺首衔环。数量较少，无法分式。

Ac型　粗颈，扁鼓腹，环耳或绞索式耳。分为三式。

演变趋势：颈由长变短；垂腹→圆鼓腹；圈足变高。

B型　体型瘦高，粗颈。数量较少。

C型　体型瘦高，细长颈，肩附环耳。分为六亚型。

Ca型　细长颈，子口合盖，颈有两鼻。数量较少。

Cb型　子母口，腹模印铺首，颈无鼻。分为三式。

演变趋势：颈内收程度逐渐加剧；耳的位置逐渐上移；圈足变矮。

Cc型　盘口，圆鼓腹。分为五式。

演变趋势：颈逐渐加长。

Cd型　宽盘口，扁鼓腹，盖及底呈分级状。数量较少。

Ce型　窄盘口，扁鼓腹较甚，颈较长。数量较少。

Cf型　盘口，折腹，长颈。分为二式。

演变趋势：浅盘口→深盘口；束颈→斜直颈。

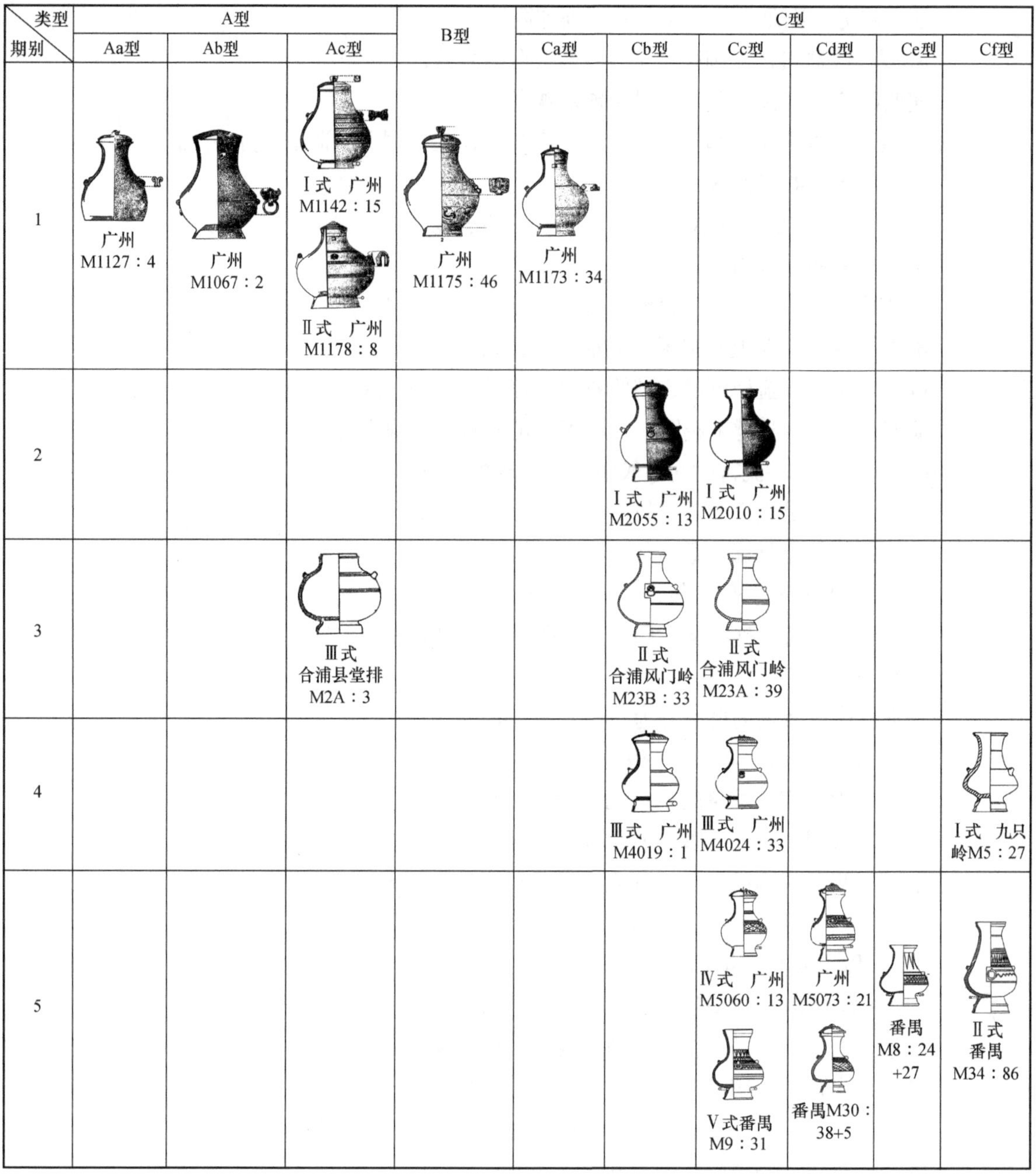

类型 期别	A型			B型	C型					
	Aa型	Ab型	Ac型		Ca型	Cb型	Cc型	Cd型	Ce型	Cf型
1	广州 M1127：4	广州 M1067：2	Ⅰ式　广州 M1142：15 Ⅱ式　广州 M1178：8	广州 M1175：46	广州 M1173：34					
2						Ⅰ式　广州 M2055：13	Ⅰ式　广州 M2010：15			
3			Ⅲ式 合浦县堂排 M2A：3			Ⅱ式 合浦风门岭 M23B：33	Ⅱ式 合浦风门岭 M23A：39			
4						Ⅲ式　广州 M4019：1	Ⅲ式　广州 M4024：33			Ⅰ式　九只 岭M5：27
5							Ⅳ式　广州 M5060：13 Ⅴ式番禺 M9：31	广州 M5073：21 番禺M30： 38+5	番禺 M8：24 +27	Ⅱ式 番禺 M34：86

图4.36　岭南区两汉墓葬出土陶壶

（4）罐

根据整体特征的不同划分为三型（图4.37）。

A型　整体器形高瘦。分为五亚型。

Aa型　平唇外折。数量较少。

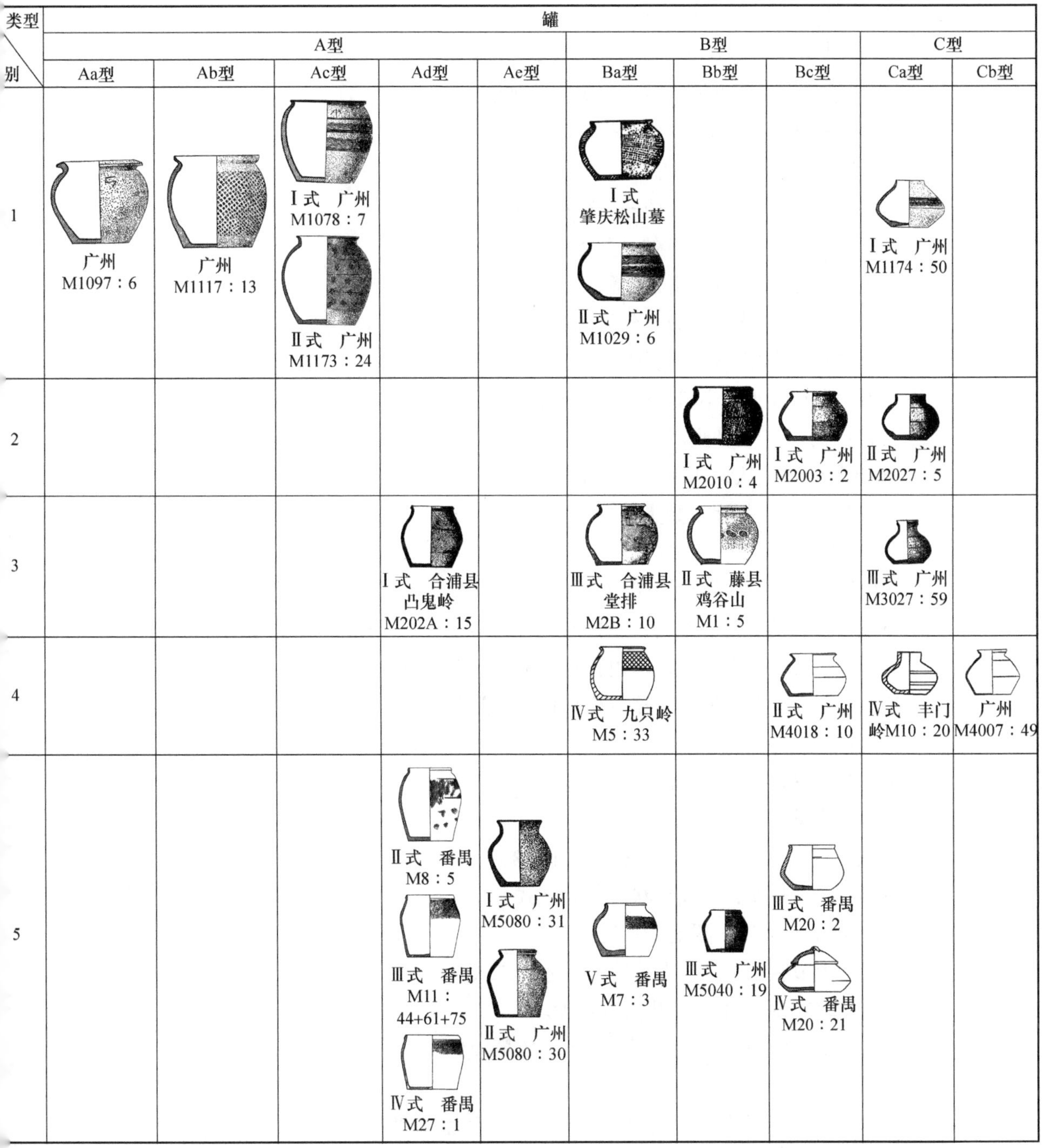

类型 别	罐									
	A型					B型			C型	
	Aa型	Ab型	Ac型	Ad型	Ae型	Ba型	Bb型	Bc型	Ca型	Cb型
1	广州 M1097：6	广州 M1117：13	Ⅰ式 广州 M1078：7 Ⅱ式 广州 M1173：24			Ⅰ式 肇庆松山墓 Ⅱ式 广州 M1029：6			Ⅰ式 广州 M1174：50	
2							Ⅰ式 广州 M2010：4	Ⅰ式 广州 M2003：2	Ⅱ式 广州 M2027：5	
3				Ⅰ式 合浦县 凸鬼岭 M202A：15		Ⅲ式 合浦县 堂排 M2B：10	Ⅱ式 藤县 鸡谷山 M1：5		Ⅲ式 广州 M3027：59	
4						Ⅳ式 九只岭 M5：33		Ⅱ式 广州 M4018：10	Ⅳ式 丰门 岭M10：20	广州 M4007：49
5				Ⅱ式 番禺 M8：5 Ⅲ式 番禺 M11： 44+61+75 Ⅳ式 番禺 M27：1	Ⅰ式 广州 M5080：31 Ⅱ式 广州 M5080：30	Ⅴ式 番禺 M7：3	Ⅲ式 广州 M5040：19	Ⅲ式 番禺 M20：2 Ⅳ式 番禺 M20：21		

图4.37 岭南区两汉墓葬出土陶罐

Ab型 方唇外侈，凸唇口。数量较少。

Ac型 大口，卷沿，有短颈。分为二式。

演变趋势：颈逐渐加长。

Ad型 广口，沿面外折。分为四式。

演变趋势：最大径逐渐上移。

Ae型　侈口，束颈较长。分为二式。

演变趋势：束颈由长变短；下腹内收加剧。

B型　整体器形宽扁。分为三亚型。

Ba型　广口。分为五式。

演变趋势：口径大于底径→口径小于底径。

Bb型　折唇外反，短直颈。分为三式。

演变趋势：最大腹径逐渐上移。

Bc型　方唇外侈，折腹。分为四式。

演变趋势：圆折腹→扁折腹。

C型　器口较小，小口有短颈。分为二亚型。

Ca型　小口，扁圆腹。分为四式。

演变趋势：颈从无到有，由短变长。

Cb型　小口，折腹。数量较少。

（5）钫

根据盖、腹的不同分为三型（图4.38）。

A型　器盖的底是齐平的，直接放置在器口上，而非相互扣接。数量较少。

B型　不带盖，半环耳，两边各模印铺首。数量较少。

C型　器盖呈覆钵形，与器口相扣接。分为二亚型。

Ca型　弧腹。无法分式。

Cb型　微折腹。无法分式。

（6）匏壶

根据壶上半身的形态分为三型（图4.38）。

A型　上节矮肥，似葫芦状。分为三式。

演变趋势：平底→圈足→三足。

B型　上节有小短颈，圈足较高。分为二式。

演变趋势：圈足上两小孔由有到无。

C型　上节较细长，无短颈，圈足。数量较少。

（7）瓮

根据唇、颈、腹部及器身高度的不同分为四型（图4.39）。

A型　有短颈，平折唇，器身较高。分为四式。

演变趋势：颈由长变短。

B型　方唇外侈，器身较高。分为四式。

演变趋势：口沿外侈程度逐渐减弱。

C型　卷唇。分为三式。

类型 期别	钫				瓠壶		
	A型	B型	C型		A型	B型	C型
			Ca型	Cb型			
1	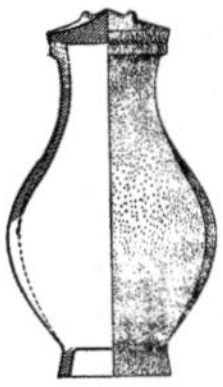 广州 M1076：9		 广州 M1152：30 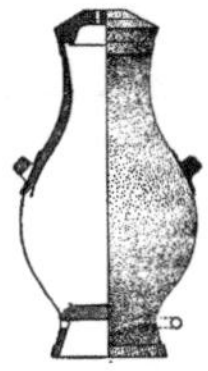 广州 M1176：2	 贺县河东高寨 M4：41	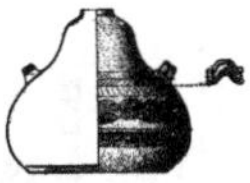 Ⅰ式　广州 M1083：12  Ⅱ式　广州 1180：37 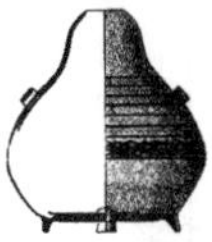 Ⅲ式　广州 M1115：1		
2		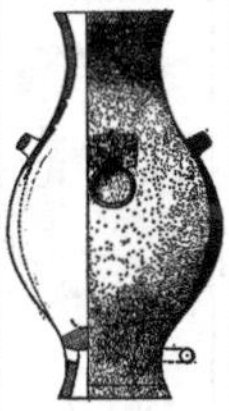 广州 M2060：35				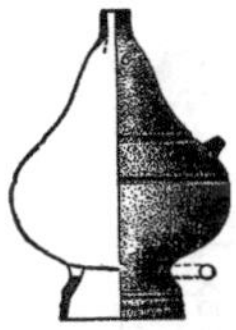 Ⅰ式　广州 M2046：27	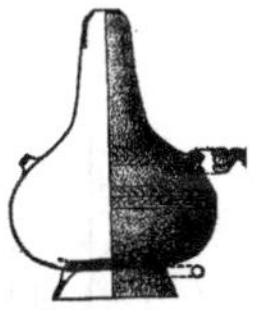 广州 M2034：14
3						 Ⅱ式　广州 M3020：39	
4							
5							

图4.38　岭南区两汉墓葬出土陶钫、瓠壶

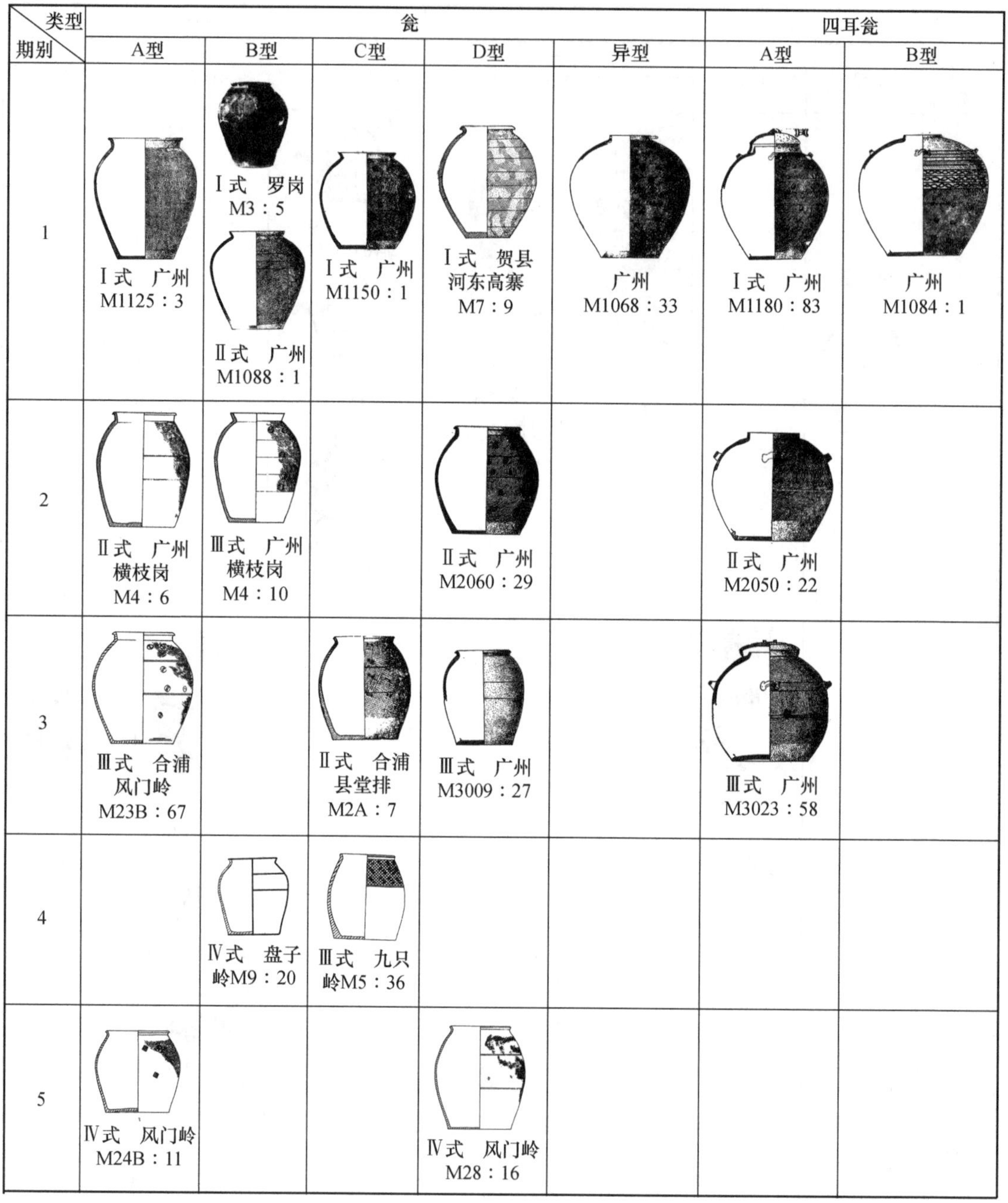

期别＼类型	瓮 A型	瓮 B型	瓮 C型	瓮 D型	瓮 异型	四耳瓮 A型	四耳瓮 B型
1	Ⅰ式　广州 M1125：3	Ⅰ式　罗岗 M3：5 Ⅱ式　广州 M1088：1	Ⅰ式　广州 M1150：1	Ⅰ式　贺县河东高寨 M7：9	广州 M1068：33	Ⅰ式　广州 M1180：83	广州 M1084：1
2	Ⅱ式　广州横枝岗 M4：6	Ⅲ式　广州横枝岗 M4：10		Ⅱ式　广州 M2060：29		Ⅱ式　广州 M2050：22	
3	Ⅲ式　合浦风门岭 M23B：67		Ⅱ式　合浦县堂排 M2A：7	Ⅲ式　广州 M3009：27		Ⅲ式　广州 M3023：58	
4		Ⅳ式　盘子岭M9：20	Ⅲ式　九只岭M5：36				
5	Ⅳ式　风门岭 M24B：11			Ⅳ式　风门岭 M28：16			

图4.39　岭南区两汉墓葬出土陶瓮

演变趋势：圆鼓腹→弧腹。

D型　折唇外反。分为四式。

演变趋势：圆鼓腹→弧腹。

异型　直唇甚短，椭圆腹。体型高大，口部有穿孔。

（8）四耳瓮

根据器形的不同分为二型（图4.39）。

A型　整体较矮胖。分为三式。

演变趋势：四耳的位置逐渐下移。

B型　整体体型较高大。数量较少。

（9）双耳罐

根据有无盖以及器身的形态不同分为四型（图4.40）。

A型　带盖，圆鼓腹。分为三亚型。

Aa型　长直颈，平底。数量较少。

Ab型　长颈，圈足。分为三式。

演变趋势：小圈足→大圈足外撇。

Ac型　无颈，弧腹，平底。分为二式。

演变趋势：弧腹→鼓腹；小平底→大平底。

B型　不带盖，弧腹或折腹。分为四亚型。

Ba型　颈较长，弧腹。分为二式。

演变趋势：平底内凹→平底。

Bb型　折腹。分为三式。

演变趋势：颈由长变短；折腹位置逐渐下移。

Bc型　器体较高瘦，弧腹。分为三式。

演变趋势：颈逐渐加长。

Bd型　大口，大平底，体型浑圆。分为三式。

演变趋势：最大径位于腹中部→最大径位于肩部。

C型　直身罐。分为二亚型。

Ca型　直腹。分为四式。

演变趋势：口由长变短。

Cb型　斜直腹。分为三式。

演变趋势：口渐小，底渐大。

D型　小口双耳罐。分为二式。

演变趋势：平底内凹→平底。

（10）四耳罐

根据器物整体特征的不同划分为四型（图4.41）。

A型　体型矮胖。分为二亚型。

Aa型　盖从外扣住唇，唇为子口。分为五式。

演变趋势：耳的位置逐渐上移；腹越来越鼓。

类型 期别	A型			B型				C型		D型
	Aa型	Ab型	Ac型	Ba型	Bb型	Bc型	Bd型	Ca型	Cb型	
1	广州 M1118：26	Ⅰ式 广州 M1182：21 Ⅱ式 广州 M1177：64								
2							Ⅰ式 合浦风门岭 M27：39			
3										
4		Ⅲ式 九只岭 M6b：8						Ⅰ式 广州 M4009：37		
5			Ⅰ式 番禺 M29：6 Ⅱ式 番禺 M20：8	Ⅰ式 番禺 M13：22 Ⅱ式 广州 M5065：2	Ⅰ式 广州 M5043：15 Ⅱ式 番禺 M31：5 Ⅲ式 番禺 M31：4	Ⅰ式 番禺 M9：30 Ⅱ式 马鞍岭 M3：7 Ⅲ式 马鞍岭 M3：7	Ⅱ式 广州 M5071：9 Ⅲ式 番禺 M28：13	Ⅱ式 番禺 M17：16 Ⅲ式 广州 M5080：19 Ⅳ式 广州 M5040：16	Ⅰ式 番禺 M19：2+3 Ⅱ式 番禺 M20：14+16 Ⅲ式 广州 M5050：2	Ⅰ式 番禺 M8：62 Ⅱ式 番禺 M27：2

图4.40　岭南区两汉墓葬出土陶双耳罐

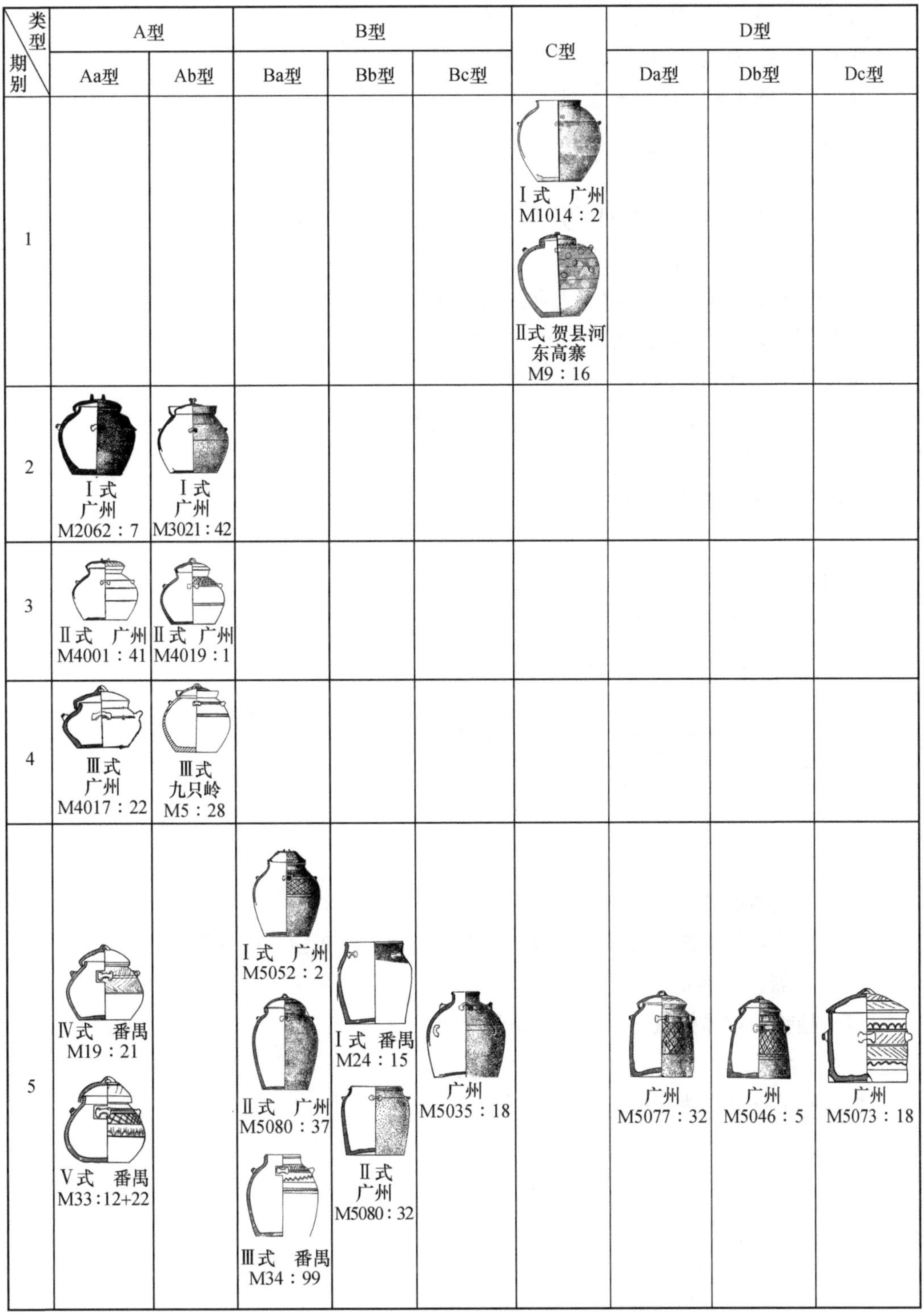

类型 期别	A型		B型			C型	D型		
	Aa型	Ab型	Ba型	Bb型	Bc型		Da型	Db型	Dc型
1						Ⅰ式　广州 M1014：2 Ⅱ式 贺县河东高寨 M9：16			
2	Ⅰ式 广州 M2062：7	Ⅰ式 广州 M3021：42							
3	Ⅱ式　广州 M4001：41	Ⅱ式　广州 M4019：1							
4	Ⅲ式 广州 M4017：22	Ⅲ式 九只岭 M5：28							
5	Ⅳ式　番禺 M19：21 Ⅴ式　番禺 M33：12+22		Ⅰ式　广州 M5052：2 Ⅱ式　广州 M5080：37 Ⅲ式　番禺 M34：99	Ⅰ式　番禺 M24：15 Ⅱ式 广州 M5080：32	广州 M5035：18		广州 M5077：32	广州 M5046：5	广州 M5073：18

图4.41　岭南区两汉墓葬出土陶四耳罐

Ab型　盖扣入唇内，唇为母口。分为三式。

演变趋势：耳的位置逐渐上移；腹越来越鼓。

B型　体型瘦高。分为三亚型。

Ba型　小口，平底。分为三式。

演变趋势：颈逐渐加长。

Bb型　大口，平底微内凹。分为二式。

演变趋势：颈逐渐加长。

Bc型　小口，有短颈，腹有直鼻。数量较少。

C型　体型高大，器腹较圆。分为二式。

演变趋势：敞口→直口；最大径上移。

D型　直身罐，身如筒形。此型罐数量较少。

Da型　斜肩，直腹。

Db型　斜肩，腹壁斜直。

Dc型　无肩，直腹。

（11）熏炉

根据有无座盘分为二型（图4.42）。

A型　无座盘。分为二亚型。

Aa型　盖豆型。分为三式。

演变趋势：柄由高变矮；高圈足→矮圈足。

Ab型　盖顶上有花蕾形气孔。分为三式。

演变趋势：折腹→直腹。

B型　有座盘。分为二亚型。

Ba型　器盖隆圆。分为五式。

演变趋势：炉体弧形腹→扁折腹；柄由长变短；座盘由平底→圈足。

Bb型　器盖圆锥状。分为四式。

演变趋势：炉体折腹→弧腹；柄由长变短。

（12）盆

根据底的形状分为二型（图4.42）。

A型　平底。分为二亚型。

Aa型　弧腹，大平底。数量较少。

Ab型　折腹，小平底。数量较少。

B型　圈足。分为二亚型。

Ba型　折腹。分为四式。

演变趋势：腹由深变浅。

Bb型　器身上部敛束如颈。分为四式。

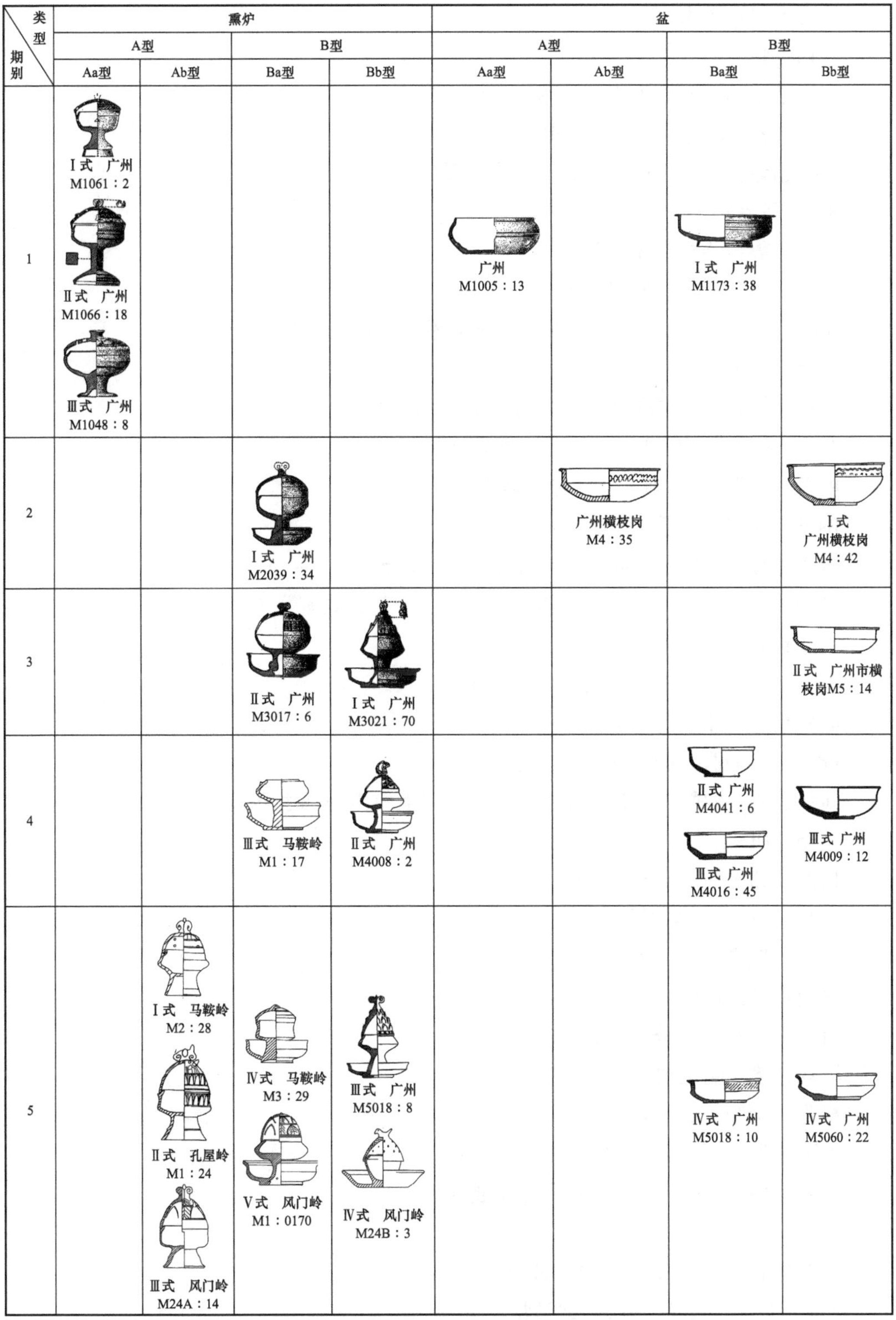

期别＼类型	熏炉				盆			
	A型		B型		A型		B型	
	Aa型	Ab型	Ba型	Bb型	Aa型	Ab型	Ba型	Bb型
1	Ⅰ式　广州 M1061：2 Ⅱ式　广州 M1066：18 Ⅲ式　广州 M1048：8				广州 M1005：13		Ⅰ式　广州 M1173：38	
2			Ⅰ式　广州 M2039：34			广州横枝岗 M4：35		Ⅰ式 广州横枝岗 M4：42
3			Ⅱ式　广州 M3017：6	Ⅰ式　广州 M3021：70				Ⅱ式　广州市横枝岗M5：14
4			Ⅲ式　马鞍岭 M1：17	Ⅱ式　广州 M4008：2			Ⅱ式　广州 M4041：6 Ⅲ式　广州 M4016：45	Ⅲ式 广州 M4009：12
5		Ⅰ式　马鞍岭 M2：28 Ⅱ式　孔屋岭 M1：24 Ⅲ式　风门岭 M24A：14	Ⅳ式　马鞍岭 M3：29 Ⅴ式　风门岭 M1：0170	Ⅲ式　广州 M5018：8 Ⅳ式　风门岭 M24B：3			Ⅳ式　广州 M5018：10	Ⅳ式　广州 M5060：22

图4.42　岭南区两汉墓葬出土陶熏炉、盆

演变趋势：腹由深变浅。

（13）魁

根据把手的不同分为四型（图4.43）。

A型　龙首形把手。分为五式。

演变趋势：上腹部逐渐内收；平底→圈足。

B型　管状把手。分为二式。

演变趋势：器腹由浅变深。

C型　鸟形把手。数量较少。

D型　环形把手，器体如碗形，腹附半环耳。数量较少。

（14）三足釜

根据腹部有无耳和有无把手分为二型（图4.43）。

A型　腹部带两环耳，无把手。数量较少。

B型　腹部无耳，有把手。分为四亚型。

Ba型　龙首形把手，腹部无扉棱。分为二式。

演变趋势：圜底→平底；三足外撇→三足内聚。

Bb型　把手作扁平长方形，腹部无扉棱。分为二式。

演变趋势：圆鼓腹→扁鼓腹。

Bc型　垂腹，腹部有扉棱。分为二式。

演变趋势：器腹越来越扁。

Bd型　圆鼓腹，腹部有扉棱。分为三式。

演变趋势：深腹→浅腹；无把手→把手向上斜出→把手笔直伸出。

（15）瓶

根据颈和足的不同分为二型（图4.44）。

A型　颈较细，高圈足。

Aa型　圆鼓腹。分为三式。

演变趋势：颈由长变短。

Ab型　扁垂腹。分为三式。

演变趋势：圈足越来越高。

Ac型　折腹。数量较少。

B型　颈较粗且长，矮圈足。分为三式。

演变趋势：颈越来越长；圈足越来越矮。

（16）提筒

根据耳的不同分为三型（图4.44）。

A型　双耳，贯耳。分为三亚型。

Aa型　器身宽广，筒形贯耳，平底。数量较少。

类型 / 期别	魁				三足釜				
	A型	B型	C型	D型	A型	B型			
						Ba型	Bb型	Bc型	Bd型
1									
2									
3	Ⅰ式　广州 M3028：38 Ⅱ式　广州 M3020：12			广州 M3018：42 广州 M3017：18					
4	Ⅲ式　广州 M4039：57					Ⅰ式 马鞍岭 M1：7	Ⅰ式 顺德陈村 Ⅱ式 九只岭 M2：3		
5	Ⅳ式　广州 M5045：23 Ⅴ式　广州 M5046：4	Ⅰ式　番禺 M5：14 Ⅱ式　广州 M5036：11	广州 M5073：29		番禺 M30：37	Ⅱ式 广州 M5015：20		Ⅰ式　广州 M5041：11 Ⅱ式　番禺 M8：36	Ⅰ式　番禺 M3：47+49 Ⅱ式　广州 M5069：22 Ⅲ式　番禺 M33：51+52

图4.43　岭南区两汉墓葬出土陶魁、三足釜

Ab型　器身修长，盖套合于器外。数量较少。

Ac型　器身宽矮，上广下敛，圈足。数量较少。

B型　双耳，半环耳。根据器形的不同分为二亚型。

Ba型　器身修长，腹径约为器身的一半。分为二式。

演变趋势：耳的位置下移。

Bb型　器身较矮，身高与腹径约相当。分为四式。

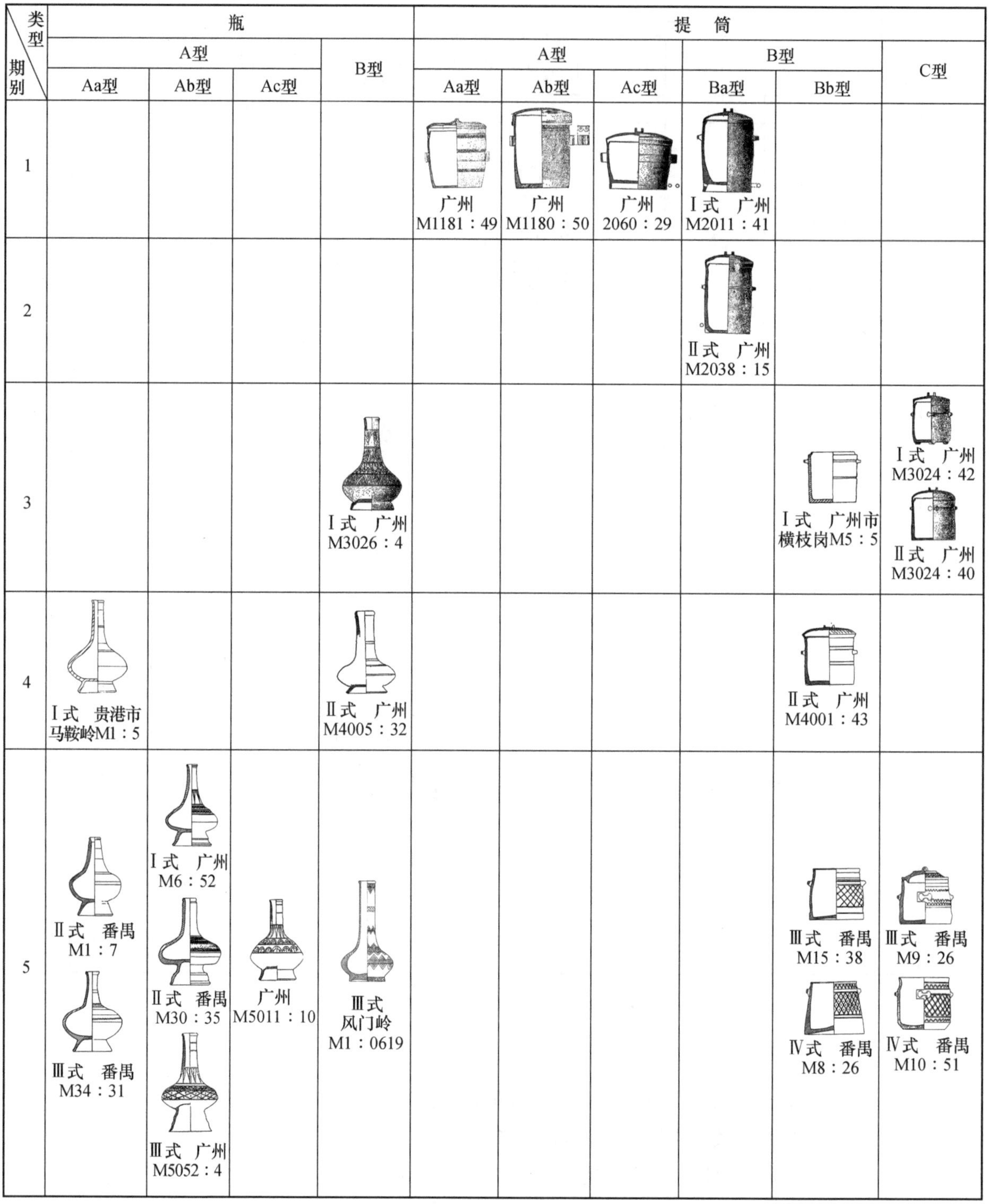

类型 期别	瓶				提筒					
	A型			B型	A型			B型		C型
	Aa型	Ab型	Ac型		Aa型	Ab型	Ac型	Ba型	Bb型	
1					广州 M1181：49	广州 M1180：50	广州 2060：29	Ⅰ式　广州 M2011：41		
2								Ⅱ式　广州 M2038：15		
3				Ⅰ式　广州 M3026：4					Ⅰ式　广州市 横枝岗M5：5	Ⅰ式　广州 M3024：42 Ⅱ式　广州 M3024：40
4	Ⅰ式　贵港市 马鞍岭M1：5			Ⅱ式　广州 M4005：32					Ⅱ式　广州 M4001：43	
5	Ⅱ式　番禺 M1：7 Ⅲ式　番禺 M34：31	Ⅰ式　广州 M6：52 Ⅱ式　番禺 M30：35 Ⅲ式　广州 M5052：4	广州 M5011：10	Ⅲ式 风门岭 M1：0619					Ⅲ式　番禺 M15：38 Ⅳ式　番禺 M8：26	Ⅲ式　番禺 M9：26 Ⅳ式　番禺 M10：51

图4.44　岭南区两汉墓葬出土陶瓶、提筒

演变趋势：直腹→斜直腹；平底→平底内凹。

C型　四耳。分为四式。

演变趋势：器体逐渐变矮；盖套合于口外→盖扣入口内；三足→平底。

（17）温酒樽

根据器盖的不同分为六型（图4.45）。

A型　盖上凸出直唇，如同圈足，环耳，耳座呈卷曲形。数量较少。

B型　器盖漫圆。分为三式。

演变趋势：盖下有唇，扣入器口→盖套合在器口外。

C型　盖顶中部平圆，外绕凸棱一周。分为四式。

演变趋势：铺首位置逐渐上移；熊座足→伏兽形足。

D型　盖面呈分级状。分为四式。

演变趋势：蹄足→熊座足→伏兽形足。

E型　盖顶立鸟，器身有束颈。数量较少。

F型　无盖。分为三式。

演变趋势：口径大于底径→口颈和底径同大→口径小于底径。

（18）卮

根据器身形状的不同分为三型（图4.45）。

A型　器身呈直筒状。分为四式。

演变趋势：口径大于（或等于）底径→口径小于底径。

B型　器身下部内折。分为三式。

演变趋势：圈足→底附三足→高圈足外撇。

C型　器身如尊形，有长颈。数量较少。

（19）簋

根据圈足的不同分为二型（图4.45）。

A型　圈足呈分级状，向外凸。分为五式。

演变趋势：肩唇分界逐渐明显，分级呈增多趋势。

B型　单层圈足，向内凹。分为三式。

演变趋势：盖顶低于唇口→盖顶高于唇口。

（20）碗

根据腹部形态的不同分为三型（图4.46）。

A型　直腹或弧腹。分为六式。

演变趋势：平底→矮圈足→高圈足。

B型　折腹。分为六式。

演变趋势：折腹位置逐渐下移；平底→圈足。

C型　有束颈，颈腹分界明显。分为三式。

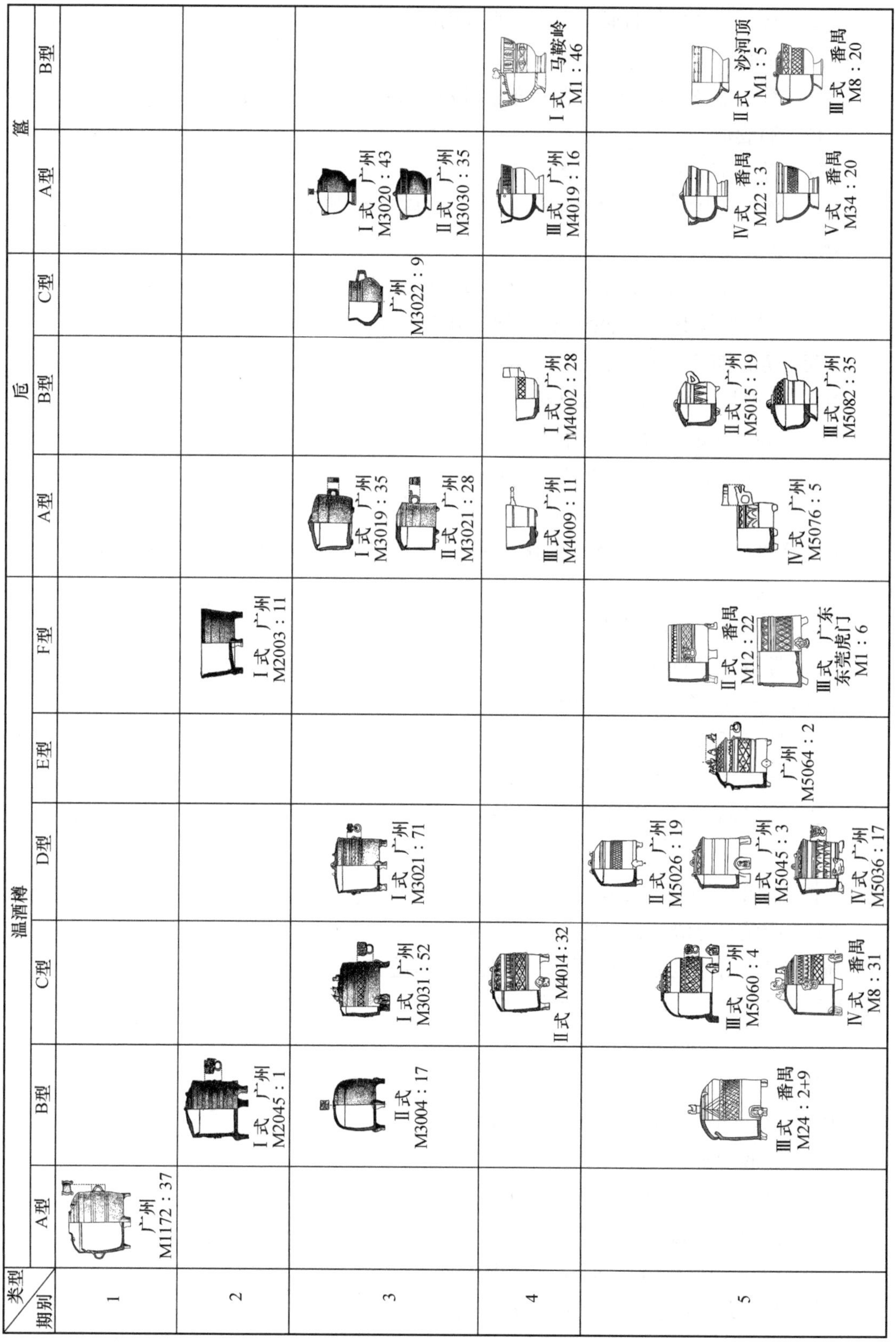

类型/期别	温酒樽 A型	温酒樽 B型	温酒樽 C型	温酒樽 D型	温酒樽 E型	温酒樽 F型	卮 A型	卮 B型	卮 C型	奁 A型	奁 B型
1	广州 M1172：37										
2		Ⅰ式 广州 M2045：1				Ⅰ式 广州 M2003：11					
3		Ⅱ式 M3004：17	Ⅰ式 广州 M3031：52	Ⅰ式 广州 M3021：71			Ⅰ式 广州 M3019：35 Ⅱ式 广州 M3021：28		广州 M3022：9	Ⅰ式 广州 M3020：43 Ⅱ式 广州 M3030：35	
4			Ⅱ式 M4014：32				Ⅲ式 广州 M4009：11	Ⅰ式 广州 M4002：28		Ⅲ式 广州 M4019：16	Ⅰ式 马鞍岭 M1：46
5		Ⅲ式 番禺 M24：2+9	Ⅲ式 广州 M5060：4 Ⅳ式 番禺 M8：31	Ⅱ式 广州 M5026：19 Ⅲ式 广州 M5045：3 Ⅳ式 广州 M5036：17	广州 M5064：2	Ⅱ式 番禺 M12：22 Ⅲ式 广东东莞虎门 M1：6	Ⅳ式 广州 M5076：5	Ⅱ式 广州 M5015：19 Ⅲ式 广州 M5082：35		Ⅳ式 番禺 M22：3 Ⅴ式 番禺 M34：20	Ⅱ式 沙河顶 M1：5 Ⅲ式 番禺 M8：20

图4.45 岭南区两汉墓葬出土陶温酒樽、卮、奁

期别 \ 类型	瓿			碗			盂			釜	
	A型	B型	C型	A型	B型	C型	A型	B型	C型	A型	B型
1	Ⅰ式 平乐银山岭 M108：13 Ⅱ式 广州 M1125：5	Ⅰ式 平乐银山岭 M3：13 Ⅱ式 广州 M1009：1	Ⅰ式 平乐银山岭 M15：5 Ⅱ式 广州华侨新村M1：2 Ⅲ式 广州 M1085：5	Ⅰ式 银山岭 M153：16 Ⅱ式 广州 M1007：8	Ⅰ式 银山岭 M22：4		广州 M1103：13	Ⅰ式 广州 M1176：8	广州 M1176：7	广州 M1077：7	Ⅰ式 广州 M1116：64 Ⅱ式 广州 M1150：32
2			Ⅳ式 广州 M2060：38								Ⅲ式 广州 M2033：15
3	Ⅲ式 广东南海M4			Ⅲ式 广州 M3020：19 Ⅳ式 广州 M3004：6	Ⅱ式 广州 M3028：43 Ⅲ式 广州 M3004：8 Ⅳ式 广州 M3004：10	Ⅰ式 广州 M3025：49 Ⅱ式 广州 M3025：50					
4				Ⅴ式 广州 M4013：甲6	Ⅴ式 广州 M4017：19	Ⅲ式 广州 M4010：4		Ⅱ式 九只岭 M6a：68			
5				Ⅵ式 广州黄花岗M3：39	Ⅵ式 黄花岗 M8：13			Ⅲ式 广州黄花岗 M2：8			

图4.46　岭南区两汉墓葬出土陶瓿、碗、盂、釜

演变趋势：束颈越来越长。

（21）盂

根据口及腹形态的不同分为三型（图4.46）。

A型　直口，粗长颈。数量较少。

B型　侈口，折腹，平底。分为三式。

演变趋势：口外侈逐渐加甚；大平底→小平底。

C型　小口，短直唇，腹扁圆。数量较少。

（22）釜

根据口部形态的不同分为二型（图4.46）。

A型　口微侈，粗长颈，肩腹分界明显。数量较少。

B型　高唇若盘形，圜底。分为三式。

演变趋势：有耳→无耳。

（23）瓿

根据有无盖及足的形状分为三型（图4.46）。

A型　无盖，罐形。分为三式。

演变趋势：耳的位置下移。

B型　下附三足。分为二式。

演变趋势：下腹内收程度趋缓。

C型　有盖，子口合盖。分为四式。

演变趋势：最大腹径下移；小平底→大平底。

（24）井

根据整体形态的不同分为三型（图4.47）。

A型　体型较矮胖。分为四亚型。

Aa型　束颈，圆井栏，方地台。分为二式。

演变趋势：直腹→斜腹内收。

Ab型　深盘状口，圆井栏，方地台。数量较少。

Ac型　颈较长，直腹，圆井栏，圆地台。分为四式。

演变趋势：斜颈→束颈；鼓腹→直腹。

Ad型　束颈，斜直腹，圆井栏，方地台。数量较少。

B型　体型较高。分为三亚型。

Ba型　束颈较长，占器高的一半。数量较少。

Bb型　短颈，直腹。分为三式。

演变趋势：颈由长变短。

Bc型　井栏圆如直筒，无颈，地台较狭。数量较少。

C型　井栏方形，地台亦方形，井栏上设“井”字形架，四坡式盖顶。数量较少。

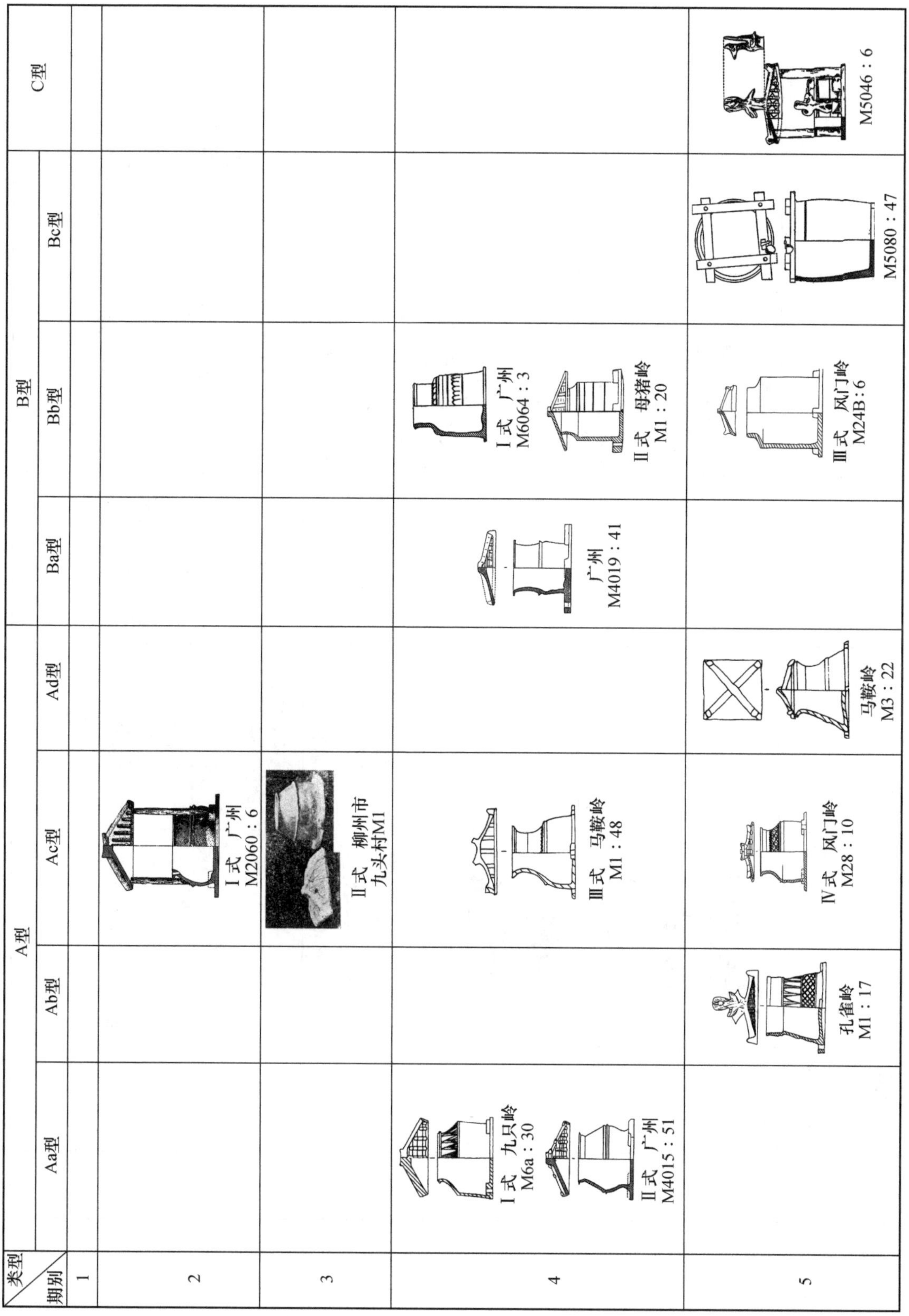

类型/期别	A型				B型			C型
	Aa型	Ab型	Ac型	Ad型	Ba型	Bb型	Bc型	
1								
2			Ⅰ式　广州 M2060：6					
3			Ⅱ式　柳州市 九头村M1					
4	Ⅰ式　九只岭 M6a：30 Ⅱ式　广州 M4015：51		Ⅲ式　马鞍岭 M1：48		广州 M4019：41	Ⅰ式　广州 M6064：3 Ⅱ式　母猪岭 M1：20		
5		孔雀岭 M1：17	Ⅳ式　风门岭 M28：10	马鞍岭 M3：22		Ⅲ式　风门岭 M24B：6	M5080：47	M5046：6

图4.47　岭南区两汉墓葬出土陶井

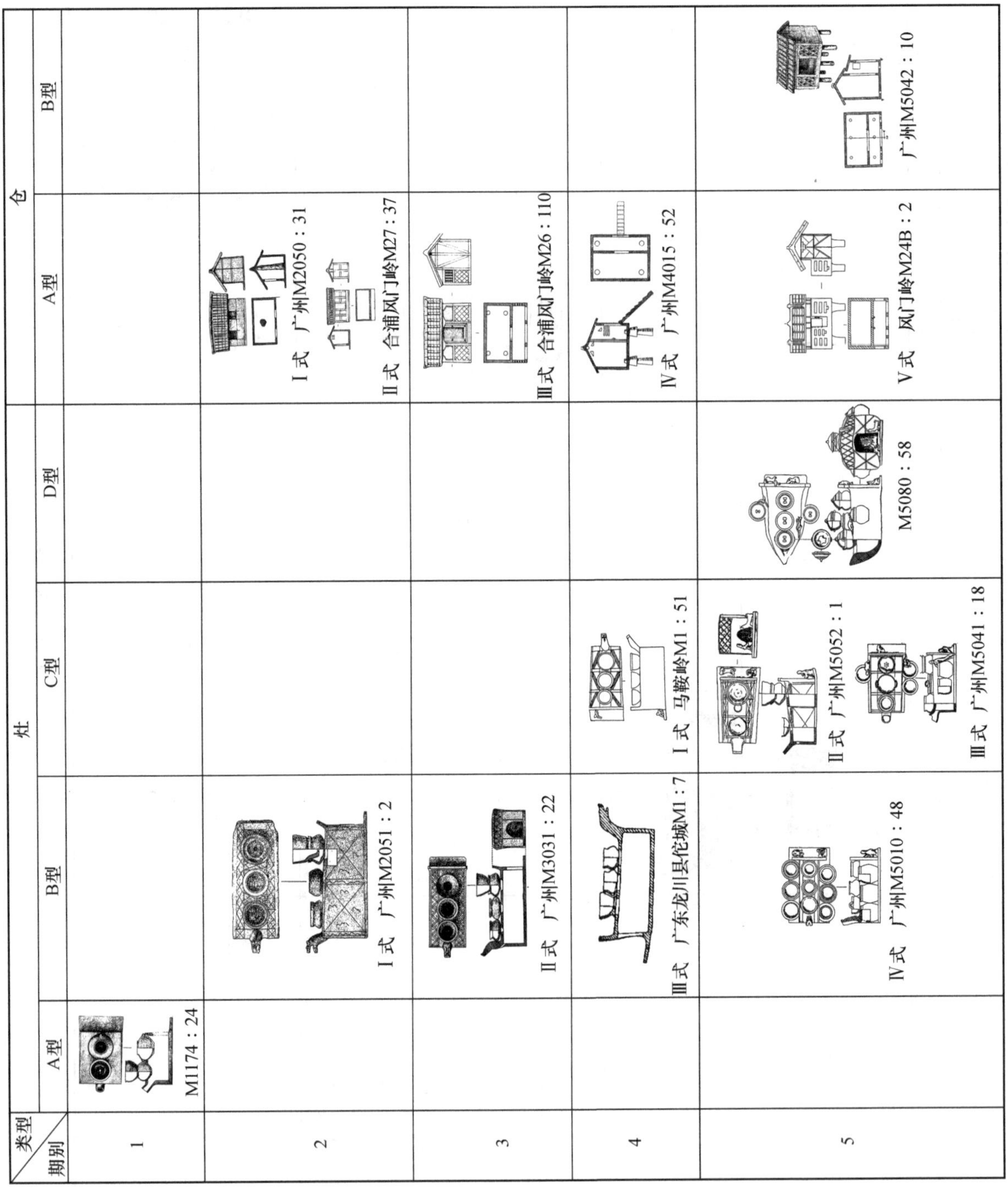

类型 期别	灶				仓	
	A型	B型	C型	D型	A型	B型
1	M1174：24					
2		Ⅰ式　广州M2051：2			Ⅰ式　广州M2050：31 Ⅱ式　合浦风门岭M27：37	
3		Ⅱ式　广州M3031：22			Ⅲ式　合浦风门岭M26：110	
4		Ⅲ式　广东龙川县佗城M1：7	Ⅰ式　马鞍岭M1：51		Ⅳ式　广州M4015：52	
5		Ⅳ式　广州M5010：48	Ⅱ式　广州M5052：1 Ⅲ式　广州M5041：18	M5080：58	Ⅴ式　风门岭M24B：2	广州M5042：10

图4.48　岭南区两汉墓葬出土陶灶、仓

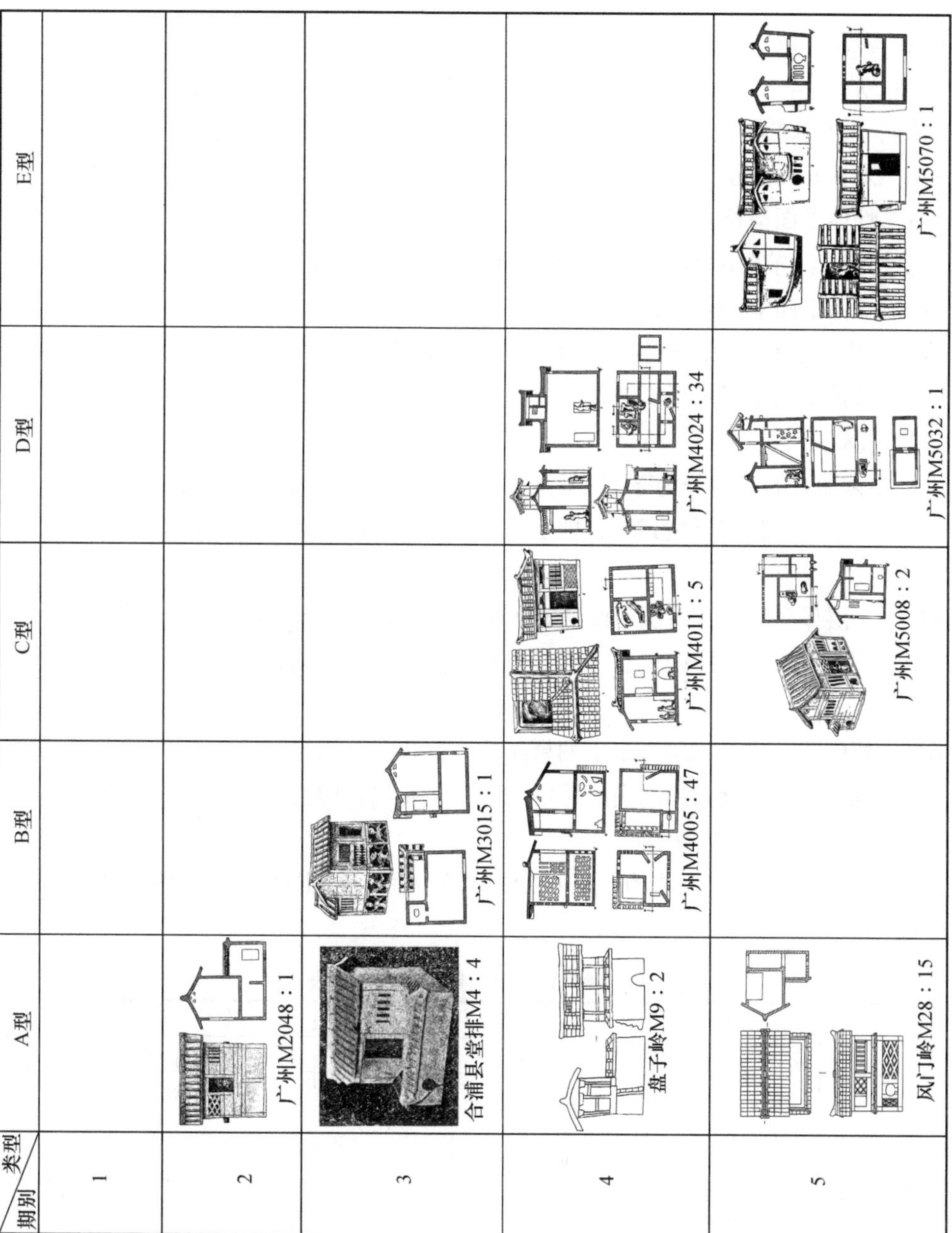

图4.49　岭南区两汉墓葬出土陶屋

（25）仓

根据仓顶形状的不同分为二型（图4.48）。

A型　悬山式两坡顶。分为五式。

演变趋势：仓房前无横廊→仓房前有横廊。

B型　盖顶前坡作重檐。数量较少。

（26）灶

根据平面形状的不同分为四型（图4.48）。

A型　灶体平面呈正方形。数量较少。

B型　灶体平面呈长方形。分为四式。

演变趋势：灶壁两侧不设水缸→灶壁两侧设水缸；挡板斜立→挡板直立。

C型　灶体平面呈梯形。分为三式。

演变趋势：龙首形烟凸→扁长方形烟囱→圆筒形烟囱。

D型　灶体平面呈三角形。数量较少。

（27）屋

根据整体形状的不同分为五型（图4.49）。各型布局大致相似，无法分式。

A型　上下两层的“干栏式”，即上为人居，下为畜圈。上层平面呈横长方形，下层近方形。

B型　上层作曲尺形，下层畜圈的露天部分仅占1/4面积，墙头瓦檐呈曲尺形。

C型　“曲尺式”，即两栋长方形房子组成曲尺形，后侧相对的两面用围墙围绕起来，成为后院。

D型　楼阁式。主体建筑作上下两层结构，其余是单层平房。

E型　三合式。完全采用均衡对称的一堂二室布局，即前为堂屋，后连两廊屋，两廊屋后墙以矮墙相连，成为后院。

以上典型器物相互之间多有比较稳定的共存关系，可据此将不同型式的器物分为五组（表4.11）。

表4.11　岭南地区出土器物组合型式表

	鼎					盒									钫				匏壶		
	A	Ba	Bb	Ca	Cb	Aa	Ab	Ac	Ba	Bb	Bc	Ca	Cb	D	A	B	Ca	Cb	A	B	C
1		√	Ⅰ Ⅱ	√		Ⅰ			Ⅰ Ⅱ Ⅲ	√		√	√	Ⅰ Ⅱ	√		√	√	Ⅰ Ⅱ Ⅲ		
2			Ⅲ		Ⅰ	Ⅱ	Ⅰ	Ⅰ								√				Ⅰ	√
3					Ⅱ	Ⅲ	Ⅱ Ⅲ Ⅳ				Ⅰ									Ⅱ	
4	Ⅰ		Ⅳ					Ⅱ			Ⅱ										
5	Ⅱ Ⅲ						Ⅴ Ⅵ				Ⅲ										

续表4.11　岭南地区出土器物组合型式表

	壶										瓮				四耳瓮		熏炉			
	Aa	Ab	Ac	B	Ca	Cb	Cc	Cd	Ce	Cf	A	B	C	D	A	B	Aa	Ab	Ba	Bb
1	√	√	Ⅰ Ⅱ	√	√						Ⅰ	Ⅰ Ⅱ	Ⅰ	Ⅰ	Ⅰ	√	Ⅰ Ⅱ Ⅲ			
2						Ⅰ	Ⅰ				Ⅱ	Ⅲ		Ⅱ	Ⅱ				Ⅰ	
3			Ⅲ			Ⅱ	Ⅱ				Ⅲ		Ⅱ	Ⅲ	Ⅲ				Ⅱ	Ⅰ
4						Ⅲ	Ⅲ			Ⅰ		Ⅳ	Ⅲ						Ⅲ	Ⅱ
5							Ⅳ Ⅴ	√	√	Ⅱ	Ⅳ			Ⅳ				Ⅰ Ⅱ Ⅲ	Ⅳ Ⅴ	Ⅲ Ⅳ

续表4.11　岭南地区出土器物组合型式表

	罐										双耳罐									
	Aa	Ab	Ac	Ad	Ae	Ba	Bb	Bc	Ca	Cb	Aa	Ab	Ac	Ba	Bb	Bc	Bd	Ca	Cb	D
1	√	√	Ⅰ Ⅱ			Ⅰ Ⅱ			Ⅰ		√	Ⅰ Ⅱ								
2							Ⅰ	Ⅰ	Ⅱ								Ⅰ			
3				Ⅰ		Ⅲ	Ⅱ		Ⅲ											
4						Ⅳ		Ⅱ	Ⅳ	√		Ⅲ						Ⅰ		
5				Ⅱ Ⅲ Ⅳ	Ⅰ Ⅱ	Ⅴ	Ⅲ	Ⅲ Ⅳ					Ⅰ Ⅱ	Ⅰ Ⅱ	Ⅰ Ⅱ Ⅲ	Ⅰ Ⅱ Ⅲ	Ⅱ Ⅲ	Ⅱ Ⅲ Ⅳ	Ⅰ Ⅱ Ⅲ	Ⅰ Ⅱ

续表4.11　岭南地区出土器物组合型式表

	盆				四耳罐									温酒樽						卮			篮	
	Aa	Ab	Ba	Bb	Aa	Ab	Ba	Bb	Bc	C	Da	Db	Dc	A	B	C	D	E	F	A	B	C	A	B
1	√		Ⅰ							Ⅰ Ⅱ				√										
2		√		Ⅰ	Ⅰ	Ⅰ									Ⅰ				Ⅰ					
3				Ⅱ	Ⅱ	Ⅱ									Ⅱ	Ⅰ	Ⅰ			Ⅰ Ⅱ		√	Ⅰ Ⅱ	
4			Ⅱ Ⅲ	Ⅲ	Ⅲ	Ⅲ										Ⅱ				Ⅲ	Ⅰ		Ⅲ	Ⅰ
5			Ⅳ	Ⅳ	Ⅳ Ⅴ		Ⅰ Ⅱ Ⅲ	Ⅰ Ⅱ	√		√	√	√		Ⅲ	Ⅲ Ⅳ	Ⅱ Ⅲ Ⅳ	√	Ⅱ Ⅲ	Ⅳ	Ⅱ Ⅲ		Ⅳ Ⅴ	Ⅱ Ⅲ

续表4.11 岭南地区出土器物组合型式表

	仓		灶				井								瓶				碗			瓿		
	A	B	A	B	C	D	Aa	Ab	Ac	Ad	Ba	Bb	Bc	C	Aa	Ab	Ac	B	A	B	C	A	B	C
1			√																Ⅰ Ⅱ	Ⅰ		Ⅰ Ⅱ	Ⅰ Ⅱ	Ⅰ Ⅱ Ⅲ
2	Ⅰ Ⅱ			Ⅰ					Ⅰ															Ⅳ
3	Ⅲ			Ⅱ					Ⅱ									Ⅰ	Ⅲ Ⅳ	Ⅱ Ⅲ Ⅳ	Ⅰ Ⅱ	Ⅲ		
4	Ⅳ			Ⅲ	Ⅰ		Ⅰ Ⅱ		Ⅲ		√	Ⅰ Ⅱ			Ⅰ			Ⅱ	Ⅴ	Ⅴ	Ⅲ			
5	Ⅴ	√		Ⅳ	Ⅱ Ⅲ	√		√	Ⅳ	√		Ⅲ	√	√	Ⅱ Ⅲ	Ⅰ Ⅱ Ⅲ	√	Ⅲ	Ⅵ	Ⅵ				

续表4.11 岭南地区出土器物组合型式表

	提筒						魁				三足釜					盂			釜	
	Aa	Ab	Ac	Ba	Bb	C	A	B	C	D	A	Ba	Bb	Bc	Bd	A	B	C	A	B
1	√	√	√	Ⅰ												√	Ⅰ	√	√	Ⅰ Ⅱ
2				Ⅱ																Ⅲ
3					Ⅰ	Ⅰ Ⅱ	Ⅰ Ⅱ			√										
4					Ⅱ		Ⅲ					Ⅰ	Ⅰ Ⅱ				Ⅱ			
5					Ⅲ Ⅳ	Ⅲ Ⅳ	Ⅳ Ⅴ	Ⅰ Ⅱ	√		√	Ⅱ		Ⅰ Ⅱ	Ⅰ Ⅱ Ⅲ		Ⅲ			

注：因为同一型的屋在不同期别中差别不大，很难划分式别，所以在表中并未显示。

"√"表示存在此型器物但因为数量较少，无法分式。

四、岭南地区两汉墓葬的分期与年代

根据上述不同组别器物的演变情况，可以将这五组视为连续发展的五期。结合这五期出土的铜镜及钱币情况，并参照已经发现的纪年墓，可以判断出各期的大致年代。其分析结果如下。

第一期，以肇庆松山墓，平乐银山岭M3、M15、M18、M73、M92、M93、M108、M115、M153，罗岗M3，广州西汉前期墓为代表。

均为竖穴土坑墓或竖穴木椁墓，主要有土坑无椁墓，墓坑不分室木椁墓中的椁内分箱墓和椁内上下分层墓，墓坑分室墓中的椁内分箱墓。

广州西汉前期墓随葬陶器主要有仿铜陶礼器鼎、盒、壶、钫、熏炉；日用陶器瓮、罐、瓿（小瓿）、双耳罐、三足罐、联罐、小盒、三足盒（三足小盒）、提筒、碗、盆、釜，还有四耳罐、四耳瓮，个别墓中还出土了灶和井。此批墓中有6座出半两钱，既有秦半两，也有文帝五年（前175年）始铸的四铢半两，未见五铢钱。铜镜有山字纹镜、素镜、变形兽纹镜、龙纹镜、龙凤纹镜、连弧纹镜、蟠螭纹镜、蟠螭铭文镜、四叶纹镜、草叶纹镜等。报告作者将此期墓的年代上限划在秦始皇统一六国翌年置闽中郡之后，即从秦派五军经略岭南的期间起（前219年），下限到汉武帝削平南越赵氏王国割据政权的元鼎六年（前111年）止。并根据墓中出土陶器器形组合的不同将之分为前后两段。前段上限为秦始皇二十八年（前219年），下限到文景期间，定为南越国前期，由文景之间到武帝元鼎六年，定为南越国后期。

平乐银山岭墓地随葬品以铜器为主，出土较多的铜兵器、铜工具或铁工具。陶器主要有杯、鼎、盒、三足盒、瓿、三足瓿、罐、瓮、纺轮等，纺轮和铜兵器一般不共出。原报告中判断为战国时期的墓葬和汉代墓葬位于同一区，彼此交错。这些战国墓群中部分墓葬出土的陶器如盒、三足盒、瓿、三足瓿以及罐的造型与广州汉墓中的西汉早期墓类似。从目前的材料看，三足的盒和瓿主要流行于南越国时期，岭南地区青铜时代不见这种器物。因此，出土了这些器物的墓葬年代应该已经到了西汉初年。根据银山岭墓地中的四组打破关系，这批战国墓葬年代应该早于银山岭汉墓中的M5、M132、M149、M157这四座墓的年代。与这四座墓同时代的M27中出土了汉文帝时期的四铢半两，因此，断定这些墓葬年代下限应该不超过汉文帝五年（前175年）。即应相当于广州西汉早期墓的前段。

如前文所论述，肇庆松山墓年代为秦汉之际—南越国时期。罗岗M3的年代应该为秦汉之际。

综上所述，第一期的年代应该为秦汉之际到汉武帝平南越国的元鼎六年（前111年）。根据陶器器形组合的不同可划分为前后两段，前段为秦汉之际—文景时期，相当于南越国前期，后段为文景之间至武帝元鼎六年，相当于南越国后期。

第二期，以广州西汉中期墓、广西合浦风门岭M23、广西藤县鸡谷山西汉墓、柳州市九头村M1等为代表。

流行竖穴土坑无椁墓、墓坑不分室木椁墓中的椁内不分箱墓和椁内上下分层墓。

随葬器物有瓮、罐、四耳罐、五联罐、鼎、盒、壶、钫、提筒、温酒樽、盆、碗、釜、盂和熏炉等；另外增加了灶、井、仓（或囷）、屋这些模型明器。这一期与前期相比，象征着“礼制”的鼎、盒、壶、钫大大减少，而模型明器大大增加，象征着地区特色的器形几乎完全消失，仅剩瓿、三足盒见于个别墓葬中。且陶器的器形与前期相比有了较大的转变。墓中主要出土五铢钱，并可见宣帝到元帝年间铸造的五铢，流行于西汉中晚期的日光镜和昭明镜亦大量发现。因此，此期墓葬的年代应为西汉中晚期，上限不会早于汉武帝元封元年（前110年），即以南越国的消亡为界，下限可到元、成之际。

第三期，以广州西汉晚期墓、广西合浦风门岭M26、合浦县凸鬼岭M202等为代表。

存在同一封土堆下两墓穴并行排列的夫妻合葬墓和同一封土堆下仅存一个墓穴两种形制。后者又包含墓坑不分室木椁墓中的椁内不分箱墓和椁内上下分层墓、墓坑分室木椁墓中的椁内分箱墓几种形制。

随葬器物与上期基本相同，但钫已绝迹，新出现四耳展唇罐、瓶、篚、三足釜以及陶塑家禽家畜等。与前期相比，此期几乎所有的墓中均有陶制模型明器随葬。提筒、温酒樽、盆、魁、井、仓、屋这几种器物均有新型式出现。墓中五铢与大泉五十同出，铜镜可见以日光镜、昭明镜、四虺纹镜、四兽镜和兽纹镜。兽纹镜的花纹作风与见诸著录的始建国二年规矩兽纹镜、天凤二年规矩四神镜颇为接近，应为西汉晚期的成品。此期的年代应为西汉末年，上限紧接西汉中期，下限延到建武初年。

第四期，以广州东汉前期墓，广西恭城瑶族自治县栗木镇陀塘村汉墓，广西梧州市贺头山M1、M2，母猪岭M1、M6，柳州市郊东汉墓，广西北海市盘子岭东汉墓，广西合浦县九只岭M2、M5、M6，广西贵港市马鞍岭M1，风门岭M21等为代表。

墓葬形制流行墓坑不分室木椁墓中的椁内不分箱墓和椁内上下分层墓、墓坑分室木椁墓中的椁内分箱墓、新出现砖木合构墓和砖室墓，砖室墓以不带甬道单室砖墓和多室砖墓为主。

陶器的器形与西汉末年的基本一样，但瓮、五联罐和瓿消失。型式组合与西汉末年的大体相同，鼎、瓶、卮、魁、灶、屋六种型式则有所变化。这期有过半数的墓都有铜镜随葬，新出现规矩四灵镜、规矩鸟兽纹镜，出规矩纹镜的墓有四座是五铢与大泉五十同出，还有两座出土建武十六年（40年）始发行的东汉五铢。综合以上因素，推测此期墓葬年代应为东汉前期，上限在建武初年，下限在建初之前。

第五期，以广州东汉后期墓，以母猪岭M5，风门岭M1、M22、M24、M25，广西贵港孔屋岭M1，合浦禁山七星岭M4、M6，合浦九只岭M3、M4，广西恭城县牛头山石室墓、广西钟山县张屋、广西昭平界塘M2等为代表。

墓葬形制仍存在墓坑分室木椁墓中的椁内上下分层墓。但以砖室墓为主，包括砖室墓中所有的型式。新出现石室墓。

这期陶器出土种类比前期增加，型式也有较大转变。出现三合式陶屋、附有水缸的灶、重檐仓和城堡、水田模型和陶船等。出土少量青瓷罐和双耳罐。琥珀琉璃饰品较多出土。铁器种类和数量也较前期有较多增加，有铁环首刀、铁臿、铁凿、铁镢、铁刀等。出土钱币有大泉五十、货泉和布泉，五铢，剪郭五铢等，铜镜有鸟兽纹镜、规矩四灵镜、规矩鸟兽纹镜、简化规矩纹镜、鸟纹镜、圆珠纹镜、四兽纹镜、云雷纹镜、圆雕纹镜等。

此期广州有4座墓的墓砖上有纪年铭文，M5014为建初元年墓，M5060为建初五年墓，M5065为永元九年墓，M5068为建宁三年墓。番禺有两座墓出土了纪年墓砖，M19为永元十五年墓，M29为永初五年墓。广东韶关狗子岭M16出土永元十四年的纪年砖。根据这些纪年墓可知，此期墓葬年代应该为东汉中后期。由于广州汉墓报告并未按单位发表器物，因此很难对这批材料再次进行中期和晚期的区分。笔者在此权从广州汉墓的分期，统一定为东汉后期墓。年代上限以建初为界，下限到东汉末年。

第五节　西南区随葬器物的类型学分析及墓葬分期

西南区两汉墓葬数量较多，四川地区汉墓集中在成都平原及其周围和西昌一带。重庆地区汉墓集中在三峡库区。云南地区汉墓集中于大理市和昭通市。贵州地区汉墓集中在贵州西南部（详见表1.3）。纪年墓数量较多，已有学者对此进行过专门的统计[①]。

对这些墓葬的发掘整理工作已经形成一系列大型综合性报告，如《三台郪江崖墓》[②]、《中江塔梁子崖墓》[③]、《嘉陵江下游考古报告集》[④]、《云阳晒经》[⑤]《奉节白马墓地》[⑥]、《昆明羊甫头墓地》[⑦]、《万州大坪墓地》[⑧]、《重庆库区考古报告集》[⑨]（1999卷）（2000卷）（2001卷）、《忠县翠屏山崖墓》[⑩]、《云阳走马岭墓地》[⑪]《丰都二仙堡墓地》[⑫]、《重庆万州老棺丘古墓群发掘报告》[⑬]、《万州大丘坪墓群》[⑭]、《会

① 纪年墓的具体情况详见罗二虎两篇文章，即《四川汉代砖石室墓的初步研究》，《考古学报》2001年第4期；《四川崖墓的初步研究》，《考古学报》1988年第2期。

② 四川省文物考古研究院、绵阳市博物馆、三台县文物管理所：《三台郪江崖墓》，文物出版社，2007年。

③ 四川省文物考古研究院、德阳市文物考古研究所、中江县文物保护管理所：《中江塔梁子崖墓》，文物出版社，2008年。

④ 重庆市文化遗产研究院、重庆文化遗产保护中心：《嘉陵江下游考古报告集》，科学出版社，2015年。

⑤ 重庆市文物局、重庆市移民局：《云阳晒经》，科学出版社，2008年。

⑥ 重庆市文物局、重庆市移民局：《奉节白马墓地》，科学出版社，2013年。

⑦ 云南省文物考古研究所、昆明市博物馆、官渡区博物馆：《昆明羊甫头墓地》，科学出版社，2005年。

⑧ 重庆市文物局、重庆市移民局：《万州大坪墓地》，科学出版社，2006年。

⑨ 重庆市文物局、重庆市移民局：《重庆库区考古报告集》（1999卷）、（2000卷）、（2001卷）》，科学出版社，分别出版于2006年、2007年、2007年。

⑩ 重庆市文物局、重庆市移民局：《忠县翠屏山崖墓》，科学出版社，2011年。

⑪ 重庆市文物局、重庆市移民局：《云阳走马岭墓地》，科学出版社，2011年。

⑫ 重庆市文物局、重庆市移民局：《丰都二仙堡墓地》，科学出版社，2016年。

⑬ 云南省文物考古研究所、重庆市文化局三峡办、重庆市万州区博物馆：《重庆万州老棺丘古墓群发掘报告》，云南科技出版社，2011年。

⑭ 重庆市文物局、重庆市移民局：《万州大丘坪墓群》，科学出版社，2014年。

泽水城古墓群发掘报告》[①]、《丰都大湾墓群》[②]、《忠县邓家沱遗址与渔洞墓群》[③]、《万州下中村遗存》[④]等，其他有一些综合性的报告集中涉及汉墓的，如《2003—2013贵州基建考古重要发现》[⑤]《贵州田野考古报告集（1993—2013）》[⑥]《云南考古报告集（二）》[⑦]《云南考古：1979—2009》[⑧]《昭通田野考古（之一）》[⑨]等。

西南地区两汉墓葬的研究论文比较多。有学者根据陶器组合和钱币将四川地区（包含重庆市）西汉时期土坑木椁墓分为三期：第一期，出土汉初大半两（直径约3厘米）、榆钱半两（直径1.2～1.4厘米）、无郭四铢半两的墓葬，大致为高祖至文景时期，定为西汉早期；第二期，只出四铢半两（包括无郭和有郭）的墓葬，时间大致为武帝建元元年（前140年）至元狩四年（前119年），定为西汉中期；第三期，出土五铢钱的墓葬，时间大致为武帝元狩五年（前118年）至孺子婴（8年），定为西汉晚期[⑩]。此分期中西汉中期的划分值得商榷，曾有研究者指出过，以半两钱铸郭作为判断为武帝半两的做法是不科学的[⑪]。而西汉晚期时间跨度又过大。

罗二虎对四川地区（包含重庆市）砖石室墓的材料进行了系统的整理与分析，结合纪年墓和非纪年墓的墓葬形制、随葬品组合和形制、钱币等，最后将其分为五个时期：第一期，王莽时期，即西汉末年至东汉初年（约6～39年，此东汉初年主要指光武帝建武十六年铸五铢钱以前）；第二期，东汉早期（约40～75年）；第三期，东汉中期（约78～146年）；第四期，东汉晚期（约147～220年）；第五期，蜀汉时期（约221～263年）[⑫]。分期既细致且科学，为四川地区砖石室墓的分期打下了坚实的基础。

他还对四川及云南、贵州地区汉—六朝时期崖墓的分布、形制、葬具、随葬品种类和演变规律做了归纳和总结，最后，根据墓葬形制的演变和随葬陶瓷器组合的不同将这些崖墓分为五期：第一期，初始期，即西汉末至东汉早期。第二期，发展期（章帝建初时期—质帝本初时期），即东汉中期。第三期，鼎盛期，即东汉晚期。第四期，初衰

① 云南省文物考古研究所：《会泽水城古墓群发掘报告》，科学出版社，2014年。

② 重庆市文物局、重庆市移民局：《丰都大湾墓群》，科学出版社，2017年。

③ 重庆市文物局、重庆市移民局：《忠县邓家沱遗址与渔洞墓群》，科学出版社，2017年。

④ 重庆市文物局、重庆市移民局：《万州下中村遗址》，科学出版社，2017年。

⑤ 贵州省文物考古研究所：《2003—2013贵州基建考古重要发现》，科学出版社，2015年。

⑥ 贵州省文物考古研究所：《贵州田野考古报告集（1993—2013）》，科学出版社，2014年。

⑦ 云南省文物考古研究所：《云南考古报告集（二）》，云南科技出版社，2006年。

⑧ 杨帆、万扬、胡长城：《云南考古：1979—2009》，云南人民出版社，2010年。

⑨ 昭通市文物管理所：《昭通田野考古（之一）》，云南人民出版社，2012年。

⑩ 何志国：《四川西汉土坑木椁墓初步研究》，《远望集——陕西省考古研究所华诞四十周年纪念文集》，陕西人民美术出版社，1998年，564～572页。

⑪ 蒋若是：《秦汉半两钱系年举例》，《中国钱币》1989年第1期。

⑫ 罗二虎：《四川汉代砖石室墓的初步研究》，《考古学报》2001年第4期。

期，即东汉末建安时期至蜀汉时期。第五期，衰亡期，即西晋—南北朝时期[①]。

吉林大学硕士生燕妮[②]、艾露露[③]将川西和重庆地区两汉墓葬的材料分开进行细致的类型学分析，进而分别建立起两区的年代框架。燕妮将川西平原两汉墓葬分为六期：第一期，西汉早期（汉初—文景时期）；第二期，西汉中期（武、昭、宣时期）；第三期，西汉晚期（元、成、哀、平及王莽时期）；第四期，东汉早期；第五期，东汉中期；第六期，东汉晚期。艾露露将重庆地区两汉时期的墓葬分为八期。第一期，秦汉之际—西汉初年（汉文帝五年之前）；第二期，文帝五年发行四铢半两之后—武帝元狩五年铸造五铢之前；第三期，武帝元狩五年至昭宣时期；第四期，元、成、哀、平时期；第五期，王莽前后—东汉初；第六期，东汉早期；第七期，东汉中晚期；第八期，东汉晚期，下限可达蜀汉时期。

关于云贵地区，杨勇在《战国秦汉时期云贵高原考古学文化研究》[④]一书中，对云贵高原早期汉文化遗存进行了梳理，将之分为四期，分别为西汉早期、西汉中晚期、新莽及其前后、东汉早期，并总结了早期汉式墓葬的埋葬制度与埋葬习俗，以及其与土著青铜文化的关系。吴小平的《两汉时期云贵地区汉文化的考古学探索》[⑤]一书，系统考察了两汉时期云贵地区夷汉之间文化格局的变迁，将云贵地区汉文化划分为五期，即西汉早期、西汉中期、西汉晚期至东汉初期、东汉早期、东汉中晚期。

由于西南区汉墓研究的基础较好，且已有研究开展得比较充分。因此，本区主要采用以下思路进行分期研究。

1）对西南区随葬器物进行类型学分析，此过程中参照了已有的研究成果[⑥]，从而形成墓葬的相对年代序列，并对照纪年墓，检验并调整类型学分析结果。

2）对不同期别的墓葬，结合纪年墓及断代器物，以及已有的分期成果进行年代判断，从而得出西南区两汉墓葬的年代框架。

一、西南区墓葬随葬器物的类型学分析

西南区的陶器多为夹砂陶或泥质陶。仅个别器物表面施釉。陶器中最常见的器物为鼎、豆、壶、钵、釜、罐、囷、井、灶等九种器物。这些器物不仅发现数量众多、

---

① 罗二虎：《四川崖墓的初步研究》，《考古学报》1988年第2期。

② 燕妮：《川西平原两汉墓葬研究》，吉林大学硕士学位论文，2006年。

③ 艾露露：《重庆地区汉代墓葬的初步研究》，吉林大学硕士学位论文，2007年。

④ 杨勇：《战国秦汉时期云贵高原考古学文化研究》，科学出版社，2011年。

⑤ 吴小平：《两汉时期云贵地区汉文化的考古学探索》，浙江大学出版社，2018年。

⑥ 本区随葬器物的类型学研究和分期部分参考了艾露露和燕妮的研究成果（艾露露：《重庆地区汉代墓葬的初步研究》，吉林大学硕士学位论文，2007年；燕妮：《川西平原两汉墓葬研究》，吉林大学硕士学位论文，2006年）。

分布广泛，而且有演变规律，本书主要选取下面这些器物参与类型学研究。

（1）鼎

多数为泥质灰陶，仅个别施釉（图4.50）。根据整体器形的不同分为二型。

A型　子母口，蹄足。分为二亚型。

Aa型　曲耳。分为四式。

演变趋势：器盖纽由繁到简；耳低于器盖→耳高于器盖。

Ab型　直耳。分为五式。

演变趋势：器腹由深到浅；足由矮到高。

B型　釜形鼎，器身为浅腹圜底的釜，细长足外撇。分为二式。

演变趋势：颈部由短到长；最大腹径逐渐下移。

（2）豆

泥质陶或夹砂陶（图4.50）。根据柄长短的不同分为二型。

A型　短柄，亦可视为无柄。豆盘似尖底盏。分为二式。

演变趋势：豆盘由深到浅。

B型　高柄。分为二亚型。

Ba型　豆盘弧腹。分为三式。

演变趋势：豆盘加深；圈足由喇叭形→覆钵形。

Bb型　豆盘方折。分为四式。

演变趋势：豆盘加深；柄由细→粗。

（3）壶

分泥质陶、夹砂陶和釉陶，釉陶居多（图4.52）。根据颈、铺首及耳形态的不同分为三型。

A型　束颈铺首壶。个别为牛首耳。根据底部的不同分为三亚型。

Aa型　喇叭形圈足。分为七式。

演变趋势：小盘口→深盘口；圆鼓腹→扁鼓腹。

Ab型　覆盆形圈足。分为三式。

演变趋势：盘口加深；圈足变高。

Ac型　直壁圈足。分为五式。

演变趋势：颈变粗；圆鼓腹→扁鼓腹。

B型　斜颈铺首壶。分为四式。

演变趋势：铺首从上腹部移至腹中部。

C型　束颈环耳壶，无铺首。分为三式。

演变趋势：颈由短变长；圈足由矮变高。

（4）钵

多泥质陶，个别夹细砂（图4.50）。根据器腹形态的不同分为二型。

期别＼类型	鼎			豆			钵			
	A型		B型	A型	B型		A型		B型	
	Aa型	Ab型			Ba型	Bb型	Aa型	Ab型	Ba型	Bb型
1	Ⅰ式　李家坝M10：9	Ⅰ式　云阳马粪沱M81：21	Ⅰ式　郫县古城乡M22：5	Ⅰ式 涪陵镇安M3：4 Ⅱ式 十郝城关M67：21	Ⅰ式 云阳马粪沱M81：35	Ⅰ式 云阳李家坝M10：10	Ⅰ式 涪陵镇安M1：41	Ⅰ式 涪陵镇安M19：5 Ⅱ式 涪陵镇安M4：2		
2	Ⅱ式　马粪沱M74：26	Ⅱ式　马粪沱M55：12	Ⅱ式 成都都市花园M16：3		Ⅱ式 云阳马粪沱M74：54	Ⅱ式 渠县城坝M4：6	Ⅱ式 忠县崖脚BM10：40		Ⅰ式 渠县城坝M4：15	Ⅰ式　郫县古城乡M15：4 Ⅱ式　云阳马粪沱M74：77
3		Ⅲ式 万州王家沱M1：10 Ⅳ式 万州龙宝梁上M1：30				Ⅲ式　万州王家沱M1：9	Ⅲ式　绵阳天浩公寓M4：17		Ⅱ式 云阳李家坝M37：14 Ⅲ式 万州大地嘴M7：21	Ⅲ式　绵阳天浩公寓M4：18
4	Ⅲ式　云阳李家坝M37：35 Ⅳ式　云阳马沱M12：68	Ⅴ式 奉节营盘包M1：3			Ⅲ式 云阳故陵M13：8	Ⅳ式 忠县崖脚AM3：24	Ⅳ式 水泥厂东汉崖墓	Ⅲ式 万州大地嘴M9：46		Ⅳ式 丰都汇南M22：18
5							Ⅴ式　丰都冉家路口FRM4：94	Ⅳ式 丰都汇南M16：13	Ⅳ式 云阳李家坝M37：14	Ⅴ式 丰都冉家路口FRM4：14
6							Ⅳ式 丰都汇南M17：6		Ⅴ式 丰都汇南M29：53	Ⅵ式 合川南屏WM6：25

图4.50　西南区两汉墓葬出土陶鼎、豆、钵

A型　折腹。分为二亚型。

Aa型　敞口。分为六式。

演变趋势：腹下部内收趋缓。

Ab型　敛口或直口。分为四式。

演变趋势：下腹部弧内收→下腹部斜直内收。

B型　弧腹。分为二亚型。

Ba型　敞口。分为五式。

演变趋势：平底→近圜底。

Bb型　敛口。分为六式。

演变趋势：腹部内收趋缓。

（5）釜

多为夹砂陶，个别为泥质陶（图4.51）。根据耳、腹、足部形态的不同分为三型。

A型　弧腹，无耳，无足。多饰绳纹。分为二亚型。

Aa型　扁腹，器腹较浅。分为七式。

演变趋势：圜底→平底；口沿越来越宽。

Ab型　器腹较深。分为五式。

演变趋势：颈部逐渐加长。

B型　口沿部位带二立耳，个别有足。分为二亚型。

Ba型　弧腹。分为四式。

演变趋势：领由高→矮；足由有→无。

Bb型　斜腹。分为三式。

演变趋势：折肩→圆肩；耳由短→长。

C型　长束颈，整体瘦高，带三足。个别带耳。分为三式。

演变趋势：圆鼓腹→长弧腹；三足外撇→三足内聚。

另外有几件数量较少，形制比较特殊。如涪陵镇安M1：5[①]，单耳釜；渠县城坝M3：50[②]，仿铜釜；成都十街坊M6：9[③]，长把釜；绵阳天浩公寓M4：19[④]，大敞口釜。

（6）罐

多为泥质陶或夹砂陶。根据器物整体形态的不同分为五类[⑤]。

第一类：圜底，束颈。根据腹部形态的不同分为三型（图4.53）。

A型　长圆腹。分为三亚型。

---

① 北京市文物研究所三峡考古队、重庆市涪陵区博物馆：《涪陵镇安遗址发掘报告》，《重庆库区考古报告集·1998卷》，科学出版社，2003年，850～894页。

② 四川省文物考古研究院、达州市文物管理所、渠县文物管理所：《四川渠县城坝遗址2005年发掘简报》，《四川文物》2006年第4期。

③ 成都市文物考古研究所：《成都市南郊十街坊遗址年度发掘纪要》，《成都考古发现1999》，科学出版社，2001年，1～27页。

④ 四川省文物考古研究所、绵阳市博物馆：《绵阳“天浩公寓”工地发掘简报》，《四川文物》2004年第1期。

⑤ 艾露露文中对重庆地区的罐收录比较全面，划分也比较详细（《重庆地区汉代墓葬的初步研究》，吉林大学硕士学位论文，2007年），本书在对罐进行划分时部分参照了其研究成果。

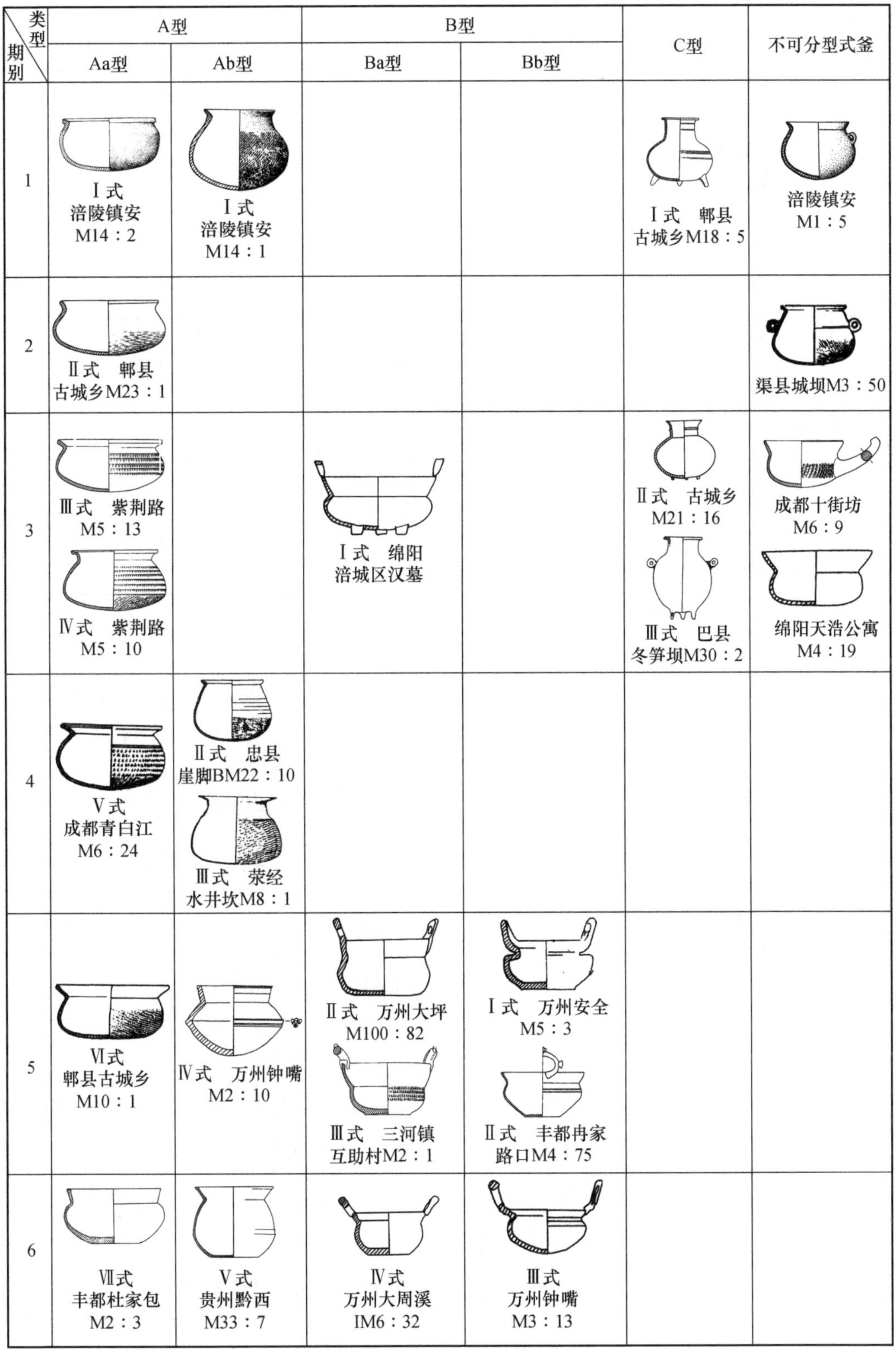

期别＼类型	A型		B型		C型	不可分型式釜
	Aa型	Ab型	Ba型	Bb型		
1	Ⅰ式 涪陵镇安 M14：2	Ⅰ式 涪陵镇安 M14：1			Ⅰ式　郫县 古城乡M18：5	涪陵镇安 M1：5
2	Ⅱ式　郫县 古城乡M23：1					渠县城坝M3：50
3	Ⅲ式　紫荆路 M5：13 Ⅳ式　紫荆路 M5：10		Ⅰ式　绵阳 涪城区汉墓		Ⅱ式　古城乡 M21：16 Ⅲ式　巴县 冬笋坝M30：2	成都十街坊 M6：9 绵阳天浩公寓 M4：19
4	Ⅴ式 成都青白江 M6：24	Ⅱ式　忠县 崖脚BM22：10 Ⅲ式　荥经 水井坎M8：1				
5	Ⅵ式 郫县古城乡 M10：1	Ⅳ式　万州钟嘴 M2：10	Ⅱ式　万州大坪 M100：82 Ⅲ式　三河镇 互助村M2：1	Ⅰ式　万州安全 M5：3 Ⅱ式　丰都冉家 路口M4：75		
6	Ⅶ式 丰都杜家包 M2：3	Ⅴ式 贵州黔西 M33：7	Ⅳ式 万州大周溪 IM6：32	Ⅲ式 万州钟嘴 M3：13		

图4.51　西南区两汉墓葬出土陶釜

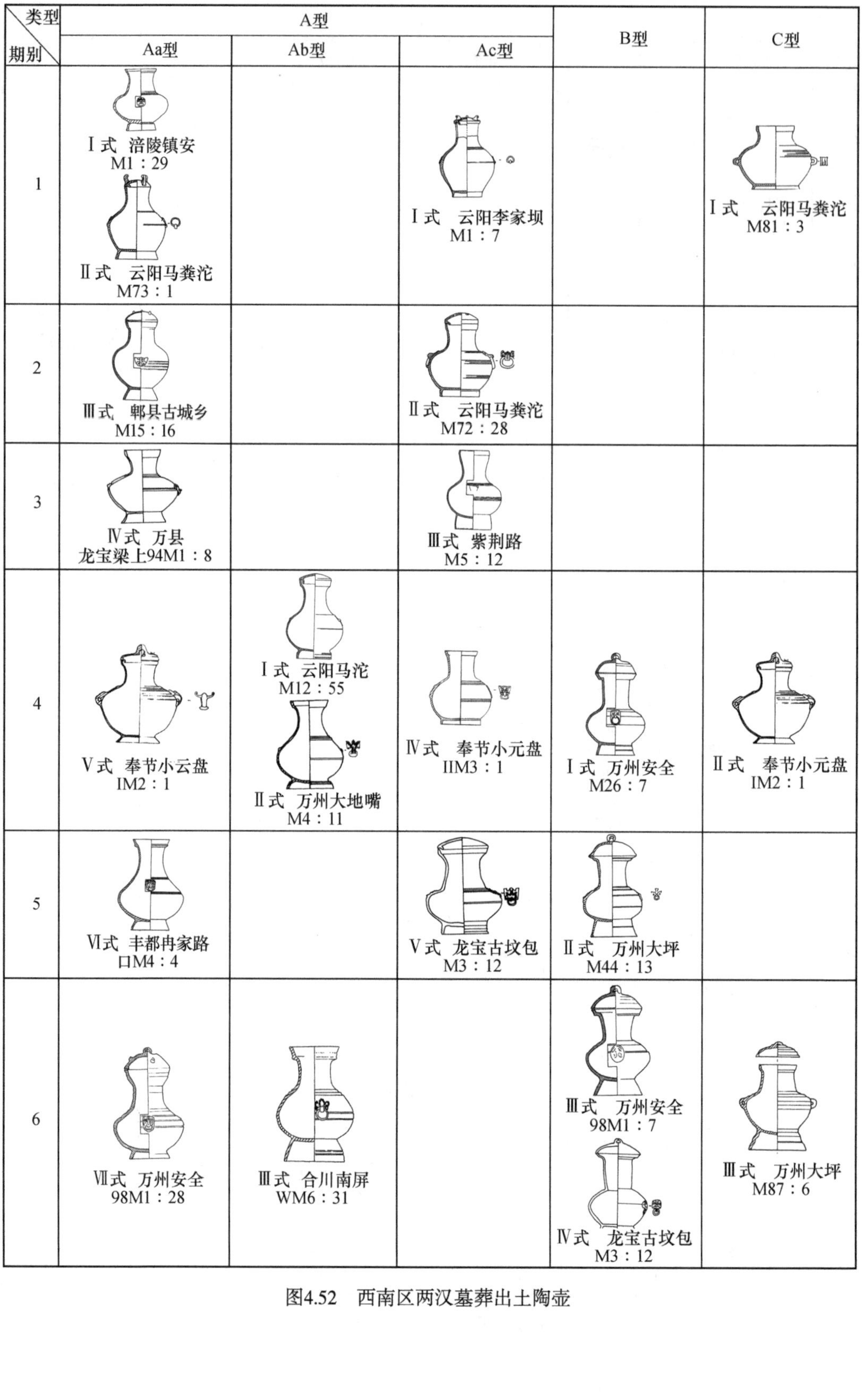

期别＼类型	A型			B型	C型
	Aa型	Ab型	Ac型		
1	Ⅰ式　涪陵镇安 M1：29 Ⅱ式　云阳马粪沱 M73：1		Ⅰ式　云阳李家坝 M1：7		Ⅰ式　云阳马粪沱 M81：3
2	Ⅲ式　郫县古城乡 M15：16		Ⅱ式　云阳马粪沱 M72：28		
3	Ⅳ式　万县 龙宝梁上94M1：8		Ⅲ式　紫荆路 M5：12		
4	Ⅴ式　奉节小云盘 IM2：1	Ⅰ式　云阳马沱 M12：55 Ⅱ式　万州大地嘴 M4：11	Ⅳ式　奉节小元盘 IIM3：1	Ⅰ式　万州安全 M26：7	Ⅱ式　奉节小元盘 IM2：1
5	Ⅵ式　丰都冉家路口M4：4		Ⅴ式　龙宝古坟包 M3：12	Ⅱ式　万州大坪 M44：13	
6	Ⅶ式　万州安全 98M1：28	Ⅲ式　合川南屏 WM6：31		Ⅲ式　万州安全 98M1：7 Ⅳ式　龙宝古坟包 M3：12	Ⅲ式　万州大坪 M87：6

图4.52　西南区两汉墓葬出土陶壶

Aa型　小口，短颈，圆鼓腹。分为二式。

演变趋势：束颈→近直颈。

Ab型　小口，长颈，圆腹。分为二式。

演变趋势：束颈→近直颈。

Ac型　大口，短颈，圆鼓腹。数量较少。如达县西汉木椁墓陶罐[①]。

B型　近折腹，下腹内收较甚。分为五式。

演变趋势：束颈渐短，鼓肩→溜肩。

C型　宽扁腹，口较小，饰绳纹。部分报告称之为“扁壶”。分为三亚型。

Ca型　鼓肩，深腹，下腹内收较缓。分为五式。

演变趋势：最大腹径逐渐上移。

Cb型　溜肩，浅腹，下腹内收较甚。分为五式。

演变趋势：颈渐短，腹渐深。

Cc型　耸肩，深腹，下腹内收较甚。分为六式。

演变趋势：颈渐短。

第二类：平底，颈相对较长，整体器形矮胖。根据口、颈、底部形态的不同分为三型（图4.54）。

A型　大口，束颈，大平底。分为六式。

演变趋势：束颈渐短；最大腹径逐渐上移。

B型　小口，束颈，小平底。分为六式。

演变趋势：束颈渐短；最大腹径由上腹部移至腹中部；下腹内收加剧。

C型　长束颈或斜颈，大平底。根据颈及整体形态的不同分为二亚型。

Ca型　颈较长，器形相对较高。分为三式。

演变趋势：最大腹径由上腹部移至腹中部。

Cb型　斜颈，器形相对较矮。分为四式。

演变趋势：圆鼓腹→折腹；最大腹径逐渐上移。

第三类：平底，颈相对较短，整体器形矮胖。根据口及腹形态的不同分为四型（图4.55）。

A型　侈口，弧腹。根据口、肩及腹的不同分为四亚型。

Aa型　小侈口，溜肩，深腹。分为五式。

演变趋势：颈渐长；器形渐扁。

Ab型　大侈口，溜肩，浅腹。分为六式。

演变趋势：颈渐长；最大腹径逐渐下移。

Ac型　折肩，深腹。分为三式。

---

① 马幸辛、汪模荣：《四川达县市西汉木椁墓》，《考古》1992年第3期。

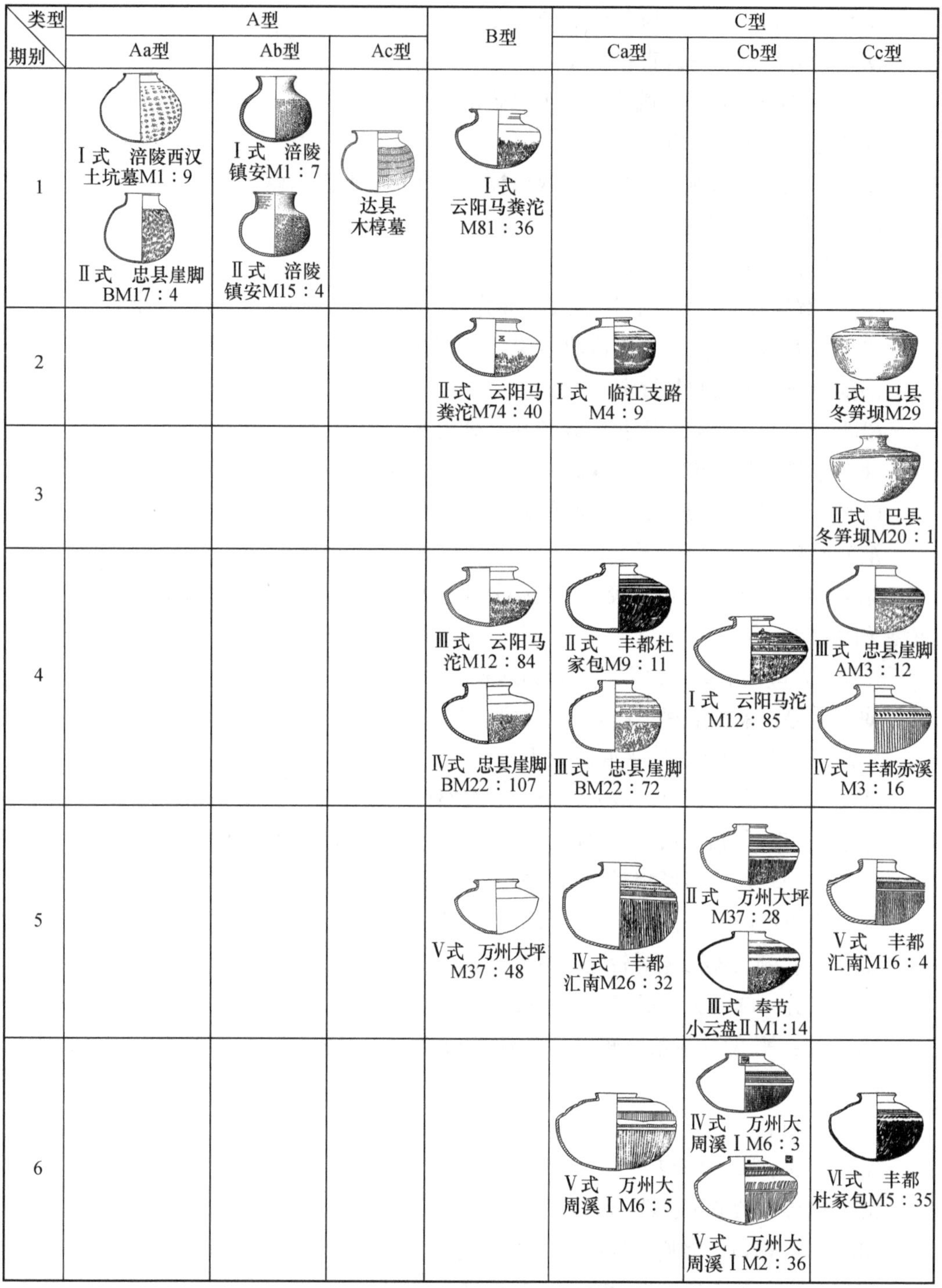

类型 期别	A型			B型	C型		
	Aa型	Ab型	Ac型		Ca型	Cb型	Cc型
1	Ⅰ式　涪陵西汉土坑墓M1：9 Ⅱ式　忠县崖脚BM17：4	Ⅰ式　涪陵镇安M1：7 Ⅱ式　涪陵镇安M15：4	达县木椁墓	Ⅰ式 云阳马粪沱M81：36			
2				Ⅱ式　云阳马粪沱M74：40	Ⅰ式　临江支路M4：9		Ⅰ式　巴县冬笋坝M29
3							Ⅱ式　巴县冬笋坝M20：1
4				Ⅲ式　云阳马沱M12：84 Ⅳ式　忠县崖脚BM22：107	Ⅱ式　丰都杜家包M9：11 Ⅲ式　忠县崖脚BM22：72	Ⅰ式　云阳马沱M12：85	Ⅲ式　忠县崖脚AM3：12 Ⅳ式　丰都赤溪M3：16
5				Ⅴ式　万州大坪M37：48	Ⅳ式　丰都汇南M26：32	Ⅱ式　万州大坪M37：28 Ⅲ式　奉节小云盘ⅡM1:14	Ⅴ式　丰都汇南M16：4
6					Ⅴ式　万州大周溪ⅠM6：5	Ⅳ式　万州大周溪ⅠM6：3 Ⅴ式　万州大周溪ⅠM2：36	Ⅵ式　丰都杜家包M5：35

图4.53　西南区两汉墓葬出土第一类陶罐

类型 期别	A型	B型	C型	
			Ca型	Cb型
1	 Ⅰ式　开县余家坝 M131：4 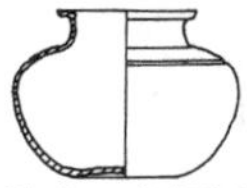 Ⅱ式　丰都汇南 M7：46	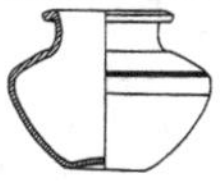 Ⅰ式　万州中坝子 M27：1 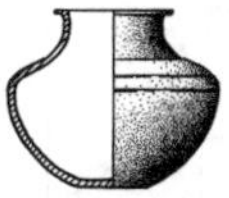 Ⅱ式　涪陵镇安 M22：2		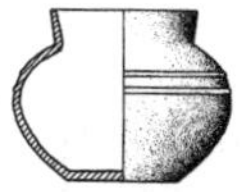 Ⅰ式　涪陵镇安 M20：5
2	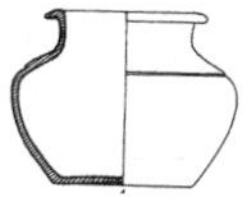 Ⅲ式　酉阳长丘 05YCM2：7		 Ⅰ式　渠县城坝M4：21	
3	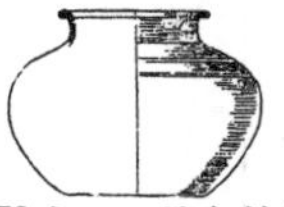 Ⅳ式　巴县冬笋坝 M26：1			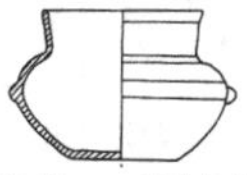 Ⅱ式　万州大坪 M79：8
4	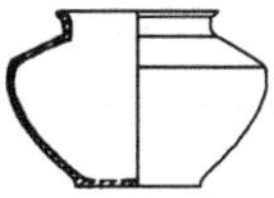 Ⅴ式　万州大地嘴 M9：3	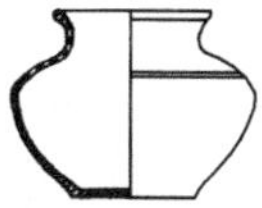 Ⅲ式　万州大地嘴 M12：10	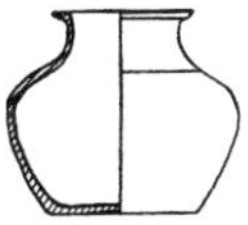 Ⅱ式　水泥厂东汉崖墓  Ⅲ式　万州大地嘴 M14：65	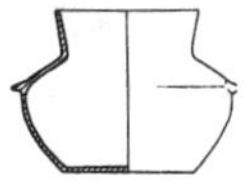 Ⅲ式　云阳故陵 M13：5
5	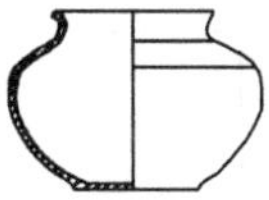 Ⅵ式　万州大地嘴 M9：23	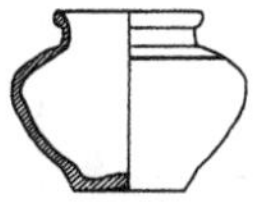 Ⅵ式　丰都杜家包M2：1 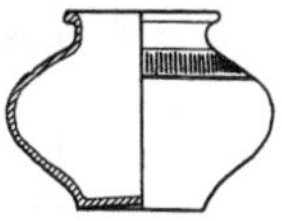 Ⅴ式　万州大坪M37：7		
6		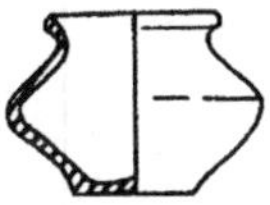 Ⅵ式　合川南屏 WM6：28		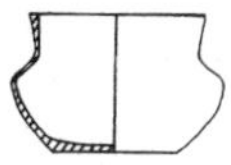 Ⅳ式　万州大周溪 ⅠM2：11

图4.54　西南区两汉墓葬出土第二类陶罐

类型/期别	A型				B型	C型	D型
	Aa型	Ab型	Ac型	Ad型			
1	Ⅰ式　涪陵西汉土坑墓M2：23	Ⅰ式　涪陵镇安M20：4		Ⅰ式　渠县城坝M1：27 Ⅱ式　渠县城坝M2：12	Ⅰ式　万州大地嘴M26：12 Ⅱ式　成都石羊木椁：40		Ⅰ式　云阳马粪沱M74：50
2	Ⅱ式　渠县城坝M3：31	Ⅱ式　渠县城坝M3：17	Ⅰ式　渠县城坝M3：41		Ⅲ式　成都青白江M7：4		
3	Ⅲ式　巴县冬笋坝M72：7	Ⅲ式　万州王家沱M1：24			Ⅳ式　万州王家沱M1：4	Ⅰ式　万州王家沱M1：7	
4		Ⅳ式　忠县崖脚BM22：82	Ⅱ式　忠县崖脚BM22：114		Ⅴ式　忠县崖脚BM22：7	Ⅱ式　丰都赤溪M3：40	Ⅱ式　云阳李家坝M37：4 Ⅲ式　云阳马沱M12：5
5	Ⅳ式　万州大地嘴M14：26	Ⅴ式　万州大坪M48：6			Ⅵ式　万州大地嘴M28：12		
6	Ⅴ式　万州大周溪ⅠM2：15	Ⅵ式　合川南屏WM6：29	Ⅲ式　开县红华村M1：37	Ⅲ式　合川南屏WM6：2			

图4.55　西南区两汉墓葬出土第三类陶罐

演变趋势：口渐小；下腹内收加剧。

Ad型　鼓肩，深腹。分为三式。

演变趋势：口渐小。

B型　小口，扁腹。应是由扁壶发展而来。分为六式。

演变趋势：颈渐长；最大腹径逐渐下移。

C型　直口，弧腹。分为二式。

演变趋势：下腹内收加剧。

D型　侈口，折腹。分为三式。

演变趋势：口渐小，底渐大。

第四类：平底，无颈，广口，盆形罐。根据口沿的不同分为二型（图4.56）。

A型　口近直。分为五式。

演变趋势：下腹内收趋缓。

B型　口沿外侈较甚。分为三式。

演变趋势：下腹部内收趋缓。

第五类：平底，弧腹，整体器形较高瘦。根据口及肩部形态的不同分为三型（图4.56）。

A型　大口，窄唇，溜肩。分为四式。

演变趋势：最大腹径逐渐上移；下腹内收加剧。

B型　小口，宽唇，鼓肩。分为四式。

演变趋势：最大腹径逐渐下移，下腹内收趋缓。

C型　大口，宽唇，鼓肩。分为三式。

演变趋势：下腹内收加剧。

（7）囷①

根据腹部形态的不同分为三型（图4.57）。

A型　器形较瘦高，腹部较直。分为四式。

演变趋势：腹底交接处方折转为圆折；敛口→近直口。

B型　弧腹。分为二亚型。

Ba型　器形较瘦高，弧腹下部内收。分为五式。

演变趋势：下腹内收逐渐加剧。

Bb型　整体器形较矮胖。分为二式。

① 由于重庆地区的囷（多被称为仓）和井多为罐形，因此很多报告将三者混淆。艾露露在《重庆地区汉代墓葬的初步研究》（吉林大学硕士学位论文，2007年）一文中将与井圈或井架共出且沿略高、圆唇外凸的筒形矮领罐归之为井，其余的筒形矮领罐归于囷（她文中用的是“仓”，但根据孙机在《汉代物质文化资料图说》（上海古籍出版社，2011年，242页）一书中对“仓”和“囷”的定义，艾文中的“仓”应该称为“囷”比较合适），笔者在本书中采用了她的划分标准。

类型 期别	第四类		第五类		
	A型	B型	A型	B型	C型
1	Ⅰ式　涪陵镇安 M15：6	Ⅰ式　涪陵镇安M1：6 Ⅱ式　涪陵镇安M9：1			
2			Ⅰ式　郫县古城乡 M14：13		
3				Ⅰ式　巴县冬笋坝 M72：8	Ⅰ式　成都石人坝M6：7
4	Ⅱ式　万州大地嘴 M11：1		Ⅱ式　绵阳朱家梁子 M3：3	Ⅱ式　水泥厂东汉崖墓 Ⅲ式　忠县崖脚 BM22：90	Ⅱ式　三河镇互助村M3：21
5	Ⅲ式　丰都汇南 M29：43		Ⅲ式　成都北效 M5：34	Ⅳ式　万州大地嘴 M28：13	
6	Ⅳ式　万州大周溪 ⅠM2：14 Ⅴ式　开县红华村 M1：92	Ⅲ式　万州大周溪 ⅢM5：37	Ⅳ式　呈贡七步场 M1：21		Ⅲ式　何家山 M2：21

图4.56　西南区两汉墓葬出土第四、五类陶罐

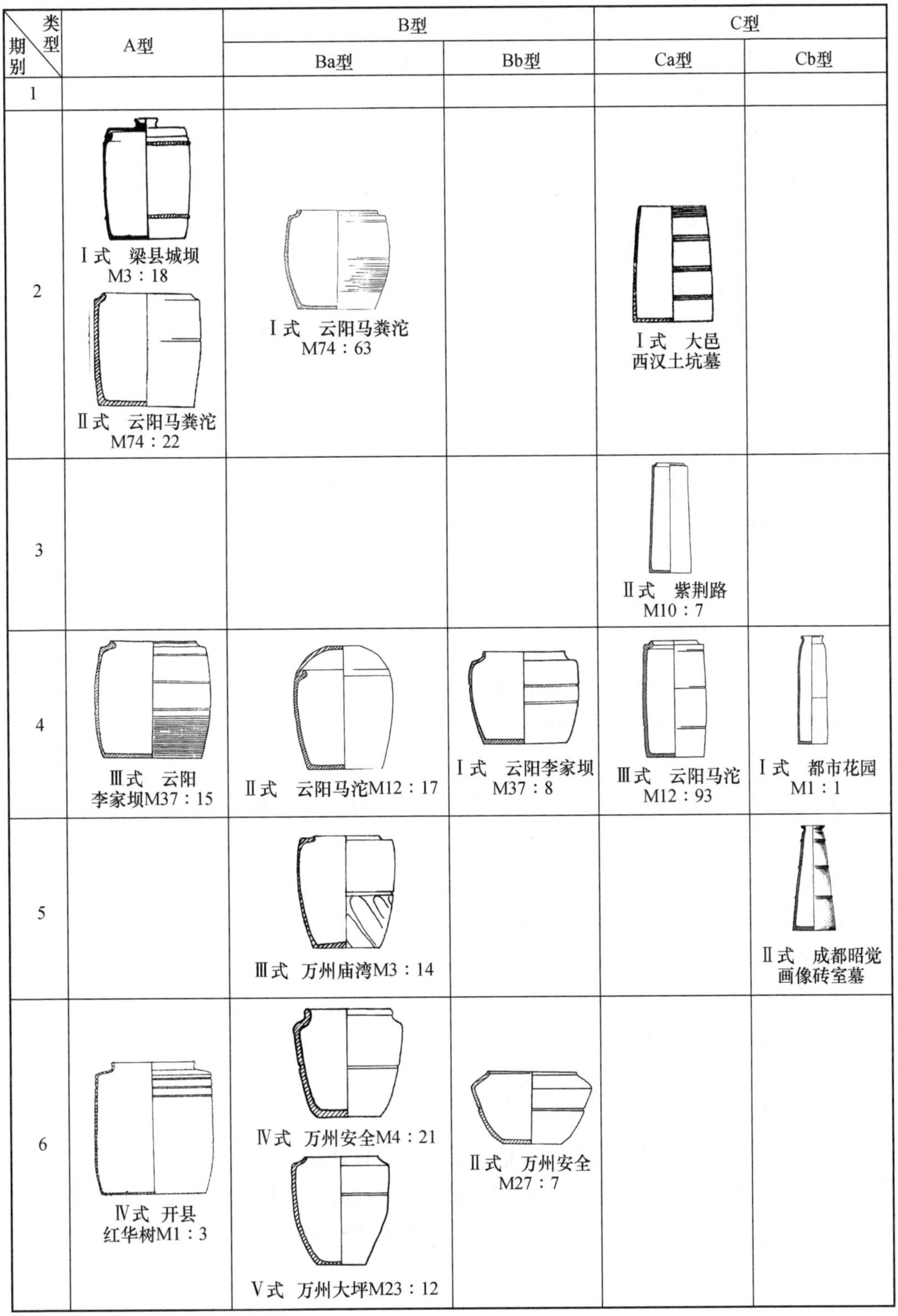

期别＼类型	A型	B型		C型	
		Ba型	Bb型	Ca型	Cb型
1					
2	Ⅰ式　梁县城坝 M3：18 Ⅱ式　云阳马粪沱 M74：22	Ⅰ式　云阳马粪沱 M74：63		Ⅰ式　大邑 西汉土坑墓	
3				Ⅱ式　紫荆路 M10：7	
4	Ⅲ式　云阳 李家坝M37：15	Ⅱ式　云阳马沱M12：17	Ⅰ式　云阳李家坝 M37：8	Ⅲ式　云阳马沱 M12：93	Ⅰ式　都市花园 M1：1
5		Ⅲ式　万州庙湾M3：14			Ⅱ式　成都昭觉 画像砖室墓
6	Ⅳ式　开县 红华树M1：3	Ⅳ式　万州安全M4：21 Ⅴ式　万州大坪M23：12	Ⅱ式　万州安全 M27：7		

图4.57　西南区两汉墓葬出土陶囷

演变趋势：沿由高到矮；下腹内收加剧。

C型　整体器形特高瘦，斜腹或直腹。分为二亚型。

Ca型　器身较宽。分为三式。

演变趋势：斜直腹→直腹。

Cb型　器身较窄，类似瓶，侈口，束颈。分为二式。

演变趋势：直腹→斜直腹。

（8）井

根据整体结构的不同分为三型（图4.58）。

A型　有井圈，井圈与井身分离，弧腹。部分井圈已丢失。分为四式。

演变趋势：领渐高。

B型　有井圈，斜腹或直腹。分为二亚型。

Ba型　方形井圈。分为四式。

演变趋势：束颈→直颈；斜腹→直腹。

Bb型　圆形井圈。分为五式。

演变趋势：口径和底径同大→口径小于底径。

C型　无井圈，井架和井身连为一体。分为二亚型。

Ca型　侈口，束颈。分为四式。

演变趋势：井架位置逐渐上移；鼓腹→近直腹。

Bb型　无颈。如合川南屏QM2：25、WM4：36[①]。

（9）灶

泥质陶或夹砂陶。根据灶体平面形状的不同分为二型（图4.59）。

A型　灶体平面呈正方形。分为二式。

演变趋势：无烟囱→有烟囱；火门及地→火门不及地。

B型　灶体平面呈长方形。分为四亚型。

Ba型　单火眼。分为二式。

演变趋势：有烟囱→仅有烟孔。

Bb型　双火眼，单火门。分为二式。

演变趋势：火门及地→火门不及地。

Bc型　双火眼，双火门。分为二式。

演变趋势：火门不及地→火门及地；无烟孔→有烟孔。

Bd型　三火眼。仅见1件。如绵阳天浩公寓M3：20，三火眼呈品字形排列。

以上典型器物多有比较稳定的组合，不同器物的型式对应关系如表4.12。

---

① 重庆市博物馆、合川市文物保护管理所：《重庆合川市南屏东汉墓葬群发掘简报》，《华夏考古》2000年第2期。

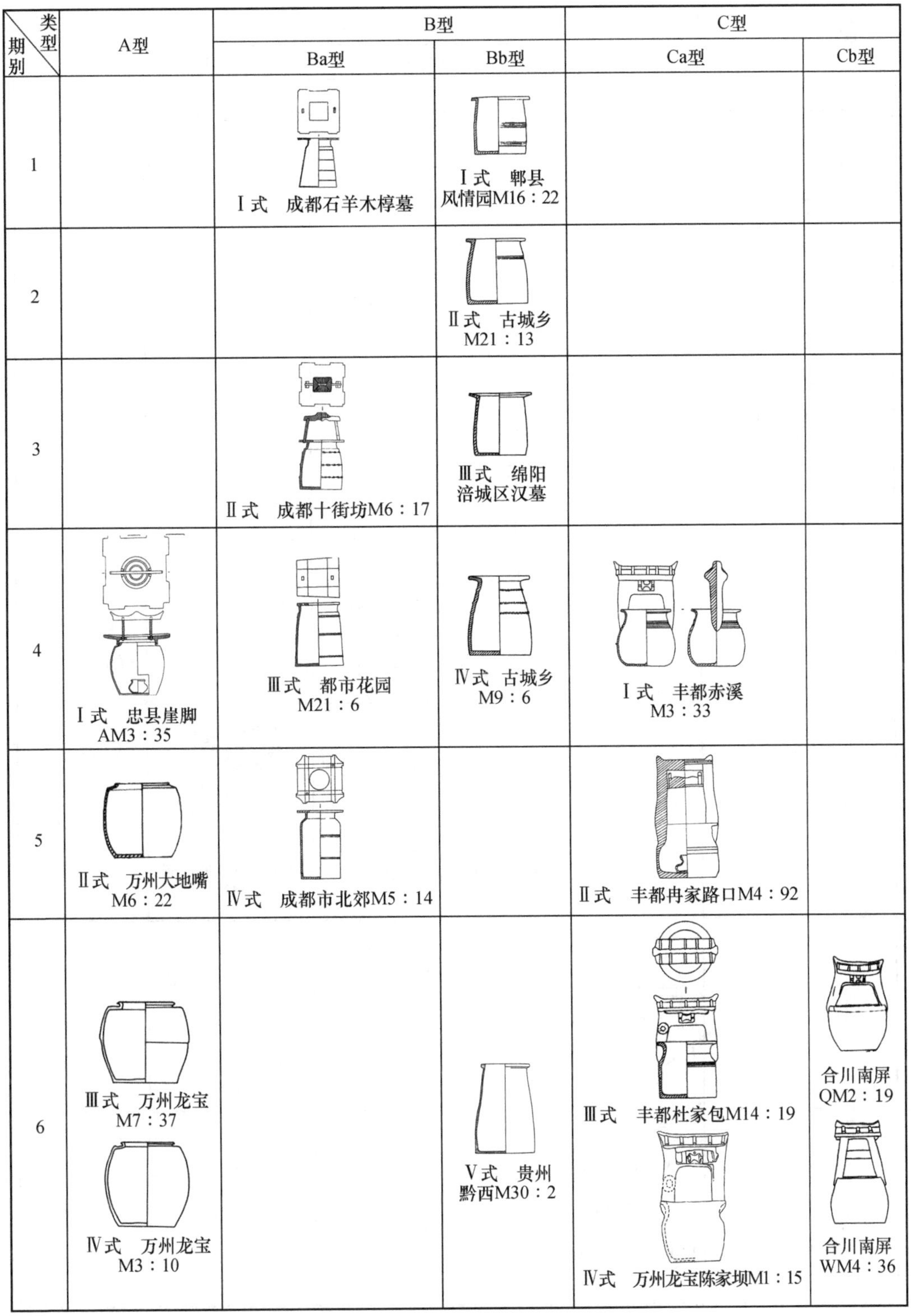

期别＼类型	A型	B型		C型	
		Ba型	Bb型	Ca型	Cb型
1		Ⅰ式　成都石羊木椁墓	Ⅰ式　郫县风情园M16：22		
2			Ⅱ式　古城乡M21：13		
3		Ⅱ式　成都十街坊M6：17	Ⅲ式　绵阳涪城区汉墓		
4	Ⅰ式　忠县崖脚AM3：35	Ⅲ式　都市花园M21：6	Ⅳ式　古城乡M9：6	Ⅰ式　丰都赤溪M3：33	
5	Ⅱ式　万州大地嘴M6：22	Ⅳ式　成都市北郊M5：14		Ⅱ式　丰都冉家路口M4：92	
6	Ⅲ式　万州龙宝M7：37 Ⅳ式　万州龙宝M3：10		Ⅴ式　贵州黔西M30：2	Ⅲ式　丰都杜家包M14：19 Ⅳ式　万州龙宝陈家坝M1：15	合川南屏QM2：19 合川南屏WM4：36

图4.58　西南区两汉墓葬出土陶井

期别 \ 类型	A型	B型			
		Ba型	Bb型	Bc型	Bd型
1					
2	Ⅰ式 渠县城坝 M4：12 Ⅱ式 临江支路 M5：6				
3			Ⅰ式 紫荆路M5：14		绵阳天浩公寓 M3：20
4			Ⅱ式 成都都市花园M22：2	Ⅰ式 奉节小云盘Ⅰ M2：3	
5		Ⅰ式 奉节周家坪 M3：17		Ⅱ式 奉节小云盘Ⅱ M2：16	
6		Ⅱ式 渠县城坝 M4：12			

图4.59　西南区两汉墓葬出土陶灶

表4.12　西南区典型器物型式对应表

	鼎			豆			钵				釜					壶					第一类罐						
	Aa	Ab	B	A	Ba	Bb	Aa	Ab	Ba	Bb	Aa	Ab	Ba	Bb	C	Aa	Ab	Ac	B	C	Aa	Ab	Ac	B	Ca	Cb	Cc
1	Ⅰ	Ⅰ	Ⅰ	Ⅰ Ⅱ	Ⅰ	Ⅰ	Ⅰ	Ⅰ Ⅱ			Ⅰ	Ⅰ			Ⅰ	Ⅰ Ⅱ		Ⅰ		Ⅰ	Ⅰ Ⅱ	Ⅰ Ⅱ	√	Ⅰ			
2	Ⅱ	Ⅱ	Ⅱ		Ⅱ	Ⅱ	Ⅱ		Ⅰ	Ⅰ Ⅱ	Ⅱ					Ⅲ		Ⅱ						Ⅱ	Ⅰ		Ⅰ
3		Ⅲ Ⅳ				Ⅲ	Ⅲ		Ⅱ Ⅲ	Ⅲ	Ⅲ Ⅳ		Ⅰ		Ⅱ Ⅲ	Ⅳ		Ⅲ									Ⅱ
4	Ⅲ Ⅳ	Ⅴ			Ⅲ	Ⅳ	Ⅳ	Ⅲ		Ⅳ	Ⅴ	Ⅱ Ⅲ				Ⅴ	Ⅰ Ⅱ	Ⅳ	Ⅰ	Ⅱ				Ⅲ Ⅳ	Ⅱ Ⅲ	Ⅰ	Ⅲ Ⅳ
5							Ⅴ	Ⅳ	Ⅳ	Ⅴ	Ⅵ	Ⅳ	Ⅱ Ⅲ	Ⅰ Ⅱ		Ⅵ		Ⅴ	Ⅱ					Ⅴ	Ⅳ	Ⅱ Ⅲ	Ⅴ
6							Ⅵ		Ⅴ	Ⅵ	Ⅶ	Ⅴ	Ⅳ	Ⅲ		Ⅶ	Ⅲ		Ⅲ Ⅳ	Ⅲ					Ⅴ	Ⅳ Ⅴ	Ⅵ

续表4.12　西南区典型器物型式对应表

	第二类罐				第三类罐							第四类罐		第五类罐			囷					井					灶				
	A	B	Ca	Cb	Aa	Ab	Ac	Ad	B	C	D	A	B	A	B	C	A	Ba	Bb	Ca	Cb	A	Ba	Bb	Ca	Cb	A	Ba	Bb	Bc	Bd
1	Ⅰ Ⅱ	Ⅰ Ⅱ		Ⅰ	Ⅰ	Ⅰ		Ⅰ Ⅱ	Ⅰ Ⅱ		Ⅰ	Ⅰ	Ⅰ Ⅱ										Ⅰ	Ⅰ							
2	Ⅲ		Ⅰ		Ⅱ	Ⅱ	Ⅰ		Ⅲ					Ⅰ			Ⅰ Ⅱ	Ⅰ		Ⅰ				Ⅱ			Ⅰ Ⅱ				
3	Ⅳ			Ⅱ	Ⅲ	Ⅲ			Ⅳ	Ⅰ					Ⅰ	Ⅰ				Ⅱ			Ⅱ	Ⅲ					Ⅰ		√
4	Ⅴ	Ⅲ	Ⅱ Ⅲ	Ⅲ		Ⅳ	Ⅱ		Ⅴ	Ⅱ	Ⅱ Ⅲ	Ⅱ		Ⅱ	Ⅱ Ⅲ	Ⅱ	Ⅲ	Ⅱ	Ⅰ	Ⅲ	Ⅰ	Ⅰ	Ⅲ	Ⅳ	Ⅰ				Ⅱ	Ⅰ	
5	Ⅵ	Ⅳ Ⅴ			Ⅳ	Ⅴ			Ⅵ			Ⅲ		Ⅲ	Ⅳ		Ⅲ				Ⅱ	Ⅱ	Ⅳ		Ⅱ			Ⅰ		Ⅱ	
6		Ⅵ		Ⅳ	Ⅴ	Ⅵ	Ⅲ	Ⅲ				Ⅳ Ⅴ	Ⅲ	Ⅳ		Ⅲ	Ⅳ	Ⅳ Ⅴ	Ⅱ			Ⅲ Ⅳ		Ⅴ	Ⅲ Ⅳ	√		Ⅱ			

二、西南区墓葬的分期与年代

参考已有的研究成果，结合已发现的纪年墓①以及墓葬形制、随葬器物所表现出来的阶段性特征，最后将西南区两汉时期墓葬分为六期。

第一期，以涪陵镇安M1、M6、M13、M20，涪陵易家坝M2、M3，丰都汇南M7，忠县崖脚BM17，云阳李家坝M1、M10，云阳马粪沱M81，达县西汉木椁墓，涪陵小田溪M4，成都凤凰山西汉木椁墓，成都洪家包西汉木椁墓，绵竹木板墓，什邡城关M21、M66、M67，郫县古城乡M18，荥经古城坪M2，成都石羊西汉木椁墓等为代表。

墓葬形制有木棺墓、木板墓、墓坑不分室木椁墓中的椁内不分箱墓和椁内分箱墓。棺椁墓中使用青白膏泥的现象较为常见。

随葬器物主要延续了该地区战国末至秦时期墓葬的特点。小型墓的随葬器物以罐、豆、釜、甑、钵、壶为主要器形；规模较大的墓出土数量较多的铜器，主要有铜鼎、壶、鍪、釜甑，少数年代稍早的墓还随葬典型的巴蜀式的铜剑、矛、钺、印等器物。

多数墓葬中出有秦半两、汉初小半两及荚钱，四铢半两。未见五铢，推测其年代为西汉早期。个别年代上限可能为秦代，下限不超过汉武帝元狩五年（前118年）。

第二期，以临江支路M3、M4、M5，渠县城坝M3、M4，酉阳长丘M2，忠县崖脚BM10，云阳马粪沱M55、M74，成都凤凰山龙家巷木椁墓，青白江M1、M7，郫县风情园M12，郫县古城乡M8、M14、M15、M16、M21、M22、M23，大邑土坑墓，绵阳永兴双包山M2等为代表。

墓葬形制有土坑无棺墓、木棺墓、木椁墓中的椁内分箱墓和椁内上下分层墓。

重庆地区墓葬流行鼎、盒、壶、豆的组合，且多与盘、盆、甑、罐同出。川西地区则主要流行罐、釜、甑的组合，豆已经消失。此期陶胎漆器鼎、壶、碗、罐、耳杯、盒在川西平原比较流行。囷、井等模型明器开始增多。铜器数量较上期减少，主要为釜、盆、盘、灯等。仍部分保留了巴蜀式的铜釜、釜甑等。

铜镜可见西汉中期普遍流行的星云纹镜、重圈纹的“昭明-清白”镜、日光连弧纹镜。多数墓葬中出有五铢，根据“五”字的写法大致可以分为二型，其一交股处两笔较直，其二两笔缓曲，两端平行。应该分别为武帝及宣帝后期的五铢②。综合以上因素，该期年代大致相当于武帝元狩五年至昭宣时期。

第三期，以陈家馆西汉石坑墓，巴县冬笋坝M72、M30，丰都汇南M13，万州王家沱M1，万州大坪M79，紫荆路M2、M5、M9、M10，成都凤凰山砖室墓，成都西郊M16、

---

① 纪年墓的具体情况详见罗二虎的两篇文章，即《四川汉代砖石室墓的初步研究》，《考古学报》2001年第4期；《四川崖墓的初步研究》，《考古学报》1988年第2期。

② 蒋若是：《秦汉钱币研究》，中华书局，1997年。

M27，都市花园M9、M16，荥经牛头山M2、M3，成都石人坝小区M6、M10，绵阳王莽砖室墓，绵阳永兴双包山M1，洪家包M227，绵阳公安干校M1，贵州清镇平坝清M15为代表。

墓葬形制可见土坑无棺墓、木板墓、墓坑不分室木椁墓中的一椁多棺的合葬墓和椁内分箱墓。土洞墓与单石室墓各一例。

实用陶器以各式平底罐、釜、甑、钵、盆、盘为组合，罐的数量急剧增加。陶胎漆器在川西地区继续流行，但主要以耳杯为主。模型明器主要为囷、井，个别墓葬中有男、女侍俑。出现了釉陶器。铜器主要有壶、鋬、盆、鐎壶、鐎斗等。铁器主要有釜、支架、斧、锸等。个别大型的木椁墓中出现了大量的漆木器。

多数墓葬中出有西汉五铢。该期墓葬数量较少，器物上承袭上一期的变化，因此该期应该为西汉晚期，年代大致相当于元成哀平时期。

第四期，以丰都杜家包M9，忠县崖脚AM3，万州大地嘴M4，云阳马沱M12，云阳李家坝M37，郫县古城乡M9，巴县冬笋坝M62，酉阳青杠堡M2，丰都赤溪M3，丰都汇南M18、M22，奉节营盘包M1，奉节小云盘ⅠM2，绵阳公安干校M2，成都北郊M2，都市花园M1、M10、M21、M22，紫荆路M1，青白江M6，彭山江口高家沟崖墓，荥经水井坎沟崖墓，新都马家山崖墓M5永平八年墓，云南昭通市鸡窝院子汉墓，贵州清镇平坝清M13为代表。

木椁墓继续存在，并出现了砖室墓。木椁墓中有部分墓葬为一椁多棺的合葬墓，应该为一次下葬。另一部分合葬墓出土晚期器物，可能有多次下葬的情况。许多墓葬器物分组现象明显，多人多次合葬开始增多。单室砖墓为主，出现双室砖墓。并存崖墓。

从此期开始，鼎比较少见。实用陶器多以罐、盆、钵为组合，兼有灯、炉等。釉陶器与囷、井等模型明器增多，出现了鸡、狗、猪等家畜模型，人俑种类仍以男女侍俑为主，但形制各异，增加了执物俑与乐俑。俑较矮小，粗糙。铜器较少，仅四川地区个别墓中出有盆、釜、壶等。云贵地区多出土铜熨斗、双耳罐、釜等。铁釜开始流行。漆木器基本消失。

墓葬中多出有大布黄千、货泉、大泉五十等莽钱。部分墓葬中莽钱与五铢同出。结合这些纪年墓葬，可知该期年代大致为新莽—东汉早期。

第五期，以丰都冉家路口M4，丰都汇南M16，万州钟嘴M1、M2，万县龙宝古坟包M2，万州松岭包M3，万州庙湾M3，万州大坪M103、M32、M37、M48、M139、M159，奉节周家坪M3，勤俭村M1、M2，都市花园M2、M9，绵阳天浩公寓M1，郫县古城乡M10，成都北郊M5，成都西窑村M3，宜宾翠屏村3号永元六年砖室墓，5号建光元年砖室墓，重庆培善桥5号延光四年砖室墓，乐山肖坝元初元年墓，双流牧马山灌溉渠M12永和二年墓，新都马家山崖墓M2、M4、M7、M19、M20等为代表。

墓葬形制以单砖室墓和双砖室墓为主。并存凸字形的石室墓和单室、双室和多室崖墓。

实用器以罐、壶、钵、杯、釜、甑为组合。但釜、钵、甑的数量呈减少趋势。而罐的数量和品种渐增，新出现大口方格纹的陶瓮。釉陶器较多，主要为灯、炉、壶。

模型明器的种类增多，可分为人物俑、动物模型、其他与生活或生产有关的模型三类。模型明器数量占据墓葬主体。子母鸡、猪、狗等家畜模型常见。执物、庖厨、抚琴、吹箫、持刀挎盾俑、牵马俑、武俑等人物俑增加。本期陶俑较前期高大，有些侍俑头上开始戴花，但花小而少。铜器少，仅为一些小饰件与鍪，新出现摇钱树。铁釜较为流行。摇钱树、吹箫俑、武俑和持刀挎盾俑的出现较具时代特点。

多数墓葬中仅出东汉五铢，结合这些纪年墓葬，可知该期年代大致为东汉中期。

第六期，以合川南坪WM1、WM6、WM4，万州龙宝吊嘴M6，万州松岭包M4、M7，万州大坪M9、M10、M143、M150、M44，芦山王晖建安十六年砖室墓，彭山葛藤山延熹五年砖室墓，大邑马王坟一号建安元年砖室墓，成都省供销机械厂中平五年砖室墓，乐山肖坝延熹二年、延熹九年墓，乐山麻浩中平六年墓，重庆九石岗永寿四年墓、延熹五年墓，贵州安顺宁谷东汉墓，贵州兴仁县交乐M19，云南大理市下关城北东汉纪年墓等为代表。

墓葬形制主要以单砖室墓和多砖室墓为主。个别墓葬为单室或多室的石室墓，双室或多室的崖墓。

陶器以罐、壶、盆、盘、盏为组合，釉陶器所占比例增大。模型明器种类激增，出现了马、水塘、猪圈、羊、蟾蜍等造型，人物俑出现了簪花仕女、舞蹈俑、劳作俑、儒士俑、对吻俑、驾驭俑、长舌镇墓俑等。同时出现镇墓兽。在一部分墓中流行石雕刻模型器。本期的人物俑和其他模型器高大、生动、精美，有的人物和马高达1米以上。摇钱树盛行。四川地区铜器少，主要为一些小饰件、鍪与异形灯。云贵地区出土铜壶、耳杯、簋、车马器、动物俑以及摇钱树等。各种银饰、琉璃饰品增多。釉陶流行，多为青褐色、黄绿色。青瓷器出现，主要为带系罐，另有碗、罐等。其中以青瓷器和陶镇墓俑、镇墓兽、对吻俑、车和驾驭俑等，以及在屋顶、井屋、俑头上戴花的装饰较具时代特点。此期俑头上戴的花一般为三四朵大花。

钱币有五铢、剪轮五铢、大泉五十、货泉等。结合这些纪年墓葬，可知该期年代大致为东汉晚期，个别墓葬年代或可到蜀汉时期。

本书分期与上述研究者所划定的期别对应关系如表4.13所示。

表4.13　分期对应表

<table>
<tr><th>本书分期</th><th>何志国《四川西汉土坑木椁墓初步研究》</th><th>罗二虎《四川汉代砖石室墓的初步研究》</th><th>罗二虎《四川崖墓的初步研究》</th><th>燕妮《川西平原两汉墓葬研究》</th><th>艾露露《重庆地区汉代墓葬的初步研究》</th></tr>
<tr><td>第一期：西汉早期（汉武帝元狩五年之前）</td><td>第一期
第二期</td><td></td><td></td><td>第一期（汉初—文景时期）</td><td>第一期
第二期</td></tr>
<tr><td>第二期：西汉中期（武帝元狩五年—宣帝时期）</td><td rowspan="2">第三期</td><td></td><td></td><td>第二期（武昭宣）</td><td>第三期</td></tr>
<tr><td>第三期：西汉晚期（元、成、哀、平时期）</td><td></td><td></td><td>第三期</td><td>第四期</td></tr>
</table>

续表

本书分期	何志国《四川西汉土坑木椁墓初步研究》	罗二虎《四川汉代砖石室墓的初步研究》	罗二虎《四川崖墓的初步研究》	燕妮《川西平原两汉墓葬研究》	艾露露《重庆地区汉代墓葬的初步研究》
第四期：新莽—东汉早期		第一期 第二期	第一期	第四期	第五期 第六期
第五期：东汉中期		第三期	第二期	第五期	第七期
第六期：东汉晚期，个别年代可达蜀汉		第四期 第五期（蜀汉时期）	第三期 第四期	第六期	第八期

第五章　中国南方地区两汉时期文化发展历程

考古学文化的形成与发展不是孤立进行的，它既有对其先行文化的变革与继承，又有对其同时的周围其他文化的借鉴、吸收与融合[①]。汉文化也不例外。中国南方地区不同分区由于其文化传统、地理环境以及经济政治等因素的差异，文化因素构成各不相同，文化发展过程也迥异。只有从这些不同分区考古学文化内涵的不同特点和不同文化因素的角度出发，才能真正揭示汉文化形成过程的区域性差别。

第一节　汉文化的定义及中国南方地区汉代文化因素构成

一、汉文化的定义

本书所谓的汉文化，是指汉王朝建立后，在汉代统治疆域范围内的两汉墓葬所反映出来的比较统一的文化。它共包含两个层次。

第一层次指在当时汉代统治疆域内出现的普遍流行的文化因素。本书中被称为“汉代主体文化因素”。汉代主体文化因素的器物本书称为“汉式器物”。

第二层次是指汉文化的区域类型。由于汉代疆域广阔，不同地区所处的地理环境和文化历史背景不同，汉文化的表现形式也呈现出区域性的差别。这种不同区的汉文化因素即称为汉文化的区域类型。主要包含两重含义：一是指主要在本地汉代流行的不见于其他地区的文化因素，称为“汉代地域文化因素”。二是指汉代普遍流行但带有本地特点的文化因素，即汉代主体文化与各地土著文化相结合而产生的区域性文化，称为“汉文化地域因素”。

这种汉文化的区域类型，根据区域范围的不同又可分为不同的层级。如从大的区域范围来分，常以秦岭—淮河为界，秦岭—淮河以北地区普遍流行的文化因素称为汉代北方文化因素，秦岭—淮河以南地区普遍流行的文化因素则称为汉代南方文化因

---

① 李伯谦：《文化因素分析与晋文化研究》，《中国青铜文化结构体系研究》，科学出版社，1998年，294页。

素。而两汉时期的秦岭—淮河以南地区，根据本书的分区，又可包含以下几种区域类型，即汉代两湖区文化因素、汉代东南区文化因素、汉代岭南区文化因素、汉代西南区文化因素。

举例来说，在汉代疆域内出现频率较高的器物如仓、灶、井等，由于在两汉时期广泛流行，习惯被称为汉文化因素。但同时由于这些器物在不同分区有着不同的型式特点，本书中的汉代主体文化因素，仅指这类器物中普遍流行于当时的南方、中原乃至北方地区的型式。而对于这类器物在各分区出现的其他型式，多归入汉代不同分区的文化因素。如汉代的井，根据井身形状可分为方形井和圆形井。南方地区多圆形井，方形井仅出现于个别墓中。圆形井根据颈腹等特征的不同又可分为多种类型。其中，由于无颈直腹井（鄂西区的A型）、束颈瘦高腹井（鄂西区的Ca型）、瘦高型折肩井（鄂西区的Bb型）多见于同时期的北方地区和南方地区，因此称作汉代主体文化因素。而矮胖型折肩井（鄂西区的Ba型）、束颈无肩井（鄂西区的Cb、Cc型）同时见于两湖区、东南区、西南区，应属于汉文化的区域类型——汉代南方文化因素。而罐形井（西南区的Ab型）、带井架的束颈井（西南区的Ba型）仅见于西南区，应属于汉文化的区域类型——汉代西南区文化因素。

综上所述，在两汉时期的中国南方地区，汉文化因素主要包含了两个层次。第一层次是汉代主体文化因素。第二层次是汉文化的区域类型。

二、中国南方地区汉代文化因素构成

中国南方地区的两汉墓葬，在不同程度继承了本地战国时期乃至战国以前文化因素的同时，也与周边地区的文化以不同的方式和媒介发生了交往和接触。更为重要的是，随着汉代中央集权制度的加强，在汉代统治疆域范围内的两汉墓葬中出现了比较统一的文化，即通常人们所说的汉文化。详究两汉时期的中国南方地区的墓葬中，其文化因素构成主要包含了以下几个方面。

A群：汉代以前列国文化因素的遗留。包含两个亚群。

Aa群：本地传统文化因素，即本地区土著文化因素的遗留。多指汉代以前在此地分布时间较长，对此地影响较深的文化因素。如鄂西区在被秦文化占领前一直为楚文化的核心分布区，因此，鄂西区的本地传统文化因素为楚文化。湘—鄂东区楚国占领此地之前主要为越文化的分布区，因此，其本地传统文化因素为越文化。

Ab群：外来文化因素。指在本地传统文化因素之外，在中国南方地区两汉时期能见到的其他列国文化因素。主要包含楚文化因素、秦文化因素和越文化因素。主要存在于西汉早中期。

B群：汉文化因素。包含三个亚群。

Ba群：汉代主体文化因素，即两汉时期在中国广大疆域范围内普遍流行的文化因素。

Bb群：汉文化因素的区域类型，指两汉时期流行于本地的文化因素。既包含汉代地域文化因素，又包含汉代主体文化因素与本地文化因素相结合而产生的文化因素。

Bc群：其他地区汉代墓葬中常见的文化因素。主要指来自汉代统治疆域内同时期其他地区文化因素的影响。

C群：域外文化因素。指来自汉代统治疆域以外的文化因素。

D群：南越国文化因素。指《史记》南越传中所说的“（佗）与越人杂处”的南越人①留下的文化因素。仅存在于岭南地区南越国统治时期。

E群：匈奴文化因素。

三、有关“汉文化”内涵的认识

对“汉文化”概念的理解，需要结合中国南方地区汉墓的文化因素进行深入阐释。

一是汉代以前就已经存在的，但仅存于西汉早中期的文化因素，如本书中所说的列国文化因素，在中国南方地区主要指楚文化、秦文化、越文化因素。这些文化因素在各分区的西汉早期均占据一定比例，这些文化因素构成了西汉早期墓葬的重要内容，但西汉中期之后逐渐退出历史舞台。从本质上说，这些文化因素仍属于列国文化因素的范畴，虽不属于汉文化，但汉文化却是在这些列国文化的环境中生长出来的。

二是汉代以前就已经存在的，在汉代继续存在的文化因素是否属于汉文化？比如东南区的瓿、西南区的釜、圜底束颈罐等。这些器物在本地区汉代以前便已经出现，汉代继承并发展，并成为两汉时期陶器的基本组合，这些器物应属于汉文化的范畴。

三是汉代新出现的，在汉代统治疆域内广泛存在的，但同一器类存在着不同的型式，这些型式均属于汉文化因素，还是只有其中一部分属于汉文化因素？笔者认为这两种均应属于汉文化的范畴，只是应属于汉文化不同层次的内容。即同一器类在广大地域范围内普遍出现的器形应属于第一层次的内容，属于汉代主体文化因素，而仅在个别区域内流行的型式应属于第二个层次的内容，即汉文化的区域类型。

第二节　各区文化因素分群和文化发展过程研究

为了揭示汉文化形成过程的区域性差别，需分区考察其文化因素构成情况以及两汉时期文化的动态发展过程。

---

① 中国社会科学院考古研究所、广州市文物管理委员会、广州市博物馆：《广州汉墓》，文物出版社，1981年。

一、两湖区两汉时期文化发展过程研究

鄂西分区和湘—鄂东分区同属于荆州刺史部，在很大程度上文化面貌是统一的，西汉早期均属于泥质陶系统，西汉中晚期在其他地区的影响下开始出现釉陶器。但因为两区文化传统不同，其文化构成应该也有差异。为了更清晰地展示两区文化内涵的内在特点及不同文化成分在各个分区不同时期的作用，本书仍旧分区讨论其文化因素和文化发展过程。

（一）鄂西分区

1. 鄂西分区文化因素分析

这一分区的文化因素包含以下群（图5.1、图5.2）。

A群：汉代以前列国文化因素的遗留。包含两个亚群。

Aa群：本地传统文化因素——楚文化因素。

木椁墓中保留了较多楚墓的特点，如椁室四周填白膏泥，填土经夯实，椁盖板皆平放横铺，盖板上铺芦席。

细长高足鼎、Ca型鼎、Ba型长颈陶壶、Bd型鬼脸式足的鼎多见于战国时期的楚墓之中，属于楚文化的遗留。这种鬼脸式足的鼎后来发展成兽面形足的鼎，见于西汉晚期之后的洛阳地区[①]，应该是楚文化的发展形制。

铜矛，在骹的正面有直鼻耳，圆骹，銎口平齐，这种矛与《长沙楚墓》中的A型矛[②]比较相近，为典型的楚式矛。鬼脸式高足大平底铜鼎，这种鬼脸式高足鼎多见于楚墓，因此，应视为楚文化的遗留。

喇叭形剑首、圆柱形实茎、双凹箍、柳叶形剑身的铜剑（前坪M35：3）起源于何地，目前仍有争议，但在战国时期多见于楚地，因此，本书中均视为楚文化因素器物。

Ab群：外来文化因素。可以识别的主要有秦文化和越文化的个别器物。

1）秦文化因素。铜蒜头壶、陶小口高领罐、仿铜的陶茧形壶均和云梦睡虎地秦墓出土的同类器形相似，应是本地秦文化的孑遗。Cb型陶壶，应是受到了上述的小口高领罐的影响而出现的。

2）越文化因素。越文化因素主要体现在越式鼎的使用上。越式鼎的特点是腹深、

① 见洛阳区考古发掘队：《洛阳烧沟汉墓》，科学出版社，1959年，116页。

② 湖南省博物馆、湖南省文物考古研究所、长沙市博物馆、长沙市文物考古研究所：《长沙楚墓》，文物出版社，2000年，210～212页。

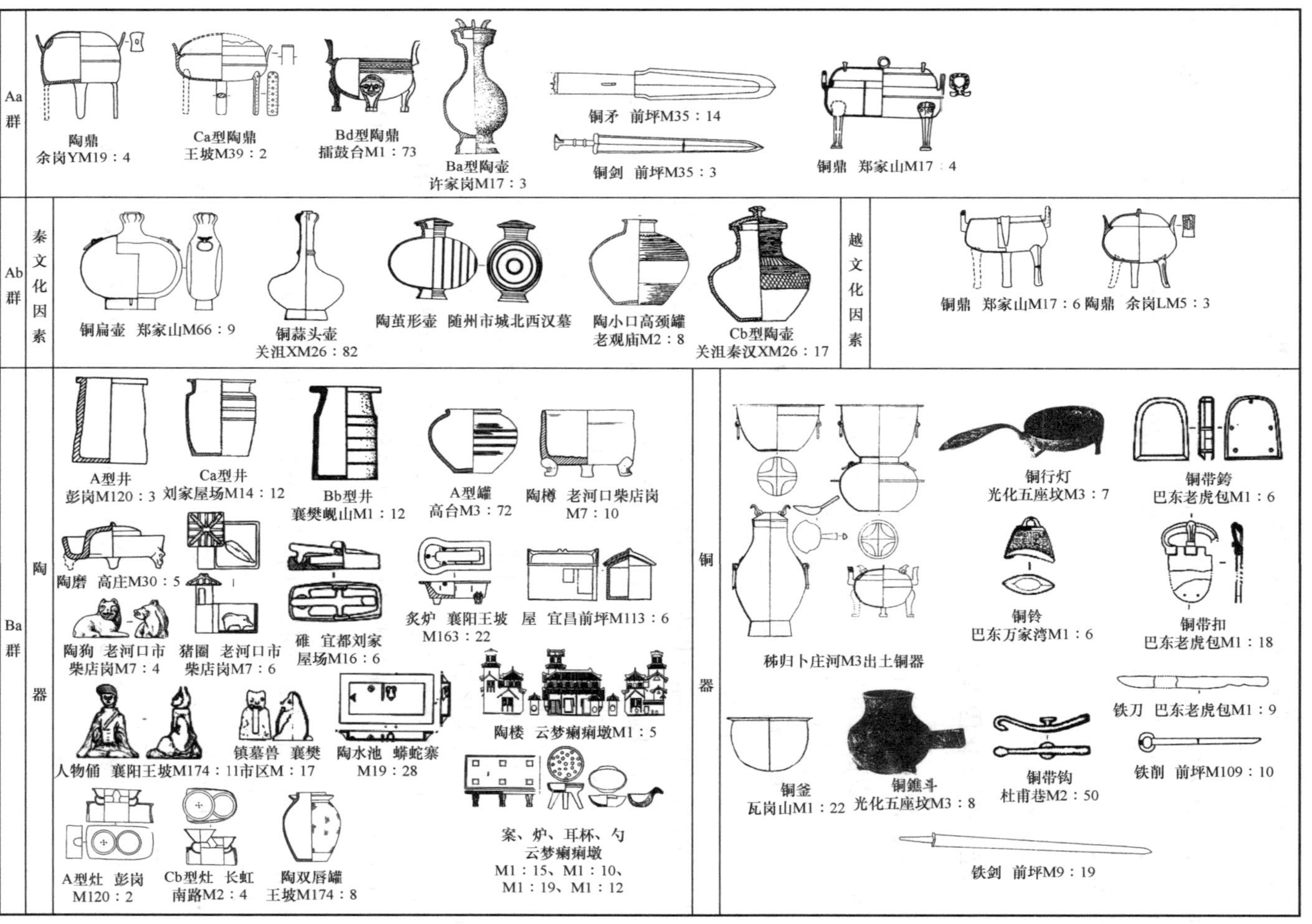

图5.1　两湖区（鄂西分区）文化因素分群（1）

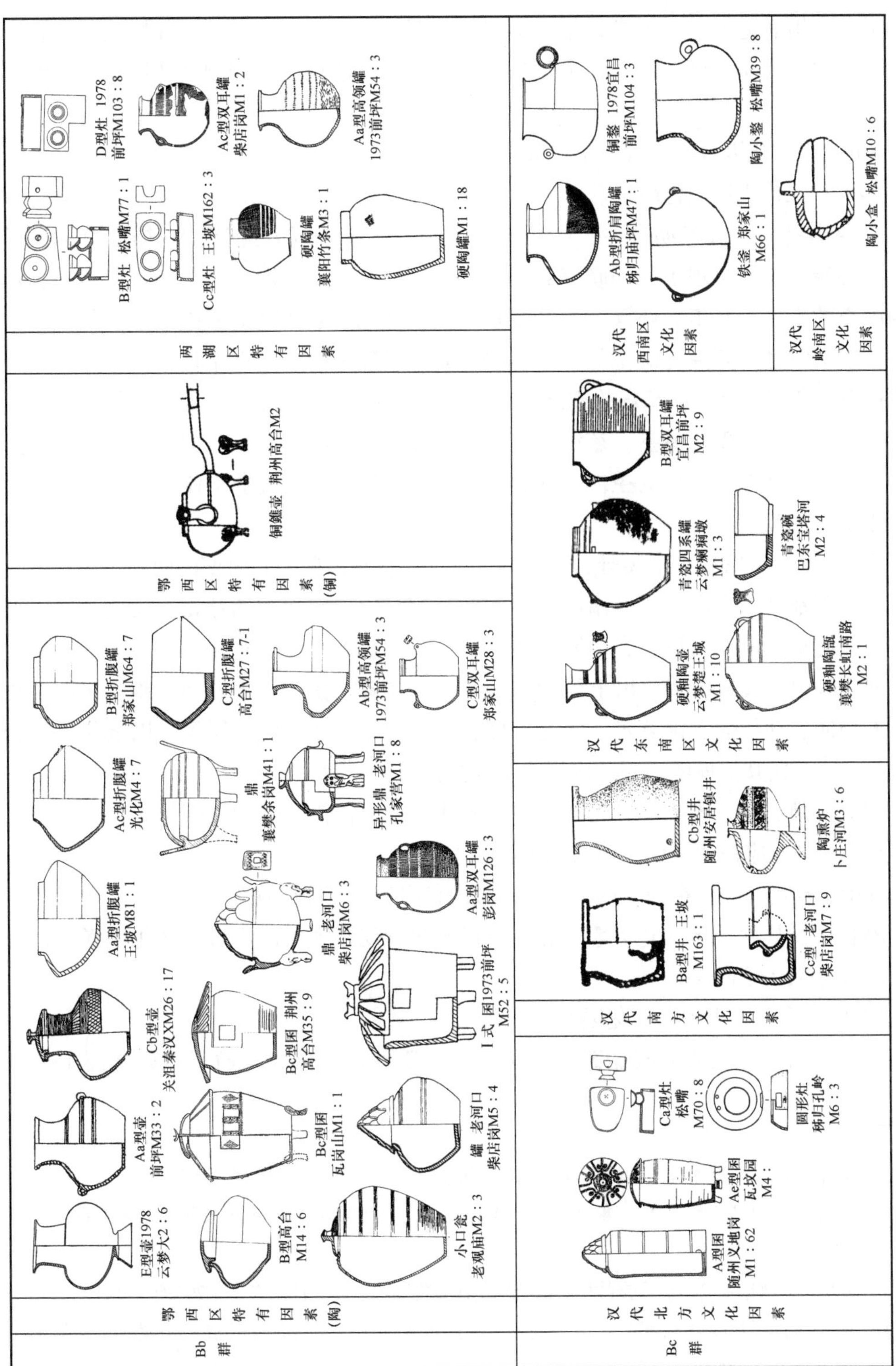

图5.2 西湖区（鄂西分区）文化因素分群（2）

器壁薄、附耳、足细且绝大多数外撇，个别竖直[①]。郑家山出土的铜鼎（M17：6）[②]，长方形附耳、坦底近平，三细高蹄足，横截面呈四棱形，应属于受越式鼎影响的器物。余岗出土的陶鼎（LM5：3）[③]，细足外撇，附耳，应该也是受到越文化因素影响而产生的。

B群：汉文化因素。包含三个亚群。

Ba群：汉代主体文化因素

墓葬形制：西汉晚期开始，砖（石）室墓开始在本区普遍流行。据已有学者考证，空心砖墓最早出现于战国晚期郑州一代的韩地，西汉早期广泛分布于以洛阳、郑州为中心的十多个县市。西汉空心砖墓是在战国韩地空心砖墓的基础上吸收其他文化因素，如秦时竖穴墓道土洞墓等，结合改进而发展起来的。西汉中期开始，建筑用的小砖被引入长安和洛阳的墓内构造之中，之后，砖室墓开始普遍流行[④]。中国南方地区最早在西汉晚期出现砖室墓，东汉早期岭南区最后出现砖室墓。从此，砖（石）室墓在中国南方开始占据墓葬的主体，并成为汉代最具代表性的墓葬形制。因此应视为汉代主体文化因素。

陶器：本区的A型、Cb型灶，A型、Ca型、Bb型井多见于同时期的两湖地区、北方地区、洛阳地区、东南区、西南区，因此应视为汉代主体因素的器物。汉代开始用来制菹（即泡菜）的双唇罐，在洛阳、陕县、宝鸡、江苏邗江、杭州、长沙、资兴、衡阳、湖北等地的汉墓中多次出土[⑤]。A型泥质陶矮领罐、熏炉、樽、磨、碓、猪圈、炙炉、人物俑、动物俑、镇墓兽、水池、楼、案、炉、耳杯、勺、屋等。以上这些陶器普遍见于同时期其他地区，因此应视为汉代主体文化因素。

铜器：鼎、钫、壶、甑、勺、行灯、鐎斗、釜、铃铛、带扣、带钩等普遍见于同时期其他地区，应视为汉代主体文化因素。

铁削、铁剑、铁刀在当时的汉王朝疆域内普遍随葬，亦应视为汉代主体文化因素。

Bb群：汉代两湖区文化因素。在本分区既包含仅在鄂西区出现的文化因素，也包含仅在两湖区流行的器物。

1）仅在鄂西区出现的文化因素：

墓葬形制：本区墓葬根据墓圹开凿地的地质差别可分为开凿于土质地面（土坑

---

① 郑小炉：《吴越和百越地区周代青铜器研究》，科学出版社，2007年，92页。

② 湖北省文物考古研究所、襄樊市博物馆：《湖北襄樊郑家山战国秦汉墓》，《考古学报》1999年第3期。

③ 襄樊市博物馆：《襄樊余岗战国秦汉墓第二次发掘简报》，《江汉考古》2003年第2期。

④ 谭长生：《论汉代墓葬的文化特点》，《探古求原——考古杂志社成立十周年纪念学术文集》，科学出版社，2007年，260页。

⑤ 孙机：《汉代物质文化资料图说》，文物出版社，1990年，329页。

墓）和开凿于岩质地面（岩坑墓）两类。土坑墓广泛分布于各地。但岩坑墓主要分布于巴东、秭归和宜昌地区，别的区少见。

陶器：本区异型鼎中各种鼎的数量均较少，多为一件，少见于同时期其他地区。如老河口孔家营出土的带捉手盖大平底鼎（M1∶8）[①]、襄樊余岗出土的鼎（M41∶1）[②]，器身如盒状，加上立耳和三足，均比较罕见。A型陶双耳罐在本区大量出现，从西汉早期到东汉晚期一直使用。在临近的湖南地区、安徽地区均有发现，应该是受到本分区的影响所致。C型小弓形双耳罐，仅发现于此区。

另外还有Aa型带双耳的陶壶、E型八字颈陶壶，Aa型、Ac型、B型、C型折腹陶罐，无釉硬陶罐，Ab型、Ac型、Ad型高领罐，B型矮领罐，陶杯；湖北西北部出土的一种小口带盖瓮、带山峰式盖的鼎和带山峰式盖的罐。这些器物主要流行于鄂西区，别的区少见。

铜器：流口为圆管状的铜鐎壶，与战国时期的盉密切相关。从足部为鬼脸来看，应该是受到楚文化的影响。此型鐎壶仅见于西汉早期，分布地域集中于楚国故地[③]。

2）仅在两湖区出现的文化因素：

B型（梯形）、Cc型（带双眼的长船形）、D型（曲尺形）的灶；B型深腹盆式囷；C型无釉硬陶罐、Ac型双耳罐、Aa型高领罐。以上这些器物为两湖地区共有器形，不见于同时期其他地区，因此属于汉代两湖区文化因素。

Bc群：同时期其他地区汉代墓葬中常见文化因素。

1）汉代北方文化因素[④]。Ca型灶、圆形灶，如秭归孔岭（M6∶3）[⑤]，见于同时期的北方地区，南方地区不见。因此应属于汉代北方文化因素。

A型瓮式囷集中分布于河南南部地区[⑥]。这种瓮式囷在和河南南部毗邻的湖北西北部发现数量较多，在湖北境内其他地区却少见。因此推测应该是受到淮河以北的河南地区文化因素的影响而出现。

2）汉代南方文化因素。矮胖形折肩井（鄂西区的Ba型）、束颈无肩井（鄂西区的Cb型、Cc型）见于两湖区、东南区、西南区，应属于汉代南方文化因素。

盖豆型陶熏炉多出现在西汉早期，主要流行于两湖和广东地区，在别的地区少见。因此，可以视为汉代南方文化因素。区别是两湖地区熏炉盖上多带捉手或飞鸟，广东地区的多为花蕾。

---

① 老河口市博物馆：《老河口市孔家营一号东汉墓清理简报》，《江汉考古》2005年第3期。

② 襄樊市博物馆：《湖北襄樊市余岗战国至东汉墓葬发掘报告》，《考古学报》1996年第3期。

③ 吴小平：《汉代青铜容器的考古学研究》，岳麓书社，2005年，109页。

④ 本书中的北方均指淮河以北地区，包含中原地区在内的广大地域范围。

⑤ 湖北省文物考古研究所：《秭归马槽岭与孔岭东汉墓发掘简报》，《湖北库区考古报告集（第二卷）》，科学出版社，2005年。

⑥ 张建锋：《两汉时期陶囷的类型学分析》，《江汉考古》1995年第4期。

3）汉代东南区文化因素。B型双耳罐形制和东南区的比较相似，而且出土的时间较东南区的晚，因此，应属于受到东南区影响而出现。但东南区双耳罐多为釉陶或原始瓷，本区所出的双耳罐却多为泥质或夹砂陶。喇叭口硬釉陶壶、硬釉陶瓿，青瓷四系罐、青瓷碗均是属于东南区的特色器形，在本区出现，应是受到东南区的影响所致。

4）汉代西南区文化因素。Ab型折肩罐与西南区第一类束颈圜底罐比较相似，应该是受到西南区的影响而产生的。

铜鍪和铜釜，本是巴蜀文化的器物，战国晚期到秦代成为秦文化墓葬中常见的随葬品。西汉早期铜鍪在西南地区、岭南地区、汉中地区、河南陕县、关中均有分布。而铜釜则主要见于西南区。西汉中晚期，这两种器物的出土数量呈剧减之势，出土范围收缩至以川东为主的临近地区，其他地区少见。东汉阶段，数量进一步减少，即使在川东地区也多为零星发现，且中原化特征明显①。虽然铜鍪和铜釜来源复杂，但两汉时期主要出现于西南区，因此统一视为西南区文化因素。陶鍪和陶（铁）釜作为铜器的仿制品，其形制和发展过程与同类铜器大致相似，也应属于西南区文化因素。本区发现的铜鍪、铜小鍪、铁釜均应属于西南区文化因素。

5）汉代岭南区文化因素。陶小盒主要流行于岭南区，此区陶小盒的出现，应该是受到岭南区同类器的影响所致。

2. 鄂西分区两汉时期文化的动态发展过程

两汉时期的鄂西分区，诸多文化因素在这里交流碰撞，并且不同文化因素在该地区不同发展阶段所处的地位和性质都不相同。

西汉早期，多数木椁墓椁室四周填青膏泥，延续了本地战国楚墓常见的做法。墓葬随葬陶器比较简单，汉代普遍流行的仿铜陶礼器鼎、盒、壶（钫）成组随葬。楚文化的鼎和汉式鼎，秦文化的细颈壶、汉式壶和汉代两湖区文化因素的壶同时并存。汉代两湖区文化因素的罐和汉式罐都大量出土。伴出汉式灶和汉代两湖区文化因素的灶，以及两湖地区特有的盆式囷。云梦江陵一带墓葬中大量出土罐、釜、盂、瓮、甑等日用陶器。这一期较多的墓都有铜器或漆器随葬。铜器多见汉代普遍随葬的鼎、钫、盘、勺、盆以及秦文化的蒜头壶等。漆器多见盒、奁、卮、耳杯、盘以及秦文化的扁壶等。总之，本期汉代主体文化因素并不突出，楚文化因素、秦文化因素和汉代两湖区文化因素各占一定比例。

西汉中期，墓葬中多出土汉代常见的仿铜陶礼器鼎、盒、壶和模型明器囷、灶、井的组合。钫基本不见。井从此期开始大量出现。个别仍可见楚式鼎和越式鼎，陶壶基本为汉式。日用陶器多见罐、瓮、甑、釜。汉式罐多与汉代两湖区文化因素罐同时并存。新出现汉代两湖区文化因素的硬陶罐。汉式井、汉式灶和汉代两湖区文化因素

① 吴小平：《汉代青铜容器的考古学研究》，岳麓书社，2005年。

的灶并存，汉式陶囷和来自汉代北方文化因素的瓮式囷并存。可见秦文化的小口高领罐和铜扁壶。铜器虽不及上期普遍，但仍有较多墓葬随葬汉式铜鼎、熏、灯、勺等，铜行灯、铜鐎斗出现。本期汉代主体文化因素大量增加，汉代两湖区文化因素也占有较大比重，并可见少量其他地区汉代墓葬中常见因素和秦文化因素。

西汉晚期，新出现汉代最为流行的墓葬形制——室墓。仿铜陶礼器组合松散，很少成组出现。相反，模型明器仓、灶、井则大量出土。囷和灶的情况和上期相同，仍是汉代主体文化因素和汉代两湖文化因素并存。井则是除了汉代普遍流行的型式外，还存在较多南方地区普遍流行的形制。罐的种类减少，以汉代两湖区文化因素的双耳罐和折腹罐为主。伴出汉代普遍流行的日用陶器釜、盆、盂、甑等。新出现汉式模型明器猪圈、鸡、狗、鹅等。可见来自东南区的硬釉陶瓿。汉式铜器在规模较大的墓葬中多成组随葬。总之，本期以汉代主体文化因素为主，汉代两湖区文化因素为辅，同时可见汉代南方文化因素和其他地区汉代墓葬中常见因素。

东汉早期，墓葬形制以汉代主体文化因素的室墓为主。随葬品一改过去主要以泥质陶为主的系统，开始流行各种胎质的陶器。个别墓葬仍随葬陶鼎和陶壶。陶壶可见汉代两湖文化因素的壶、汉式壶和来自东南区文化因素的喇叭口壶和双耳罐。罐有来自西南地区影响的短颈圜底罐、汉式罐和汉代两湖区文化因素的硬陶罐。伴出汉文化的钵。仓、灶、井仍大量随葬，且其形制和上期相同。新出现大量的汉式陶器陶碓、陶炙炉、陶磨、陶牲畜俑等。铜器的类型和数量也比较多，有汉代普遍流行的铜鼎、铜、鍪、釜甑、带钩、环、车马器等。铁器主要有铁剑、铁刀。此期以汉代主体文化因素的模型明器和铜器为主，伴出少量汉代两湖区文化因素和同时期其他地区汉墓中常见文化因素。

东汉中期，墓葬形制以汉代主体文化因素的室墓为主。总体上该期器物类型和数量相对较少。仍流行各种胎质的陶器，但无釉硬陶渐发达，硬釉陶衰落，仿铜陶礼器基本少见。汉式双唇罐出现。汉式灶和汉代北方文化因素圆形灶以及汉代两湖区文化因素的灶并存。囷全为河南地区流行的瓮形囷。汉式井和南方地区普遍流行的井并存。模型明器中新出现了汉式人物俑。铜器数量减少，主要有铜铃和铜鱼钩。总体上本期以汉代主体文化因素为主，少量汉代两湖地区文化因素和同时期其他地区汉墓中常见文化因素。

东汉晚期墓葬形制以汉代主体文化因素的室墓为主。新出现了东南区普遍流行的青瓷器。汉式模型明器数量增多、种类增加，如陶水池、楼、镇墓兽以及各种人物俑等，这些模型明器越来越仿生。还出现了日用陶器模型化的现象。总之，本期以汉代主体文化因素的模型明器为主，极个别墓葬中可见同时期其他地区汉墓中常见文化因素。

综上所述，西汉早期，汉文化因素并不突出，楚秦文化因素和汉代两湖区文化因素以及汉代主体文化因素并重。西汉中期，汉文化因素大量增加，个别墓葬中仍可见秦文化因素。西汉晚期，汉代以前的列国文化因素正式退出历史舞台，汉文化因素开始占据此区墓葬的主体，同时，汉代两湖区文化因素发展迅速，从而形成了具有地域特色的汉文化发展体系。东汉时期，具有地域特色的汉文化继续发展，并纳入整个汉文化发展的大潮之中，形成了文化趋同形势下又一个性鲜明的特点。

（二）湘—鄂东分区

1. 湘—鄂东分区文化因素分析①

这一分区的文化因素包含以下群（图5.3、图5.4）。

A群：汉代以前列国文化因素。分为二亚群。

Aa群：本地传统文化因素。主要指楚国占领此地之前以越文化为基础形成的本地因素。

最为常见的是印纹硬陶罐、印纹硬陶坛等，另有少量的印纹硬陶鼎、壶、盒等。其器形和装饰均与先秦时期印纹硬陶关系十分密切，具有明显的地方传统文化色彩。印纹硬陶鼎、盒、壶应属于本地传统文化因素在汉代的新发展。它们一起构成本地传统文化因素的重要内容。

燕尾矛、细长足立耳鼎均具有浓厚的越文化特点。铜格铁剑，其形制为扁方茎、方形格，为越式剑的常见样式。铜刮刀为典型的越族器物，铁刮刀的出现应是仿越文化铜刮刀的结果。

Ab群：外来文化因素。可以识别的主要是楚文化和秦文化。

1）楚文化因素。

墓葬形制：椁室四周填白膏泥，填土经夯实，椁盖板皆平放横铺，盖板上铺芦席等，均保留了较多楚墓的特点。

陶器：细长高足鼎，大平底高足鼎、长颈的陶壶均属于本地楚文化的孑遗。本区多随葬泥质冥币泥郢称、泥“金”版、泥锭、泥“金”饼等，这些泥质货币均是以楚国货币为母本，属于楚文化因素的影响。

铜器：主要表现在兵器上，有楚式铜剑、楚式铜矛。铜带钩也留下了楚文化的烙印。如金塘坡②出土的铜带钩（M8：27），双翅兽首状，与长沙楚墓中出土带钩相似。益阳羊舞岭③出土的错金铜带钩（M1：5），钩头为一回首兽头，另一端做花蕾

---

① 由于资兴地区属于两湖文化区与岭南区的交接地带，因此文化面貌比较复杂，整个西汉时期越文化因素、汉文化因素和岭南文化因素共存，而和湘—鄂东其他分区差别较大。关于资兴地区的文化因素在《湖南资兴西汉墓》（湖南省博物馆、湖南省文物考古研究所，《考古学报》1995年第4期，453～522页）一文中有详细的分析。因此，本区文化因素分析暂不包含资兴地区部分，也不再另文介绍。

② 湖南省博物馆：《长沙金塘坡东汉墓发掘简报》，《考古》1979年第5期。

③ 益阳地区文物工作队：《益阳羊舞岭战国东汉墓清理简报》，《湖南考古辑刊（第2集）》，岳麓书社，1984年。

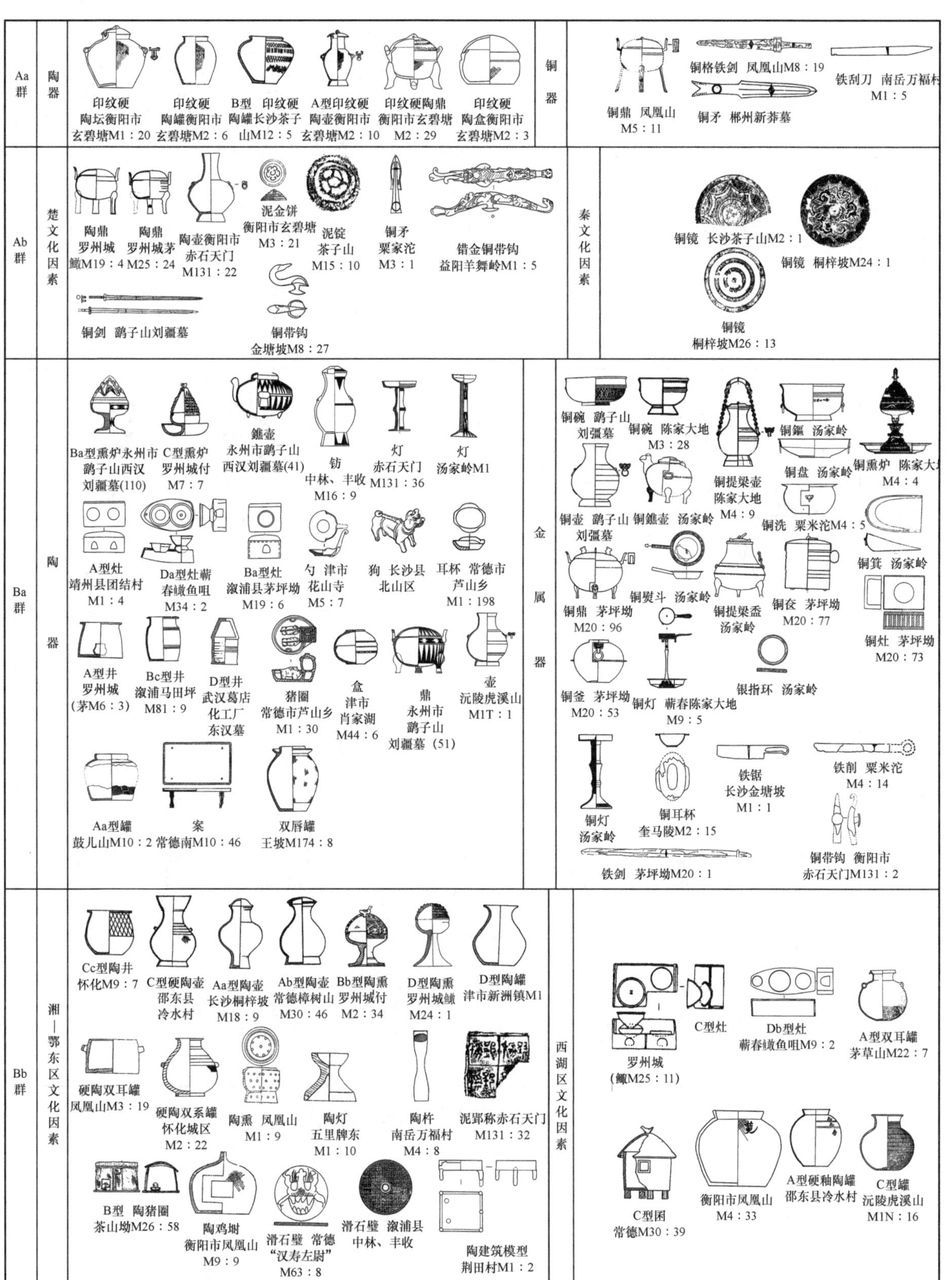

图5.3　两湖区（湘—鄂东分区）文化因素分群（1）

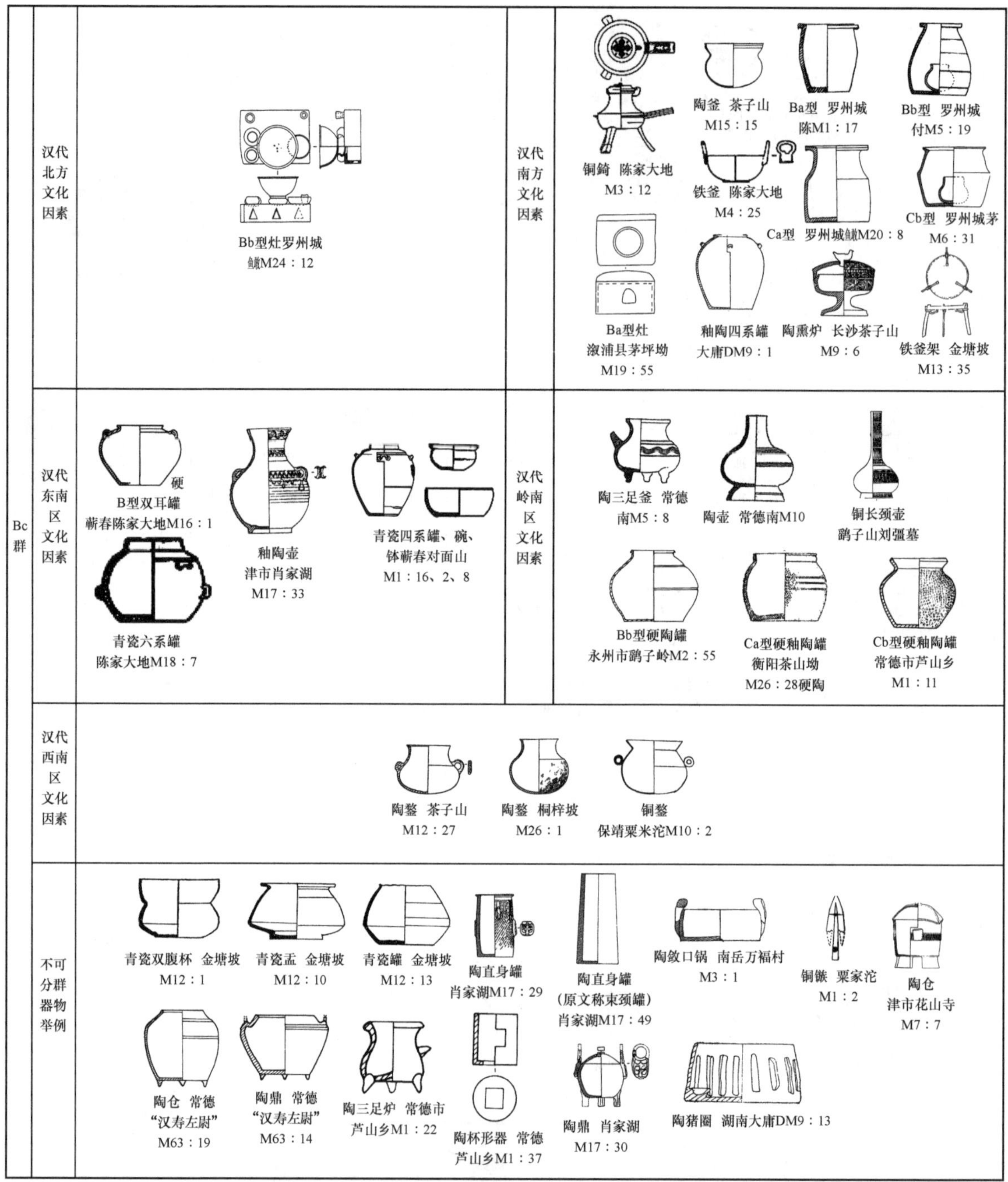

图5.4　两湖区（湘—鄂东分区）文化因素分群（2）

形，正面有一鹰头人首形怪兽做食鱼状，背为圆形纽。鎏金的长回首兽形带钩见于长沙楚墓中，但此带钩繁复的花纹不见于楚墓，应该是楚文化的发展器形。

2）秦文化因素。

秦文化因素主要体现在铜镜上。桐梓坡M26出土的三弦纽圆座环纹镜、桐梓坡M24出土的三弦纽勾连纹连弧龙纹镜、茶子山M2出土的三弦纽卷云纹连弧纹镜均属于秦镜，有学者指出，秦镜中的弦纹、连弧纹、龙纹、菱形纹均是继承楚镜的纹饰[①]。

B群：汉文化因素。分为三亚群。

Ba群：汉代主体文化因素

墓葬形制：主要体现在东汉早期开始砖室墓的广泛出现。

陶器：仿铜陶礼器组合鼎、盒、壶、钫（能分辨为其他因素的器形除外）；Ba型豆形熏炉、C型带座盘的熏炉；A型、Bc型、D型井；陶动物俑；陶耳杯；A型陶罐；陶灯；鐎壶；猪圈；双唇罐[②]。A型长方形灶、Da型马蹄形双火眼的船形灶、Ba型单火眼的方形灶分布范围较广，是两汉时期灶的主流型式。以上器物亦见于同时期的中原及北方地区，为汉代普遍流行的器形。

铜银器：种类繁多，在西汉中晚期经常成组出土。此区可见的器物有铜鼎、铜洗、铜碗、铜壶、铜提梁壶、铜盘、铜鏂、铜鐎壶、铜卮、铜提梁盉、铜熨斗、铜釜、铜灯、铜箕、铜灶、铜耳杯、鸭首形铜带钩、银指环等。这些器物因在当时的汉代统治疆域里普遍流行，应视为汉代主体文化因素。

铁器：削、锯、剑。广泛流行于当时各地区，应该为汉代主体文化因素。

Bb群：汉代两湖区文化因素。包含仅在湘—鄂东区出现的文化因素和同时在两湖区出现的文化因素两部分。

1）湘—鄂东区文化因素。

此群器物的主要代表为陶器。本区发现的A型、C型硬陶壶，A型假圈足泥质陶壶；Bb型盖上饰飞鸟的豆形熏炉、D型长柄喇叭座的熏炉；Cc型折腹，下腹斜收的井；D型泥质陶或夹砂陶罐；亚腰状杵；束腰喇叭形灯座的灯；陶建筑模型；凤凰山出土的子母口、高圈足、通体镂小圆孔的熏（M1：9）、硬陶直腹双耳罐（M3：19）；怀化市城区出土的硬陶双系罐，带两方形系，圈足有穿；鸡埘在本区大量出土，且形制多样。以上器物均少见于同时期其他地区，应属于汉代湘—鄂东区文化因素。

郢称原为楚国货币，西汉时期仅在长沙国境内有发现，应属于一种地方性货币。

滑石器：从战国中期到两汉时期，湖南的怀化、常德、益阳、长沙等地均有出

① 高至喜：《略论秦镜及其与楚镜的关系》，《楚文化研究论集（第2集）》，湖北人民出版社，1991年，245页。

② 鄂西区已经有说明。双唇罐：汉代开始用来制菹。在洛阳、陕县、宝鸡、江苏邗江、杭州、长沙、资兴、衡阳等地汉墓中多次出土，因此可视为汉文化因素。

土。两汉时期，湘—鄂东区出土的滑石器种类有璧、镜、耳杯、盘、鼎、盒、壶、钫、印章、簪形器、环、佩、猪、鸟、剑、戈、矛、剑饰、灶、井、仓和兽面等。两汉时期，临近的湖北、江西、广东、广西等地也发现了不少滑石器，但出土种类和数量远远不及湖南地区，且湖南的道州便出产滑石①。因此，湖南出土的滑石器很可能是本地生产，应属于汉代湘—鄂东区文化因素。

2）仅在两湖区出现的文化因素。

A型、Ba型硬釉陶罐，C型泥质陶或夹砂陶罐，A型双耳罐，C型曲尺形灶、Db型长船形双火眼灶和多火眼灶、C型干栏式囷。以上器物均属于两湖地区共有的器形。

其中C型干栏式囷在岭南地区也有较多的发现②，其特征是有伞形盖、筒状腹，开有方窗或者贴塑门梯，置地台，下面以四根木柱支撑。两湖地区的干栏式囷西汉早期便已出现，而岭南区最早到西汉中期才有发现。且岭南干栏式囷多高足，锥状或花蕾状捉手。而两湖地区的干栏式囷多顶上饰飞鸟或囷顶呈瓦棱屋顶状。因此，两湖地区的干栏式陶囷应不是受到岭南地区影响而出现的，而是本地产生的具有地域特色的器物。

Bc群：同时期其他地区汉代墓葬常见文化因素

1）汉代北方文化因素。长沙南郊砂子塘东汉中晚期墓葬出土一批红胎绿釉陶器，这种陶器多胎质较软，属于北方的铅釉陶系，和南方的原始瓷不同。铅釉陶主要发现于五岭以北及其北方长城地带，西至河西走廊、东至东部沿海的广大地区。大致在东汉早期以后，铅釉陶在秦淮以南地区的分布才逐渐扩展到长江以南地区。此地的红胎绿釉陶器即是受到北方釉陶的影响而出现的③。

Bb型近方形多火眼的灶，主要流行于北方和京津冀地区，因此，应视为汉代北方文化因素。

2）汉代南方文化因素。铜锜主要分布在岭南地区，其他偶见湖北、江苏和南昌地区④；Ba型灶见于两湖区、东南区、西南区；Ba型、Bb型、Ca型、Cb型井见于同时期的南方地区，北方地区少见；釉陶或青瓷四系罐见于同时期的江浙、两广、两湖地区；盖豆形熏炉，见于两湖及广东地区。总之，以上这些器物应均属于汉代南方文化因素。

铁釜架在我国长江流域，如四川成都、湖南资兴及衡阳、江西南昌等地东汉墓中常见⑤。与铁釜配套使用，因此，可视为汉代南方文化因素。带双环耳小平底的铁釜，是由西南区的陶釜发展起来，但普遍见于四川、两湖、江浙等地，因此，应视为汉代

① 李利人：《湖南战国两汉时期的滑石器》，《湖南考古辑刊（第5集）》，1989年，183～191页。

② 张建锋：《两汉时期陶囷的类型学分析》，《江汉考古》1995年第4期。

③ 杨哲峰：《汉墓结构和随葬釉陶器的类型及其变迁》，北京大学博士学位论文，2005年，209～228页。

④ 吴小平：《汉代青铜容器的考古学研究》，岳麓书社，2005年，109页。

⑤ 孙机：《汉代物质文化资料图说》，文物出版社，1990年，335页。

南方文化因素。

3）汉代东南区文化因素。弦纹与水波纹相结合的纹饰，当是江浙文化因素的影响。

两湖区发现的B型双耳罐，与东南区出土的同类器相似，应该是受到东南区影响而出现的。饰水波纹的陶壶、青瓷四系罐、青瓷碗、青瓷钵、青瓷六系罐亦为东南区的流行器物，在本区的出现应是受到东南区影响所致。

4）汉代岭南区文化因素。陶三足釜，Bb型硬陶罐，Ca、Cb型硬釉陶罐主要流行于岭南地区。铜长颈壶多出于两广境内，陶长颈壶也出于岭南地区，因此，长颈壶应属于汉代岭南区文化因素。

常德南M10[①]出土的陶壶，长颈、扁圆腹、折曲状圈足，和岭南区的瓶比较类似，只是体型稍胖，应是瓶的变体。应属于受到岭南文化因素影响出现的器形。

5）汉代西南区文化因素。长颈圜底的陶鍪，应是仿铜鍪而制成。盘口小双环耳的铜釜，多出现于两汉时期的川东地区。两者均属于西南区文化因素。

6）部分器物目前尚无法判断来源。长沙金塘坡东汉中期墓[②]出土的青瓷双腹杯、盂、罐。东汉中期青瓷器主要发现于东南区，但东南区出土的青瓷器造型与这批器物完全不同。

湖南大庸M9[③]出土的陶猪圈（DM9：13），口小底大，四周竖长条镂孔，底内一长椭圆形食槽，仅此一件，不见于其他地区。

津市肖家湖M17[④]出土器物比较特别，其器物组合不是本区同期墓中常见的鼎、盒、壶、钫、罐、坛。虽然有鼎、壶、罐等器形，但其形制和数量和本区同时期的器物完全不同。鼎和直身罐的造型与装饰比较特别，两器腹部均有对称的人面装饰。鼎上的人面装饰用作耳托，上托五菱茎环耳实属罕见。直身罐的人面装饰纯用作陪衬，罐身还压印条框式的动物及叶脉状纹。

常德"汉寿左尉"墓[⑤]出土的三足仓、三小锥状足鼎；常德市芦山乡M1[⑥]出土的陶三足炉、陶杯形器；南岳万福村M3[⑦]出土的陶敛口锅；粟家坨M1[⑧]出土的铜镳；津市花

① 湖南省博物馆：《湖南常德东汉墓》，《考古学集刊（第1集）》，中国社会科学出版社，1981年。

② 湖南省博物馆：《长沙金塘坡东汉墓发掘简报》，《考古》1979年第5期。

③ 湖南省文物考古研究所、湘西自治州文物工作队、大庸市文物管理所：《湖南大庸东汉砖室墓》，《考古》1994年第12期。

④ 常德市文物工作队、津市市文物管理所：《津市肖家湖十七号汉墓》，《湖南考古辑刊（第六集）》，1994年。

⑤ 常德市博物馆：《湖南常德南坪"汉寿左尉"墓清理简报》，《江汉考古》2004年第4期。

⑥ 常德市文物事业管理处：《湖南常德市芦山乡发现一座东汉墓》，《考古》2004年第5期。

⑦ 衡阳市文物工作队：《湖南南岳万福村东汉墓》，《考古》1992年第5期。

⑧ 湘西土家族苗族自治州文物工作队：《湖南保靖粟家坨西汉墓发掘简报》，《考古》1985年第9期。

山寺M7[①]出土的陶仓，均不见于同时期的其他地区，本区也仅见一件。

2. 湘—鄂东分区两汉时期文化的动态发展过程

两汉时期的湘—鄂东分区，诸多文化因素在这里交流碰撞，并且不同文化因素在该地区不同发展阶段所处的地位和性质都不相同。

西汉早期，随葬品以陶器为主。楚、秦、本地文化因素与早期汉代主体文化因素共同发展。延续了本地战国晚期普遍流行的组合鼎、盒、壶、钫，壶主要是本地特色的假圈足壶、印纹硬陶壶。同时可见釜、甑、罐等器物，罐既有本地传统文化的印纹硬陶罐，也有汉式罐，还有汉代两湖区文化因素的罐。本地特色的印纹陶罐和印纹陶坛、熏炉、滑石璧大量出土。个别墓伴出汉式灶、汉代两湖文化因素的囷以及汉代南方文化因素的井等。其他还可见汉代普遍流行的陶鐎壶、铜环首刀等。楚文化主要体现在墓中多填白膏泥，棺内放笭床的习俗。个别墓葬出土楚文化的鼎、长颈壶。源于楚文化的泥质冥币大量出土。秦文化的器物较少，可见秦式鼎和秦式釜。还有来自同时期湖北地区的罐，个别可见来自汉代北方文化因素的灶。总之，本地传统文化因素和楚、秦文化因素，早期汉代主体文化因素各占一定的比重。

西汉中期，随葬品以陶器、铜器、滑石器为主。铜器数量大增。本期随葬陶器仍以汉式鼎、盒、壶、钫为主，出现较多汉代两湖区文化因素的硬陶罐，同时汉式陶熏炉、井、灶、釜、甑等数量较多。个别墓伴出汉式铜碗、铜壶、铜洗、铜矛、铜提梁壶、铜带钩、铜刀等。本地传统文化因素的硬陶罐、坛数量减少。楚文化因素仅体现在随葬泥质冥币上。多见秦文化因素的铜鍪。汉代本地文化因素的滑石器成组随葬。开始出现岭南地区常见的长颈壶（瓶）、东南区常见的水波纹喇叭口陶壶等。此期，个别墓葬中仍可见楚、秦文化因素。汉代主体文化因素的器物在此期激增，并占据墓葬的主体。汉代两湖区文化因素占据一定比例，个别墓葬可见汉代东南区和岭南区文化因素影响。

西汉晚期，随葬器物以陶器、铜器、滑石器为主。铜器和滑石器的种类和数量急剧增加。陶器以壶、罐为主，汉式壶和汉代两湖区文化因素的壶并重。罐主要有汉代普遍流行的样式和两湖地区常见样式。部分墓葬仍出土仿铜陶礼器组合，但多见汉式鼎、壶，盒已经少见。同时，汉式灶、井、熏炉出土较多。滑石器大量随葬，有鼎、釜、甑、石磨、井等。铜礼器组合较前两期更加完整，可见器形为铜鼎、壶、钫、鐎壶、箕、盘、勺、钟、洗、灯。东南区流行的水波纹和叶脉纹陶壶出土较多。可见，此期汉代以前列国文化因素已经淡出历史舞台，汉代主体文化因素已经占绝对优势，突出表现在汉式铜器的成组随葬上。汉代两湖区文化因素也占有一定比例。个别墓葬中可见汉代东南区文化因素的影响。

东汉早期，随葬器物比较简单，以陶器为主。汉代两湖区文化因素的硬陶罐和硬

---

① 津市市文物管理所：《湖南津市花山寺战国西汉墓清理简报》，《江汉考古》2006年第1期。

陶壶、汉式陶盆较为常见。但鼎、壶、鐎壶、熏炉的数量较前期大大减少，盒、钫已经基本不见。此期陶器上多东南区常见的水波纹饰，少量墓葬出土东南区常见的青瓷器，如青瓷杯、洗、四系罐等。汉代普遍流行的灶、井、猪圈比较常见。伴出汉式铁削、铁刀等。南方地区普遍流行的铁釜架使用较普遍。总之，此期以汉代主体文化因素为主，汉代南方文化因素为辅，并可见汉代东南区文化因素的影响。

东汉中期，以陶器为主。主要流行汉代两湖区文化因素的硬陶罐、D型陶罐、敞口罐以及汉代南方文化因素的硬陶罐、双耳罐。仅见本地传统文化因素的硬陶壶以及汉代两湖区文化因素的Db型灶和汉式井。伴出汉式模型明器陶猪、屋、猪圈、汉代两湖区文化因素鸡埘和陶囷。同时新出现一批青瓷双腹杯、盂、罐等。个别墓葬出土汉式鐎壶、双唇罐等。大量墓葬伴出汉式铁釜架、铁釜、铁环首刀、铁灯等。个别墓葬共出汉式铜敞口洗、盘口釜、鐎壶等。可见，此期本地传统文化因素的硬陶壶依然存在，但总体上是以汉代主体文化因素为主，汉代两湖文化因素为辅，另外还有汉代南方文化因素并存。

东汉晚期，随葬器物种类大大增加，以汉代两湖区文化因素的硬陶罐，汉代常见的日用陶器釜、钵、甑，以及汉代南方地区常见的四系罐等为主。多伴出汉代东南区常见的青瓷碗或汉式铜碗。汉式模型明器大量出土，种类有硬釉陶屋、灶、井、囷、猪圈、熏炉、泥质陶狗等。伴出汉式铁釜架、铁釜。个别墓葬还出土汉式铜釜、铜鐎壶等。可见，本期文化因素较为单纯，主要以汉代主体文化因素为主，汉代两湖区文化因素为辅，同时偶尔可见汉代东南区文化因素和汉代南方文化因素。

综上所述，西汉早期，本地传统文化因素和楚文化因素较为突出，汉文化因素仅体现在个别器物上。西汉中期—西汉晚期，是汉文化形成的重要时期，列国文化逐渐淡出，汉文化因素最终占据墓葬的主体。突出表现在汉式日用陶器和铜器的大量出现与使用上。汉代本地文化因素的滑石器大量出土也是这一阶段的显著特征。东汉时期，汉文化因素突出表现在汉式模型明器的大量使用上，本区东汉时期的模型明器种类较其他区更多。值得一提的是，本地传统文化因素的硬陶罐和汉代南方文化因素的器物在本区长期共存。且本区较多地受到了来自同时期其他地区汉墓文化因素的影响。

二、东南区两汉时期文化发展过程研究

（一）东南区文化因素分析

皖分区和苏浙赣分区虽然在随葬泥质陶器上存在着不同的趋向，但总体说来，这两个分区的文化面貌比较相近，文化因素构成基本相同。因此，在进行文化因素分析时，作为一个整体进行讨论。

这一分区的文化因素包含以下群（图5.5）。

A群：汉代以前列国文化因素的遗留。分为二亚群。

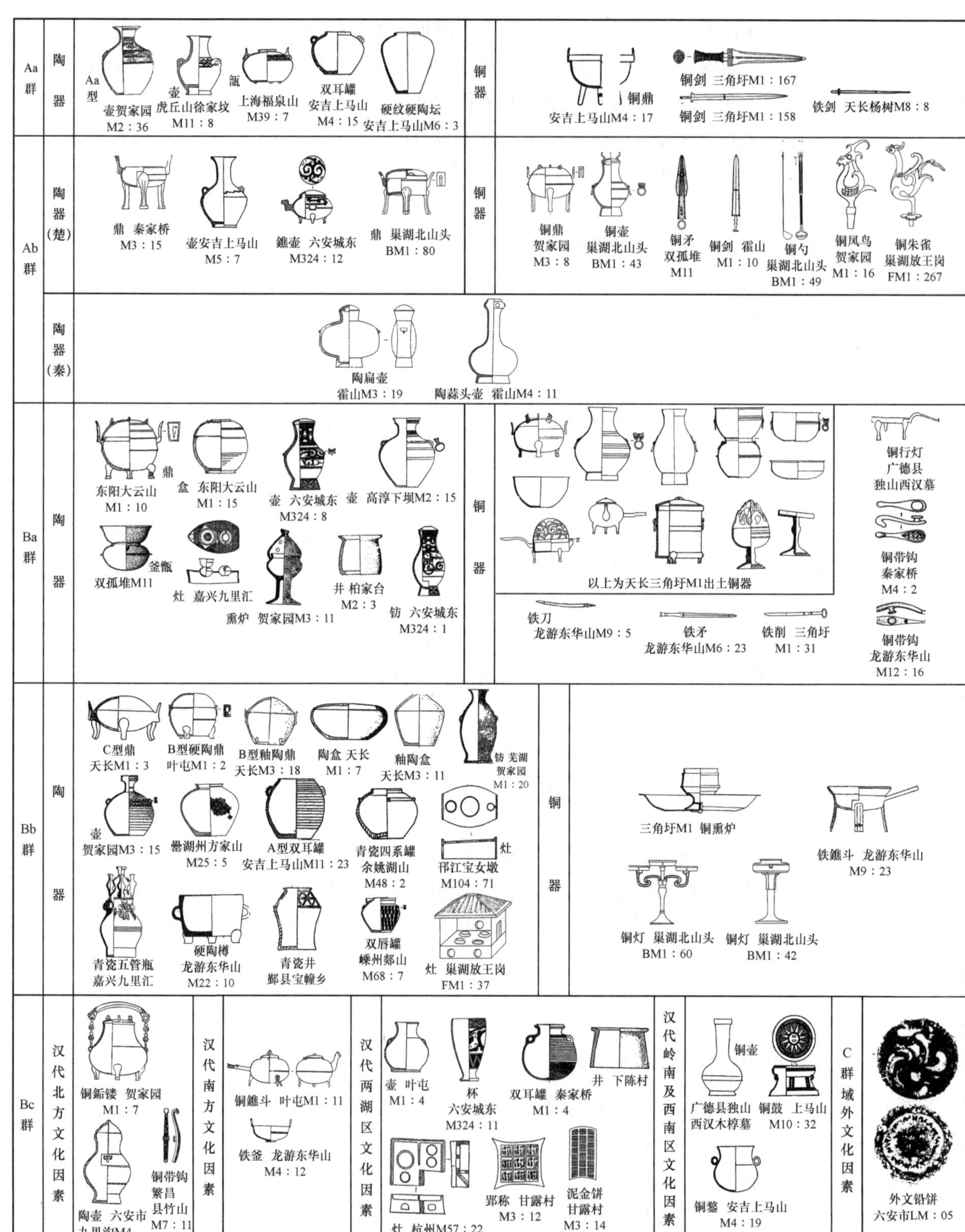

图5.5 东南区文化因素分群

Aa群：本地传统文化因素——吴越文化因素。

以高岭土为胎，釉色以淡黄绿色为主，高温烧成的硬胎釉陶，是本地区自新石器时代以来即存在，经夏、商时期沿用，后被越文化继承并发展的硬陶、原始瓷器烧制技术传统的延续，应视为土著传统文化因素[①]。

陶器：Aa型长颈水波纹壶、绞索纹耳的壶，这种壶身上的水波纹与弦纹结合的手法、鸟纹装饰，以及绞索纹耳在本地区战国晚期墓葬中均已出现。短颈釉陶双耳罐、釉陶瓿从本地区战国时期便已经普遍随葬，在本区一直持续使用到西汉晚期，应该视为本地传统文化因素的继承。同时，釉陶瓿不见于同时期其他地区，亦属于具有本地区特色的器形。浑身拍印麻布纹的硬纹硬陶坛，是江南土墩墓中常见的器物。因此，以上这些器物都应该视为对传统文化因素的继承。

铜器：鼎、剑，均为典型的越文化样式。铁剑的样式和铜剑差不多，应该属仿越文化铜剑的结果。

Ab群：外来文化因素。可以识别的主要有两种，即秦文化与楚文化。

1）楚文化因素。

墓葬形制：如霍山西汉木椁墓，其椁顶及椁四周均填青膏泥。木棺为长方盒状套棺，棺内髹朱漆外髹黑漆、陶器多施黑衣等均具有战国晚期楚墓的特征。

陶器：陶圜底高足鼎、陶大平底高足鼎、长颈壶、绘有彩绘的鐎壶，和楚文化同类器相似。

铜器：高足铜鼎、铜壶、铜凤鸟、铜朱雀、铜长柄勺、带鼻铜矛多见于战国时期楚地，应视为楚文化因素器物。

喇叭形剑首、圆柱形实茎、双凹箍、柳叶形剑身的铜剑（如霍山M1：10[②]）。这种剑起源于何地，目前仍有争议，但在战国时期多见于楚地，因此，亦可视为楚文化因素器物。

2）秦文化因素。秦文化的器物主要有陶扁壶，陶蒜头壶。

B群：汉文化因素。分为三亚群。

Ba群：汉代主体文化因素。

墓葬形制：主要体现在从西汉晚期开始普遍使用室墓。

陶器包含了西汉早期普遍出现的仿铜陶礼器鼎、盒、壶、钫。日用陶器组合罐、釜甑等。还出现汉代普遍流行的双眼船形灶（如嘉兴九里汇[③]）、熏炉、井等。但陶模型明器出土较少，尤其是陶动物俑、陶屋、陶猪圈之类的仅有极少量墓葬出土。

铜器种类比较多，有当时普遍流行的铜鼎、壶、钫、釜甑、盆、盘、釜、鐎壶、

① 转引自张玲：《长江下游地区西汉至新莽中小型墓葬研究》，吉林大学硕士学位论文，2005年。

② 安徽省文物考古研究所、霍山县文物管理所：《安徽霍山县西汉木椁墓》，《文物》1991年第9期。

③ 嘉兴市文化局：《浙江嘉兴九里汇东汉墓》，《考古》1987年第7期。

行灯、樽、熏炉、灯、带钩等。

Bb群：汉代东南区文化因素。

从随葬陶器上看，皖分区中的C型扁圆形泥质陶鼎，B型硬釉陶鼎；扁圆形泥质陶盒、伞状盖釉陶盒；细颈盘口釉陶壶（如贺家园M3：15[①]）；假圈足细颈钫（如贺家园M1：20）；巢湖放王岗[②]M1出土的陶灶（FM1：37）比较特殊，其实为厨屋，四面坡式屋顶，左右两侧山墙与后壁墙齐平。长方形底座，正面设两个圆形火门，灶台面四个火眼。这些器物均不见于同时期其他地区。

苏浙赣分区的印纹硬陶罍应该是本地区战国时期印纹硬陶罐的发展，自从西汉中期出现后，在此区一直流行到东汉中期，不见于同时期的其他地区。A型双耳罐、下腹呈亚腰形的青瓷井（鄞县宝幢乡[③]）、两头方中间弧的灶、带双耳的陶樽、青瓷五管瓶、青瓷四系罐亦不见于同时期其他地区。以上这些器物均应属于本地区汉代形成的地方器形。双唇罐本是汉代各地均流行的器形，但本地出土的双唇罐，体型较矮胖，浑身饰满席纹，属于汉文化与本地特点结合的产物。

铜器：大座盘小炉身的铜熏炉，少见于其他地区。巢湖北山头[④]M1出土的铜灯，一件（BM1：42）整器作豆形，敞口，直腹壁，盘中呈“品”字形分布3个烛扦，细高柄分两段，上段较粗壮，作八棱形，下段稍细，呈圆柱状。盖作覆盆式，由3个120°的扇形面组成，3个扇面外侧均伸出一凸榫，嵌入盘口外的竖槽内贯以横轴相接。每个扇面盘口亦铸一烛扦。使用时可向外开启，一次可点燃6支蜡烛。一件（BM1：60）由3个灯盘组成，中间盘直接置于一花瓶状的高柄上，成豆形。座底喇叭形。这两件铜灯制作精巧别致，比较罕见，可视为地方文化因素。

铁鐎斗，系仿铜鐎斗制成，多在东南区出土，应属于汉代东南区文化因素。

铁器有铁刀、铁矛、铁削等。

Bc群：同时期其他地区汉代墓葬中常见文化因素。

1）汉代北方文化因素。

带博山式盖的陶壶多见于北方地区，应属于北方文化因素。

铅釉陶器在个别墓中有出土。如安徽肥西县金牛汉墓[⑤]出土了19件陶器，均为火候较低、质地松软的泥质红陶，多在表面施绿釉。这种在低温下烧成的釉陶，属于北方铅釉陶类型。这种铅釉陶器主要分布在五岭以北至北方长城沿线，西至河西走廊、东

---

① 安徽省文物工作队、芜湖市文物局：《芜湖市贺家园西汉墓》，《考古学报》1983年第3期。

② 安徽省文物考古研究所、巢湖市文物管理所：《巢湖汉墓》，文物出版社，2007年。

③ 施祖青：《鄞县宝幢乡沙堰村几座东汉、晋墓》，《东南文化》1993年第2期。

④ 安徽省文物考古研究所、巢湖市文物管理所：《巢湖汉墓》，文物出版社，2007年。

⑤ 肥西县文物管理所：《安徽肥西县金牛汉墓》，《考古》1990年第5期。

至东部沿海的广大地区[①]。它和南方地区高温烧制的白胎青釉陶器（或可称原始瓷器）完全不同。因此，本区出土的铅釉陶，应属于北方文化因素。

铜鋗镂基本出土于陕西、陕西及其附近地区，南方地区罕见[②]。兽首型铜带钩见于战国及两汉的洛阳及其以北地区，因此均应视为北方文化因素。

2）汉代南方文化因素。江苏地区的棺多用整段楠木剜空成棺底和棺侧墙，侧墙两端内侧开竖槽，插入两端板。这种用整块楠木剜成棺的做法也见于两广地区和川西地区，可视为南方文化因素。

流口为活页式龟蛇首形铜鐎壶，主要分布于汉代的广州、湖南、江苏、安徽等地，应该属于南方因素的器物。

带双环耳小平底的铁釜（如龙游东华山M4：2[③]），是由西南区的陶釜发展起来，但普遍见于四川、两湖、江浙等地，因此可视为南方文化因素。

3）汉代两湖区文化因素。

带双耳的小壶以及泥质陶杯、绳纹双耳罐、曲尺形灶、斜短直腹井（如下陈村出土的陶井），多发现于同时期的湖北地区。陶郢称、泥金饼、陶双唇罐多见于同时期的湖南地区。因此，以上这些器物应视为汉代两湖区文化因素。

4）汉代岭南区及西南区文化因素。

高领圜底的铜鍪（如安吉上马山M4：19[④]），起源于巴蜀，应视为巴蜀文化因素。

铜鼓和云南滇文化出土的铜鼓比较类似，应视为滇文化[⑤]因素器物。

铜长颈壶应该是由两广地区的瓶发展而来，应该视为两广文化因素的发展形制。

C群：域外文化因素。

六安市砖瓦厂出土的外文铅饼，圆形，正面上铸一条盘卧变形龙，背面内凹，外缘铸一周未被释读的外文字母。对其研究目前看法不一，多数认为应该属于域外的一种货币，通过“丝绸之路”进入我国[⑥]。因此，可视为域外文化因素。

（二）东南区两汉时期文化的动态发展过程

两汉时期的东南区，诸多文化因素在这里交流碰撞，并且不同文化因素在该地区不同发展阶段所处的地位和性质都不相同。

---

① 杨哲峰：《汉墓结构和随葬釉陶器的类型及其变迁》，北京大学博士学位论文，2005年。

② 吴小平：《汉代青铜容器的考古学研究》，岳麓书社，2005年，121页。

③ 黄冈市博物馆、湖北省文物考古研究所、湖北省京九铁路考古队编著：《罗州城与汉墓》，科学出版社，2000年。

④ 安吉县博物馆：《浙江安吉县上马山西汉墓的发掘》，《考古》1996年第7期。

⑤ 由于云南青铜文化从春秋时期开始，一直持续到东汉初期，此种铜鼓见于昆明羊甫头墓地和晋宁石寨山滇墓，因此，本书将铜鼓视为当时南方文化因素的一种。

⑥ 皖西博物馆：《安徽六安市汉墓的清理》，《考古》2002年第9期。

西汉早期，墓葬形制多见楚文化因素的椁内分箱木椁墓，椁外多使用青膏泥。随葬品以仿铜陶礼器与漆器为主。汉代普遍流行的仿铜陶礼器鼎、盒、壶、钫多成组出现，个别墓葬还出现灶和囷。出现汉代东南区文化因素的鼎。楚文化的鼎和秦文化的蒜头壶、扁壶，汉代东南区文化因素的瓿与汉代主体文化因素的仿铜陶礼器一起构成最常见的组合。同时，流行于湖北东部的杯和绳纹双耳罐也普遍出现于西汉早期墓中。流行于湖南西汉早期的泥质货币郢称、泥金饼等也有发现。稍微大型的墓葬均有漆器随葬，漆器的形制、器类与楚文化的漆器一脉相承。总之，西汉早期的东南区文化面貌比较复杂，楚文化因素、秦文化因素、汉代主体文化因素和汉代东南区文化因素等多种文化因素并存，并偶尔可见来自汉代两湖区文化因素的影响。

西汉中期，以汉代主体文化因素为主，突出表现在汉式铜器大量出现，仅有个别为吴越文化的铜器。汉代常见仿铜陶礼器鼎、盒、壶的组合仍然盛行，罐普遍随葬，模型明器井、人俑和动物俑开始出现。同时，出现较多汉代东南区文化因素的鼎、盒和瓿。个别墓中还可见到来自汉代西南文化因素的铜鍪、铜鼓以及汉代北方文化因素的铅釉陶器。此期，楚文化因素大大减少，而以汉代主体文化因素与汉代东南区文化因素为主，并在个别墓中可见汉代北方文化因素和汉代西南文化因素。

西汉晚期，墓葬形制新出现汉代主体文化因素的砖室墓。仿铜陶礼器组合衰落。陶器以汉式壶和汉代东南区文化因素的瓿为主。模型明器井、灶大量盛行。本地传统因素的硬陶坛、釉陶双耳罐也较为流行。规模较大的墓葬多有汉代流行的漆祭奠器和汉式铜器随葬。个别墓中可见汉代岭南文化因素的铜壶。总之，本期汉代以前列国文化因素淡出历史舞台，而以汉代主体文化因素为主，汉代东南区文化因素为辅，同时偶尔可见本地传统文化因素和汉代岭南文化因素的影响。

东汉早期，墓葬形制以汉式砖椁墓和砖室墓为主。汉式壶和汉代东南区文化因素的瓿、罍、双耳罐普遍盛行。汉代主体文化因素的器物主要体现在铁器及铜器上，铁矛、铁釜、铁剑普遍随葬。规模较大的墓葬还出土汉式铜壶、洗、盆、灯、鐎壶、釜甑等。汉代东南区文化因素的青瓷四系罐出现。总之，本期总体特点是以汉代主体文化因素为主，汉代东南区文化因素为辅。

东汉中期，墓葬形制以汉式砖室墓为主。汉代主体文化因素的高圈足盘口壶开始盛行，汉代东南区文化因素的罍大量随葬。出现汉代岭南区文化因素的釉陶五管瓶。同时本地传统文化因素的硬陶双耳罐和硬陶坛也较为常见。汉代主体文化因素主要体现在陶灶、釉陶猪圈、陶井等。汉式的铁器随葬较为普遍，有铁矛、刀、剑、锸、灯等。同时可见流行于汉代南方地区的铁釜以及流行于本区的铁鐎斗等。本期总体特点是以汉代主体文化因素为主，汉代东南区文化因素为辅。偶尔可见来自汉代南方地区的文化因素。

东汉晚期，墓葬形制多见汉式砖室墓。随葬器物以汉代东南区文化因素的青瓷双耳罐和汉式青瓷壶、灶、耳杯为主。伴出汉代东南区文化因素的五联罐、四系罐和汉式井。本期总的特点是以汉代主体文化因素为主，汉代东南区文化因素为辅。

综上所述，东南区两汉时期文化因素比较复杂，既可见周边地区的影响，亦可见较远的滇文化、北方文化以及两广地区文化因素的影响。但总体说来，在西汉中晚期，汉文化便占据墓葬的主体。整个东汉晚期，本地区一直是以汉代主体文化因素为主，汉代东南区文化因素为辅的模式。但本地区和其他地区不同的是，汉代主体文化因素更多地体现在铜器和铁器上。而陶器的部分种类无论从纹饰还是器形则较多地体现东南区的本地特色，且流行时间较长。如釉陶瓿和硬釉陶罍，这两种器物构成了东南区最基本的陶器组合，瓿从西汉早期到东汉早期一直存在，罍则从西汉中期一直使用到东汉中期。

三、岭南区两汉时期文化发展过程研究

（一）岭南区文化因素分析

这一地区的文化因素可以分为以下群（图5.6、图5.7）。

A群：汉代以前列国文化因素的遗留。分为二亚群。

Aa群：本地传统文化因素——百越文化因素，即是指本地在新石器时代土著文化的基础上形成的周秦以来东南百越民族文化体系。这种文化有许多特征性因素，如以几何印纹陶质的罐、钵、瓮、瓿等为主的生活器具；有段、有肩石器；特征显著的青铜兵器群；珠贝饰品；平地葬与船棺葬等①。

墓葬形制：带腰坑或底铺小石的竖穴土坑墓，应该是本地区战国时期百越文化的遗留。

陶器：普遍拍打有几何图形戳印的硬陶瓮、罐、瓿等，为本地区百越文化的遗留。陶碗的形制为深腹大平底，和越文化中的原始瓷碗比较相似。

铜器：越式鼎、钺、锛、剑、斤、阔叶细骹界格矛等，均带有本地越文化的特征，因此，属于本地百越文化的遗留。

Ab群：外来文化因素。主要包含楚文化因素和秦文化因素。

1）楚文化因素。

墓葬形制：在椁内设模造门扉及上下分层的形式为战国楚墓的构造特点。

随葬器物：具有楚文化特征的铜提梁壶、鎏金铜饼、铜兵器矛、铜戈以及铁锄等。

2）秦文化因素。主要指出现了秦文化的铜器，如铜扁壶、铜蒜头壶等。

B群：汉文化因素。分为三亚群。

Ba群：汉代主体文化因素。

墓葬形制：主要体现在从东汉早期开始室墓的广泛使用上。

陶礼器：包括汉代普遍流行的Bb型III式、Bb型IV式鼎，Aa型I式盒，Ab型、B型铺首壶，A型钫，除D型外的陶魁，A型、B型灶（灶壁带水缸的除外），豆型陶灯，水

① 邱丹丹：《广东西汉南越王墓内涵的文化因素分析》，《东南考古研究（第三辑）》，厦门大学出版社，2003年，211页。

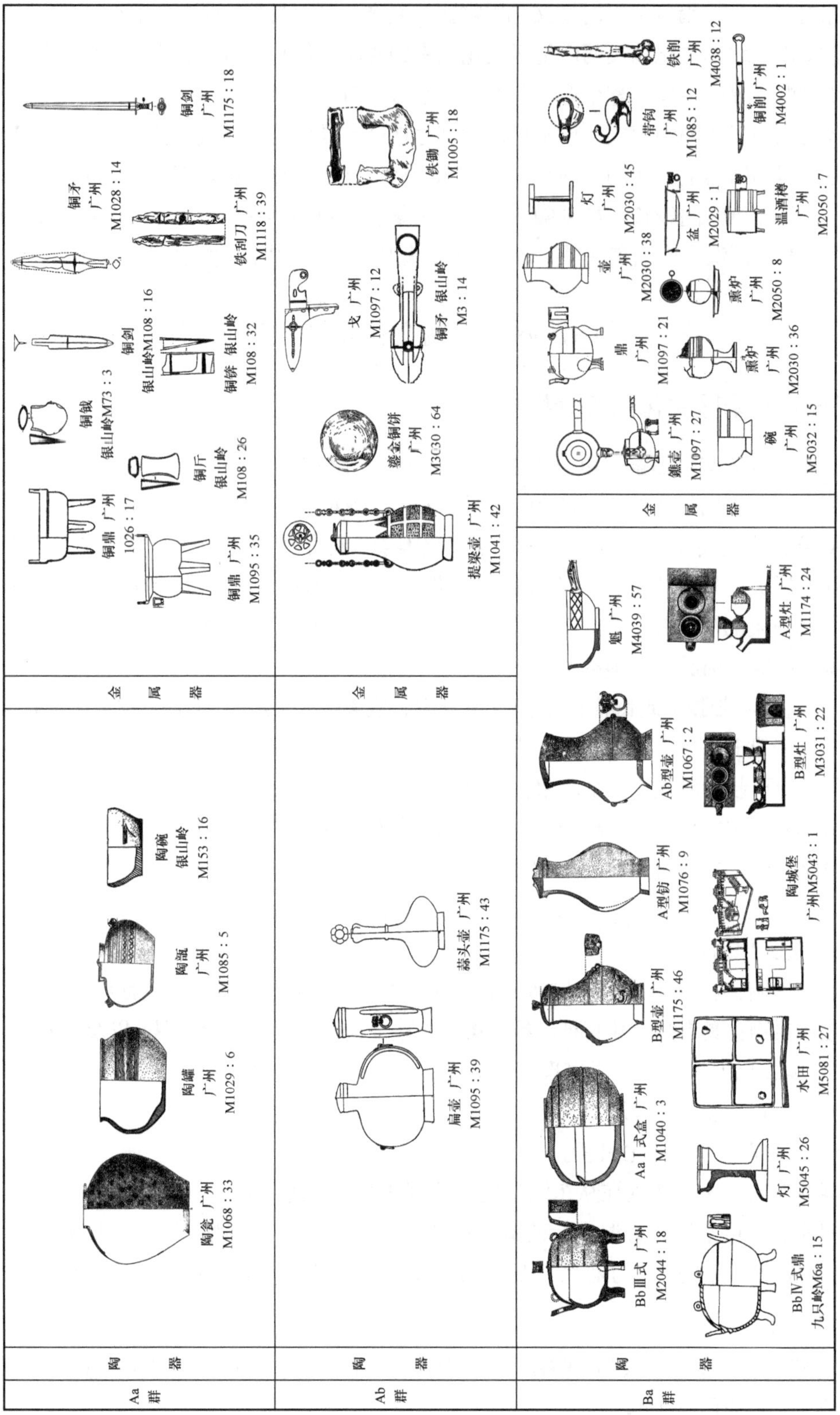

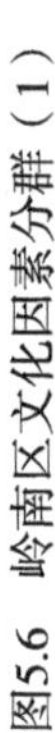

图5.6　岭南区文化因素分群（1）

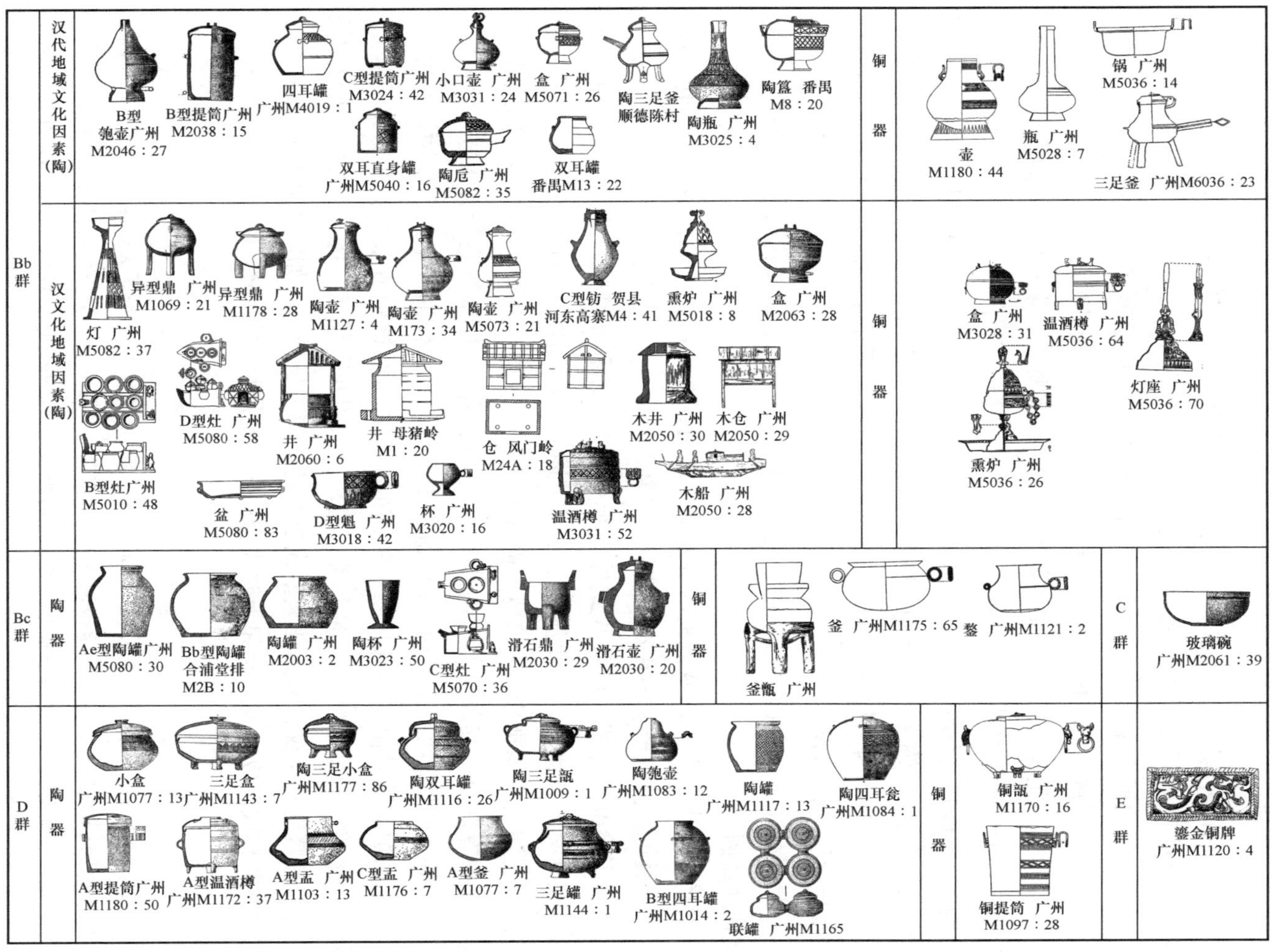

图5.7　岭南区文化因素分群（2）

田，城堡等。

铜器：为汉代普遍流行的鼎、壶、熏炉、灯、鐎壶、温酒樽等。圆首有格剑①、带钩、镜等。

铁器：铁削。

Bb群：汉代岭南区文化因素。与其他区不同的是，本区文化因素所包含的两重含义能明确地区分开来，而其他区则很难区分。因此，本区将两重含义的文化因素分开叙述。

一是汉代地域文化因素，即汉代新出现的具有本地区特色的文化因素。

墓葬形制：封门式木椁墓在本地出现，不见于同时期其他地区。

陶器：陶三足釜，瓶，B、C型陶匏壶，B、C型提筒，除C型之外的所有四耳罐，除Aa型之外的所有双耳罐，卮，簋，双耳直身罐，小口壶等。

铜器：扁鼓腹大圈足铜壶（广州M1180：44②），环耳，短颈、扁鼓腹、高圈足风格似越地常见的匏壶，纹饰为勾连云纹和几何纹饰。瓶、三足釜、锅均属于岭南系青铜器③。

以上这些器物因为仅在两汉时期的本地区出现，不见于同时期其他地区，因此，视为汉代地域文化因素。

二是汉代主体文化因素与本地文化因素相结合所产生的文化因素，在本书中称为汉文化地域因素。

陶器：汉代在广大地域范围内普遍流行的仿铜陶礼器鼎、盒、壶、钫、仓、灶、井、屋、熏炉、温酒樽、杯在本地被赋予了新的特征。

包含了除Bb型Ⅲ式、Bb型Ⅳ式外的所有型式的鼎和异型鼎，尤其是盘口鼎、小口双领鼎最具有地方特色，主要流行于西汉早期；除Aa型Ⅰ式外的所有盒；除A型、B型之外的所有陶壶，均饰横耳；C型带横耳的钫；陶井均有井亭，井亭多为四阿式，有瓦垄，正中有短脊，其井身的形制和其他地区均不同；灶壁两侧带有水缸（水缸数量1～6个不等）的B型灶，以及两侧带水缸的D型灶；平面作曲尺形的上下两层的房屋；陶熏炉，熏炉应该是由中原移民带入岭南的，但是从纹饰到造型上明显受到了越文化的影响，比如很少见中原流行的山峰式盖，而采用花蕾状盖；除A型之外的所有温酒樽，均饰有繁复的花纹，多为熊座型或兽面足；陶三足型盆（如广州M5080：83）应是仿制铜盆的样式制成；屋形仓和干栏式仓；斜长柱形灯柱的陶灯（广州M5082：37）；

---

① 圆形有格剑：根据李龙章的观点，此型剑是东周式剑，且起源于吴越地区（李龙章：《湖南两广青铜时代越墓研究》，《考古学报》1995年第3期）。但由于此型剑东周时期便已经在中原、江汉、吴越地区、湖南和两广越墓中常见，在汉代仍普遍见于这些地区，应该可以认为，此型剑属于在汉代疆域内广泛出现的汉式器物了。

② 中国社会科学院考古研究所、广州市文物管理委员会、广州市博物馆：《广州汉墓》，文物出版社，1981年。

③ 吴小平：《汉代青铜容器的考古学研究》，岳麓书社，2005年。

带耳的高足杯（如广州M3020：16）。

铜器：盒、温酒樽、灯座、熏炉等，均式样复杂，且饰有繁复的花纹。

木器：仓、船、井，这种木制模型明器在别的地区比较少见。

以上这些陶器、铜器、木器均带有强烈的地方色彩，应视为汉文化与本地文化结合而产生的文化因素。

Bc群：同时期其他地区汉代墓葬中常见因素。

1）汉代两湖区文化因素。Ae型、Ab型陶罐与两湖地区陶罐比较类似，还可见湖北地区常见的杯。梯形灶见于同时期的两湖区，但此区的梯形灶多有两侧带水缸，应是两湖文化因素本地化的结果。

本区也发现了一定数量的滑石器。这种滑石器在湖南、湖北、江西、广东、广西地区均有发现，以湖南出土的数量和种类最多，战国时期已经出现。且在湖南发现了滑石的出产地。此区的滑石器多出于西汉早期和中期。由于材料所限，无法知晓本区滑石器的具体来源，暂且视为从湖南地区传入。

2）汉代西南区文化因素。如出土典型的大口双环耳巴式釜、巴式釜甑，这两种器物主要流行于两汉时期的西南区，应属于汉代西南区文化因素。一大一小两绹纹耳的铜鍪，亦为汉代西南区文化因素。

C群：域外文化因素。主要指来自东南亚等国的舶来品。

本区自西汉中期以后墓中便有较多的串珠出土。这些串珠包括玛瑙、鸡血石、柘榴石、煤精、水晶、硬玉、琥珀和玻璃等不同质料。还有叠嵌眼圈式玻璃珠、蓝色玻璃碗等。这些器物与中国传统的工艺品迥异。应属于与南亚诸国贸易得来[①]。

D群：南越国统治期间当地的土著——“南越人”留下的文化因素，即《史记》南越传中所说的“（佗）与越人杂处”的南越人[②]留下的文化因素。

陶器有Ba型、Bb型小盒，三足盒，三足小盒，A型匏壶，A型提筒，Aa型双耳罐，C型四耳罐，A型温酒樽，B型三足瓿，A型、C型盂，A型釜，三足罐，联罐等。

铜器有铜提筒、铜三足瓿。铜提筒作为酒器仅流行于西汉初期，西汉中期即消亡，其原因可能与南越国灭后，北方汉人大量南下有关。随着汉人的迁入，在中原地区盛行的盛酒器铜樽也南下并在岭南地区开始流行，从而取代了提筒的位置[③]。

以上这些陶器和铜器仅在南越国统治期间出现，随着南越国的消亡而消亡，不见于同时期的其他地区，因此应属于南越国文化因素。

---

① 中国社会科学院考古研究所、广州市文物管理委员会、广州市博物馆：《广州汉墓》，文物出版社，1981年。

② 中国社会科学院考古研究所、广州市文物管理委员会、广州市博物馆：《广州汉墓》，文物出版社，1981年。

③ 吴小平：《汉代青铜容器的考古学研究》，岳麓书社，2005年，232页。

E群：匈奴文化因素。

广州M1120墓中所出长方形鎏金铜牌，样式、花纹、风格与我国北方内蒙古、辽宁等地秦汉时期匈奴墓中所见的镂空铜牌相似。

（二）岭南区两汉时期文化的动态发展过程

两汉时期的岭南地区，诸多文化因素在这里交流碰撞，并且不同文化因素在该地区不同发展阶段所处的地位和性质都不相同。

西汉早期，流行土著百越文化的带腰坑或底铺小石的竖穴土坑墓。带有百越文化特征的铜器数量较多，同时可见百越文化和南越国文化特征的陶器。南越国统治时期，随葬品最突出的特点是其组合分为两大类。一类以汉代主体文化因素的仿铜陶礼器组合鼎、盒、壶、钫随葬，这类墓葬占70%，应该属于南下的中原汉人墓葬。另一类是以随葬百越文化特征的日用陶器为特征，约占30%，一般认为是土著越人的墓葬。这一时期，以广州为中心的地区汉代主体文化因素与土著百越文化因素出现了较强的融合，突出表现在南下的汉人开始吸收越人的文化，出现了部分地方化的汉文化器物，如盘口鼎、Ac型陶壶等；另外表现在广州地区的土著越人出现了越文化面貌的弱化和汉文化因素加强的现象。与此相反的是，在广州以外的其他岭南地区，越文化则相对保守，受到汉代主体文化因素影响的程度极其有限。这一时期，战国时期秦文化和楚文化因素的器物只见铜器，秦文化因素器物包括铜扁壶、蒜头壶、鍪等；楚文化因素器物包含铜提梁壶、铜戈和铁锄。同时，还出土一件北方内蒙古、辽宁等地秦汉时期匈奴墓中常见的鎏金铜牌。出土部分来自湖南地区的滑石器。总之，本期汉代主体文化因素、百越文化因素和南越文化因素各占一定比例，同时可见秦、楚文化因素和汉代两湖地区文化因素的影响。

西汉中期，以木椁墓为主。椁室较普遍作上下两层，西汉前期坑底铺小石或有腰坑的墓这期完全消失。硬陶占绝大多数，釉陶增多，纹饰趋于简朴。以鼎、盒、壶、钫为一组的汉式陶礼器显著减少，具有浓厚南越国特色的瓿、三足罐、三足盒几乎绝迹。取而代之的是汉代各地普遍流行的灶、井、仓（或囷）、屋等模型明器，既有汉代主体文化因素的器形，也有汉代岭南区文化因素的器形。同时流行汉代岭南区文化因素的四耳罐、五联罐、提筒、温酒樽、匏壶等，以及汉代各地普遍流行的日用陶器瓮、罐、盆、碗、釜、盂。伴出汉代岭南区文化因素的熏炉、木井、木仓、木船等。本期规模较大的墓葬均出土了部分汉式铜器，如鼎、熏炉、盘、灯、壶、鐎壶、温酒樽等。出土部分来自湖南地区的滑石器。总之，本期南越国文化因素和汉代以前列国文化因素几乎绝迹，而转为以汉代主体文化因素和汉代岭南区文化因素为主，同时可见少量汉代两湖区文化因素。

西汉晚期，以木椁墓为主。随着钫的消失，出现了新器形陶簋，并与原来的仿铜陶礼器类器物形成鼎簋盒壶或者鼎簋盒的新组合。说明以鼎盒壶钫为象征的周秦礼制在岭南地区的延续已经步入尾声，以鼎簋盒壶为象征的汉代礼制因素在岭南地区已经普遍化，这组器物作为礼制的因素已经相对弱化，并具有地域特点，属于汉代岭南区文化因素。同时，经历南越国时期的发展和汉平南越后的进一步融合，汉越文化面貌的分野已经逐步消失。主要盛行汉代普遍流行的模型明器仓、灶、井、屋、囷、温酒樽等；日用陶器盆、盂、碗等；汉代岭南区文化因素的四耳展唇罐、瓶、三足釜、小口壶、四耳罐、提筒等。总之，本期文化因素以汉代主体文化因素和汉代岭南区文化因素为主，具有地域特点的汉文化因素完全占据墓葬的主体。

东汉前期，墓葬形制上仍以木椁墓为主，小型砖墓出现并逐渐取代传统的木椁墓。西汉时期普遍流行的鼎、盒、壶的组合已经较为松散，而汉式模型明器仓、灶、井、屋和陶制的禽畜等普遍盛行，日用陶器的盆、碗、盂继续普遍存在。汉代岭南区文化因素的四耳罐、双耳直身罐、温酒樽、卮、魁、簋、三足釜大量存在。东汉时期各地常见的汉代主体文化因素的祭奠用器案、勺等出现。总之，本期以具有地域特点的汉文化因素为主体。

东汉后期，墓葬形制以汉式砖室墓为主，木椁墓仅占七分之一。陶礼器组合多见壶，盒数量较少。汉代岭南区文化因素的模型明器大量存在，如仓、带水缸的灶、井、屋、城堡、禽畜、水田、船等。日用陶器的盆、碗、盂继续存在。仅在本地汉代流行的四耳罐、罐、四耳展唇罐、双耳直身罐、魁、卮、瓶、三足釜、温酒樽等大量共出。祭奠用器案、勺、耳杯、魁也出现于较多墓中。此期铜器出现较多，有汉式碗、熏炉、盆、提梁壶、温酒樽、案等，也有本地特色的三足釜、瓶和锅。还可见汉代西南区文化因素的釜甑。总之，本期仍以具有地域特点的汉文化因素为主体，并可见少量来自西南区文化因素的影响。

总体说来，西汉早期本区众多文化因素并行存在，但其实已转变为以汉文化因素和本地的南越国文化因素为主体，还存在一定数量的楚、秦文化因素的铜容器和兵器。西汉中晚期，一方面具有汉文化礼制象征的器物在形态上趋于本地化，另一方面传统的越文化和南越土著文化的器物种类逐渐消失，汉代新出现的具有岭南地区特色的器物种类最终形成，由此形成了具有地方特色的、较为统一的岭南汉文化。东汉时期，具有岭南地区特色的汉文化因素进一步发展。值得一提的是，本区西汉时期新出现的一批具有较强地域特征的陶器，即汉代地域文化因素。这批陶器不见于同时期其他地区，且从出现开始就一直伴随着汉代主体文化因素流行于整个两汉时期。

四、西南区两汉时期文化发展过程研究

（一）西南区文化因素分析

通过与周边地区进行比较，可以将西南区所包含的文化因素分为以下群（图5.8）。

A群：汉代以前列国文化因素的遗留。包含二亚群。

Aa群：本地传统文化因素。包含本地区巴蜀文化、贵州地区夜郎及土著文化因素、云南滇文化及越族青铜文化等因素。

1）本地巴蜀文化因素包含：

从墓葬形制上看：仍存在四川地区春秋战国以来的土坑竖穴式窄坑墓。

陶器：主要为日用陶器。有B型鼎，A型豆，C型釜、圜底釜、仿铜单耳釜与双耳釜，陶大口瓮（亦被称为罐），带双耳的巴式圜底釜甑，小口圜底罐等。

铜器包含容器和兵器两种。主要有带双耳的盆、单耳或双耳的鍪，巴蜀式典型的青铜兵器平肩折腰式钺、柳叶形剑和矛等。

2）贵州地区夜郎及土著文化因素包含：

夜郎式铜釜主要见于云贵地区。单把罐见于贵州地区汉代以前土著文化墓葬中。

3）云南滇文化及越族青铜文化因素包含：

滇文化的铜剑；形态各异的人物造型如清镇[①]M11出土的铜人、大展屯[②]M2出土的人面型铜案足等。均带有滇文化特色。

骹略呈锥形的铜矛（赫章可乐M8：21[③]），与越南东山文化的矛相近，越南与我国广西、云南相邻，关于越南北部地区青铜时代居民的族属，部分学者认为就是古代的骆越，因此可以归结为越族青铜文化。这种矛应该属于越族青铜文化的孑遗[④]。

Ab群：外来文化因素。能够识别出来的主要有楚文化因素和秦文化因素。

1）楚文化因素。主要表现在土坑木椁墓椁外较多使用白膏泥，以及出土较典型的楚文化器物，如有高细足的鼎、带四耳的壶、弧腹甑和长颈罐，还有铲形铜勺。

2）秦文化因素。表现在埋葬方式上个别墓葬可见屈肢葬，以及出土比较典型的秦文化器物，如陶折腹钵以及折腹盆、铜蒜头壶、铜扁壶等。

B群：汉文化因素。分为三亚群。

Ba群：汉代主体文化因素。

墓葬形制：主要体现在从西汉晚期或王莽时期开始，砖室墓的广泛使用上。

陶器：主要包含仿铜陶礼器Ab型鼎，盒，A型壶，钫。日用陶器中的各种平底罐、陶魁、熏炉、奁等。模型明器中的囷、井、灶、房屋、水田、禽畜以及人物俑等。

铜器包含鼎、壶、镜、带钩、灯、行灯、环首刀等。

铁器有削刀、斧、凿、镰等。

Bb群：汉代西南区文化因素。

从墓葬形制上看，主要表现为崖墓的出现。崖墓在川西地区东汉时期大量存在，

---

① 贵州省博物馆：《贵州清镇平坝汉墓发掘报告》，《考古学报》1959年第1期。

② 大理州文物管理所：《云南大理大展屯二号汉墓》，《考古》1988年第5期。

③ 贵州省博物馆考古组、贵州省赫章县文化馆：《赫章可乐发掘报告》，《考古学报》1986年第2期。

④ 郑小炉：《吴越和百越地区周代青铜器研究》，科学出版社，2007年，217、218页。

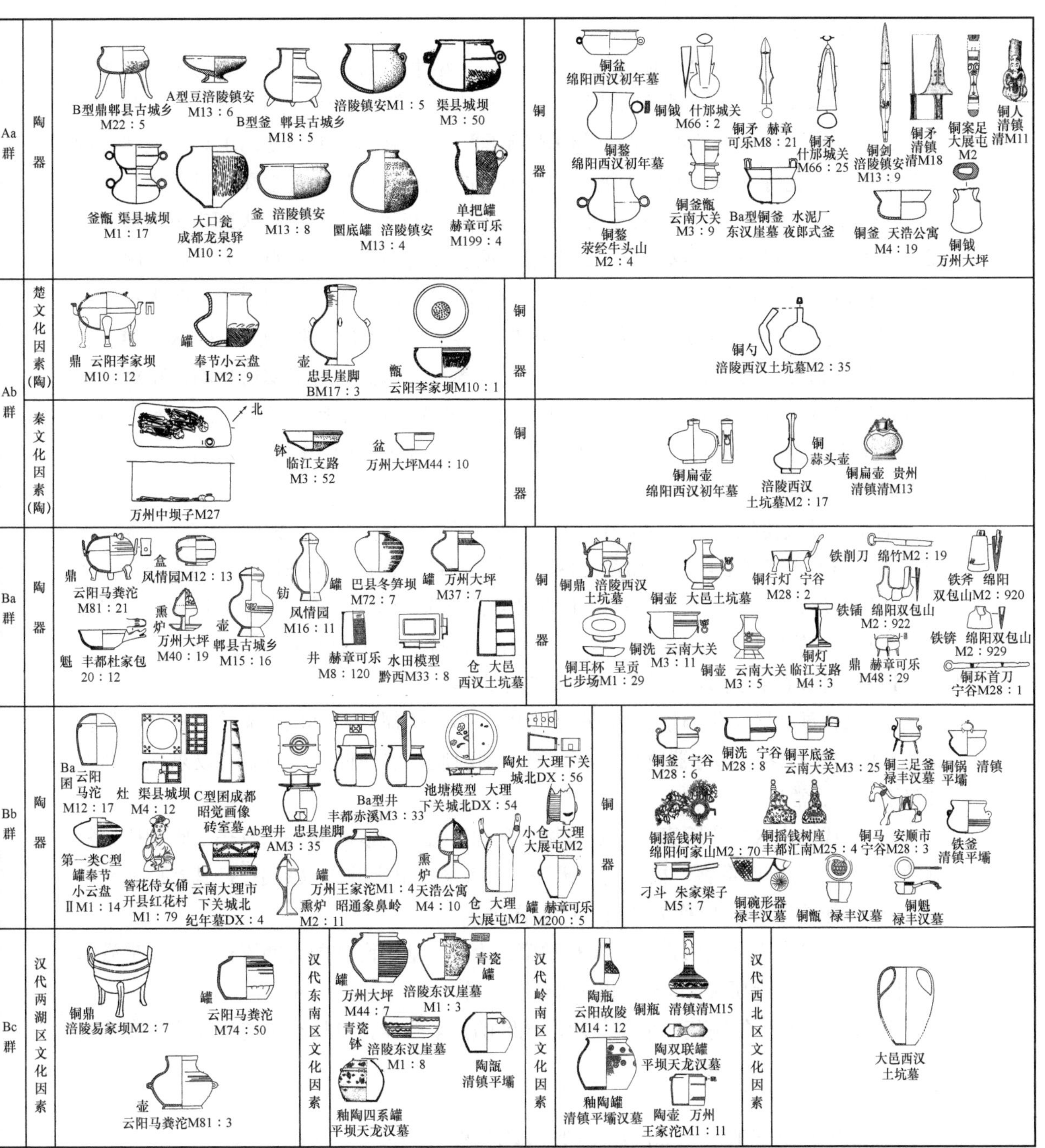

图5.8　西南区文化因素分群

但在同时期其他地区却少见。

陶器：日用陶器主要表现在第一类Ba型、C型束颈圜底罐以及个别的小口平底罐上。模型明器随葬种类和同时期其他地区大致相似，但囷、罐形井（Ab型）、带井架的束颈井（Ba型）等器物的形制其他地区不同，多为罐形。带高足的熏炉、长实心细柄的熏炉、簪花侍女俑、大理大展屯[①]M2出土的肩附两支对称实心圆柱形角敛口溜肩仓、三足小仓、C型长斜直腹囷，均带有浓厚的地方色彩。另有云南大理市下关城北东汉纪年墓[②]出土的陶囷（DX：44），形制罕见。其为侈口，斜直腹，大平底，腹壁底部外加护圈。此器可能是陶仓形制的囷，用于露天屯粮。底盘护圈为防潮防水护栏，器壁"Z"字形连折的附加麦穗纹代表囷的紧固绳。其出土的池塘模型（DX：54），里面捏塑了荷花、荷叶、鱼、螺、水母、江鳅等水生动物，这些动植物均是东汉时期大理地区常见的水生动植物品种，因此，此池塘模型应属于汉文化器物本地化的结果。其出土的陶灶（DX：56），平面呈梯形，侧立靠近火门一端低后面高，三火眼。梯形灶在两湖地区有出土，但未见此式。

铜器：摇钱树仅在本地汉墓中出现。源于夜郎式釜的刁斗，铜魁、铜三足釜、铜碗形器、铜平底釜器形均属于西南地区特有的铜器[③]。铜锅也是在巴蜀式铜釜的口沿上加两环耳而形成。贵州安顺宁谷[④]出土的铜釜、铜洗、铜马比较少见于其他地区。深盘口铁釜其实是仿巴式铜釜而制成。以上这些器物均属于汉代西南区文化因素。

Bc群：同时期其他地区汉墓中常见文化因素。

1）汉代湖北区文化因素，如细高足铜鼎、双耳陶罐、双耳矮陶壶等，这些器物在湖北地区出土较多。部分器物腹部有莲瓣形刮削痕，这种现象在瞿塘峡以东地区乃至江汉平原十分常见[⑤]。

2）汉代东南区文化因素。主要可见江浙地区流行的双耳罐，以及东汉晚期比较常见的青瓷钵、青瓷四系罐、釉陶四系罐等。清镇平坝出土的陶双系罐[⑥]，其器形和东南区出土的瓿比较相似，应称为"瓿"比较合适。

3）汉代岭南区文化因素，如陶双联罐，为两广地区南越国时期流行器形。带戳印纹的陶罐，其纹饰和形制均与广州同类器形相同。

清镇M15[⑦]出土的铜瓶，形制与两广地区的完全一样，只是动物造型纹饰带有滇文

---

① 大理州文物管理所：《云南大理大展屯二号汉墓》，《考古》1988年第5期。

② 大理州文物管理所：《云南大理市下关城北东汉纪年墓》，《考古》1997年第4期。

③ 吴小平：《汉代青铜容器的考古学研究》，岳麓书社，2005年。

④ 贵州省文物考古研究所：《贵州安顺市宁谷汉代遗址与墓葬的发掘》，《考古》2004年第6期。

⑤ 艾露露：《重庆地区汉代墓葬的初步研究》，吉林大学硕士学位论文，2007年。

⑥ 贵州省博物馆：《贵州清镇平坝汉至宋墓发掘简报》，《考古》1961年第4期。

⑦ 贵州省博物馆：《贵州清镇平坝汉墓发掘报告》，《考古学报》1959年第1期。

化特色。云阳故陵M14[①]出土的陶瓶，与两广地区陶瓶有一定相似，但颈较两广地区的矮胖，应该是两广地区瓶的发展形制。

4）汉代西北区文化因素，主要可见西北地区流行的双耳罐等。

（二）西南区两汉时期文化的动态发展过程

两汉时期的西南地区，不同的文化因素在不同的时期所处的地位也不相同，逐期考察这一地区不同文化的消长关系，有助于了解汉文化在这一地区的形成与发展过程。

西汉早期，青铜器占较大比例。陶器以罐、釜、豆为基本组合。汉代主体文化因素只在少数几座墓中出现，主要体现在仿铜陶礼器鼎、盒、壶、钫的组合和铜器的使用上，以及部分合葬墓的出现。在墓葬中占主体的是巴蜀文化因素、楚秦文化因素以及汉代西南区文化因素中的井。巴蜀文化因素主要出土B型鼎、圜底罐、A型矮柄豆、铜鍪、巴蜀式铜釜甑、铜矛、铜钺、铜剑等。个别墓葬可见浓厚的楚文化影响，即木椁墓中使用白膏泥。部分墓葬出土秦文化常见的屈肢葬、蒜头壶、扁壶等。本期文化面貌主要延续了本区战国以来的发展轨迹，巴蜀文化因素、楚秦文化因素和汉代主体文化因素共同发展，汉文化因素还未形成自己的体系。

西汉中期，汉代普遍流行的陶礼器组合变得零散，钫基本消失。鼎、盒、壶分散出现于各墓中。日用陶器主要为釜、甑、罐。铜器中新增灯、车马器、洗、勺等。铜车马器的大量随葬是本区一个显著的特色。巴蜀文化因素中的A型矮柄豆、典型的巴蜀式青铜兵器已基本不见。取而代之的是汉代常见的铜剑或铁剑。B型鼎、圜底釜、大口小平底瓮、铜釜、铜釜甑在墓中继续存在。新出现汉代西南区文化因素的灶和囷。可以看出，此期中列国文化逐渐淡出，汉代主体文化因素开始激增。

西汉晚期，汉代主体文化因素主要体现在筑墓方式的改变、日用陶器和模型明器的广泛使用上。开始表现出与同时期其他地区相同的发展趋势。出现砖室墓，仿铜陶礼器数量进一步减少，鼎、盒已经少见，只有壶一直持续到东汉晚期。模型明器中新增加了各式动物俑、简单捏制的人俑和水田模型。出现熏炉等。巴蜀文化、楚秦文化因素已经完全衰落。巴蜀文化因素的器物除了陶釜、铜鍪、铜釜一直保留下来，其余器形则基本消失。且巴蜀文化中的陶釜和秦文化的折腹钵，以及汉代主体文化因素中的其他日用陶器一起，构成了具有西南区地域特色的日用陶器组合。同时，来自云贵高原的铜釜，经过改造之后，在本地区得以普遍沿用。正是在此期，汉代主体文化因素在此地完全占据了墓葬的主体，形成了具有西南区地域特色的汉文化。

东汉时期，汉代西南区文化因素的崖墓异军突起，和汉代普遍流行的砖室墓、石室墓一起成为当时主要的墓葬形制。而汉代西南区文化因素的模型明器和汉式日用陶

① 中国历史博物馆故陵考古队、云阳县文物管理所：《云阳故陵楚墓发掘报告》，《重庆库区考古报告集·1998卷》，科学出版社，2003年，389～415页。

器及铜器、兵器一起，构成了当时最主要的随葬品种类。主要可见各种罐的流行，汉代西南区文化因素的囷、灶、井等器物的广泛使用，禽畜、楼房、水田等模型明器的盛行，以及人物俑、摇钱树的大量出现。少数墓葬中可见来自同时期其他地区文化因素的影响。东汉晚期，开始出现青瓷器。这一时期，此地的汉文化呈现出与全国一致的特点，同时，地方特点较为鲜明。

综上所述，西汉早期，以本地传统文化因素和汉代以前列国文化因素为主，汉文化因素仅在极少数墓中体现。随葬铜器多为铜兵器。西汉中期—西汉晚期，列国文化因素淡出，汉文化因素占据墓葬文化的主体，汉代比较流行的铜器在此期大量出现，尤其是出现了大量少见于汉代南方地区的铜车马器。东汉时期，汉代主体文化因素的模型明器大量盛行，汉代西南区文化因素的器物和墓葬形制也顽固存在，两者并行发展，共同构成了本地区特点鲜明的文化面貌。

第六章　各区地域文化特点及其形成原因的探讨

春秋战国以来，各诸侯国有较大的独立性，尤其是与周王室关系比较疏远的秦、楚、越等国，战国时经济发展比较快，在墓葬文化习俗方面均有了各自的特色。秦统一后因持续的时间很短，还没来得及在政治版图内完全形成秦文化墓葬习俗，原东周传统文化区域和楚地及楚文化影响区域仍有较强的自身特点。汉王朝继秦之后，形成了疆域辽阔的统一国家①。在西汉中晚期，淮河以南的中国南方地区，列国文化因素终于消失殆尽，最终形成了比较统一的汉文化。即便如此，在两汉时期，由于各不同地域政治、经济发展的差别，以及地理环境和历史传统的不同，由各种文化因素构成的墓葬习俗也呈现出地域性的差异。本章将分区从墓葬形制、随葬品和文化因素构成的特点来探讨各分区的文化特点及其形成原因。

第一节　两湖区地域文化特点及其形成原因

一、鄂西分区

（一）鄂西分区地域特点

1. 墓葬形制

宜昌、秭归和巴东地区多岩坑墓。

2. 随葬器物

干栏式囷在两湖地区出现于西汉早期，西汉时期一直存在。

---

① 谭长生：《论汉代墓葬的文化特点》，《探古求原——考古杂志社成立十周年纪年学术文集》，科学出版社，2007年，258页。

3. 文化因素构成

1）西汉初期的江陵地区，保留了较为浓厚的秦文化遗风，如随葬铜器中的矮足鼎、蒜头圆壶、蒜头扁壶、鍪，陶器中的釜、盂、瓮、罐日用品组合，皆为典型的秦式风格，与当地的秦代墓几乎难以区分。这与同时期的其他地区相比，比较特殊。

2）此区可见较多同时期其他地区文化因素，既有周边地区，如淮河以北地区、东南区文化因素的影响，个别器物上亦见岭南区、西南区文化因素的影响。

（二）鄂西区地域文化形成原因

1. 地理环境因素

1）开凿于岩坑地面的墓葬和开凿于土质地面的墓葬从墓葬形制本身来说没有任何区别，只是适应于不同地理环境下的两种模式。由于湖北省正处于中国地势第二级阶梯向第三级阶梯的过渡地带，地势西高东低，整体呈三面高起、中间低平、向南敞开、北有缺口的不完整盆地的形态。而鄂西鄂北多为山地地形，广泛分布着石灰岩和砂岩，岩坑墓的出现，正是适应鄂西鄂北地理环境而产生的一种形式。

2）干栏式囷主要发现于岭南区和两湖区，淮河以北地区不见。虽然这种囷在岭南区最为多见，但在两湖区出现于西汉早期，在岭南区则出现于西汉中期。这种干栏式囷在南方地区的出现和地理环境有关。南方地区潮湿多雨，这种囷在底部加高高的四足，在储存粮食的时候能起到很好的防潮作用，同时还能躲避鼠害虫害等，上置顶或铺茅草还能防雨。因此，这种囷是适应南方地区潮湿多雨气候条件的一种储粮措施。

3）此区地处长江中游，位于南北交通的枢纽地带，因此比较容易受到周边地区的影响。因此，本区可见较多同时期其他地区文化因素。

2. 政治因素

西汉初期江陵地区仍保留着较为浓厚的秦文化因素，和这一地区的政治背景有关。根据《史记·楚世家第十》[①]所记：“（楚顷襄王）十九年，秦伐楚，楚军败，割上庸、汉北地予秦。二十年，秦将白起拔我西陵。二十一年，秦将白起遂拔我郢，烧先王墓夷陵。楚襄王兵散，遂不复战，东北保于陈城。”郢即今天的江陵。可见，自公元前278年白起拔郢开始，江陵地区便被秦军所占据。这个时间较秦统一六国的时间要早几十年。因此，此地虽然在整个春秋战国时期为楚国的腹地，但在秦占领之后，由于秦统治的时间比较长，受到秦文化的影响较其他地区更深。反映在这一地区秦至

① 《史记》卷四十《楚世家第十》，中华书局，1959年，1735页。

西汉早期的墓葬中，从出土器物的组合和器物的特征来看，都带有强烈的秦文化特征，仅有少量楚文化的孑遗。

二、湘—鄂东分区

（一）湘—鄂东分区地域特点

1. 墓葬形制

墓葬椁室的四周多先填塞木炭，其外再填白膏泥。

2. 随葬器物

（1）泥质冥币

长沙地区墓中随葬大量的泥质冥钱。汉初至文景之际的墓葬中以泥半两、泥郢称、泥金饼为多，还有带有“两”字、“郢”字、“金”字和无字的泥版。西汉中期多随葬泥五铢与泥金饼。

（2）滑石器

本区战国两汉时期的墓葬中发现大量滑石器。战国时期的滑石器，主要发现于长沙地区，这一时期制作比较精细，但仅璧一种，且数量较少。到了汉代，滑石器开始盛行，湖南大部分地区均有发现。西汉前期，除璧之外，镜、耳杯、盘、盒、钫、印章、带钩、簪形器、环、珮、猪、鸟、剑、戈、矛、剑饰等均有出现。西汉晚期，滑石器的数量和品种大为增多，除大量的石璧之外，出现了成套的鼎、盒、壶和灶、井、仓，此外还有雕刻精细、狰狞可惧的兽面。东汉时期的滑石器数量和品种则大大减少，已经不见成套的鼎盒壶和灶仓井，基本只出璧或石压板等[1]。

3. 文化因素构成

1）与江陵地区明显不同的是，本区西汉早期墓以楚文化因素为主，秦文化的器物在本区很少发现。

2）从西汉中期开始，郴州地区发现了大量的南越式釉陶器。

3）在资兴地区发现的西汉墓葬与此区其他地区文化面貌迥异，其墓葬的随葬品表现出较为浓厚的地域文化特征。西汉时期，资兴地区的墓葬存在两种不同的器物组合，一种以汉式陶礼器鼎、盒、壶为主，另一种以实用生活用器印纹罐、坛、杯、纺轮为主。

---

① 李利人：《湖南战国两汉时期的滑石器》，《湖南考古辑刊（第五集）》，1989年，189页。

（二）湘—鄂西分区地域文化形成原因

1. 政治及军事因素

1）从公元前334年楚灭越之后，湖南一直为楚国所占据。作为楚之南疆，此区楚文化传统根深蒂固。秦在战国末年占领此区，但统治时间比较短，只有20年左右，在此期间，又忙于征战，无暇顾及该地区。刘邦等西汉王朝的建立者，多三楚之人，自然要恢复楚文化传统。加上楚人顽固地保持着本民族的传统风格，因此，本地的楚文化因素得以较大程度的保留。

汉高祖五年（前202年），封吴芮为长沙王，建长沙国，都治临湘县（今长沙市）。芮传五世，无嗣国除。景帝二年（前155年），封刘发为长沙王，发传至王莽时始绝。长沙国经吴氏、刘氏二姓，十四代，共二百多年。吴芮原属项羽旧部，《汉书》记吴芮，“秦时番阳令也，甚得江湖间民心……及项羽相王，以芮率百越佐诸侯”①。可见吴芮习惯于当地生活习俗，并数代相传而未改。正是在吴芮的统治下，楚文化因素得以继续保留并有所发展。也因如此，西汉早期此区墓葬较多地表现出楚文化的影响，而秦文化因素则相对较弱，与江陵地区正好相反。

2）今郴州地区地处汉代的桂阳郡，与岭南区相毗邻。此地从西汉中期开始，出现大量岭南文化器物，应该与汉武帝收复岭南地区，恢复岭南与内地经济和文化的交往有关。自汉武帝元鼎六年（前111年）平灭南越赵氏王国，增设南海等九郡开始，南岭地区开始恢复与内地的经济交往。而与之最为临近的桂阳郡首先受到了岭南地区的影响，其墓中出土大量岭南区的器物便是最为突出的实例。

2. 经济因素

1）郢称是楚国的一种称量货币，在安徽、山东、江苏、湖北等地均有发现，但多在遗址里出土。长沙地区西汉早期墓葬里随葬大量泥质郢称，这种现象在同时期的其他地区墓葬中却少见。根据历史记载，汉初的诸侯国独立性很大，民间私铸钱币之风盛行。《汉书·食货志》云：“孝文五年（前175年），为钱益多而轻，乃更铸四铢钱，其文为‘半两’。除盗铸钱令，使民放铸。”“今农事弃捐而采铜者日蕃，释其耒耨，冶镕炊炭，奸钱日多，五谷不为多。”“是时，吴以诸侯即山铸钱，富埒天子，后卒叛逆。邓通，大夫也，以铸钱财过王者。故吴、邓钱布天下。”可见，当时的大商贾、诸侯国可私自铸钱，且汉政府废除盗铸令，长沙国自铸地方货币是完全有可能的②。因此可以推论，西汉早期的郢称很可能是长沙国内流行的一种货币，是继承楚币传统的地方

① 《汉书》卷三十四《韩彭英卢吴传》，中华书局，1962年，1894页。

② 宋少华：《西汉长沙国中小型墓葬分期概论》，《考古耕耘录——湖南中青年考古学者论文选集》，岳麓书社，1999年，270页。

性铸币。

2）滑石器的盛行与本地生产滑石有关。《湖南通志·食货志》记载："道州出滑石。"①道州就是现在湖南零陵地区的道县。有研究者从制作工艺和出土位置考证，作为一种礼制性器物，滑石璧的作用和玉璧的作用是一致的。湖南地区以石璧代替玉璧，是由于湖南地区不产玉，玉器必须从外地贸易而来，滑石的色彩为淡绿或白色，玻璃光泽，表面看去和玉相似，因此可以作为玉的一种理想替代品②。

3. 历史及文化因素

1）墓葬椁室外多先填木炭，后填白膏泥。填充白膏泥为楚墓中流行的做法。填充木炭的作用是防潮，同时防止树根生长对墓室结构的破坏，白膏泥具有密封性比较好的特征，两者均起到保护椁室的作用，因此，采用先填木炭，后填白膏泥，使其椁室的防腐性能达到较高的水平，是楚墓保存方式的一种发展。

2）资兴在春秋时期为百越之地，战国时期为楚之南疆，西汉属郴县，相继成为长沙国、桂阳郡的辖境，其地理位置与南岭隔岭为邻。正是其所处的地理位置，以及历史方面的因素，导致本区文化面貌较复杂，既有中原新传入的汉文化，亦有本地土著的百越文化，同时由于此区与南岭隔岭为邻，也受到南越文化的一些影响，如三足盒、戳印纹瓮、圜底釜、环耳杯等，均与广州西汉墓出土的相同。从历史角度而言，此地古为百越，秦汉统一之后，资兴虽纳入秦汉郡县统治，但该地的越人仍在此生息，且在整个西汉时期一直顽固地保存着自身的传统。表现在葬俗上，即越人的墓葬和汉人的墓葬同时并存，其间也有一定程度的融合。一直到东汉时期，两种文化之间的差距才逐渐缩小，文化面貌也逐渐趋于一致。

第二节　东南区地域文化特点及其形成原因

一、东南区地域特点

1. 墓葬形制

石椁墓、有两个或两个以上墓室构成的两墓室相连的同穴异室合葬墓、木质头箱和边箱独立于椁室之外的墓坑不分室木椁墓，这三型墓葬仅见于此区。

---

① 清光绪《湖南通志》卷六十《食货志》，商务印书馆，1934年，1486页。

② 李利人：《湖南战国两汉时期的滑石器》，《湖南考古辑刊（第五集）》，1989年，189、190页。

2. 随葬器物

1）东南区的陶模型明器不如其他地区发达，尤其是在模型明器流行的东汉中晚期，别的区常见的模型明器如水田、陶俑、房屋、牲畜类在此区则比较少见。

2）五管瓶是本地特色的器物，主要见于浙江东汉中晚期。别的区比较少见。

3）东南区下所隶属的皖分区西汉时期考古学文化面貌表现出很强的过渡地域特点，即与湖北毗邻的西部地区其随葬陶器多为泥质陶，器物形制与湖北东部地区比较相似，且可见较强的楚文化因素影响。与江苏毗邻的东部地区多为釉陶器，器物形制有着较强的江浙文化因素。

二、东南区地域文化形成原因

1. 地理环境及文化传统因素

东南区下所隶属的皖分区地处长江中下游，西邻湖北，东接江苏和浙江。在夏商之际—战国前期，皖分区和苏南、浙江、赣东北和闽西北地区一起，构成了江南土墩墓遗存分布区[①]，可见，这个地区在战国前期以前，和苏南浙江地区具有相同的文化传统。战国后期，皖分区为楚之属地，寿春（今寿县）曾一度作为楚都，因此，西汉早期仍可见较强的楚文化影响。正是其所处的地理位置，以及其文化传统的影响，使得这一地区文化面貌呈现出过渡地域的特点，即同时表现出强烈的湖北和苏浙地区文化因素的影响。

2. 社会政治因素

木质头箱和边箱独立于椁室之外的形制，仅见于本区的盐城地区（如盐城三羊墩M1[②]），这是楚文化椁内分箱墓葬形制的一种变体。根据楚文化对墓葬等级的划分标准，即分箱数目的多少与墓主人的身份等级是相对应的，分箱数量越多，墓主人身份地位越高。结合盐城三羊墩M1出土的铜器以及车马器，推测墓主人应该是汉代的大官僚及其眷属。因此，这种墓葬形制跟墓主人所处的社会地位有关，应该是等级相对较高的一种形制。

3. 经济因素

具有地域特色的陶罐、盘口壶、泡菜坛在本区墓葬中普遍出土。苏文在论述江苏地区两汉经济时提到，江苏地区最大的陶器作坊位于宜兴丁蜀镇一带，那里至少分布

---

① 杨楠：《江南土墩遗存研究》，民族出版社，1998年。

② 江苏文物管理委员会、南京博物院：《江苏盐城三羊墩汉墓清理报告》，《考古》1964年第8期。

着16处汉窑址①。经考古发现证实，此窑址中烧制的一种表面饰细弦纹的红陶罐在江南地区东汉晚期墓中常有出土，这里烧制的陶罐、盘口壶、泡菜坛等在扬州、泰州以及苏南汉墓中均有发现。可以说，这里的陶器生产完全是商品性的。据他考证，汉代的江苏，由于民间对陶器的需求量大，依靠个别制陶中心的生产无法满足社会需要，因此当时在王国的治所、郡治，一般县城甚至大村落也有制陶业存在②。可见，此地在市面上流通的均是与人们生活息息相关的实用器，说明实用器在当地的使用较为普遍。与此相对应的是，模型明器在此区比较少见。归结其原因，一方面可能是由于此地并不流行用模型明器随葬，而比较崇尚器物的实用性。另一方面可能是由于此区的地主庄园经济并不发达。

该区地主庄园经济的情况，可以通过画像石墓的研究成果来窥其一隅。已有学者研究，目前在苏北地区东汉画像石中常见的舞乐百戏、宾主宴飨，特别是反映地主庄园经济的楼橹坞壁一类的建筑以及男耕女织等生产内容的画像，在苏南却未曾出现③。这间接反映了苏南地区的经济发展速度比苏北地区迟缓，尤其是苏南地区地主庄园经济并不发达。很可能正是由于这个原因，在东汉时期普遍流行的模型明器在此地反而比较少见。

4. 宗教抑或是其他因素

五管（或四管）瓶为魏晋时期谷仓罐或魂瓶的前身。浙江鄞县宝幢乡东汉晚期墓④中出土的瓷五管瓶，腹贴5个杂耍吹箫的艺人，其形象具有西域胡人的特征。据已有学者考证，从东汉中期开始，佛教开始传入中国，一些与佛教有关的题材如力士、白象、胡人等图像形式开始出现于中国各地⑤。

第三节　岭南区地域文化特点及其形成原因探讨

一、岭南区地域特点

1. 墓葬形制

带墓道的封门式木椁墓这种墓葬形制仅见于此区。

东汉时期砖室墓主要流行于郡治所在地，而在郡治之外的部分地区，竖穴土坑墓

① 宜兴陶瓷公司《陶瓷史》编写组：《江苏宜兴丁蜀镇附近汉代窑址调查》，《中国古代窑址调查发掘报告集》，文物出版社，1984年，39页。

② 苏文：《从考古资料看两汉时代的江苏经济》，《东南文化》1989年第3期。

③ 尤振尧：《苏南地区东汉画像砖墓及其相关问题的探析》，《中原文物》1991年第3期。

④ 施祖青：《鄞县宝幢乡沙堰村几座东汉、晋墓》，《东南文化》1993年第2期。

⑤ 王苏琦：《汉代早期佛教图像与西王母图像之比较》，《考古与文物》2007年第4期。

一直持续到东汉晚期。

墓底多放置小砾石或石块。如钟山铜盆47座汉墓中，有26座墓葬在墓底放置小砾石或石块，占墓葬总数的54.2%，且这一现象从西汉前期一直延续到东汉后期。

2. 随葬器物

这一地区发现较多数量的航船模型，还有一些玛瑙、鸡血石、柘榴石、煤精、琥珀和玻璃等不同质料制成的串珠，以及蜻蜓眼玻璃珠、蓝色玻璃碗、玉红石髓珠等舶来品。

岭南地区汉墓中，仿铜陶礼器鼎、盒、壶、鐎壶、簋、魁、熏炉及井、仓、灶、屋等模型明器大量使用，均主要集中在郡治所在地，而在郡治以外的广大地区，大部分墓葬还仍以生活实用器为主。

3. 文化因素构成

南越国统治时期，随葬品最突出的特点是其组合主要分为两大类。一类主要随葬汉文化的仿铜陶礼器组合鼎、盒、壶、钫，这种墓葬应该属于南下的中原汉人墓葬。另一类仅以地方特色的日用陶器随葬，绝对不见汉文化的仿铜陶礼器，这种墓葬占30%，一般认为是土著越人的墓葬。还有个别墓葬同时可见汉越两种文化因素。

二、岭南区地域文化形成原因

1. 地理环境因素

带墓道的封门式木椁墓应该属于岭南地区特有的一种形制。这种形制是适应岭南地区自然地理环境而产生。由于岭南地区夫妻同坟同穴合葬多采用封门式结构，即木椁墓采用木柱封门，当第二次入葬的时候，只需要将墓道的填土挖开，将封门木柱逐根拆除，入葬后再行封堵。因此，蒋廷瑜推测，这种墓葬应该是在第一个死者下葬时，就把合葬用的木椁修筑好，在椁室内预留出其配偶棺木的位置，第二次埋葬时直接将棺木送入椁室便可。但由于岭南地区气候炎热，高温多雨，土质又属酸性，埋在地下的木椁容易腐朽。短时间内二次入葬尚可，时间稍长，木椁腐朽，就很难再埋入第二具棺木。同坟异穴合葬墓就应运而生①，并最终取代了需要二次开启的木椁墓形式。

2. 政治因素

南越国统治时期，既可见汉文化的墓葬，亦可见越文化的墓葬，还有墓葬中同时出现汉越两种文化因素的器物。其原因主要有以下方面。

一是由于秦统一岭南后，把南下的五军留戍岭南，翌年（秦始皇三十四年）再迁

---

① 蒋廷瑜：《汉代同坟异穴夫妻合葬墓浅议》，《南方文物》1993年第1期。

徙一批中原汉人与越人杂处①，从事岭南的开发与屯守。这些汉文化的墓葬，均是这些南下汉人的墓葬。

二是秦二世时，南海尉赵佗趁中原农民大起义之际，占据三郡，建南越国②。从政治上看，赵佗与汉廷中央的关系是表面上“愿奉明诏，长为藩臣”③，实际上“然其居国，窃如故号；其使天子，称王朝命如诸侯”④。因此，本区虽名为汉代的外诸侯，但实际上是政治、经济、文化均比较独立的王国。赵佗在处理汉越共处这一问题上实行了一些有利于民族团结和融合的政策。在王国内任用原越人首领，还尊重越人的生活习俗⑤。此政策的实施，使得本区土著越文化因素在西汉早期仍继续发展，越文化的墓葬仍占有一定的比例。这些越文化的墓葬，应该是本地土著越人留下的。

同时，由于这些南下的汉人与当地的土著长期杂居在一起，彼此朝夕相对，文化上互相影响和融合，这种汉越两种文化相互作用的结果便是一些墓葬中同时可见汉越两种文化因素。

东汉时期砖室墓主要流行在郡治所在地，而在郡治之外的部分地区，土坑墓一直持续到东汉晚期，随葬品方面郡县所在地与郡县之外地区已有明显差别。这很可能说明，郡治地区接受汉代政权直接管辖，接受汉文化的程度较高，而非郡县地区则汉化速度较慢。

3. 经济及贸易因素

1974年在广州地区发现的秦汉造船工厂遗址，证明了汉代的广州已经拥有相当规模的造船能力和相当先进的技术水平。这也为汉武帝时期大规模的海外贸易提供了可靠的保证。《史记·货殖列传》记“番禺亦其一都会也，珠玑、犀、玳瑁、果、布之凑”⑥。

大概从武帝开始，我国与南亚诸国的海上贸易日趋活跃，特别是王莽至安帝时期，通西域的陆路交通经常受阻而改海道，更促进了南方海上航行的发展⑦。据《汉书·地理志》记载：“自日南障塞、徐闻、合浦船行可五月，有都元国；又船行可四

---

① 《汉书》卷九十五《西南夷两粤朝鲜传》记：“秦并天下，略定扬粤，置桂林、南海、象郡，以适徙民与粤杂处。”，中华书局，1962年，3847页。

② 《汉书》卷九十五《西南夷两粤朝鲜传》记：“秦已灭，佗即击并桂林、象郡，自立为南粤武王。”中华书局，1962年，3847页。

③ 《汉书》卷九十五《西南夷两粤朝鲜传》，中华书局，1962年，3851页。

④ 《汉书》卷九十五《西南夷两粤朝鲜传》，中华书局，1962年，3853页。

⑤ 中国社会科学院考古研究所、广州市文物管理委员会、广州市博物馆：《广州汉墓》，文物出版社，1981年，472、473页。

⑥ 《史记》卷一二九《货殖列传》，中华书局，1959年，3268页。

⑦ 中国社会科学院考古研究所、广州市文物管理委员会、广州市博物馆：《广州汉墓》，文物出版社，1981年，476、477页。

月，有邑卢没国；又船行可二十余日，有谌离国；步行可十余日，有夫甘都卢国。自夫甘都卢国船行可二月余，有黄支国，民俗略与珠崖相类。其州广大，户口多，多异物，自武帝以来皆献见。有译长，属黄门，与应募者俱入海市明珠、璧流璃、奇石异物，赍黄金杂缯而往。所至国皆禀食为耦，蛮夷贾船，转送致之。亦利交易，剽杀人。又苦逢风波溺死，不者数年来还。大珠至围二寸以下。平帝元始中，王莽辅政，欲耀威德，厚遗黄支王，令遣使献生犀牛。自黄支船行可八月，到皮宗；船行可二月，到日南、象林界云。黄支之南，有已程不国，汉之译使自此还矣。”①这是史籍中关于汉代中国环北部湾沿岸至东南亚、南亚等地之间存在着一条远洋贸易航线的最早记载。这条远洋贸易航线以丝绸贸易为主，故称“海上丝绸之路”②。从环北部湾沿岸港口出发的这条航线，是由西汉政府主动开辟的，当时可能是由“黄门”负责。汉使的船队带去黄金和织物等，以交换异国的明珠、璧、琉璃、奇石异物回来。对南海诸国的海上贸易，最突出的表现就是该地区各种串珠等舶来品的出土。

4. 地方习俗

墓内放置砾石或石块的做法在广西新石器时代中期遗址中便已大量存在。这种墓底铺河卵石的做法很可能与铺垫墓底以作为室内地面的象征有关③。

第四节　西南区地域文化特点及其形成原因探讨

一、西南区地域特点

1. 墓葬形制

1）木板墓、崖墓均为本地所特有的墓葬形制。

2）出现两例带腰坑的墓。

2. 随葬器物

1）四川平原西汉早期主要以釜、甑、罐、豆为主要组合，西汉中期仍以釜、甑、罐为基本组合，这和其他地区西汉早期以仿铜陶礼器鼎、盒、壶、钫等为基本组合随葬的情况不同。

---

① 《汉书·地理志第八下》，中华书局，1962年，1671页。

② 中国社会科学院考古研究所、广州市文物管理委员会、广州市博物馆：《广州汉墓》，文物出版社，1981年，476、477页。

③ 广西文物保护与考古研究所、钟山县文物管理所：《钟山铜盆汉墓》，科学出版社，2018年。

2）本区模型明器种类繁多，且墓葬中普遍随葬。和中原地区东汉末期厚葬之风急剧衰退不同，本区在东汉末期模型明器仍旧发达和精致，且墓葬厚葬之风炽盛，并有扩大的趋势。

3）摇钱树在本区大量出土。在已出土的摇钱树资料中，四川地区占绝大部分，如四川彭山、广汉、郫县、芦山、茂汶、新津、广元、乐山、绵阳等地均有出土。其他如陕西城固汉墓亦有发现[①]。

二、西南区地域文化形成原因

1. 地理环境及文化因素

1）关于崖墓产生的原因，罗二虎有过精辟的论述[②]，总结有以下几个方面。一是受到中原地区流行的横穴墓影响（其中包括中原地区早期崖墓的影响）而出现的。二是乞求高敞吉地观念的流行，都要将墓地选择在高地上。但四川丘陵山地上所谓“高敞之地”的坡面，土层微薄，不宜修造中原地区那种“深埋后藏”的横穴墓。崖墓由此而产生。三是汉代的四川，经济发达，是崖墓盛行的经济基础，加上四川土著居民历来有开山凿岩的传统，豪族大姓的发展，反过来又促进崖墓的盛行。

2）从目前的发现来看，本区墓葬的腰坑均较大，主要用来放置随葬品。腰坑的这种使用方法比较特殊。中国南方地区带腰坑的墓还见于岭南地区，岭南区的腰坑中多放置一个陶瓮，属于传统百越文化的风俗遗留，可能与某种宗教信仰有关。

3）四川地区战国时期是以巴蜀为主体的民族。这一民族有着自己特色的埋葬习俗。巴蜀地区和中原列国文化以及楚文化体现墓葬等级的方式不同：战国时期中小型楚墓多以棺椁的重数和随葬铜礼器或仿铜陶礼器的数量来体现等级。巴蜀地区是使用具有典型巴蜀文化特色的兵器来体现墓葬的等级。因此，仿铜陶礼器在巴蜀之地并未得到重视。也因如此，巴蜀文化晚期的墓葬中并未见到各地普遍随葬的仿铜陶礼器。即使是秦灭巴蜀后，有大批人迁入四川，但其对当地文化的影响，始终是有限的。这一地区相对闭塞的地理环境，使其文化表现出较强的稳定性和保守性。一直到西汉早中期，四川地区的仿铜陶礼器也并不像其他地区那样发达，墓葬中主要的陶器组合仍为日常用器釜、甑、罐等。直到西汉中晚期，四川地区的土著文化才基本上和中原文化融为一体，成为统一的汉文化中一个不可分割的组成部分。

2. 经济因素

四川地区模型明器发达，与这一地区经济发达程度相关。四川在汉代已是当时全

---

① 邱登成：《汉代摇钱树与汉墓仙化主题》，《四川文物》1994年第5期。

② 罗二虎：《四川崖墓的初步研究》，《考古学报》1988年第2期。

国社会经济发达地区之一。《华阳国志·蜀志》形容当时的四川“家有盐铜之利，户专山川之材，居给人足，以富相尚”[①]。四川地区墓中大量随葬属于财富象征的井、水田、屋、各种人物俑及家畜禽模型，应与四川地区庄园经济发达有关。即使在政治混乱的东汉后期，这一地区的模型明器仍发达和精致，这和东汉中期以来此地豪族势力的发展和厚葬之风炽盛有密切关系[②]。东汉末期中原地区战乱不息，经济凋零，但四川地区社会则相对稳定，中原流民大量入川，因此在刘备入川时蜀中仍旧殷富。

3. 宗教因素

有学者认为，摇钱树应是由远古神话传说之神树演化而来，其造型源于三星堆发现的青铜神树[③]。摇钱树在四川地区的产生，同这一地区的文化传统和社会背景有关。

仙道巫术在西南地区有着较为深厚的传统和广泛的社会基础。东汉张陵在四川创立道教，正是吸收了巴蜀等地的仙道巫术。而佛教鼓吹人死后灵魂转世或登西方极乐世界的思想与巴蜀传统的神巫之道及道教思想不谋而合。因此，佛教在东汉时由“西南丝绸之路”传入四川，即附神仙巫术而行，促使佛道糅杂，佛道合一。而摇钱树便是东汉时期西南地区仙道巫术与佛教、道教融合的物化形式，因此，摇钱树的表现内容也兼收并蓄各家思想，集中巫、佛、教于一体，表现祥瑞、升仙的意图。有学者考证，摇钱树的功用便是作为死者灵魂升入天国的桥梁[④]。

---

① （晋）常璩：《华阳国志》卷三《蜀志》，上海商务印书馆，1936年，19页。

② 罗二虎：《四川汉代砖石室墓的初步研究》，《考古学报》2001年第4期。

③ 邱登成：《汉代摇钱树与汉墓仙化主题》，《四川文物》1994年第5期。

④ 邱登成：《汉代摇钱树与汉墓仙化主题》，《四川文物》1994年第5期。

第七章　中国南方地区汉文化的特点及其形成原因

第一节　汉文化在中国南方地区形成过程探讨

通过分区对汉文化形成过程的考察，可知由于不同地域政治、经济乃至社会发展程度的差别，以及地理环境和历史传统的不同，中国南方地区汉文化发展过程中呈现出了地域性和阶段性差异。正是由于这些地域性差异，形成了汉文化的不同区域类型。但中国南方地区作为一个整体的地域概念，汉文化在这一地域发展过程中也表现出一定的共性和规律性的特点。本节将整个中国南方地区视为一个整体，分阶段考察汉文化形成过程。

西汉早期，墓葬形制多采用土坑无椁墓和木椁墓。即使远在西南的川西地区，传统特色的船棺葬和狭长形土坑墓也逐渐消失。木椁墓多椁内分箱，除岭南地区外，多数木椁墓椁室外都使用青膏泥。

此期中国南方地区墓葬的地域特征明显，不同分区随葬器物的种类迥异。如两湖区主要流行仿铜陶礼器鼎、盒、壶、钫和日用陶器罐随葬；东南区流行釉陶鼎、盒、壶、瓿的组合和泥质陶鼎、盒、壶的组合；而岭南区则流行两套组合，以及汉文化的鼎、盒、壶、钫的组合和南越本地特色的瓮、罐、瓿、双耳罐、三足罐、联罐、小盒、三足盒、提筒、碗、盆、釜的组合。西南区开始流行中原地区习见的生活用具罐、豆、釜、甑、钵、壶等的组合。即使在同一分区内部，其随葬品组合也呈现出地区差异，如鄂西区的云梦江陵一带墓葬中大量出土罐、釜、盂、瓮、甑等日用陶器组合，而其他地区则流行用仿铜陶礼器鼎、盒、壶（钫）成组随葬。

但总体说来，各分区的文化因素构成大致相同。基本上均是本地传统文化因素+列国文化因素中的楚秦因素+早期汉文化因素。此期，汉文化因素仅处于萌芽阶段。

西汉中晚期，各地域之间的差别逐渐缩小，带有地域文化特征的汉文化在此期正式形成。最突出的表现是西汉晚期，室墓在部分分区大量出现。室墓分为砖室墓、石室墓、砖石合构或砖木合构墓，个别可见木室墓。鄂西区、东南区和西南区，均在西汉晚期完成从椁墓向室墓的转变。

随葬器物上，列国文化因素淡出，带有地域特点的汉文化开始占据墓葬的主体，主要体现在陶模型明器灶、囷、井、灯、屋、人物俑、动物俑等大量出现，以及铜器鼎、盒、壶、灯、车马器、行灯、洗、盘、钟、勺等器物的大量随葬。开始出现祭奠用器，包含案、几、勺、耳杯等。

东汉时期，带有地域特点的汉文化继续发展。汉文化因素完全占据墓葬的主体。汉文化因素主要体现在室墓和大量陶模型明器的广泛运用上。东汉早期，中国南方所有分区均完成了从椁墓向室墓的转变。从此，室墓开始广泛盛行，和西南区的崖墓一起，构成了东汉时期墓葬的主要形制。

随葬器物上，以汉代主体文化因素为主，具有地域特点的汉文化因素为辅。和西汉时期相比，东汉时期铜器大量减少，而主要以陶器和铁器为主。此期陶器陶质成分复杂，有普通的泥质陶或夹砂陶、釉陶、硬陶和瓷器。个别墓葬中同时存在着几种不同陶器的器物。主要流行模型明器和日用陶器。模型明器主要有灶、井、囷、动物俑、人俑、楼房、水田甚至船只等。日用陶器以陶钵、碗、釜、罐等为主。东汉晚期出现瓷器，其器形多受到东南区文化因素的影响，出现青瓷钵、青瓷碗、青瓷四系罐等。铁器主要有削、刀、剑、釜、釜架等。

综上所述，汉文化因素在中国南方地区萌芽于西汉早期，形成于西汉中晚期，发展于东汉时期。

第二节　中国南方地区汉文化的特点及其形成原因

一、中国南方地区汉文化的特点

中国南方地区的汉文化，既有着和当时的中原及北方地区较为一致的特点，也有着自己独特的特质，即使在中国南方地区，汉文化在各分区的发展特点也不尽相同。概括起来主要有以下两个方面。

1. 汉代墓葬诸构成要素在中国南方地区的特点

（1）墓葬形制

中国南方地区两汉时期墓葬形制有土（岩）圹墓、土洞墓和崖墓三种。和中原及北方地区不同的是，两汉时期，中原及北方地区普遍流行的土洞墓，在中国南方地区仅见于湖北和重庆地区，且数量极少。崖墓也仅在西南地区出现。即可以说，中国南方地区两汉时期墓葬形制主要以土（岩）圹墓为主。

且中国南方地区多数墓墓底均带有排水措施。木椁墓多继承楚墓传统，椁室外多封有白膏泥，有的还使用木炭。

（2）埋葬方式

家族葬、夫妻合葬方式盛行。和当时的中原及北方发展趋势大致相同，即西汉早期主要流行夫妻并穴合葬。西汉中期至东汉早期，夫妻同穴合葬开始流行，且合葬墓的数量开始大增。东汉中晚期，同穴合葬成为主要的形式，夫妻双双或一家数口，甚至几代人合葬一墓。

（3）随葬品

两汉时期，无论是北方、中原还是南方地区，其墓葬中的随葬品均存在着由礼器向生活用器和模型明器的转变。但在中国南方地区，存在着模型明器发展不平衡的特点。尤其是在模型明器较为流行的东汉中晚期，东南区则仅有少量的模型明器随葬。而同时期的西南地区则表现在大量的模型明器随葬，甚至出现了很多不同于其他地区的新模型明器类别，如摇钱树等。

（4）文化因素构成

汉代主体文化因素在各分区墓葬中体现的内容迥异。

在两湖区，汉代主体文化因素在很大程度上体现在随葬陶器中较多地使用汉式陶礼器和模型明器上。而东南区，汉代主体文化因素更多地体现在汉式铜器和铁器的使用上。模型明器一直很不发达。而陶器的部分种类无论从纹饰还是器形则较多地体现本地的特色，且流行时间较长。如釉陶瓿和硬釉陶罍，这两种器物构成了东南区最基本的陶器组合。瓿从西汉早期到东汉早期一直存在，罍则从西汉中期一直使用到东汉中期。西南区，汉代主体文化因素在很大程度上体现在汉式日用陶器和模型明器的使用上。岭南区，汉代主体文化因素则主要体现在汉式仿铜陶礼器、模型明器和日用陶器的广泛使用上。

2. 中国南方地区汉文化形成过程中的特点

（1）汉文化形成时间相对滞后

这里所说的相对滞后是和汉代的两京地区相比较而言。汉代的两京地区，是指两汉的京都长安、洛阳及其周边地区，包含现在的陕西省和河南省的大部分。

其突出表现在室墓的出现时间相对较晚。中国南方地区室墓最早出现于西汉晚期，直至东汉早期，整个南方地区才彻底完成从椁墓向室墓的转变。而两京地区在西汉早中期便已经出现室墓。

从目前发表的材料看，两京地区的砖室墓出现于西汉早中期，鄂西区及东南区出现于西汉晚期，西南区出现于西汉晚期—王莽时期，湘—鄂东区和岭南区出现于东汉早期。从出现的时间和地域上看，砖室墓的出现，存在着一个由北向南逐渐发展的过程。

从整体上看汉文化形成时间相对稍晚。中国南方地区汉文化因素多从西汉中期开始激增，到西汉晚期才完全占据墓葬的主体。而两京地区在西汉中期便已经形成了以长安、洛阳为代表的汉代墓葬中心区域文化风貌，并影响到全国各地[1]。

---

① 谭长生：《论汉代墓葬的文化特点》，《探古求原——考古杂志社成立十周年纪念学术文集》，科学出版社，2007年，262页。

（2）中国南方地区两汉墓葬地域特点明显

汉代主体文化因素和汉文化因素的区域类型一起构成了中国南方地区汉文化的基本内容。

地域特色的器物主要表现在两个方面。

一是主要在汉代流行的具有地方特点的器物。如岭南区的瓶、篹、三足釜、双耳直身罐等；东南区的瓿和罍；两湖区的硬釉陶罐和高领罐；西南区的釜、圜底束颈罐。这些器物多在各区的汉代出现，且出土数量较多，流行时间较长，并构成各地区最基本的器物组合。

二是汉代主体文化因素和地域文化因素结合而产生的器物。

在两汉时期，这两种类型的器物一直存在，并存在于中国南方地区各个分区中。

二、中国南方地区汉文化特点的形成原因

汉文化在中国南方地区表现出与当时的中原及北方地区不同的特点，其形成原因，主要有以下几个方面。

1. 地理环境因素

墓葬形制方面不流行北方地区的土洞墓，是与南方地区的地质条件有关。土洞墓多先由地面向下挖出一条墓道，在墓道底端横向掏洞建造墓室，室内放置棺椁等葬具。中国南方地区高温多雨，土质多为含铁、铅成分较多、有机质少、酸性强、土质黏重的红壤。这种红壤含水量大，且较松软，无法深挖洞穴。即使深挖洞穴，也比较容易坍塌。因此，土洞墓只适合开在土质坚硬的北方地区。

也正是由于南方地区气候潮湿，地下水位较高，因此，中国南方地区汉墓墓底多有排水措施。而木椁墓为了防潮，也多采用木炭和白膏泥填充在椁室周围。

2. 政治因素

中国南方地区，尤其是西南和岭南地区，其汉文化相对滞后的发展历程是与秦汉王朝对这一地区的开发进程同步的。

西汉早期，由于统治者忙于应付来自北方匈奴的威胁和致力于国内秩序的建立，中国南方地区文化在原有的基础上继续发展，汉文化因素处于萌芽阶段。汉武帝开始，汉代才致力于中国南方民族地区的大规模开拓。

秦汉时期开发中国南方地区的一项重要举措便是将大量中原移民迁入这一地区。这些移民的迁入，使得土著居民在中原移民的文化影响下，逐渐融入汉文化系统中。加上当朝政府和地方官员在南方地区实行了一系列有利于民族融合的政策，这些举措对汉文化在南方地区的发展起到了很好的促进作用。

如岭南地区，从秦王朝征服岭南开始，到东汉末期，不断有中原人南迁。南迁人群主要有几种：一是军事征戍活动落籍于岭南。二是用强制手段迁徙大批罪犯充实岭南边地。三是政府有组织的移民实边。四是北方人民为了避乱、避役和谋生而自发南迁，这种情况以东汉末年最多[①]。这些南迁的中原人，和当地的居民一起开发岭南。

同时，当朝政府也采取了一些有利于岭南经济和文化发展的措施。一方面，汉朝通过赋予岭南地方政府以特殊地位，在岭南新郡实行一些特殊的优惠政策，在岭南开辟道路等措施，促使岭南地区经济迅速发展。正如《后汉书·循吏列传》所载："民常告籴交阯，每致困乏。延乃令铸作田器，教之垦辟。田畴岁岁开广，百姓充给。"[②]

另一方面，岭南官员在尊重本地习俗的同时，也致力于推行中原的汉族文化礼仪。如《后汉书·循吏列传》所载："（东汉初年）南阳茨充代飒为桂阳（太守）。亦善其政，教民种殖桑柘麻纻之属，劝令养蚕织屦，民得利益焉。"[③]"和帝时，（许荆）稍迁桂阳太守。郡滨南州，风俗脆薄，不识学义。荆为设丧纪婚姻制度，使知礼禁。"[④]在移居岭南的内郡人士的帮助和熏陶下，使得他们"稍知言语，渐见礼化。"[⑤]

可见，汉代对岭南的开发，自汉武帝开始，至东汉时期，一直无间断。如果说秦时期大量移民的迁入为中国南方地区经济发展提供了人力储备，那么汉武帝之后汉朝政府采取的各方面措施则促使了当地文化和移民文化迅速融合。正是这些开发措施，促进了岭南地区经济与社会的发展，也促进了岭南地区在西汉中晚期终于纳入当时整个中国的发展趋势之中，具有地域特色的汉文化在岭南地区形成。

与岭南地区发展模式大致相似，西南地区，从公元前316年秦灭巴蜀开始，便开始了移民过程。《华阳国志·蜀志》记："戎伯尚强，乃移秦民万家实之。"[⑥]秦始皇统一六国过程中，又不断将六国贵族豪富和罪犯、工商业者迁入巴蜀。西汉武帝在西南夷地区设置郡县后，不少北方移民迁入滇黔，如《华阳国志·南中志》载："汉乃募徙死罪及奸豪实之。"[⑦]《后汉书·南蛮西南夷列传》记载："后颇徙中国罪人，使杂居其间。"[⑧]有研究者认为，当时的移民主要包含三种人，即豪民、罪人和流民[⑨]。且

---

① 段塔丽：《秦汉王朝开发岭南述论》，《陕西师范大学学报（哲社版）》2000年第2期。

② 《后汉书》卷七十六《循吏列传》，中华书局，1965年，2462页。

③ 《后汉书》卷七十六《循吏列传》，中华书局，1965年，2460页。

④ 《后汉书》卷七十六《循吏列传》，中华书局，1965年，2472页。

⑤ 《后汉书》卷八十六《南蛮西南夷列传》，中华书局，1965年，2836页。

⑥ 《华阳国志》卷第三《蜀志》，上海商务印书馆，1936年，17页。

⑦ 《华阳国志》卷第四《南中志》，上海商务印书馆，1936年，31页。

⑧ 《后汉书》卷八十六《南蛮西南夷列传》，中华书局，1965年，2836页。

⑨ 胡绍华：《汉朝对南方民族的统治措施》，《中国南方民族史研究》，民族出版社，2004年，123～139页。

在西汉中、后期进入西南南部边疆的汉族移民，其中的一些宗族发展为东汉魏晋南北朝时期的“南中大姓”。这些“大姓”移民的相当部分，几乎经历了战国以来西南开发的整个历程。同时，汉朝开始开通与初郡之间的道路交通。如《汉书·食货志》记载：“唐蒙、司马相如始开西南夷，凿山通道千余里，以广巴蜀。”[①]到东汉初班固写《两都赋》，说关中“郊野之富，号曰近蜀”[②]。蜀中的富饶已经超越关中。所以晋代蜀人常璩在《华阳国志》一书中，盛赞蜀中的殷富，经济的发展，归结其原因，“然秦惠文，始皇克定六国，辄徙其豪侠于蜀，资我丰土”[③]。本地蜀人，能对外籍移民在蜀地开发中的作用予以肯定，令人信实[④]。

可见，在中国西南区、岭南区，汉文化均是在秦汉之际迁入的移民潜移默化的影响下，在汉武帝对南方地区大规模的开发下，才逐渐发展起来的。因此，其汉文化发展的开端较汉文化中心区域长安、洛阳要晚得多。即使是两湖区和东南区，其汉文化发展速度，也不及汉文化中心区。因此，在中国南方地区，汉文化一直到西汉中晚期才完全占据墓葬的主体。

3. 经济因素

模型明器在中国南方地区发展不平衡，和各地区经济发展的情况不平衡相关。正如第六章所述，四川地区模型明器发达应该与这一地区庄园经济发达、豪族发展及相对社会比较稳定等因素有关。而东南区模型明器随葬较少则与这一地区庄园经济不发达、比较崇尚器物的实用性有关。

4. 社会因素

中国南方地区两汉时期地域文化因素的器物长期存在与当地人们的生活习俗有关。

在中国南方地区比较突出的特点是两汉时期各分区出现的主要在汉代流行的具有地方特点的器物，即前面所说的岭南区的瓶、簋、三足釜、双耳直身罐等；东南区的瓿和罍；两湖区的硬釉陶罐和高领罐；西南区的釜、圜底束颈罐等器物。

这些器物从性质上说，均属于实用器，即与人们生活密切相关的生活用器。这些器物一部分是从本地区传统文化因素中继承下来并经过一些改造而存留下来的，如东南区的瓿、西南区的釜、圜底束颈罐等，这些器物在本区汉代以前便已经存在，汉代继承并发展，并成为两汉时期陶器的基本组合。一部分器物是汉代新出现的器物，如

① 《汉书》卷二十四下《食货志》，中华书局，1962年，1157页。

② 《后汉书》卷四十上《班彪列传》，中华书局，1965年，1338页。

③ 《华阳国志》卷第三《蜀志》，上海商务印书馆，1936年，19页。

④ 黎小龙、徐难于：《论秦汉时期西南区域开发的差异与格局》，《西南师范大学学报（哲社版）》1997年第3期。

岭南区的瓶、簋、三足釜和双耳直身罐等，应该是岭南地区土著民族结合本地实际特点而发明的一种新兴陶器。这些器物无论从形制到烧制技术再到装饰手法，均带有一定的地域特点，应该是适应当地自然环境而产生的，与各地区人们长期以来所熟悉的生活方式有关。

也由此可见，在社会发展的过程中，人们比较倾向选择并传承自己比较熟悉的属于技术层面的物质文化，这些文化因为与人们生活密切相关，最符合当时的环境特征，因此也最具感染力和亲和力。这些物质的东西也是最能反映当地人民社会心理的一种文化。而相反，制度层面的文化则相对比较容易通过政治因素加以实施。因此反映在墓葬中，这种反映当地生活习俗的特色器类，因其具有功能上的不可替代性从而有着强大的生命力，在两汉时期各地域范围内长期存在。

由此可见，从考古学上所见汉文化在中国南方地区的特点与汉代南方地区的社会发展状况相符。也正是由于当时社会发展程度的影响，使得南方汉墓呈现出一些不同于当时北方及中原地区的特点。

第八章　结　　语

通过前文各章的分析和论述，对中国南方地区汉代墓葬的研究主要有以下几点收获。

1）通过对中国南方地区汉墓材料的系统梳理，将中国南方地区划分为四个考古学意义上的分区，即两湖区、东南区、岭南区和西南区。对各区所涉及的范围和各区墓葬的主要分布地点进行了介绍。

2）在分区的基础上，进行各区的分期研究。根据各区墓葬材料的特点，运用不同的方法进行两汉墓葬的考古学分期。对于纪年材料较少的地区，如两湖区、东南区的皖分区、西南区和岭南区，主要通过墓葬形制的演变和随葬器物的类型学分析，参照纪年器物以及各种相关可兹断代的资料进行编年。对于纪年材料比较多的地区，如东南区的苏浙赣分区，则主要采用比较学的方法，先根据已有的纪年墓，建立年代标尺。再分析没有纪年资料的墓葬，根据器物组合及其墓葬的综合信息，通过和纪年墓相比照，确定大致年代，从而建立起全区墓葬的年代框架。之后再对随葬器物的演变规律进行探讨。这两种不同的方法凸现了历史时期分期研究的多样性，也充分体现了从实际出发、实事求是的哲学分析方法。由此，全面建立起中国南方地区两汉墓葬的年代框架，理清了中国南方地区汉墓的基本发展脉络。

3）对各区墓葬进行文化因素分析，通过对不同时期不同文化因素的势力消长关系，分别考察各区文化的动态发展过程。

4）在各区年代框架基础上，对各区墓葬所展示出的地域特色进行归纳，并结合当时的地理环境因素、经济及政治因素，以及宗教因素等，分析各区地域特色文化形成的原因。总体说来，虽然在西汉中晚期之后，中国南方地区整体考古学面貌比较一致，均纳入汉文化的大潮之中，但各区的地域特点一直存在，且持续到东汉晚期。

5）将中国南方地区作为一个整体进行考察，得出汉文化因素在中国南方地区萌芽于西汉早期，形成于西汉中晚期，发展于东汉时期的结论。接着从汉代墓葬诸构成要素在中国南方地区的特点和汉文化在中国南方地区发展过程中的特点两个方面来概括中国南方地区汉文化的特点。并结合当时中国南方地区的社会发展状况、政治经济等因素来探究其形成的原因。最后得出结论，即从考古学上所见汉文化在中国南方地区的特点与汉代南方地区的社会发展状况相符。也正是当时社会发展程度的影响，使得南方汉墓呈现出一些不同于当时北方及中原地区的特点。

需说明的是，本书主要是对中国南方地区两汉墓葬材料进行了系统的梳理，对基础材料进行了初步的分析与归纳，并着力解决了中国南方地区两汉墓葬的分区、分期问题，以及在分区基础上对各区地域文化进行了相关的考察，而对于由墓葬所反映出来的其他相关问题涉及甚少。由于中国南方地区汉墓资料庞杂，新的发现与日俱增，这使得对于汉代墓葬的研究越发成为一个需要付出长时间努力的浩瀚工程，希望本书的研究能为将来进一步全面的研究汉代墓葬以及汉文化提供一个较为坚实的基础。

参 考 书 目

A. 古代文献

［1］（西汉）司马迁：《史记》，中华书局，1959年。

［2］（东汉）班固：《汉书》，中华书局，1962年。

［3］（晋）常璩撰，刘琳校注：《华阳国志校注》，巴蜀书社，1984年。

［4］（南朝宋）范晔：《后汉书》，中华书局，1965年。

［5］（西晋）陈寿：《三国志》，中华书局，1959年。

B. 研究专著

［1］黄宽重、刘增贵：《家族与社会》，中国大百科全书出版社，2005年。

［2］徐吉军、贺云翔：《中国丧葬礼俗》，浙江人民出版社，1991年。

［3］叶骁军著：《中国墓葬发展史》，甘肃文化出版社，1994年。

［4］洪石：《战国秦汉漆器研究》，文物出版社，2006年。

［5］胡绍华：《中国南方民族史研究》，民族出版社，2004年。

［6］湖北省博物馆、鄂州市博物馆编：《鄂城汉三国六朝铜镜》，文物出版社，1986年。

［7］黄晓芬：《汉墓的考古学研究》，岳麓书社，2003年。

［8］蒋若是：《秦汉钱币研究》，中华书局，1997年。

［9］孔祥星、刘一曼：《中国古代铜镜》，文物出版社，1984年。

［10］李伯谦：《中国青铜文化结构体系研究》，科学出版社，1998年。

［11］李发林：《战国秦汉考古》，山东大学出版社，1991年。

［12］李如森：《汉代丧葬礼俗》，沈阳出版社，2003年。

［13］李如森：《中国古代铸币》，吉林大学出版社，1998年。

［14］宋治民：《战国秦汉考古》，四川大学出版社，1993年。

［15］孙机：《汉代物质生产资料图说》，文物出版社，2008年。

［16］王仲殊：《汉代考古学概说》，中华书局，1984年。

［17］吴小平：《汉代青铜容器的考古学研究》，岳麓书社，2005年。

［18］杨楠：《江南土墩遗存研究》，民族出版社，1998年。

［19］俞伟超：《古史的考古学探索》，文物出版社，2002年。

[20] 郑小炉：《吴越和百越地区周代青铜器研究》，科学出版社，2007年。
[21] 朱凤瀚：《古代中国青铜器》，南开大学出版社，1995年。
[22] 香港博物馆编制，郑兴华编辑：《岭南古越族文化论文集》，香港市政局，1993年。
[23] 湖南省博物馆编：《马王堆汉墓研究文集：1992年马王堆汉墓国际学术讨论会论文选》，湖南出版社，1994年。
[24] 徐吉军著：《中国丧葬史》，江西高校出版社，1998年。
[25] 霍巍著：《大礼安魂：中国古代墓葬制度》，四川教育出版社，1998年。
[26] 张捷夫：《丧葬史话（中华文明史话）》，中国大百科全书出版社，2000年。
[27] 宋世坤：《贵州考古论文集》，贵州人民出版社，2000年。
[28] 罗二虎：《秦汉时代的中国西南》，天地出版社，2000年。
[29] 中山大学岭南考古研究中心编：《岭南考古论文集（一）》，岭南美术出版社，2001年。
[30] 徐恒彬：《华南考古论集》，科学出版社，2001年。
[31] 韩国河：《秦汉魏晋丧葬制度研究》，陕西人民出版社，1999年。
[32] 麦英豪、王文建著：《岭南之光：南越王墓考古大发现》，浙江文艺出版社，2002年。
[33] 傅举有著：《不朽之侯：马王堆汉墓考古大发现》，浙江文艺出版社，2002年。
[34] 重庆市文物局、重庆市移民局编：《重庆·2001三峡文物保护学术研讨会论文集》，科学出版社，2003年。
[35] 何介钧：《马王堆汉墓》，文物出版社，2004年。
[36] 中国秦汉史研究会、中山大学历史系、西汉南越王博物馆编：《南越国史迹研讨会论文选集》，文物出版社，2005年。
[37] 周世荣、欧光安：《马王堆汉墓探秘》，岳麓书社，2005年。
[38] 麦英豪、黄淼章、谭庆芝著：《广州南越王墓》，生活·读书·新知三联书店，2005年。
[39]《汉代考古与汉文化国际学术研讨会论文集》编委会编：《汉代考古与汉文化国际学术研讨会论文集》，齐鲁书社，2006年。
[40] 熊传薪、游振群：《长沙马王堆汉墓（中国重大考古发掘记）》，生活·读书·新知三联书店，2006年。
[41] 南阳师范学院汉文化研究中心、中国汉画学会：《中国汉画学会第十届年会论文集》，湖北人民出版社，2006年。
[42] 蒲慕州：《墓葬与生死：中国古代宗教之省思》，中华书局，2008年。
[43] 黄佩贤：《汉代墓室壁画研究》，文物出版社，2008年。
[44] 湖南省博物馆（陈建明主编）：《马王堆汉墓：古长沙国的艺术和生活》，岳

麓书社，2008年。
[45] 中国社会科学院考古研究所、陕西省考古研究所、西安市文物保护考古所：《汉长安城考古与汉文化：汉长安城与汉文化——纪念汉长安城考古五十周年国际学术研讨会论文集》，科学出版社，2008年。
[46] 李德文：《六安市郊墓群、西汉王陵与王城》，《道远集——安徽省文物考古研究所五十年文集》，黄山书社，2009年。
[47] 中国社会科学院考古研究所编著：《中国考古学·秦汉卷》，中国社会科学出版社，2010年。
[48] 蒋晓春著：《三峡地区秦汉墓研究》，巴蜀书社，2010年。
[49] 中国社会科学院考古研究所、广州市文物考古研究所编：《西汉南越国考古与汉文化》，科学出版社，2010年。
[50] 刘瑞、刘涛著：《西汉诸侯王陵墓制度研究》，中国社会科学出版社，2010年。
[51] 杨勇：《战国秦汉时期云贵高原考古学文化研究》，科学出版社，2011年。
[52] 赵海洲：《东周秦汉时期车马埋藏研究（考古学与中原文化研究丛书之二）》，科学出版社，2011年。
[53] 傅举有：《马王堆汉墓不朽之谜》，浙江文艺出版社，2011年。
[54] 邱登成：《西南地区汉代摇钱树研究》，巴蜀书社，2011年。
[55] 韩湖初：《合浦汉代文物谈》，广西师范大学出版社，2011年。
[56] 何介钧：《长沙马王堆西汉轪侯家族墓》，（台北）文史哲出版社，1993年。
[57] 中国社会科学院考古研究所、浙江省文物考古研究所编著：《秦汉土墩墓考古发现与研究——秦汉土墩墓国际学术研讨会论文集》，文物出版社，2013年。
[58] 刘尊志：《汉代诸侯王墓研究》，社会科学文献出版社，2012年。
[59] 北京市大葆台西汉墓博物馆编：《西汉“黄肠题凑”葬制的考古发现与研究》，北京燕山出版社，2013年。
[60] 成都金沙遗址博物馆、湖南省博物馆编著：《马王堆汉墓文物珍品展》，四川人民出版社，2013年。
[61] 湖南省博物馆：《马王堆汉墓研究》，湖南人民出版社，1981年。
[62] 何旭红：《汉代长沙国考古发现与研究》，岳麓书社，2013年。
[63] 蒋璐：《北方地区汉墓的考古学研究》，浙江大学出版社，2016年。
[64] 宋蓉：《汉代郡国分治的考古学观察——以关东地区汉代墓葬为中心》，上海古籍出版社，2016年。
[65] 吴小平：《两汉时期云贵地区汉文化的考古学探索》，浙江大学出版社，2018年。
[66] 刘瑞：《秦汉帝国南缘的面相 ——以考古视角的审视》，中国社会科学出版社，2019年。
[67] 刘尊志：《汉代墓外设施研究：以王侯墓葬与中小型墓葬为参考》，科学出版

社，2021年。

C. 学位论文

[1] 艾露露：《重庆地区汉代墓葬的初步研究》，吉林大学硕士学位论文，2007年。
[2] 魏航空：《三楚地区西汉墓葬的考古学文化谱系》，吉林大学硕士学位论文，1990年。
[3] 燕妮：《川西平原两汉墓葬研究》，吉林大学硕士学位论文，2006年。
[4] 杨哲峰：《汉墓结构和随葬釉陶器的类型及其变迁》，北京大学博士学位论文，2005年。
[5] 张玲：《长江下游地区西汉至新莽中小型墓葬研究》，吉林大学硕士学位论文，2005年。
[6] 罗炯炯：《湖南西汉墓葬研究》，湖南大学硕士学位论文，2009年。

D. 研究论文

[1] 印志华：《扬州地区汉墓的形制与分期》，《文博通讯》1981年第1期。
[2] 唐文元：《贵州汉墓及其分期特点》，《贵州文史丛刊》1982年第4期。
[3] 尤振尧：《“黄肠题凑”葬制的探讨》，《南京博物院集刊》1982年第4期。
[4] 郭德维：《试论江汉地区楚墓、秦墓、西汉前期墓的发展与演变》，《考古与文物》1983年第2期。
[5] 黄伯龄、赵惠敏、姬素荣等：《关于长沙马王堆汉墓白膏泥中的粘土矿物》《地质科学》1975年第1期。
[6] 唐汝明、卫广扬、徐全章：《安徽天长县汉墓棺椁木材构造及材性的研究》，《考古》1979年第4期。
[7] 宋少华：《略谈长沙象鼻嘴一号汉墓陡壁山曹墓的年代》，《考古》1985年第11期。
[8] 宋少华：《试论长沙西汉中小型墓葬的分期》，《湖南考古辑刊（第2集）》，岳麓书社，1984年。
[9] 蔡永华：《略论西汉的随葬特征》，《考古与文物》1985年第2期。
[10] 李宏：《汉代丧葬制度的伦理意向》，《中原文物》1986年第4期。
[11] 黄展岳：《论两广出土的先秦青铜器》，《考古学报》1986年第4期。
[12] 蒋若是：《秦汉半两钱系年举例》，《中国钱币》1989年第1期。
[13] 麦英豪：《广州象岗南越王墓墓主考》，《广州文博》1986年第1、2期。
[14] 蒋廷瑜、蓝日勇：《广西出土的楚文物及相关问题》，《江汉考古》1986年第4期。
[15] 蒋廷瑜：《贵县罗泊湾汉墓墓主族属的再分析》，《学术论坛》1987年第1期。
[16] 刘德增：《也谈汉代“黄肠题凑”葬制》，《考古》1987年第4期。
[17] 陈振裕：《湖北西汉墓初析》，《文博》1988年第2期。

[18] 高崇文：《西汉长沙王墓和南越王墓葬制初探》，《考古》1988年第4期。
[19] 龚良：《汉—孙吴时期我国南方地区砖室墓形制类型初探》，《东南文化（第三辑）》，江苏古籍出版社，1988年。
[20] 罗二虎：《四川崖墓的初步研究》，《考古学报》1988年第2期。
[21] 南京大学历史系：《汉—孙吴时期我国南方地区砖室墓形制类型初探》，《东南文化（第三辑）》，江苏古籍出版社，1988年。
[22] 山东省枣庄市博物馆：《略论汉代地主庄园经济》，《农业考古》1991年第3期。
[23] 王学理：《西汉阳陵陵园考古有重大发现》，《考古与文物》1991年第2期。
[24] 四川大学博物馆：《试论西汉时期中原地区的崖墓》，《考古与文物》1991年第3期。
[25] 李零：《马王堆汉墓"神祇图"应属辟兵图》，《考古》1991年第10期。
[26] 何琳仪：《南越王墓虎节考》，《汕头大学学报（人文版）》1991年第3期。
[27] 尤振尧：《苏南地区东汉画像砖墓及其相关问题的探析》，《中原文物》1991年第3期。
[28] 石卫国、张庆捷：《从考古资料看汉代社会经济形态》，《文物季刊》1992年第1期。
[29] 高崇文：《西汉诸侯王墓车马殉葬制度探讨》，《文物》1992年第2期。
[30] 韩国河、程林泉：《关中西汉早期大墓简论》，《考古与文物》1992年第4期。
[31] 韩国河、程林泉：《有关92号汉墓随葬品的几个问题》，《考古与文物》1992年第5期。
[32] 李卫星、吴征甦：《东汉范式墓出土文物及其它》，《考古与文物》1992年第3期。
[33] 庄文彬：《四川东汉崖墓文化现象透视》，《四川文物》1992年第5期。
[34] 干树德：《东汉崖墓石棺上的西王母像》，《四川文物》1992年第5期。
[35] 汪信龙：《浅谈巴中崖墓》，《四川文物》1992年第5期。
[36] 刘弘：《汉代铁器在西南夷的传播》，《四川文物》1991年第6期。
[37] 蒋廷瑜：《汉代同坟异穴夫妻合葬墓浅议》，《南方文物》1993年第1期。
[38] 李银德：《徐州出土西汉玉面罩的复原研究》，《文物》1993年第4期。
[39] 李建毛：《轪侯及其夫人考辨》，《东南文化》1993年第6期。
[40] 黄展岳：《从出土遗物看南越王的饮食》，《文物天地》1993年第1期。
[41] 蓝日勇：《汉代广西越文化特点简论》，《广西民族研究》1993年第3期。
[42]〔日〕山下志保著，夏麦陵节译：《画像石墓与东汉时代的社会》，《中原文物》1993年第4期。
[43] 唐长寿：《岷江流域汉画像崖墓分期及其它》，《中原文物》1993年第2期。
[44] 何志国：《四川乐山麻浩一号崖墓年代商榷》，《考古》1993年第8期。
[45] 王川：《汉代喜狗风俗》，《东南文化》1993年第2期。

[46] 蔡永华：《试论西汉早期的丧葬特征及其形成》，《考古学研究——纪念陕西省考古研究所成立三十周年》，三秦出版社，1993年。
[47] 程存洁：《广州西汉南越王墓研究综述》，《中国史研究动态》1994年第7期。
[48] 刘晓路：《从马王堆3号墓出土地图看墓主官职》，《文物》1994年第6期。
[49] 刘弘：《四川汉墓中的四神功能新探——兼谈巫山铜牌上饰上人物的身份》，《四川文物》1994年第2期。
[50] 邱登成：《汉代摇钱树与汉墓仙化主题》，《四川文物》1994年第5期。
[51] 张捷夫：《汉代厚葬之风及其危害》，《中国历史博物馆馆刊》1995年第2期。
[52] 田立振：《试论汉代的回廊葬制》，《考古与文物》1995年第1期。
[53] 杨孝鸿：《汉代羽化意志及其墓葬图像构造》，《四川文物》1995年第4期。
[54] 刘振东：《汉代诸侯王、列侯墓的地面建制——汉代王、列侯墓制研究之一》，《汉唐与边疆考古研究（第一辑）》，科学出版社，1994年。
[55] 郭学仁：《马王堆汉墓葬俗研究》，《四川文物》1995年第2期。
[56] 燕生东、刘智敏：《苏鲁豫皖交界区西汉石椁墓及其画像石的分期》，《中原文物》1995年第1期。
[57] 杨定爱：《沂南汉画像石墓的个性特征》，《美术史论》1995年第2期。
[58] 张建锋：《两汉时期陶囷的类型学分析》，《江汉考古》1995年第4期。
[59] 黄晓芬：《汉墓形制的变革——试析竖穴式椁墓向横穴式室墓的演变过程》，《考古与文物》1996年第1期。
[60] 李如森：《汉代家族墓地与茔域上设施的兴起》，《史学集刊》1996年第1期。
[61] 李如森：《从汉墓合葬习俗看汉代社会变化轨迹》，《史林》1996年第2期。
[62] 李如森：《东汉墓葬及其反映的社会面貌》，《吉林大学社会科学学报》1996年第3期。
[63] 何志国：《浅论四川地区王莽时期墓葬》，《考古》1996年第3期。
[64] 邱东联：《长沙西汉"渔阳"王后墓"偶人"及相关问题》，《湖南省博物馆四十周年纪念论文集》，湖南教育出版社，1996年。
[65] 贺刚：《湖南永州鹞子岭一号汉墓的墓主及相关问题》，《湖南省博物馆四十周年纪念论文集》，湖南教育出版社，1996年。
[66] 李如森：《汉代"外藏椁"的起源与演变》，《考古》1997年第12期。
[67] 梁云：《"汉承秦制"的考古学观察与思考》，《远望集——陕西省考古研究所华诞四十周年纪念文集》，陕西人民美术出版社，1998年。
[68] 黎敏馨：《论长江下游地区两汉吴西晋墓葬的分期》，《浙江省文物考古研究所学刊》，长征出版社，1997年。
[69] 雷依群：《论西汉帝陵制度的几个问题》，《考古与文物》1998年第6期。
[70] 黄展岳：《汉代诸侯王墓论述》，《考古学报》1998年第1期。

[71] 李如森：《汉代墓祀新探》，《北方文物》1998年第1期。
[72] 杨爱国：《室即墓室》，《文物》1998年第9期。
[73] 黄伟：《论汉代夫妻合葬墓的类型与演变》，《四川大学考古专业创建三十五周年纪念文集》，四川大学出版社，1998年。
[74] 吴桂兵：《西汉中后期的夫妇同穴合葬》，《四川文物》1998年第1期。
[75] 陈文：《广西汉墓形制初探》，《四川大学考古专业创建三十五周年纪念文集》，四川大学出版社，1998年。
[76] 何志国：《四川西汉土坑木椁墓初步研究》，《远望集——陕西省考古研究所华诞四十周年纪念文集》，陕西人民美术出版社，1998年。
[77] 王永波、刘晓燕：《汉代王侯的陵寝用枕》，《东南文化》1998年第4期。
[78] 刘和惠：《天长三角圩西汉墓札记》，《文物资料丛刊（2）》，文物出版社，1978年。
[79] 刘晓明：《南越国时期汉越文化的并存与融合》，《东南文化》1999年第1期。
[80] 焦南峰、马永嬴：《西汉帝陵无昭穆制度论》，《文博》1999年第5期。
[81] 刘振东：《中国古代陵墓中的外藏椁——汉代王、侯墓制研究之二》，《考古与文物》1999年第4期。
[82] 蔡靖泉：《汉代的婚丧习俗与楚文化》，《江汉考古》1999年第3期。
[83] 谭远辉：《湘西北地区西汉墓葬概论》，《考古耕耘录——湖南省中青年考古学者论文选集》，岳麓书社，1999年。
[84] 傅举有：《汉代列侯的家吏——兼谈马王堆三号墓墓主》，《文物》1999年第1期。
[85] 黎石生：《西汉长沙国王侯墓地及其相关问题》，《考古耕耘录——湖南省中青年考古学者论文选集》，岳麓书社，1999年。
[86] 宋少华：《西汉长沙国（临湘）中小型墓葬分期概论》，《考古耕耘录——湖南省中青年考古学者论文选集》，岳麓书社，1999年。
[87] 唐光孝：《试析绵阳永兴双包山西汉二号墓墓主身份》，《四川文物》1999年第2期。
[88] 罗二虎：《汉代画像石棺研究》，《考古学报》2000年第1期。
[89] 刘波：《浙江地区西汉墓葬的分期》，《南方文物》2000年第1期。
[90] 吴桂兵：《四川早期同穴合葬墓初论》，《四川文物》2000年第5期。
[91] 唐光孝：《绵阳崖墓的初步研究，《四川文物》2000年第6期。
[92] 高至喜：《千载难逢的考古发现——记长沙马王堆西汉墓》，《文物世界》2000年第1期。
[93] 周志远：《马王堆一号汉墓锦饰内棺装潢研究》，《中国历史博物馆馆刊》2000年第1期。
[94] 吴海贵：《象岗南越王墓主新考》，《考古与文物》2000年第3期。

[95] 黄淼章：《南越王国的丧葬习俗》，《广东文物（千年特刊）》，2000年。
[96] 饶宗颐：《岭南考古三题》，《广东省博物馆集刊》，广东人民出版社，1996年。
[97] 王冰：《扬州胡场汉墓群随葬品所反映的几个问题》，《东南文化》2000年第5期。
[98] 吴铭生：《湖南资兴西汉酒器》，《农业考古》2000年第3期。
[99] 胥泽蓉：《略谈绵阳出土的汉代铁器》，《四川文物》2000年第6期。
[100] 许蓉：《浅谈绵阳永兴西汉木椁墓出土木器》，《四川文物》2000年第6期。
[101] 沈睿文：《西汉帝陵陵地秩序》，《文博》2001年第3期。
[102] 郑绍宗、郑滦明：《汉诸侯王陵的营建和葬制》，《文物春秋》2001年第2期。
[103] 梁勇：《从西汉楚王墓的建筑结构看楚王墓的排列顺序》，《文物》2001年第10期。
[104] 黄伟：《试论周秦两汉夫妻合葬礼俗的几个问题》，《四川大学考古专业创建四十周年暨冯汉骥教授百年诞辰纪念文集》，四川大学出版社，2001年。
[105] 罗二虎：《四川汉代砖石室墓的初步研究》，《考古学报》2001年第4期。
[106] 罗二虎：《中国西南地区汉代画像墓与豪族》，《四川大学考古专业创建四十周年暨冯汉骥教授百年诞辰纪念文集》，四川大学出版社，2001年。
[107] 杨爱国：《汉代墓室建筑装饰与随葬品的关系》，《四川文物》2001年第4期。
[108] 罗西章：《试论汉代的傩仪驱鬼与羽化登仙思想》，《考古与文物》2001年第5期。
[109] 周克林：《摇钱树：西南地区汉人的引魂升天之梯》，《四川大学考古专业创建四十周年暨冯汉骥教授百年诞辰纪念文集》，四川大学出版社，2001年。
[110] 过伟明、李毓馨：《绍兴印山汉墓出土的器物》，《东南文化》2001年第11期。
[111] 罗二虎：《略论贵州清镇汉墓出土的早期佛像》，《四川文物》2001年第2期。
[112] 朱诚等：《长江三峡地区汉代以来人类文明的兴衰与生态环境变迁》，《第四纪研究》2002年第5期。
[113] 秦建明、姜宝莲：《西汉帝陵昭穆与陵位探》，《文博》2002年第2期。
[114] 郑滦明：《西汉诸侯王墓所见的车马殉葬制度》，《考古》2002年第1期。
[115] 韦正：《东汉、六朝的朝服葬》，《文物》2002年第3期。
[116] 何志国、李国清：《四川西汉土坑木椁墓初步研究》，《四川文物》2002年第3期。
[117] 宋治民：《成都市青白江跃进村西汉墓三题》，《四川文物》2002年第1期。
[118] 李万霖：《郫县汉代何武墓》，《四川文物》2002年第2期。
[119] 高文、王锦生：《四川新津县汉代画像石棺上之新发现》，《四川文物》2002年第5期。
[120] 唐光孝：《试析四川汉代葬俗中的商品化问题》，《四川文物》2002年第5期。
[121] 方成军：《淮河流域汉代墓葬形制研究》，《安徽大学学报（哲学社会科学

版）》2002年第5期。
［122］朱存明：《汉代墓室画像的象征主义研究》，《民族艺术》2003年第1期。
［123］吴春明、王炜：《峡江地区崖葬的内涵与性质》，《2003三峡文物保护与考古研究学术研讨会论文集》，科学出版社，2003年。
［124］王文建：《南越王墓发掘二十年》，《文物天地》2003年第5期。
［125］邱丹丹：《广东西汉南越王墓内涵的文化因素分析》，《东南考古研究（第三辑）》，厦门大学出版社，2003年。
［126］吴凌云：《南越王墓墓主问题》，《广州文博》2003年第4期。
［127］罗二虎：《四川南溪长顺坡汉墓石棺画像考释》，《四川文物》2003年第6期。
［128］朱顺龙、褚馨：《三峡地区汉代陶器初探》，《文化遗产研究集刊（第3辑）》，上海古籍出版社，2003年。
［129］刘瑞、冯雷：《广州象岗南越王墓的墓主》，《考古与文物》2002年增刊。
［130］蒋晓春：《三峡地区汉唐考古研究有关问题的思考》，《求索》2004年第4期。
［131］蒋晓春：《重庆地区近年汉唐考古新发现及有关问题的思考》，《考古与文物》2004年增刊。
［132］张亚娜：《两汉壁画墓研究综述》，《陕西历史博物馆馆刊（第11辑）》，三秦出版社，2004年。
［133］黎毓馨：《浙江两汉墓葬的发展轨迹》，《东方博物（第9辑）》，浙江大学出版社，2003年。
［134］颜道渠、张仕峰：《乌江下游地区东汉墓砖研究》，《重庆历史与文化》2004年第2期。
［135］何介钧：《马王堆汉墓研究评述》，《湖南省博物馆馆刊》2004年第1期。
［136］熊传薪：《马王堆汉墓的发掘和它在中国考古学上的地位》，《湖南省博物馆馆刊（第一期）》，《船山学刊》杂志社，2004年。
［137］王世民：《再说马王堆汉墓发掘的意义》，《湖南省博物馆馆刊（第一期）》，《船山学刊》杂志社，2004年。
［138］刘彬徽：《马王堆汉墓文化源流与相关问题的研究》，《湖南省博物馆馆刊（第一期）》，《船山学刊》杂志社，2004年。
［139］赖德霖：《从马王堆三号和一号墓看西汉初期墓葬设计的用尺问题》，《湖南省博物馆馆刊（第一期）》，《船山学刊》杂志社，2004年。
［140］傅举有：《马王堆汉墓的墓主人是谁——马王堆汉墓墓主人讨论三十年回顾》，《湖南省博物馆馆刊（第一期）》，《船山学刊》杂志社，2004年。
［141］彭学彬、李应东：《万州区大丘坪墓群的发现与初步研究》，《重庆历史与文化》2004年第1期。
［142］陈元甫：《绍兴印山越国王陵陵园制度初探》，《东方博物（第11辑）》，浙

江大学出版社，2004年。

［143］周世荣：《马王堆汉墓“千金绦”暨“釉下三彩陶豆”》，《湖南省博物馆馆刊（第一期）》，《船山学刊》杂志社，2004年。

［144］李龙章：《南越王墓出土陶器与两广战国秦汉遗存年代序列》，《华南考古（1辑）》，文物出版社，2004年。

［145］周永卫：《南越王墓银盒舶来路线考》，《考古与文物》2004年第1期。

［146］朱海仁：《岭南汉墓仿铜陶礼器的考察》，《华南考古（1辑）》，文物出版社，2004年。

［147］仝涛：《五联罐和魂瓶的形态学分析》，《考古与文物》2004年第2期。

［148］刘振东：《题凑与黄肠题凑》，《新世纪的中国考古学——王仲殊八十华诞纪念论文集》，科学出版社，2005年。

［149］李银德：《论汉代的因山为陵》，《古代文明（第4卷）》，文物出版社，2005年。

［150］阎根齐、李卫华：《西汉帝王陵墓陪葬坑性质初探》，《安金槐纪念文集》，大象出版社，2005年。

［151］周学鹰：《“因山为陵”葬制探源》，《中原文物》2005年第1期。

［152］傅聚良：《西汉长沙国千石至斗食官吏的墓葬》，《考古》2005年第9期。

［153］汪维寅、汪俊明：《江苏西汉墓葬二题》，《东南文化》2005年第2期。

［154］钱国光、刘照建：《再葬画像石墓的发现与再研究》，《东南文化》2005年第1期。

［155］杨孝军：《论汉墓画像中的灾异现象》，《东南文化》2005年第3期。

［156］邱永生、刘照建：《江苏汉代王陵文化研究》，《东南文化》2005年第5期。

［157］高成林：《岭南地区汉墓出土篚形盒渊源试探——从篚形盒看楚文化对岭南文化的影响》，《楚文化研究论集（第六集）》，湖北教育出版社，2005年。

［158］李桂阁：《试论汉代的仓囷明器与储粮技术》，《华夏考古》2005年第2期。

［159］霍魏：《四川汉代神话图像中的象征意义——浅析陶摇钱树座与陶灯台》，《华夏考古》2005年第2期。

［160］代自明：《郫县出土东汉摇钱树座考析》，《成都文物》2005年第4期。

［161］包明军：《漆衣陶器浅谈》，《华夏考古》2005年第1期。

［162］姚义斌：《试论汉墓形制的演变及原因》，《南京艺术学院：美术与设计版》2004年第3期。

［163］孙彦：《汉魏南北朝羽人图像考》，《南方文物》2006年第1期。

［164］范志军：《汉代帛画和画像石中所见丧服图与行丧图》，《文博》2006年第3期。

［165］蒋廷瑜、王伟昭：《黄泥岗1号墓和“徐闻令印”考》，《出土文献与古文字研究（第一辑）》，复旦大学出版社，2006年。

[166] 谢广维：《广西汉代“外藏椁”初探》，《广西考古文集（第二辑）——纪念广西考古七十周年专集》，科学出版社，2006年。

[167] 韦革：《浅谈合浦东汉晚期至三国时期墓葬形制的一些变化——从合浦岭脚村三国墓说起》，《广西考古文集（第二辑）——纪念广西考古七十周年专集》，科学出版社，2006年。

[168] 杨式挺：《略论合浦汉墓及其出土文物的特点》，《海上丝绸之路研究：中国北海合浦海上丝绸之路始发港理论研讨会文集》，科学出版社，2006年。

[169] 彭书琳：《合浦汉墓出土的佩饰品》，《出土文献与古文字研究（第一辑）》，复旦大学出版社，2006年。

[170] 李龙章：《两广地区米字纹陶类型遗存和广州汉墓的年代》，《考古》2006年第4期。

[171] 吴海贵：《南越与东越的诸侯王陵墓》，《华夏考古》2006年第4期。

[172] 申云艳：《汉代铜灯初步研究》，《汉代考古与汉文化国际学术研讨会论文集》，齐鲁书社，2006年。

[173] 〔美〕艾素珊：《东汉时期的钱树（上）》，《民族艺术》2006年第2期。

[174] 苏奎、尹俊霞：《关于麦沱M47所出“西王母俑”的几个问题》，《四川文物》2006年第2期。

[175] 谭长生：《论汉代墓葬的文化特点》，《探古求原——考古杂志社成立十周年纪念学术文集》，科学出版社，2007年。

[176] 焦南峰：《试论西汉帝陵的建设理念》，《考古》2007年第11期。

[177] 刘瑞：《西汉诸侯王陵的内藏、外藏以及百官藏》，《二十一世纪的中国考古学——庆祝佟柱臣先生八十五华诞学术文集》，文物出版社，2006年。

[178] 倪润安：《天地交通观念与西汉墓葬建构》，《四川文物》2007年第6期。

[179] 李一全：《峡江地区汉墓初探》，《东亚古物（B卷）》，文物出版社，2007年。

[180] 刘自兵：《三峡地区砖（石）墓建筑研究》，《东南文化》2007年第2期。

[181] 夏晓伟：《西汉早期楚王崖洞墓的排序和墓主蠡测》，《无锡文博》2007年第3期。

[182] 汪景辉、杨立新：《揭开西汉六安国神秘面纱——安徽六安双墩一号汉墓考古发现》，《文物天地》2007年第9期。

[183] 蒋晓春：《巫山麦沱47号墓时代考辨》，《考古与文物》2007年第5期。

[184] 何旭红：《湖南望城风篷岭汉墓年代及墓主考》，《文物》2007年第12期。

[185] 胡常春、张昀：《汉代蝉形口含简论》，《华夏考古》2007年第3期。

[186] 蒋晓春：《有关鎏金棺饰铜牌的几个问题》，《考古》2007年第5期。

[187] 朱翔：《论汉代陶塑明器的演变》，《南京艺术学院学报：美术与设计版》2007年第2期。

[188] 范小平：《四川崖墓石刻建筑艺术》，《四川文物》2007年第6期。
[189] 何志国：《论摇钱树造型的艺术风格》，《中国汉画学会第十届年会论文集》，湖北人民出版社，2006年。
[190] 李永平：《考古发现汉晋时期铜马及相关问题研究》，《四川文物》2007年第4期。
[191] 范志军：《长沙马王堆女尸所穿裹衣衾探析》，《华夏考古》2007年第3期。
[192] 高崇文：《再论西汉诸侯王墓车马殉葬制度》，《考古》2008年第11期。
[193] 李银德：《西汉列侯葬制研究》，《湖南省博物馆馆刊（第二期）》，岳麓书社，2005年。
[194] 黎石生：《西汉"黄肠题凑"葬制杂议》，《湖南省博物馆馆刊（第四辑）》，岳麓书社，2007年。
[195] 何旭红：《"黄肠题凑"制与"题凑"制——对汉代"黄肠题凑"葬制的新认识》，《湖南省博物馆馆刊（第四辑）》，岳麓书社，2007年。
[196] 徐承泰：《汉代非单棺墓葬的考古学意义观察——以中小型墓葬为观察对象》，《江汉考古》2008年第4期。
[197] 余静、滕铭予：《中国南方地区汉墓的发现与研究简史》，《江汉考古》2008年第4期。
[198] 余静、滕铭予：《安徽淮河以南地区两汉墓葬的分期》，《东南文化》2008年第6期。
[199] 冯志余、万永林：《六安汉墓综述》，《文物研究（第十五辑）》，黄山书社，2007年。
[200] 索德浩：《峡江地区汉晋墓葬考古发现与研究》，《江汉考古》2008年第1期。
[201] 尤振尧：《江苏汉代诸侯王国考古发现及其历史价值（下）》，《南京博物院集刊（第10辑）》，文物出版社，2008年。
[202] 马育良：《六安双墩一号汉墓墓主考》，《合肥师范学院学报》2008年第4期。
[203] 林强、蒋廷瑜：《贵港罗泊湾汉墓》，《中国文化遗产》2008年第5期。
[204] 刘春翠：《长沙出土铁剪的汉墓》，《湖南省博物馆馆刊（第二期）》，岳麓书社，2005年。
[205] 叶永新：《象岗南越王墓墓主赵胡说补证》，《文博》2008年第3期。
[206] 胡建：《南越国时期两广车马器殉葬初论》，《华南考古》2008年第2期。
[207] 高占盈：《南越王墓船纹铜提筒纹饰研究》，《华南理工大学学报（社科版）》2008年第4期。
[208] 陈远璋、熊昭明：《广西贺州河东高寨四号墓及其文化因素分析》，《百越研究（第一辑）——中国百越民族史研究会第十三届年会论文集》，广西科学技术出版社，2008年。

[209] 赵春燕、熊昭明：《广西合浦县风门岭26号汉墓白膏泥的分析与研究》，《广西考古文集（第三辑）》，岳麓书社，2007年。
[210] 刘卫鹏、程义：《汉晋墓葬中随葬陶瓶内盛物的初步研究》，《江汉考古》2008年第3期。
[211] 刘春翠：《湖南省博物馆馆藏西汉长沙国铁器述略——兼谈长沙国的冶铁业》，《湖南省博物馆馆刊（第四辑）》，岳麓书社，2007年。
[212] 郑曙斌：《略论马王堆汉墓遣策记载的土质明器》，《湖南省博物馆馆刊（第三期）》，岳麓书社，2006年。
[213] 邱登成：《西南地区出土摇钱树与民俗》，《三星堆研究（第二辑）》，文物出版社，2007年。
[214] 陈跃：《浅论汉代釭灯》，《文博》2008年第6期。
[215] 武玮：《汉墓出土金灶寓意探析》，《考古与文物》2008年第5期。
[216] 林小娟：《博山炉考》，《四川文物》2008年第3期。
[217] 罗红侠：《熏灯两用朱雀炉》，《文博》2008年第2期。
[218] 杜林渊：《汉代丧归制度初步研究》，《江汉考古》2009年第3期。
[219] 靳宝：《汉代墓葬用柏及其原因分析》，《中原文物》2009年第3期。
[220] 郑曙斌：《汉墓简牍记载的葬服研究》，《湖南省博物馆馆刊（第五辑）》，岳麓书社，2009年。
[221] 李银德：《汉代的玉棺与镶玉漆棺》，《两汉文化研究（第三辑）》，文化艺术出版社，2009年。
[222] 李国安、李桂云：《试论玉敛葬现象——兼论徐州汉墓出土的玉衣》，《两汉文化研究（第三辑）》，文化艺术出版社，2009年。
[223] 钱国光：《两汉时期的盗墓与防盗墓略论》，《两汉文化研究（第三辑）》，文化艺术出版社，2009年。
[224] 赵赟：《简析西汉崖洞墓的防盗设施》，《文博》2009年第3期。
[225] 晏满玲：《泸州地区崖墓刍议》，《四川文物》2009年第4期。
[226] 黎石生：《湖南望城风篷岭一号汉墓的年代与墓主》，《故宫博物院院刊》2009年第1期。
[227] 黄剑华：《试论汉代画像墓葬的种类与表现手法》，《华夏考古》2009年第1期。
[228] 黄光琦：《两汉时代神灵信仰世界中的西王母》，《文博》2009年第5期。
[229] 陈健文：《汉代长鼻胡人图像初探》，《欧亚学刊（第九辑）》，中华书局，2009年。
[230] 曾繁模：《从重庆巫山麦沱M47看三峡地区汉代葬俗及精神信仰》，《长江文明（第三辑）》，光明日报出版社，2009年。
[231] 孙基然：《西汉汝阴侯墓所出太一九宫式盘相关问题的研究》，《考古》2009

年第6期。
[232] 赵唯：《浅谈汉代的灯具》，《寻根》2009年第5期。
[233] 苏奎：《成都跃进村汉墓出土的人马陶灯》，《中国历史文物》2009年第1期。
[234] 林小娟、李红：《钫、锺及魂瓶的文化象征》，《东南文化》2009年第4期。
[235] 赵荦：《略论汉墓出土的滑石器》，《郑州航空工业管理学院学报（社科版）》2009年第3期。
[236] 曲用心：《汉初岭南地区铁器使用的社会机理探析》，《广西民族大学学报（哲社版）》2009年第5期。
[237] 蒋晓春：《三峡地区秦汉墓分布与都邑关系初探》，《长江文明（第六辑）》，河南人民出版社，2010年。
[238] 杰西卡·罗森著，邓菲译：《汉代墓葬的布局与设计》，《艺术史研究（第十一辑》），中山大学出版社，2010年。
[239] 张卓远、王伟：《中国砖石建筑溯源——对汉代画像砖石墓葬的再认识》，《文物建筑（第4辑）》，科学出版社，2010年。
[240] 黄佩贤：《汉代壁画墓的分区与分期研究》，《考古与文物》2010年第1期。
[241] 李虹：《从“制器尚象”观念看汉代墓葬形制的变化》，《求索》2010年第4期。
[242] 刘尊志：《西汉帝陵分布及相关问题浅析》，《中原文物》2010年第5期。
[243] 张玉霞：《东汉诸侯王墓葬制度探析》，《中州学刊》2010年第4期。
[244] 洪德善：《岭南腰坑葬及其族属研究》，《四川文物》2010年第4期。
[245] 郑君雷：《西汉边远地区汉文化的形成模式》，《人民论坛》2010年第35期。
[246] 李飞：《试论贵州地区“石棺葬”的族属与源流》，《四川文物》2010年第2期。
[247] 张闻捷：《试论马王堆一号汉墓用鼎制度》，《文物》2010年第6期。
[248] 宋少华：《长沙西汉渔阳墓相关问题刍议》，《文物》2010年第4期。
[249] 卓猛：《湖南资兴西汉墓越文化因素的探讨》，《四川文物》2010年第6期。
[250] 郝明华：《巢湖放王岗、北山头西汉墓墓主问题探析》，《南京博物院集刊》2010年第11期。
[251] 杨玉彬：《巢湖北山头汉墓出土玉卮及相关问题》，《文物研究（第17辑）》，科学出版社，2010年。
[252] 苏奎：《成都跃进村I型木椁墓年代考辨》，《考古与文物》2010年第5期。
[253] 夏增民：《由广州南越王墓所见文化遗存透视岭南文化变迁》，《华夏考古》2010年第1期。
[254] Susan N Erickson著，夏笑容等译：《四川省三台县东汉崖墓》，《四川文物》2010年第2期。
[255] 周学鹰、宋远茹：《汉代“建筑明器”的性质与分类》，《华夏考古》2010年第4期。

[256] 武玮：《峡江地区汉晋墓葬出土陶屋模型探析》，《四川文物》2010年第6期。
[257] 王煜：《汉墓“虎食鬼魅”画像试探——兼谈汉代墓前石雕虎形翼兽的起源》，《考古》2010年第12期。
[258] 张抒：《汉代墓葬出土鸱枭俑（壶）浅析》，《考古与文物》2010年第2期。
[259] 张美娇、孙凯：《汉环首钢铁刀》，《浙江文物》2010年第5期。
[260] 韩波：《汉代宫廷香薰活动及香薰器具的艺术成就》，《艺术百家》2010年第5期。
[261] 高崇文：《释“便椁”、“便房”与“便殿”》，《考古与文物》2010年第3期。
[262] 萧亢达：《“便房”新解》，《考古与文物》2010年第3期。
[263] 宋治民：《中江县塔梁子崖墓M3部分壁画榜题再释》，《四川文物》2010年第2期。
[264] 李晖达：《试论浙江汉代土墩遗存》，《东南文化》2011年第3期。
[265] 周志清：《行走在三江上游地区的石棺——浅议三江上游地区秦汉时期的族群》，《历史源流与民族文化——“三江并流地区考古暨民族关系研究学术研讨会”论文集》，云南大学出版社，2011年。
[266] 刘尊志：《论西汉诸侯王墓陵园及相关问题》，《考古》2011年第4期。
[267] 刘尊志：《西汉诸侯王墓敛葬玉衣及相关问题》，《中原考古》2011年第4期。
[268] 刘照建：《西汉崖洞墓防排水设施发现及研究》，《文博》2011年第1期。
[269] 韩国河：《东汉北魏陵寝制度特征和地位的探讨》，《文物》2011年第1期。
[270] 邓少琴：《江津文物考古及崖墓之探索》，《邓少琴遗文辑存》，西南师范大学出版社，2011年。
[271] 邓少琴：《四川崖墓之概况》，《邓少琴遗文辑存》，西南师范大学出版社，2011年。
[272] 邓少琴：《四川乐山大型崖墓初探》，《邓少琴遗文辑存》，西南师范大学出版社，2011年。
[273] 冯远：《岭南地区汉代陶囷研究》，《东南文化》2011年第3期。
[274] 吴桂兵：《南方地区汉晋罍形罐研究》，《华夏考古》2011年第1期。
[275] 黎国韬、陈熙：《南越王墓出土玉舞人考》，《文化遗产》2011年第1期。
[276] 康洁：《从马王堆看西汉的物质文化》，《收藏家》2011年第11期。
[277] 梁勇：《江苏邗江胡场五号汉墓木牍、铜印及相关问题再考》，《东南文化》2011年第2期。
[278] 朱磊：《谈汉代解注瓶上的北斗与鬼宿》，《文物》2011年第4期。
[279] 索德浩、刘雨茂：《汉代胡人形象面具考——从成都金堂李家梁子M23出土一件胡人面具谈起》，《考古与文物》2011年第5期。
[280] 黄文静：《东汉墓葬中的陶灶设计研究》，《农业考古》2011年第4期。

[281] 何驽：《江苏仪征东汉墓出土铜圭表再分析》，《南京博物院集刊（12）》，文物出版社，2011年。
[282] 马晓亮：《汉代翠鸟铜饰研究》，《考古》2011年第9期。
[283] 李尔吾：《汉代的人形铜镇》，《文博》2011年第4期。
[284] 张凤：《汉代的灸与灸炉》，《四川文物》2011年第2期。
[285] 史晓雷：《汉代"扬扇"考辨》，《四川文物》2011年第4期。
[286] 包旦妮、高志强：《论汉代器具中的组合设计》，《南京艺术学院（学术与设计版）》2011年第5期。
[287] 张合荣：《贵州出土汉代灯具与郡县地理考察》，《中国国家博物馆馆刊》2011年第5期。
[288] 张朝晖：《馆藏汉代龟形铜灶》，《收藏》2011年第5期。
[289] 王元甲：《东汉铜奔马准确命名之浅见》，《丝绸之路》2011年第20期。
[290] 赵凤燕等：《一件汉代铜灯的初步研究》，《中国考古学会第十三次年会论文集》，文物出版社，2011年。
[291] 刘斌：《汉代"偶人"及相关问题初探》，《南京博物院集刊（12）》，文物出版社，2011年。
[292] 谢辰：《略论汉代的麒麟形象》，《中原文物》2011年第5期。
[293] 武玮：《汉晋时期神人手抱鱼图像释读》，《东南文化》2011年第6期。
[294] 刘峻：《汉代墓室艺术品反映的汉代农耕文明初探》，《西北农林科技大学学报（社科版）》2011年第3期。
[295] 石红艳、牛天伟：《关于西王母与女墓主形象的辨识问题——与刘辉商榷》，《四川文物》2011年第5期。
[296] 胡常春：《考古发现的东汉时期"天帝使者"与"持节使者"》，《考古与文物》2011年第5期。
[297] 朱晨露：《两汉王侯陵墓"外藏"的初步研究》，《秦汉研究（第七辑）》，陕西人民出版社，2013年。
[298] 刘丹：《汉武帝求仙活动对墓葬的影响》，《秦汉研究（第五辑）》，陕西人民出版社，2011年。
[299] 刘卫鹏：《西汉帝陵的陪葬坑》，《秦汉研究（第四辑）》，陕西人民出版社，2010年。
[300] 焦南峰：《西汉帝陵形制要素的分析与推定》，《考古与文物》2013年第5期。
[301] 刘尊志：《西汉诸侯王墓陪葬车马及相关问题探讨》，《华夏考古》2013年第4期。
[302] 李银德：《江苏西汉诸侯王陵墓考古的新进展》，《东南文化》2013年第1期。
[303] 李则斌、陈刚：《江苏大云山江都王陵10号墓墓主人初步研究》，《东南文

化》2013年第1期。
［304］焦南峰：《“同制京师”——大云山西汉王陵形制初识》，《东南文化》2013年第1期。
［305］刘庆柱：《关于江苏盱眙大云山汉墓考古研究的几个问题》，《东南文化》2013年第1期。
［306］邬文玲：《天长纪庄汉墓墓主身份蠡测》，《简帛研究（2011）》，广西师范大学出版社，2013年。
［307］于兵：《试论马王堆三号汉墓墓主的知识构成》，《社会科学辑刊》2013年第5期。
［308］傅萍、王同海：《马王堆羽棺蠡测》，《楚学论丛（第2辑）》，湖北人民出版社，2012年。
［309］梁旭达：《广西西汉早期墓葬初步研究》，《广西博物馆文集（第7辑）》，广西人民出版社，2010年。
［310］陈小波：《贵县罗泊湾一号墓墓主身份探究》，《广西博物馆文集（第7辑）》，广西人民出版社，2010年。
［311］蓝日勇：《罗泊湾一号墓墓主非赵光论》，《广西博物馆文集（第7辑）》，广西人民出版社，2010年。
［312］蓝日勇：《贵县罗泊湾二号墓墓主并非“秦后”说》，《岭南考古研究（9）》中国评论学术出版社，2010年。
［313］岳翔等：《安徽宿县褚兰汉画像石墓研究》，《郑州航空工业管理学院学报（社科版）》2013年第4期。
［314］洪德善：《广西汉晋石室墓研究》，《岭南考古研究（9）》中国评论学术出版社，2010年。
［315］黎文宗：《桂东北地区石室墓的发现与研究》，《四川文物》2013年第5期。
［316］邹后曦、武仙竹、李大地等：《重庆插旗山崖墓（M1）人工开凿与装饰痕迹观察》，《江汉考古》2013年第3期。
［317］万靖：《云贵高原汉墓研究》，《四川省文物考古研究院青年考古文集》，科学出版社，2013年。
［318］杨哲峰：《关于长江中上游地区汉墓出土江东类型陶瓷器的初步考察》，《秦汉土墩墓考古发现与研究——秦汉土墩墓国际学术研讨会论文集》，文物出版社，2013年。
［319］王毅：《略论汉代陶仓》，《西安文物考古研究（第2辑）》，三秦出版社，2013年。
［320］郭建设：《汉代建筑明器所见防御性设施及其功用》，《中原文物》2013年第3期。

[321] 谢广维：《合浦汉代文化博物馆馆藏马座陶灯辨识》，《广西考古文集（第5辑）》，科学出版社，2013年。
[322] 宾娟：《吐舌状镇墓兽及其文化意义的探讨》，《四川文物》2013年第6期。
[323] 谢洪波：《巫鬼信仰视域下东汉巴蜀镇墓俑的功用分析》，《求索》2013年第4期。
[324] 杨平平：《长沙汉墓随葬动物形象的"器物观念"》，《南方文物》2013年第2期。
[325] 练春海：《博山饰源流考》，《民族艺术》2013年第5期。
[326] 陈东杰、李芽：《从马王堆一号汉墓出土香料与香具探析汉代用香习俗》，《"汉代文化研究"论文集（第1辑）》，大象出版社，2013年。
[327] 邝桂荣：《广州汉墓出土熏炉》，《文物天地》2013年第12期。
[328] 王海玉：《汉代墓地祠堂名称小考》，《中国汉画学会第十四届年会论文集》，三秦出版社，2013年。
[329] 郑朝彬、吕幼樵：《汉代中原文化在贵州的扩散》，《贵州民族研究》2013年第4期。
[330] 索德浩：《成都老官山汉墓M1墓主族属考察》，《考古》2016年第5期。
[331] 王煜：《汉代牵牛、织女图像研究》，《考古》2016年第5期。
[332] 富霞、熊昭明：《从广西发现的土墩墓看越人南迁》，《考古》2016年第8期。
[333] 杨勇：《云贵高原出土汉代印章述论》，《考古》2016年第10期。
[334] 王洋：《西汉陶缶赗赙说》，《考古》2016年第11期。
[335] 杨爱国：《汉墓中的屏风》，《文物》2016年第3期。
[336] 刘卫鹏：《东汉"天禄"铜镜的发现与探讨》，《文物》2016年第3期。
[337] 曹锦炎、李则斌：《江苏盱眙西汉江都王墓出土越国鸟虫书錞于》，《文物》2016年第11期。
[338] 刘兴林：《先秦两汉农作物分布组合的考古学研究》，《考古学报》2016年第4期。
[339] 吴小平、蒋璐：《长江中游汉墓出土瓷器研究》，《考古学报》2016年第1期。
[340] 赵德云：《汉晋时期西南夷地区的石板砚及相关问题》，《考古》2017年第4期。
[341] 陈轩：《四川东汉崖墓铭文与崖墓结构功能研究》，《考古》2017年第5期。
[342] 王煜：《汉代镶玉漆棺及相关问题讨论》，《考古》2017年第11期。
[343] 苏晓威：《论东周至西汉的铜炉》，《考古学报》2017年第3期。
[344] 蔡彦、滕铭予：《战国汉初瓦当制作工艺及相关问题研究》，《考古学报》2017年第3期。
[345] 罗二虎：《川渝地区汉代画像砖墓研究》，《考古学报》2017年第3期。
[346] 王煜、谢亦琛：《汉代蝉形口琀研究》，《考古学报》2017年第1期。

[347] 王煜：《汉代伏羲、女娲图像研究》，《考古》2018年第3期。
[348] 黄娟：《考古发现的铜质钱范与战国秦汉时期铸币工艺的演变》，《考古》2018年第5期。
[349] 江西省文物考古研究院、中国人民大学历史学院考古文博系：《江西南昌西汉海昏侯刘贺墓出土铜器》，《文物》2018年第11期。
[350] 江西省文物考古研究院、北京师范大学：《江西南昌西汉海昏侯刘贺墓出土铜器》，《文物》2018年的11期。
[351] 江西省文物考古研究院、厦门大学历史系：《江西南昌西汉海昏侯刘贺墓出土玉器》，《文物》2018年第11期。
[352] 陈秀慧：《东汉荧惑图像考》，《考古学报》2018年第2期。
[353] 索德治：《四川汉晋陶俑的初步研究》，《考古学报》2018年第2期。
[354] 余静：《湖南地区两汉墓葬初步研究》，《考古学报》2021年第2期。

E. 考古报告及报告集

[1] 杨宝成：《湖北考古发现与研究》，武汉大学出版社，1995年。
[2] 黄冈市博物馆、湖北省文物考古研究所、湖北省京九铁路考古队编著：《罗州城与汉墓》，科学出版社，2000年。
[3] 湖北省荆州博物馆编著：《荆州高台秦汉墓》，科学出版社，2000年。
[4] 国务院三峡工程建设委员会办公室、国家文物局编著：《秭归何光嘴》，科学出版社，2003年。
[5] 国务院三峡工程建设委员会办公室、国家文物局编著：《秭归柳林溪》，科学出版社，2003年。
[6] 湖北省清江隔河岩考古队、湖北省文物考古研究所编著：《清江考古（长阳地区考古发掘报告）》，科学出版社，2004年。
[7] 湖北省文物考古研究所、襄樊市考古队、襄阳区文物管理处：《襄阳王坡东周秦汉墓》，科学出版社，2005年。
[8] 国务院三峡工程建设委员会办公室、国家文物局编著：《巴东罗坪》，科学出版社，2006年。
[9] 湖北省宜昌博物馆：《当阳岱家山楚汉墓》，科学出版社，2006年。
[10] 南水北调中线水源有限责任公司、湖北省移民局、湖北省文物事业管理局：《郧县老幸福院墓地》，科学出版社，2007年。
[11] 国务院三峡工程建设委员会办公室、国家文物局编著：《秭归卜庄河》，科学出版社，2008年。
[12] 荆门市博物馆编著：《荆门子陵岗》，文物出版社，2008年。
[13] 襄樊市文物考古研究所、武安铁路复线九里山考古队：《老河口九里山秦汉

墓》，文物出版社，2009年。
[14] 荆州博物馆：《荆州荆南寺》，文物出版社，2009年。
[15] 国务院三峡工程建设委员会办公室、国家文物局编著，沈海宁主编：《湖北库区考古报告集（第一卷）》，科学出版社，2003年。
[16] 国务院三峡工程建设委员会办公室、国家文物局编著，沈海宁主编：《湖北库区考古报告集（第二卷）》，科学出版社，2005年。
[17] 国务院三峡工程建设委员会办公室、国家文物局编著，沈海宁主编：《湖北库区考古报告集（第三卷）》，科学出版社，2006年。
[18] 国务院三峡工程建设委员会办公室、国家文物局编著，沈海宁主编：《湖北库区考古报告集（第四卷）》，科学出版社，2007年。
[19] 国务院三峡工程建设委员会办公室、国家文物局编著，沈海宁主编：《湖北库区考古报告集（第五卷）》，科学出版社，2010年。
[20] 国务院三峡工程建设委员会办公室、国家文物局编著，沈海宁主编：《湖北库区考古报告集（第六卷）》，科学出版社，2010年。
[21] 湖北省文物考古研究所：《湖北考古报告集》，《江汉考古》编辑部，2008年。
[22] 湖北省文物局：《湖北省南水北调工程重要考古发现Ⅱ》，文物出版社，2010年。
[23] 湖北省文物局等编著，沈海宁主编：《湖北南水北调工程考古报告集（第一卷）（南水北调中线一期工程文物保护项目，湖北省考古发掘报告集）》，科学出版社，2013年。
[24] 湖北省文物局等编著，沈海宁主编：《湖北南水北调工程考古报告集（第二卷）（南水北调中线一期工程文物保护项目，湖北省考古发掘报告集）》，科学出版社，2013年。
[25] 湖北省文物局等编著，沈海宁主编：《湖北南水北调工程考古报告集（第三卷）（南水北调中线一期工程文物保护项目，湖北省考古发掘报告集）》，科学出版社，2014年。
[26] 湖北省文物局等编著，沈海宁主编：《湖北南水北调工程考古报告集（第四卷）（南水北调中线一期工程文物保护项目，湖北省考古发掘报告集）》，科学出版社，2014年。
[27] 湖北省文物局等编著，沈海宁主编：《湖北南水北调工程考古报告集（第五卷）（南水北调中线一期工程文物保护项目，湖北省考古发掘报告集）》，科学出版社，2014年。
[28] 湖北省文物局等编著，沈海宁主编：《湖北南水北调工程考古报告集（第六卷）（南水北调中线一期工程文物保护项目，湖北省考古发掘报告集）》，科学出版社，2015年。
[29] 湖北省文物局等编著，沈海宁主编：《湖北南水北调工程考古报告集（第七

卷）（南水北调中线一期工程文物保护项目，湖北省考古发掘报告集）》，科学出版社，2017年。

[30] 周兴明主编：《郧阳考古发现》，湖北人民出版社，2012年

[31] 襄樊市文物考古研究所：《襄樊考古文集（第一辑）》，科学出版社，2007年。

[32] 国务院三峡工程建设委员会办公室、国家文物局：《巴东红庙岭》，科学出版社，2010年。

[33] 国务院三峡工程建设委员会办公室、国家文物局编著：《秭归东门头》，科学出版社，2010年。

[34] 国务院三峡工程建设委员会办公室、国家文物局编著：《秭归陶家坡》，科学出版社，2010年。

[35] 湖北省文物局、湖北省移民局、南水北调中线水源有限公司：《丹江口牛场墓群》，科学出版社，2013年。

[36] 湖北省文物局、湖北省移民局、南水北调中线水源有限公司：《丹江口潘家岭墓地》，科学出版社，2013年。

[37] 湖北省文物局、湖北省移民局、南水北调中线水源有限公司：《武当山柳树沟墓群》，科学出版社，2015年。

[38] 武汉大学、湖北省文物考古研究所、宜城市博物馆：《湖北宜城跑马堤东周两汉墓》，科学出版社，2017年。

[39] 中国科学院考古研究所：《长沙发掘报告》，科学出版社，1957年。

[40] 湖南省博物馆、中国科学院考古研究所：《长沙马王堆一号汉墓（上）》，文物出版社，1973年。

[41] 湖南省博物馆、湖南省文物考古研究所编著，何介钧主编：《长沙马王堆二、三号汉墓》，文物出版社，2004年。

[42] 湖南省文物考古研究所：《里耶发掘报告》，岳麓书社，2007年。

[43] 湖南省文物考古研究所：《沅陵窑头发掘报告——战国至汉代城址及墓葬》，文物出版社，2015年。

[44] 湖南省常德市文物局、常德博物馆、鼎城区文物局、桃源县文物局、汉寿县文物局：《沅水下游汉墓》，文物出版社，2016年。

[45] 湖南省文物考古研究所：《益阳罗家嘴楚汉墓葬》，科学出版社，2016年。

[46] 镇江博物馆编，杨正宏主编：《印记与重塑：镇江博物馆考古报告集（2001—2009）》，江苏大学出版社，2010年。

[47] 南京博物院：《穿越宜溧山地：宁杭高铁江苏段考古发掘报告》，科学出版社，2013年。

[48] 南京博物院：《穿越长三角——京沪、沪宁高铁江苏段考古发掘报告》，科学出版社，2013年。

［49］南京市博物馆编：《南京考古资料汇编》，凤凰出版社，2013年。
［50］安徽省文物考古研究所编著：《潜山林新战国秦汉墓》，文物出版社，2013年。
［51］安徽省文物考古研究所编著：《天长三角圩墓地》，科学出版社，2013年。
［52］安徽省文物考古研究所编著：《庐江汉墓》，科学出版社，2013年。
［53］安徽省文物考古研究所、巢湖市文物管理所编著：《巢湖汉墓》，文物出版社，2007年。
［54］安徽省文物考古研究所、安徽省萧县博物馆编著：《萧县汉墓》，文物出版社，2008年。
［55］杭州市文物考古所、余杭区博物馆编：《余杭义桥汉六朝墓》，文物出版社，2010年。
［56］浙江省文物考古研究所编著：《浙江汉六朝墓报告集》，科学出版社，2012年。
［57］衢州博物馆编著，胡继根、柴福有主编：《衢州汉墓研究》，文物出版社，2015年。
［58］江西省文物考古研究所、萍乡市莲花县文物办：《江西莲花罗汉山西汉安成侯墓》，上海古籍出版社，2017年。
［59］广州市文物管理委员会、中国社会科学院考古所、广东省博物馆：《西汉南越王墓》，文物出版社，1991年。
［60］广州市文物考古研究所、广州市番禺区文管会办公室：《番禺汉墓》，科学出版社，2006年。
［61］中国社会科学院考古研究所、广州市文物管理委员会、广州市博物馆：《广州汉墓》，文物出版社，1981年。
［62］广东省文物考古研究所编著：《肇庆古墓》，科学出版社，2008年。
［63］广西壮族自治区文物工作队、合浦县博物馆编著：《合浦风门岭汉墓：2003—2005年发掘报告》，科学出版社，2006年。
［64］广西文物保护与考古研究所、合浦县文物管理局：《2009—2013年合浦汉晋墓发掘报告》，文物出版社，2016年。
［65］广西文物保护与考古研究所：《广西合浦文昌塔汉墓》，文物出版社，2017年。
［66］四川省文物考古研究院、德阳市文物考古研究所、什邡市博物馆编著：《什邡城关战国秦汉墓地》，文物出版社，2006年。
［67］四川省文物考古研究院、绵阳博物馆编著：《绵阳双包山汉墓》，文物出版社，2006年。
［68］四川省文物考古研究院、绵阳市博物馆、三台县文物管理所编著：《三台郪江崖墓》，文物出版社，2007年。
［69］四川省文物考古研究院、德阳市文物考古研究所、中江县文物保护研究所编著：《中江塔梁子崖墓》，文物出版社，2008年。

[70] 四川省文物考古研究院、广汉市文物保护管理所编著：《广汉二龙岗》，文物出版社，2014年。
[71] 绵阳博物馆、成都文物考古研究所：《绵阳崖墓》，文物出版社，2015年。
[72] 成都市文物考古研究所编著：《2001成都考古发现》，科学出版社，2003年。
[73] 国务院三峡工程建设委员会办公室、国家文物局：《巴东罗坪》，科学出版社，2006年。
[74] 重庆市文物局、重庆市移民局编：《奉节宝塔坪》，科学出版社，2010年。
[75] 重庆市文物考古所、重庆文化遗产保护中心编：《重庆公路考古报告集（重庆文物考古报告系列）》，科学出版社，2010年。
[76] 重庆市文化遗产研究院、重庆文化遗产保护中心：《嘉陵江下游考古报告集》，科学出版社，2015年。
[77] 重庆市文物局、重庆市移民局：《忠县翠屏山崖墓》，科学出版社，2011年。
[78] 重庆市文物局、重庆市移民局：《云阳晒经》，科学出版社，2008年。
[79] 重庆市文物局、重庆市移民局：《奉节白马墓地》，科学出版社，2013年。
[80] 重庆市文物局、重庆市移民局：《万州大坪墓地》，科学出版社，2006年。
[81] 重庆市文物局、重庆市移民局：《云阳走马岭墓地》，科学出版社，2011年。
[82] 重庆市文物局、重庆市移民局：《丰都二仙堡墓地》，科学出版社，2016年。
[83] 成都市文物考古研究所编著：《成都考古发现（2002）》，科学出版社，2004年。
[84] 成都市文物考古研究所编著：《成都考古发现（2003）》，科学出版社，2005年。
[85] 成都市文物考古研究所编著：《成都考古发现（2004）》，科学出版社，2006年。
[86] 成都市文物考古研究所编著：《成都考古发现（2006）》，科学出版社，2008年。
[87] 成都市文物考古研究所编著：《成都考古发现（2008）》，科学出版社，2010年。
[88] 成都市文物考古研究所编著：《成都考古发现（2009）》，科学出版社，2011年。
[89] 成都市文物考古研究所编著：《成都考古发现（2010）》，科学出版社，2012年。
[90] 成都市文物考古研究所编著：《成都考古发现（2013）》，科学出版社，2015年。
[91] 云南省文物考古研究所、重庆市文化局三峡办、重庆市万州区博物馆编著：《重庆万州老棺丘古墓群发掘报告》，云南科技出版社，2011年。
[92] 重庆市文物局、重庆市移民局：《万州大丘坪墓群》，科学出版社，2014年。
[93] 重庆市文物局、重庆市移民局编，王川平主编：《重庆库区考古报告集（1999卷）》，科学出版社，2006年。
[94] 重庆市文物局、重庆市移民局编，王川平主编：《重庆库区考古报告集（2000卷）》，科学出版社，2007年。
[95] 重庆市文物局、重庆市移民局编，王川平主编：《重庆库区考古报告集（2001卷）》，科学出版社，2007年。
[96] 贵州省文物考古研究所编著：《赫章可乐：二〇〇〇年发掘报告》，文物出版

社，2008年。
[97] 贵州省文物考古研究所编著：《贵州田野考古报告集（1993—2013）》，科学出版社，2014年。
[98] 贵州省文物考古研究所：《2003—2013贵州基建考古重要发现》，科学出版社，2015年。
[99] 云南省文物考古研究所、昆明市博物馆、官渡区博物馆编著：《昆明羊甫头墓地》，科学出版社，2005年。
[100] 云南省文物考古所、文山州文物管理所、红河州文物管理所：《云南边境地区（文山州和红河州）考古调查报告》，云南科技出版社，2008年。
[101] 云南省文物考古研究所编：《云南考古报告集（二）》，云南科技出版社，2006年。
[102] 杨帆、万扬、胡长城编著：《云南考古：1979—2009》，云南人民出版社，2010年。
[103] 昭通市文物管理所编著，丁长芬、杨帆主编：《昭通田野考古（之一）》，云南人民出版社，2012年。
[104] 云南省文物考古研究所编著：《会泽水城古墓群发掘报告》，科学出版社，2014年。

F. 考古简报

湖北

[1] 夏承彦：《武昌郊外在防汛工程中发现十余座汉唐古墓及出土文物》，《文物参考资料》1954年第9期。
[2] 刘廷勃：《武昌何家垅清理了汉、唐等时代古墓数十处》，《文物参考资料》1955年第2期。
[3] 高应勤、周宝权：《湖北黄石市发现很多古墓》，《文物参考资料》1955年第10期。
[4] 熊亚云：《武大铁路修建中发现大批古墓葬和古遗址》，《文物参考资料》1956年第11期。
[5] 丁安民、郭冰廉：《武昌河坡山发现东汉墓》，《文物参考资料》1956年第12期。
[6] 湖北省文物工作队：《武汉地区一九六五年第一至八月古墓葬发掘概况》，《文物参考资料》1957年第1期。
[7] 陈上岷：《当阳县发现（汉）日南太守墓》，《文物参考资料》1958年第2期。
[8] 陈恒树：《均县城南土桥镇清理了古墓一座》，《文物》1959年第11期。
[9] 李元魁、毛在善：《随县唐镇发现带壁画宋墓及东汉石室墓》，《文物》1960年第1期。
[10] 湖北省文物管理委员会：《湖北随县唐镇汉魏墓清理》，《考古》1966年第2期。

[11] 湖北省文物管理委员会（陈恒树）：《湖北随县塔儿湾古城岗发现汉墓》，《考古》1966年第3期。
[12] 湖北省博物馆、云梦县文化馆等汉墓发掘组：《湖北云梦西汉墓发掘简报》，《文物》1973年第9期。
[13] 长江流域第二期文物考古工作人员训练班：《湖北江陵凤凰山西汉墓发掘简报》，《文物》1974年第6期。
[14] 纪南城凤凰山一六八号汉墓发掘整理组：《湖北江陵凤凰山一六八号汉墓发掘简报》，《文物》1975年第9期。
[15] 湖北省博物馆：《宜昌前坪战国两汉墓》，《考古学报》1976年第2期。
[16] 凤凰山一六七号汉墓发掘整理小组：《江陵凤凰山一六七号汉墓发掘简报》，《文物》1976年第10期。
[17] 湖北省博物馆：《光化五座坟西汉墓》，《考古学报》1976年第2期。
[18] 湖北省博物馆：《湖北房县的东汉、六朝墓》，《考古》1978年第5期。
[19] 张明达：《巴东发现东汉纪年墓》，《江汉考古》1980年第1期。
[20] 楚皇城考古发掘队（王仁湘等）：《湖北宜城楚皇城战国秦汉墓》，《考古》1980年第2期。
[21] 黄凤春：《枝江县发现西汉早期木椁墓》，《江汉考古》1980年第2期。
[22] 云梦县文物工作组：《湖北云梦睡虎地秦汉墓发掘简报》《考古》1981年第1期。
[23] 湖北省博物馆：《云梦大坟头一号汉墓》，《文物资料丛刊（4）》，文物出版社，1981年。
[24] 陈振裕、杨权喜：《当阳沮河下游一九七二年考古调查简报》，《江汉考古》1982年第1期。
[25] 沙市博物馆（彭锦华）：《沙市东郊汉墓清理简报》，《江汉考古》1982年第2期。
[26] 襄阳地区博物馆（王少泉）：《湖北襄阳擂鼓台一号墓发掘简报》，《考古》1982年第2期。
[27] 程欣人：《新洲城关近郊东汉合葬墓》，《江汉考古》1983年第4期。
[28] 黄州古墓发掘队：《湖北黄州太平寺西汉墓发掘》，《江汉考古》1983年第4期。
[29] 汉川县文化馆（张远栋）：《汉川南河汉墓清理简报》，《江汉考古》1984年第4期。
[30] 云梦县博物馆（徐桥华等）：《湖北云梦瘌痢墩一号墓清理简报》，《考古》1984年第7期。
[31] 宜昌市文管处、湖北省博物馆：《宜昌前、后坪古墓1981年第发掘简报》，《江汉考古》1985年第2期。
[32] 王正华：《郧县发现汉唐古墓》，《江汉考古》1985年第3期。
[33] 宜昌地区博物馆（卢德佩）：《1978年宜昌前坪汉墓发掘简报》，《考古》

1985年第5期。
[34] 武汉市文管处（周厚强）：《武汉市葛店化工厂东汉墓清理简报》，《考古》1986年第1期。
[35] 湖北省博物馆（梁柱）：《湖北郧县砖瓦厂的两座东汉墓》，《江汉考古》1986年第2期。
[36] 黄石市博物馆（曲毅）：《大冶黄文村东汉墓清理简报》，《江汉考古》1986年第3期。
[37] 宜昌地区博物馆（王家德）：《当阳金坡东汉墓清理简报》，《江汉考古》1986年第4期。
[38] 湖北省博物馆：《1978年云梦秦汉墓发掘报告》，《考古学报》1986年第4期。
[39] 荆门市博物馆：《荆门市瓦岗山西汉墓》，《江汉考古》1986年第1期。
[40] 周厚强等：《孝感花园发现战国秦汉墓群》，《江汉考古》1987年第1期。
[41] 荆门市博物馆（王传富）：《荆门十里九堰东汉墓》，《江汉考古》1987年第3期。
[42] 宜昌地区博物馆、宜都县文化馆（卢佩德、赵德祥）：《湖北宜都县刘家屋场东汉墓》，《考古》1987年第10期。
[43] 随州市博物馆：《随州安居镇汉墓》，《江汉考古》1987年第1期。
[44] 湖北省博物馆：《丹江口市肖川战国两汉墓葬》，《江汉考古》1988年第4期。
[45] 江陵文物局（王从礼、何万年第）：《江陵太湖港古遗址与墓葬调查清理简报》，《江汉考古》1988年第2期。
[46] 宜昌地区博物馆、宜都县文化馆（王家德）：《湖北宜都发掘三座汉晋墓》，《考古》1988年第8期。
[47] 宜昌地区博物馆、宜都县文化馆（杨华）：《湖北宜都陆城发现一座东汉墓》，《考古》1988年第10期。
[48] 中国社会科学院考古研究所长江工作队：《湖北郧县东周西汉墓》，《考古学集刊（第6集）》，中国社会科学出版社，1989年。
[49] 宜昌地区博物馆（杜国柱）：《湖北宜都刘家老屋六号汉墓》，《考古》1989年第7期。
[50] 宜昌地区博物馆：《湖北肖家山战国西汉墓》，《考古与文物》1989年第3期。
[51] 宜昌地区博物馆、宜都县文化馆（杨华）：《宜都陆城发掘的一座西汉墓葬简报》，《江汉考古》1989年第2期。
[52] 随州市博物馆：《湖北随州市城北西汉墓》，《文物》1989年第8期。
[53] 神农架文化馆（周学森）：《神农架松柏东汉墓清理简报》，《江汉考古》1990年第1期。
[54] 房县博物馆：《房县桃园战国两汉墓葬第三次发掘简讯》，《江汉考古》1990年第2期。

［55］云梦县博物馆（张慧）：《云梦罩子墩一号墓清理简报》，《江汉考古》1990年第2期。
［56］荆门市博物馆：《荆门子陵岗古墓发掘简报》，《江汉考古》1990年第4期。
［57］荆门市博物馆（李平、黄文进）：《荆门市玉皇阁东汉墓》，《江汉考古》1990年第4期。
［58］长办库区处红花套考古工作站（林春）：《湖北宜昌前坪包金头东汉、三国墓》，《考古》1990年第9期。
［59］武汉大学历史系考古教研室：《湖北麻城栗山岗战国秦汉墓清理简报》，《考古》1990年第11期。
［60］湖北省文物考古研究所、谷城县博物馆：《谷城过山战国西汉墓葬》，《江汉考古》1990年第3期。
［61］湖北省文物考古研究所：《云梦龙岗秦汉墓地第一次发掘简报》，《江汉考古》1990年第3期。
［62］黄道华：《枝江姚家港出土的东汉画像砖》，《江汉考古》1991年第1期。
［63］宜昌地区博物馆、秭归屈原纪念馆（唐洪川等）：《秭归卜庄河古墓发掘简报》，《江汉考古》1991年第4期。
［64］宜昌地区博物馆、当阳市博物馆（卢德佩）：《湖北当阳半月东汉墓发掘简报》，《文物》1991年第12期。
［65］随州市博物馆（左得田）：《湖北随州擂鼓墩战国东汉墓发掘简报》，《江汉考古》1992年第2期。
［66］通城县博物馆（向民）：《湖北通城高冲钱塘山二号墓发掘简报》，《江汉考古》1992年第2期。
［67］湖北省文物考古研究所、郧阳地区博物馆、房县博物馆：《1986—1987年湖北房县松嘴战国两汉墓发掘报告》，《考古学报》1992年第2期。
［68］谷城县博物馆：《湖北谷城马铃沟东汉砖室墓发掘简报》，《江汉考古》1993年第2期。
［69］神农架文物管理所：《神农架大坪东汉墓清理简报》，《江汉考古》1993年第3期。
［70］襄樊市博物馆：《湖北襄樊市区东汉墓发掘简报》，《考古与文物》1993年第4期。
［71］襄樊市博物馆（黄尚明）：《湖北襄樊市两座东汉墓发掘》，《考古》1993年第5期。
［72］王世振、王善才：《湖北随州东城区东汉墓发掘报告》，《文物》1993年第7期。
［73］王善才、王世振：《湖北随州西城区东汉墓发掘报告》，《文物》1993年第7期。
［74］湖北省文物考古研究所：《江陵凤凰山一六八号汉墓》，《考古学报》1993年第4期。
［75］湖北省荆州地区博物馆：《江陵高台18号墓发掘简报》，《文物》1993年第8期。

[76] 湖北省文物考古研究所：《襄樊市真武山西汉墓葬》，《江汉考古》1993年第4期。
[77] 陶顺贵：《湖北宜黄公路段发掘西汉墓葬》《文物》1993年第10期。
[78] 湖北省文物考古研究所（杨定爱、韩楚文）：《纪南城毛家园新莽东汉墓》，《江汉考古》1994年第4期。
[79] 枣阳市博物馆（徐正国、包宗成）：《枣阳市车架厂古墓清理简报》，《江汉考古》1994年第4期。
[80] 武汉市考古队、武昌县文管所：《武昌县金口汉晋墓发掘简报》，《江汉考古》1994年第3期。
[81] 荆州博物馆：《湖北荆沙市瓦坟园西汉墓发掘简报》，《考古》1995年第11期。
[82] 宜昌市博物馆：《枝城乱葬岗古墓第二次发掘简报》，《江汉考古》1995年第3期。
[83] 随州市考古队（余霜、王红）：《湖北随州市义地岗东汉墓清理报告》，《江汉考古》1996年第1期。
[84] 湖北省文物考古研究所、十堰市博物馆、郧县博物馆：《南水北调工程丹江口水库郧县淹没区考古调查》，《江汉考古》1996年第2期。
[85] 孝感市博物馆：《孝感田家岗东汉、南朝及唐墓清理简报》，《江汉考古》1996年第3期。
[86] 襄樊市博物馆（李祖才）：《湖北襄樊市余岗战国至东汉墓葬发掘报告》，《考古学报》1996年第3期。
[87] 老河口市博物馆：《老河口市杨寨东汉墓清理简报》，《江汉考古》1996年第4期。
[88] 武汉市博物馆、新洲县文管所：《1992年辛冲墓群发掘简报》，《江汉考古》1996年第4期。
[89] 襄樊市博物馆：《湖北襄樊市岘山汉墓清理简报》，《考古》1996年第5期。
[90] 老河口市博物馆：《老河口市百花山西汉墓清理简报》，《江汉考古》1996年第3期。
[91] 湖北省文物考古研究所、浠水县博物馆（陈文学）：《浠水县胡弄村墓群发掘简报》，《江汉考古》1997年第1期。
[92] 孝感市博物馆、云梦县博物馆（汪艳明）：《云梦县楚王城汉墓发掘简报》，《江汉考古》1997年第3期。
[93] 杨权喜：《江陵纪南城南垣东门外一号东汉墓》，《江汉考古》1997年第3期。
[94] 黄冈市博物馆：《湖北蕲春县对面山西汉墓》，《考古》1997年第5期。
[95] 湖北省文物考古研究所等（梁柱等）：《湖北房县松嘴战国两汉墓地第三、四次发掘报告》，《考古学报》1998年第2期。
[96] 武汉市新洲县文物管理处、武汉市博物馆（雷兴军、黄传馨）：《武汉市新洲技校汉墓发掘简报》，《江汉考古》1998年第3期。
[97] 湖北省京九铁路考古队、黄冈市博物馆：《湖北蕲春茅草山西汉墓》，《考古

学报》1998年第4期。
[98] 湖北省文物考古研究所：《湖北黄州汪家冲西汉墓葬》，《江汉考古》1998年第2期。
[99] 卢佩德：《湖北当阳市郑家大坡东汉画像石墓》，《考古》1999年第1期。
[100] 湖北省文物考古研究所、襄樊市博物馆：《湖北襄樊郑家山战国秦汉墓》，《考古学报》1999年第3期。
[101] 湖北省荆州市周梁玉桥博物馆：《关沮秦汉墓清理简报》，《文物》1999年第6期。
[102] 襄樊市考古队：《襄樊王寨许家岗墓群发掘》，《江汉考古》1999年第4期。
[103] 黄冈市博物馆：《湖北蕲春县陈家大地西汉墓》，《考古》1999年第5期。
[104] 襄樊市考古队、襄樊县文物管理处：《襄阳东津洪山头遗址发掘简报》，《江汉考古》1999年第4期。
[105] 宜昌市博物馆、远安县文物管理所：《远安孙家岗古墓发掘简报》，《江汉考古》1999年第1期。
[106] 襄樊市考古队：《襄樊长虹南路汉墓清理简报》，《江汉考古》1999年第4期。
[107] 湖北省京九铁路考古队、黄冈市博物馆（吴晓松、刘松山）：《湖北蕲春枫树林东汉墓》，《考古学报》1999年第2期。
[108] 襄樊市考古队、襄樊县文物管理处：《襄阳东津洪山头遗址发掘简报》，《江汉考古》1999年第4期。
[109] 襄樊市考古队：《襄樊市高庄墓群发掘报告》，《江汉考古》1999年第4期。
[110] 祝恒富、王毅：《湖北郧西县老观庙汉墓的清理》，《考古》1999年第7期。
[111] 湖北省文物考古研究所、襄阳县文物管理处（熊北生）：《襄阳竹条汉代墓葬、窑址发掘》，《江汉考古》2000年第1期。
[112] 襄樊市考古队（王先福）：《襄樊彭岗汉墓群发掘简报》，《江汉考古》2000年第2期。
[113] 南漳县博物馆（孙义宏）：《南漳城关东汉墓清理简报》，《江汉考古》2000年第2期。
[114] 襄樊市考古队：《襄樊团山卞营地第二次发掘》，《江汉考古》2000年第2期。
[115] 襄樊市博物馆（释贵星）：《襄樊杜甫巷东汉、唐墓》，《江汉考古》2000年第2期。
[116] 湖北省江陵县文物局、荆州地区博物馆：《江陵岳山秦汉墓》，《考古学报》2000年第4期。
[117] 湖北省文物考古研究所、十堰市博物馆、丹江口市博物馆：《丹江口市玉皇庙汉晋墓发掘简报》，《江汉考古》2001年第1期。
[118] 枣阳市博物馆：《湖北枣阳市沙河南岸汉墓的清理》，《考古》2001年第6期。

[119] 老河口市博物馆：《湖北老河口市柴店岗两汉墓葬》，《考古》2001年第7期。
[120] 湖北省文物考古研究所、随州市文物局（张昌平）：《随州市孔家坡墓地M8发掘简报》，《文物》2001年第9期。
[121] 广西壮族自治区文物工作队（李玲）：《巴东县西瀼口古墓葬2000年第发掘简报》，《江汉考古》2002年第1期。
[122] 湖北省文物考古研究所、襄樊市博物馆（冯少龙）：《湖北襄阳邓城韩岗遗址汉唐墓葬》，《江汉考古》2002年第2期。
[123] 宜昌市博物馆（卢德佩）：《湖北秭归卜庄河古墓群考古发掘收获》，《江汉考古》2002年第3期。
[124] 襄石复线襄樊考古队：《湖北襄阳法龙付岗墓地发掘简报》，《江汉考古》2002年第4期。
[125] 湖北省文物考古研究所：《湖北秭归东门头汉墓与宋墓清理简报》，《江汉考古》2002年第3期。
[126] 湖北省文物考古研究所：《湖北秭归何家坪遗址发掘简报》，《江汉考古》2002年第3期。
[127] 襄樊市博物馆（范文强）：《襄樊余岗战国秦汉墓第二次发掘简报》，《江汉考古》2003年第2期。
[128] 中山大学人类学系、湖北省文物局三峡办（郭立新）：《湖北省巴东县孔包汉墓发掘报告》，《四川文物》2003年第6期。
[129] 老河口市博物馆：《湖北省老河口市北岗东汉墓发掘简报》，《江汉考古》2004年第2期。
[130] 湖北省文物考古研究所、丹江口市博物馆（周国平等）：《湖北丹江口市外边沟东周、两汉墓》，《考古学集刊（第14集）》，文物出版社，2004年。
[131] 老河口市博物馆：《老河口市孔家营一号东汉墓清理简报》，《江汉考古》2005年第3期。
[132] 湖北省文物局三峡办、恩施自治州博物馆：《湖北巴东将军滩墓地发掘简报》，《四川文物》2005年第5期。
[133] 武汉大学考古系、湖北省文物局三峡办：《湖北巴东县汪家河遗址墓葬发掘简报》，《考古》2006年第1期。
[134] 湖北省文物考古研究所、襄樊市襄阳区文物管理处：《湖北襄阳马集、李食店墓葬发掘简报》，《江汉考古》2006年第3期。
[135] 武汉市文物考古研究所、江夏区文物管理处：《武汉江夏区庙山东汉墓的清理》，《考古》2006年第5期。
[136] 襄樊市考古队、谷城县博物馆：《湖北谷城县肖家营墓地》，《考古》2006年第11期。

［137］襄樊市考古队（王先福）：《襄樊市高庄墓群第三次发掘简报》，《江汉考古》2006年第1期。
［138］荆门市文物考古研究所（黄文进）：《荆门市子陵黄家坡两汉墓发掘简报》，《江汉考古》2007年第2期。
［139］襄樊市考古队（王道文）：《襄樊长虹南路墓地第二次发掘简报》，《江汉考古》2007年第1期。
［140］湖北省文物考古研究所、荆门市博物馆（田桂萍、黄文进）：《湖北荆门十里铺土公台西汉墓发掘简报》，《江汉考古》2008年第3期。
［141］湖北省文物考古研究所、云梦县博物馆：《湖北云梦睡虎地M77发掘简报》，《江汉考古》2008年第4期。
［142］荆州博物馆（杨开勇、朱江松）：《湖北荆州纪南松柏汉墓发掘简报》，《文物》2008年第4期。
［143］荆州博物馆：《湖北荆州谢家桥一号汉墓发掘简报》，《文物》2009年第4期。
［144］北京市文物研究所、湖北省文物局南水北调办公室（袁永明、张治强）：《湖北丹江口市莲花池墓地战国秦汉墓》，《考古》2011年第4期。
［145］湖北省文物考古研究所、谷城县博物馆（张成明等）：《湖北谷城田家凹秦汉墓发掘简报》，《江汉考古》2011年第4期。
［146］浠水县博物馆（陈小兵等）：《浠水螺蛳顶汉墓清理简报》，《江汉考古》2011年增刊。
［147］襄樊学院襄阳及三国历史文化研究所（叶植）：《湖北郧县西峰汉墓群发掘简报》，《江汉考古》2011年第4期。
［148］湖北省文物考古研究所等（田桂萍等）：《湖北黄冈市对面墩东汉墓地发掘简报》，《考古》2012年第3期。
［149］吉林大学边疆考古研究中心等（魏东、吴敬）：《湖北郧县余嘴遗址发掘简报》，《南方文物》2012年第1期。
［150］复旦大学文物与博物馆学系等（潘碧华等）：《湖北郧县上宝盖遗址2010年发掘简报》，《江汉考古》2013年第4期。
［151］襄阳市文物考古研究所（梁超）：《湖北襄阳余岗墓地M714发掘简报》，《文物》2013年第7期。
［152］荆州博物馆（李亮）：《湖北荆州高台墓地M46发掘简报》，《江汉考古》2014年第5期。
［153］罗运兵等：《湖北随州周家寨小区墓地2014年第发掘收获》，《2014中国重要考古发现》，文物出版社，2015年。
［154］荆州博物馆：《湖北荆州西胡家台墓地发掘简报》，《文博》2016年第2期。
［155］武汉大学历史学院考古系、湖北省文物局、丹江口市文体局（余西云、张志

强、郝晓晓、袁飞勇）：《湖北丹江口市莲花池墓地2009年的发掘》，《考古》2017年第5期。

[156] 湖北省文物考古研究所、随州市曾都区考古队（罗运兵、史德勇、凡国栋、余霜、蔡丹）：《湖北随州市周家寨墓地M8发掘简报》，《考古》2017年第8期。

[157] 湖北省文物考古研究所、襄阳文物考古研究所（胡刚等）：《湖北襄阳卸甲山墓地战国—西汉墓葬发掘简报》，《江汉考古》2017年第4期。

[158] 武汉大学历史学院、湖北省文物局南水北调办公室（单思伟等）：《湖北郧县余咀墓地东周汉代墓葬发掘简报》，《江汉考古》2017年第4期。

[159] 四川大学历史文化学院（白彬等）：《湖北老河口北岗墓群发掘简报》，《江汉考古》2018年第4期。

湖南

[1] 考古研究所湖南调查发掘团：《长沙近郊古墓发掘记略》，《文物参考资料》1952年第2期。

[2] 湖南省文物管理委员会 （吴铭生）：《湖南长沙西汉墓清理简报》，《考古通讯》1957年第4期。

[3] 湖南省文物管理委员会：《长沙杨家湾M006号墓清理简报》，《文物参考资料》1954年第11期。

[4] 丝茅冲工作小组：《长沙北郊丝茅冲工地第一工区的古代墓葬》，《文物参考资料》1955年第12期。

[5] 湖南省文物管理委员所：《长沙黄泥坑战国、汉、唐、宋墓清理简报》，《考古通讯》1956年第6期。

[6] 吴铭生：《长沙发现新莽时代墓葬》，《考古通讯》1956年第3期。

[7] 湖南省文物管理委员会：《湖南长沙纸园冲工地古墓清理小结》，《考古通讯》1957年第5期。

[8] 周世荣：《长沙白泥塘发现东汉砖墓》，《考古通讯》1956年第3期。

[9] 湖南省文物管理委员会（罗敦静）：《湖南耒阳东汉墓清理简报》，《考古通讯》1956年第4期。

[10] 湖南省文物管理委员会：《湖南零陵东门外汉墓清理简报》，《考古通讯》1957年第1期。

[11] 李正光等：《长沙沙湖桥一带古墓发掘简报》，《考古学报》1957年第4期。

[12] 张鑫如：《长沙东郊雷家嘴东汉墓的清理》，《考古通讯》1958年第2期。

[13] 湖南省文物管理委员会：《湖南长沙南塘冲古墓清理简报》，《考古通讯》1958年第3期。

[14] 周世荣：《长沙容园两汉、六朝、隋、唐、宋墓清理简报》，《考古通讯》1958年第5期。

［15］湘乡县博物馆文物工作队：《湖南湘乡可心亭赵家山西汉墓》，《考古》1959年第12期。
［16］周世荣：《湖南益阳市郊发现汉墓》，《考古》1959年第2期。
［17］湖南省博物馆：《长沙五里牌古墓清理简报》，《文物》1960年第3期。
［18］周世荣：《长沙东郊两汉墓简介》，《考古》1963年第12期。
［19］湖南省博物馆（高至喜、张中一）：《长沙砂子塘西汉墓发掘简报》，《文物》1963年第2期。
［20］高至喜：《长沙、衡阳西汉墓中发现铁“半两”钱》，《文物》1963年第11期。
［21］周世荣：《湖南零陵出土的东汉砖墓》，《考古》1964年第9期。
［22］周世荣：《湖南零陵李家园发现新莽墓》，《考古》1964年第9期。
［23］湘乡县博物馆（文素心）：《湘乡西郊发现东汉墓》，《考古》1965年第12期。
［24］湖南省博物馆（张欣如）：《长沙南郊砂子塘汉墓》，《考古》1965年第3期。
［25］湖南省博物馆（单先进）：《长沙汤家岭西汉墓清理报告》，《考古》1966年第4期。
［26］湘乡县博物馆（谢伯庆等）：《湖南湘乡可心亭汉墓》，《考古》1966年第5期。
［27］吴铭生：《长沙黄土岭发现东汉墓》，《考古通讯》1967年第4期。
［28］湖南省博物馆、中国科学院考古研究所：《长沙马王堆二、三号汉墓发掘简报》，《文物》1974年第7期。
［29］中国科学院考古研究所、湖南省博物馆写作小组：《马王堆二、三号汉墓发掘的主要收获》，《考古》1975年第1期。
［30］张欣如：《湖南衡阳豪头山发现东汉永元十四年墓》，《文物》1977年第2期。
［31］原韶山灌区文物工作队（刘化勋）：《湖南湘乡汉墓》，《文物资料丛刊（2）》文物出版社，1978年。
［32］湖南省博物馆（单先进）：《长沙金塘坡东汉墓发掘简报》，《考古》1979年第5期。
［33］长沙市文化局文物组：《长沙咸家湖西汉曹𡞞墓》，《文物》1979年第3期。
［34］湖南省博物馆：《湖南常德南坪东汉“酉阳长”墓》，《考古》1980年第4期。
［35］湖南省博物馆：《湖南益阳战国两汉墓》，《考古学报》1981年第4期。
［36］湖南省博物馆（单先进、熊传新）：《长沙象鼻嘴一号西汉墓》，《考古学报》1981年第1期。
［37］湖南省博物馆（金则恭）：《湖南衡阳县道子坪东汉墓发掘简报》，《文物》1981年第12期。
［38］郴州地区文物工作队：《湖南郴州市奎马岭汉墓的发掘》，《考古学集刊（第2集）》，中国社会科学出版社，1982年。
［39］湖南省博物馆（傅举有）：《湖南郴州市郊东汉墓发掘简报》，《考古》1982

年第3期。
[40] 湖南省博物馆（熊传新）：《长沙树木岭战国墓阿弥岭西汉墓》，《考古》1984年第9期。
[41] 益阳地区文物工作队：《益阳羊舞岭战国东汉墓清理简报》，《湖南考古辑刊（第2集）》，岳麓书社，1984年。
[42] 湖南省博物馆、怀化地区文物工作队：《湖南溆浦马田坪战国西汉墓发掘报告》，《湖南考古辑刊（第2集）》，岳麓书社，1984年。
[43] 刘长治：《保靖县清理一座东汉墓》，《湖南考古辑刊（第2集）》，岳麓书社，1984年。
[44] 衡阳市博物馆（冯玉辉）：《衡阳市苗圃五马归槽茅坪古墓发掘简报》，《考古》1984年第10期。
[45] 湖南省博物馆（傅举有）：《湖南资兴东汉墓》，《考古学报》1984年第1期。
[46] 安乡县文化馆：《安乡余家台子发现东汉墓》，《湖南考古辑刊（第2集）》，岳麓书社，1984年。
[47] 湖南省郴州地区文物工作队（李荆林）：《湖南郴州汉墓清理简报》，《考古》1985年第8期。
[48] 长沙市文物工作队（宋少华）：《长沙西郊桐梓坡坡汉墓》，《考古学报》1986年第1期。
[49] 溆浦县文化局：《溆浦江口战国、西汉墓》，《湖南考古辑刊（第3集）》，岳麓书社，1986年。
[50] 保靖县文化馆：《保靖县发现东汉砖室墓》，《湖南考古辑刊（第3集）》，岳麓书社，1986年。
[51] 衡阳市博物馆（冯玉辉）：《湖南衡阳茶山坳东汉至南朝墓的发掘》，《考古》1986年第12期。
[52] 湖南省博物馆：《醴陵、株洲发现汉晋墓葬》，《湖南考古辑刊（第3集）》，岳麓书社，1986年。
[53] 湖南省博物馆：《汨罗县东周、秦、西汉、南朝墓发掘报告》，《湖南考古辑刊（第3集）》，岳麓书社，1986年。
[54] 龙福廷：《湖南郴州清理一座新莽时期墓葬》，《考古》1987年第4期。
[55] 常德地区文物工作队、常德县文化馆（刘廉银、宋杰）：《湖南常德县清理西汉墓葬》，《考古》1987年第5期。
[56] 怀化地区文物工作队（向开旺）：《湖南怀化西汉墓》，《文物》1988年第10期。
[57] 湖南省文物考古研究所等 （胡德兴等）：《桃源县狮子山汉墓发掘报告》，《湖南考古辑刊（第5集）》，1989年。
[58] 湘西土家族苗族自治州文物工作队：《湖南保靖粟家坨西汉墓发掘报告》，

《考古》1989年第9期。
[59] 湖南省考古研究所、湘西自治州文物队、大庸市文物管理所：《1986—1987大庸城区西汉墓发掘报告》，《湖南考古辑刊（第5集）》，1989年。
[60] 零陵地区文物工作队（郑元日等）：《湖南永州市鹞子山西汉“刘疆”墓》，《考古》1990年第11期。
[61] 津市文管所：《湖南津市新洲镇清理两座东汉墓》，《江汉考古》1991年第3期。
[62] 衡阳市文物工作队：《湖南衡阳荆田村发现东汉墓》，《考古》1991年第10期。
[63] 衡阳市文物工作队（唐新华、向新民）：《湖南耒阳城关发现东汉墓》，《南方文物》1992年第2期。
[64] 衡阳市文物工作队（向新民）：《湖南耒阳城关汉墓》，《东南文化》1992年第2期。
[65] 衡阳市文物工作队：《湖南南岳万福村东汉墓》，《考古》1992年第5期。
[66] 曾少华：《湖南邵东县冷水村发现一座东汉墓》，《考古》1992年第10期。
[67] 怀化地区文物工作队（向开旺）：《湖南怀化市城区西汉墓发掘简报》，《南方文物》1992年第4期。
[68] 华容县文化馆（李正鑫）：《华容发现东汉墓葬和遗物》，《江汉考古》1992年第2期。
[69] 衡阳市文物工作队（贺兴武）：《湖南衡阳市凤凰山汉墓发掘简报》，《考古》1993年第3期。
[70] 衡阳市文物工作队、耒阳市《文物》管理所：《湖南耒阳竹园东汉墓》，《南方文物》1993年第1期。
[71] 衡阳市文物工作队（唐先华）：《湖南衡阳市郊新安乡东汉墓》，《考古》1994年第3期。
[72] 怀化地区文物工作队，溆浦县文物管理所（向开旺、田云国）：《1990年湖南溆浦大江战国西汉墓发掘简报》，《考古》1994年第1期。
[73] 岳阳市文管处（何捷）：《平江红门遗址发掘简报》，《湖南考古辑刊（第6集）》，1994年。
[74] 湖南省文物考古研究所、湘西自治州文物工作队、大庸市文物管理所：《湖南大庸东汉砖室墓》，《考古》，1994年第12期。
[75] 衡阳市文物工作队（朱建中）：《湖南衡阳市玄碧塘西汉墓清理简报》，《考古》1995年第3期。
[76] 湖南省博物馆、湖南省文物考古研究所：《湖南资兴西汉墓》，《考古学报》1995年第4期。
[77] 常德市文物工作队：《湖南桃源县二里岗战国西汉墓葬发掘报告》，《江汉考古》1995年第2期。

[78] 桑植县文物管理所：《湖南桑植朱家台西汉墓》，《江汉考古》1995年第4期。
[79] 湖南省文物考古研究所、茶陵县文化局：《湖南茶陵县濂溪汉墓的发掘》，《考古》1996年第6期。
[80] 常德市文物工作队、津市市文物管理所：《津市肖家湖十七号汉墓》，《湖南考古辑刊（第6集）》，1994年，112～120页。
[81] 怀化地区文物管理处、靖州县文物管理所（向开旺等）：《湖南靖州县团结村战国西汉墓》，《考古》1998年第5期。
[82] 衡阳市博物馆：《衡阳县赤石新莽墓》，《湖南考古辑刊（第7集）》，岳麓书社，1999年。
[83] 湖南省文物考古研究所：《湖南常德德山西汉墓发掘报告》，《湖南考古辑刊（第7集）》，岳麓书社，1999年。
[84] 怀化市文物事业管理处（向开旺、曾志鸿）：《湖南溆浦县茅坪坳战国西汉墓》，《考古》1999年第8期。
[85] 衡阳市博物馆：《湖南耒阳市东汉墓发掘报告》，《考古学集刊（第13集）》，中国大百科全书出版社，2000年。
[86] 湖南省文物考古研究所、永州市芝山区文物管理所：《湖南永州市鹞子岭二号西汉墓》，《考古》2001年第4期。
[87] 湖南省文物考古研究所：《阮陵虎溪山一号汉墓发掘简报》，《文物》2003年第1期。
[88] 常德市博物馆（文智）：《湖南常德南坪“汉寿左尉”墓清理简报》，《江汉考古》2004年第4期。
[89] 永顺县文物管理所（雷家森）：《永顺县王村战国两汉墓清理简报》，《湖南考古2002（下）》，岳麓书社，2004年。
[90] 湘西自治州文物管理处、保靖县文物管理所（彭运锐、宋谋年）：《湖南保靖黄连古墓葬发掘报告》，《湖南考古2002（上）》，岳麓书社，2004年。
[91] 湘西自治州文物管理处、古丈县文物管理所（龙京沙、刘德靖）：《古丈县白鹤湾战国西汉墓发掘报告》，《湖南考古2002（上）》，岳麓书社，2004年。
[92] 湘西自治州文物管理处、保靖县文物管理所（梁莉莉）：《保靖四方战国、汉代墓葬发掘报告》，《湖南考古2002（上）》，岳麓书社，2004年。
[93] 湘西自治州文物管理处、泸溪县文管所（周密、符丹平）：《泸溪桐木垅战国、汉墓发掘报告》，《湖南考古2002（上）》，岳麓书社，2004年。
[94] 津市市文物管理所（彭佳）：《津市市新洲豹鸣村东汉墓》，《湖南考古2002（下）》，岳麓书社，2004年。
[95] 邵阳市文物管理处（曾晓光、申小娟）：《邵阳市郊区东汉南朝砖室墓》，《湖南考古2002（下）》，岳麓书社，2004年。

[96] 龙朝彬等：《湖南常德市芦山乡发现的一座东汉墓》，《考古》2004年第5期。
[97] 刘春翚：《长沙出土铁剪的汉墓》，《湖南省博物馆馆刊（第2辑）》，岳麓书社，2005年。
[98] 衡阳市博物馆（郑均生、陈明庆）：《湖南衡阳县赤石天门山西汉墓发掘简报》，《江汉考古》2005年第4期。
[99] 津市市文物管理所（罗敏华）：《湖南津市花山寺战国西汉墓清理简报》，《江汉考古》2006年第1期。
[100] 文智：《湖南常德市南坪东汉墓》，《考古》2006年第3期。
[101] 湖南省衡阳市文物处（唐光华）：《湖南耒阳市郊发现东汉墓》，《南方文物》2007年第3期。
[102] 湘西自治州文物管理处、古丈县文物管理所（梁莉莉）：《湘西古丈河西战国、汉墓发掘简报》，《江汉考古》2007年第2期。
[103] 长沙市文物考古研究所、望城县文物管理局（何旭红等）：《湖南望城风篷岭汉墓发掘简报》，《文物》2007年第12期。
[104] 申小娟：《湖南邵阳市城步花桥乡发现一座东汉墓》，《考古》2007年第10期。
[105] 黄阳秋：《茶陵古城汉墓发掘报告》，《湖南省博物馆馆刊（第四辑）》，岳麓书社，2007年。
[106] 黄阳秋：《醴陵陈家垄东汉墓清理简报》，《湖南省博物馆馆刊（第四辑）》，岳麓书社，2007年。
[107] 何佳等：《望城风篷岭一号汉墓简介》，《湖南省博物馆馆刊（第四辑）》，岳麓书社，2007年。
[108] 衡阳市文物处、耒阳市文物局：《湖南耒阳白洋渡汉晋南朝墓》，《考古学报》2008年第4期。
[109] 邵阳市文物局：《湖南邵东县廉桥东汉墓的发掘》，《考古》2008年第8期。
[110] 湖南省文物考古研究所（杨志勇）：《湖南洪江市黔城镇张古坳、枫木坪西汉墓发掘简报》，《南方文物》2008年第4期。
[111] 长沙文物考古研究所：《长沙“12.29”古墓被盗案移交文物报告》，《湖南省博物馆馆刊（第六辑）》，岳麓书社，2010年。
[112] 衡阳县文物局：《湖南衡东新芙汉墓发掘报告》，《湖南考古辑刊（第8集）》，岳麓书社，2011年。
[113] 岳阳市文物考古研究所：《湖南省平江县官塘牛形山东周、西汉墓第二次发掘报告》，《湖南省博物馆馆刊（第五辑）》，岳麓书社，2009年。
[114] 长沙文物考古研究所、长沙简牍博物馆（宋少华、李鄂权）：《湖南长沙望城坡西汉渔阳墓发掘简报》，《文物》2010年第4期。
[115] 衡阳市文物处：《湖南衡阳市兴隆村两座东汉砖室墓》，《考古》2010年第4期。

［116］罗胜强：《湖南郴州飞机坪东汉砖室墓》，《中国国家博物馆馆刊》2012年第10期。

［117］常德市文物局、桃源县文物管理所（王永彪）：《沅水下游桃源崖墓调查简报》，《湖南省博物馆馆刊（第八辑）》，岳麓书社，2012年。

［118］长沙市文物考古研究所、长沙市望城区文物管理局（赵晓华）：《湖南长沙风盘岭汉墓发掘简报》，《文物》2013年第6期。

［119］湖南师范大学历史文化学院、郴州市文物处（叶荣波、罗胜强）：《湖南郴州飞机坪西汉墓发掘简报》，《江汉考古》2014年第3期。

［120］郴州市文物处、昆明市博物馆（叶荣波、罗胜强）：《湖南省临武县东汉墓清理简报》，《草原文物》2014年第2期。

［121］长沙文物考古研究所、宁乡县文物局：《长沙市宁乡县大夫堂汉墓群调查简报》，《湖南省博物馆馆刊（第十辑）》，岳麓书社，2014年。

［122］常德博物馆（龙朝彬）：《湖南常德市南坪汉代土墩墓群的发掘》，《考古》2014年第1期。

［123］湖南省文物考古研究所（王良智）：《湖南临武杨家山墓发掘简报》，《湖南考古辑刊（第10辑）》，岳麓书社，2014年。

［124］株洲市文物局、株洲市博物馆：《湖南省株洲市攸县皇图岭镇鹅形岭东汉墓群》，《湖南省博物馆馆刊（第十一辑）》，岳麓书社，2014年。

［125］长沙市文物考古研究所：《湖南长沙识字岭西汉墓（M3）发掘简报》，《文物》2015年第10期。

［126］长沙文物考古研究所：《长沙市天心区大椿桥工地考古发掘简报》，《湖南省博物馆馆刊（第十二辑）》，岳麓书社，2016年。

［127］国家文物局：《湖南邵阳东发现东汉时期砖室墓》，《文物鉴定与赏析》2018年第11期。

［128］陈斌：《2017年湖南蓝山县汉唐墓葬考古记 南平古城与五里坪古墓葬》，《大众考古》2018年第2期。

江苏

［1］倪振达等：《江苏省文管会配合无锡市基建工程进行清理情况》，《文物参考资料》1955年第1期。

［2］朱江等：《江苏无锡仙蠡墩发现古遗址及汉墓》，《文物参考资料》1955年第1期。

［3］李鉴昭：《江苏无锡郊区清理西汉墓葬一座》，《文物参考资料》1955年第1期。

［4］朱江：《无锡壁山庄发现汉墓》，《考古通讯》1955年第4期。

［5］石祚华、朱江：《江苏省文管会在无锡西郊继续发现汉墓》，《文物参考资料》1955年第5期。

[6] 王志敏：《配合堵坝工程江苏江都县湾头镇清理了多座汉墓》，《文物参考资料》1955年第4期。
[7] 朱江：《无锡汉至六朝墓葬清理纪要》，《考古通讯》1955年第6期。
[8] 屠思华等：《江苏省扬州专区在凤凰河拓宽工程中发现汉墓等》，《文物参考资料》1955年第8期。
[9] 魏百龄：《江苏省常州市发现一批汉墓》，《文物参考资料》1955年第8期。
[10] 石祚华：《江苏无锡县墙门镇附近发现汉墓》，《文物参考资料》1955年第10期。
[11] 江苏省文管会：《江都凤凰河二〇号墓清理简报》，《文物参考资料》1955年第12期。
[12] 屠思华：《江都凤凰河西汉木椁墓的清理》，《考古通讯》1956年第1期。
[13] 屠思华：《江都凤凰河西汉木椁墓的清理》，《考古通讯》1956年第1期。
[14] 屠思华：《凤凰河第二期拓宽工程中发现文物》，《文物参考资料》1956年第2期。
[15] 石祚华：《江苏省文管会配合414工地清理一批古墓》，《文物参考资料》1956年第3期。
[16] 倪振逵：《南京鼓楼附近发现东汉木椁墓》，《考古通讯》1956年第5期。
[17] 葛家瑾：《南京御道街标营第一号墓清理概况》，《文物参考资料》1956年第6期。
[18] 谢春祝：《无锡施墩第五号墓》，《文物参考资料》1956年第6期。
[19] 张世全：《扬州凤凰河第三期拓宽工程中发现的文物》，《文物参考资料》1956年第8期。
[20] 魏百龄、谢春祝：《无锡华利湾古墓清理简报》，《文物参考资料》1956年第12期。
[21] 江苏省文化局：《常熟清理三座汉墓》，《文物参考资料》1956年第12期。
[22] 江苏省文物管理委员会（魏百龄）：《无锡惠山娘娘堂古墓清理简报》，《考古通讯》1957年第2期。
[23] 王德庆：《江苏无锡汉墓清理记》，《考古通讯》1957年第3期。
[24] 李蔚然：《龙楼铁路改线工程中发现汉石椁墓》，《考古通讯》1958年第1期。
[25] 屠思华：《江苏凤凰河汉、隋、宋、明墓的清理》，《考古通讯》1958年第2期。
[26] 凌竞欧：《江浦县桥村镇附近发现古文化遗址》，《文物参考资料》1958年第11期。
[27] 葛家瑾：《南京栖霞山及其附近汉墓清理简报》，《考古》1959年第1期。
[28] 江苏省文物管理委员会（朱江）：《江苏高邮邵家沟汉代遗址的清理》，《考古》1960年第10期。
[29] 江苏省文物管理委员会：《江苏高淳县赵村汉墓清理简报》，《考古》1961年

第6期。
[30] 南京博物院、扬州市博物馆（尤振尧、黎忠义）：《江苏扬州七里甸汉代木椁墓》，《考古》1962年第8期。
[31] 江苏省博物馆、泰州县博物馆（钱一峰等）：《江苏泰州新庄汉墓》，《考古》1962年第10期。
[32] 王文辉：《南京邱家山汉墓》，《考古》1963年第8期。
[33] 南京博物院（黎忠义、尤振达）：《江苏射阳湖周围考古调查》，《考古》1964年第1期。
[34] 江苏省文物管理委员会、南京博物院（袁颖、黎忠义）：《江苏盐城三羊墩汉墓清理报告》，《考古》1964年第8期。
[35] 南京博物院：《江苏仪征石碑村汉代木椁墓》，《考古》1966年第1期。
[36] 常州市博物馆（骆振华、陈晶）：《常州南郊戚家村画像砖墓》，《文物》1979年第3期。
[37] 南京博物院（邹厚本）：《江苏盱眙东阳汉墓》，《考古》1979年第5期。
[38] 陈武坤：《记盐城县头墩西汉木椁墓》，《文博通讯（江苏）》1979年第23期。
[39] 扬州博物馆、邗江县文化馆（王勤金等）：《扬州邗江县胡场汉墓》，《文物》1980年第3期。
[40] 苏州博物馆：《苏州天宝墩二十七号汉墓清理简报》，《苏州文物资料选编》，昆山新光印刷厂，1980年。
[41] 扬州博物馆（印志华）：《扬州邗江县郭庄汉墓》，《文物》1980年第3期。
[42] 扬州市博物馆（周长源等）：《扬州西汉“妾莫书”木椁墓》，《文物》1980年第12期。
[43] 扬州博物馆（李久海）：《扬州东风砖瓦厂汉代木椁墓群》，《考古》1980年第5期。
[44] 蒋华：《扬州甘泉山出土东汉刘元台买地砖券》，《文物》1980年第6期。
[45] 南京博物院：《江苏邗江甘泉东汉墓清理简况》，《文物资料丛刊（4）》，文物出版社，1981年。
[46] 南京博物院（纪仲庆）：《江苏邗江甘泉二号汉墓》，《文物》1981年第11期。
[47] 扬州博物馆、邗江县图书馆（王勤金等）：《江苏邗江胡场五号汉墓》，《文物》1981年第11期。
[48] 扬州博物馆（印志华、徐良玉）：《扬州东风砖瓦厂八、九号汉墓清理简报》，《考古》1982年第3期。
[49] 林留根：《镇江谏壁砖瓦厂发现汉墓》，《东南文化（第一辑）》，江苏古籍出版社，1985年。
[50] 张志新：《江苏吴县窑墩汉墓》，《文物》1985年第4期。

[51] 苏州博物馆（郑莉莉等）：《苏州市娄葑公社团结大队天宝墩二十七号汉墓清理简报》，《文物资料丛刊（9）》，文物出版社，1985年。
[52] 魏正谨：《长江下游考古工作又一重要发现——南京营盘山氏族葬地遗址的发掘》，《南京史志》1985年第5期。
[53] 南京市博物馆（周裕兴）：《南京大厂陆营汉墓清理简报》，《考古与文物》1987年第6期。
[54] 李则斌：《江苏仪征盘古山发现汉墓》，《东南文化（第一辑）》，江苏古籍出版社，1985年。
[55] 扬州博物馆（王勤金等）：《江苏仪征胥浦101号西汉墓》，《文物》1987年第1期。
[56] 南京博物院（王根富、张敏）：《江苏仪征烟袋山汉墓》，《考古学报》1987年第4期。
[57] 扬州博物馆（吴炜）：《扬州市郊发现两座新莽时期墓》，《考古》1986年第11期。
[58] 江苏扬州市博物馆（吴炜等）：《扬州地区农科所汉代墓葬群清理简报》，《文物资料丛刊（9）》，文物出版社，1985年。
[59] 扬州博物馆（印志华）：《扬州平山养殖场汉墓清理简报》，《文物》1987年第1期。
[60] 镇江市博物馆（谈三平）：《江苏丹徒县蔡家村汉墓》，《考古》1987年第7期。
[61] 江苏丹徒考古队（林留根）：《丹徒乔麦山与北山汉墓》，《东南文化》1988年第1期。
[62] 扬州博物馆（印志华、李则斌）：《江苏邗江姚庄101号西汉墓》，《文物》1988年第2期。
[63] 黄建秋：《常州市酱品厂发现汉墓》，《东南文化》1989年第2期。
[64] 镇江博物馆（刘和惠）：《江苏省高淳县东汉画像砖墓》，《文物》1983年第4期。
[65] 李文明、郝明华：《江苏高淳县下坝东汉墓》，《东南文化》1988年第1期。
[66] 南京市博物馆（陈兆善）：《江苏高淳固城东汉画像砖墓》，《考古》1989年第5期。
[67] 熊涵东：《江苏盐城出土的半两钱》，《考古》1989年第8期。
[68] 扬州博物馆、邗江县图书馆：《江苏邗江县杨寿乡宝女墩新莽墓》，《文物》1991年第10期。
[69] 扬州博物馆：《江苏邗江县甘泉老虎墩汉墓》，《文物》1991年第10期。
[70] 南京博物院、仪征博物馆筹备办公室（张敏等）：《仪征张集团山西汉墓》，《考古学报》1992年第4期。

[71] 南京市博物馆（姜林海、华国荣）：《江苏高淳固城汉墓发掘简报》，《东南文化》1992年第5期。
[72] 南京市博物馆（朱兰霞、陈兆善）：《南京市郊五座汉墓发掘简报》，《东南文化》1992年第6期。
[73] 淮阴市博物馆（王厚宇、王卫清）：《盱眙东阳大云山西汉墓发掘简报》，《东南文化》1993年第3期。
[74] 陈娟英、陈丽华：《常州发现西汉墓》，《文物》1993年第4期。
[75] 建湖县博物馆：《建湖县沿岗地区出土汉墓群》，《东南文化》1996年第1期。
[76] 苏州博物馆：《江苏苏州浒墅关真山大墓的发掘》，《文物》1996年第2期。
[77] 刁文伟：《江阴任桥汉墓清理简报》，《无锡文博》1999年第2期。
[78] 扬州博物馆：《江苏邗江县姚庄102号汉墓》，《考古》2000年第4期。
[79] 南京市博物馆：《南京象山8号、9号、10号墓发掘简报》，《文物》2000年第7期。
[80] 江阴市博物馆：《江阴要塞镇祁头山汉宋墓葬》，《江阴文博》2001年第1期。
[81] 南京市博物馆：《江苏南京郭家山八号墓清理简报》，《华夏考古》2001年第1期。
[82] 姜堰市文物管理委员会办公室：《姜堰市官庄南华汉墓发掘报告》，《东南文化》2002年第5期。
[83] 南京市博物馆（易家胜等）：《南京长岗村五号墓发掘简报》，《文物》2002年第7期。
[84] 南京博物院、淮阴博物馆、盱眙县博物馆：《盱眙小云山六七号西汉墓发掘报告》，《东南文化》2002年第11期。
[85] 苏州博物馆（闻惠芬、朱伟峰）：《苏州虎丘乡汉墓发掘简报》，《东南文化》2003年第5期。
[86] 苏州博物馆（张铁军、金怡）：《苏州冠鑫公司工地东汉墓的清理》，《东南文化》2003年第7期。
[87] 盱眙县博物馆（秦士芝等）：《江苏东阳小云山一号汉墓》，《文物》2004年第5期。
[88] 镇江博物馆（李永军）：《江苏镇江长岗许前村西汉墓发掘简报》，《东南文化》2007年第5期。
[89] 仪征博物馆（刘勤等）：《江苏仪征刘集联营西汉墓出土占卜漆盘》，《东南文化》2007年第6期。
[90] 南京市博物馆、江宁县文化局（华国荣）：《南京湖熟汉代朱氏家族墓地》，《南京文物考古新发现——南京历史文化新探》，江苏人民出版社，2006年。
[91] 南京市博物馆、栖霞区文化局（龚巨平、周保华）：《南京栖霞区红梅村汉墓

发掘简报》，《南京文物考古新发现》，江苏人民出版社，2006年。
[92] 南京市博物馆（龚巨平、周保华）：《南京市东汉建安二十四年龙桃杖墓》，《考古》2009年第1期。
[93] 仪征市博物馆（刘勤等）：《仪征新集螃蟹地七号汉墓发掘简报》，《东南文化》2009年第4期。
[94] 南京市博物馆、南京市江宁区博物馆（王光明等）：《南京市湖熟镇窑上村汉代墓葬发掘简报》，《东南文化》2009年第4期。
[95] 李健广：《江苏邗江甘泉顺利东汉墓清理简报》，《东南文化》2009年第4期。
[96] 扬州市文物考古研究所（束家平、薛炳宏）：《江苏扬州西汉刘毋智墓发掘简报》，《文物》2010年第3期。
[97] 淮安市博物馆、金湖县图书馆（孙玉军等）：《淮安金湖徐梁村战国西汉墓葬群发掘简报》，《东南文化》2011年第3期。
[98] 江苏常州博物馆（黄建康等）：《江苏常州兰陵恽家墩汉墓发掘简报》，《南方文物》2011年第3期。
[99] 程刚等：《东阳城遗址调查纪要（秦汉）》，《南京博物院集刊》2011年第12期。
[100] 南京博物院、盱眙县文广新局（李则斌等）：《江苏盱眙县大云山汉墓》，《考古》2012年第7期。
[101] 李则斌等：《揭开江都王陵——盱眙大云山汉墓发掘纪实》，《中国文化遗产》2012年第1期。
[102] 贺云翱、邵磊：《南京石头城遗址1998—1999年勘探试掘简报》，《东南文化》2012年第2期。
[103] 蔡剑鸣、黄兴南：《宜兴东汉墓发掘简报》，《无锡文博》2012年第2期。
[104] 南京市博物馆、南京市六合区文化局（王宏、徐华）：《南京六合李岗汉墓（M1）发掘简报》，《文物》2013年第11期。
[105] 南京博物院、盱眙县文广新局（李则斌、陈刚）：《江苏盱眙县大云山西汉江都王陵一号墓》，《考古》2013年第10期。
[106] 南京博物院、盱眙县文广新局（李则斌、陈刚）：《江苏盱眙县大云山西汉江都王陵东区陪葬墓》，《考古》2013年第10期。
[107] 南京博物院、盱眙县文广新局（李则斌、陈刚）：《江苏盱眙大云山江都王陵二号墓发掘简报》，《文物》2013年第1期。
[108] 南京博物院、盱眙县文广新局（李则斌、陈刚）：《江苏盱眙大云山江都王陵M9、M10发掘简报》，《东南文化》2013年第1期。
[109] 南京博物院、盱眙县文广新局（李则斌、陈刚）：《江苏盱眙东阳汉墓群M30发掘简报》，《东南文化》2013年第6期。
[110] 中国社会科学院考古研究所（汪勃等）：《江苏扬州蜀岗古代城址的考古勘探

及初步认识》，《东南文化》2014年第5期。
[111] 中国社会科学院考古研究所（王睿等）：《扬州蜀岗古代城址北城墙东段发掘简报》，《中国国家博物馆馆刊》2014年第12期。
[112] 南京博物院、盱眙县文广新局（陈刚、李则斌）：《江苏盱眙县大云山西汉江都王陵北区陪葬墓》，《考古》2014年第3期。
[113] 淮安市博物馆（赵海涛、尹增淮）：《江苏盱眙仁昌汉墓发掘报告》，《东南文化》2014年第4期。
[114] 南京市博物馆等（徐华等）：《南京郊区两座汉墓发掘简报》，《南京文物考古新发现（第三辑）》，文物出版社，2014年。
[115] 南京市博物馆、南京市江宁区博物馆（王光明、徐长生）：《南京江宁曹家边遗址汉墓发掘简报》，《南京文物考古新发现（第三辑）》，文物出版社，2014年。
[116] 南京市博物馆、南京市江宁区博物馆（徐华等）：《南京江宁前郑家边东汉墓发掘简报》，《南京文物考古新发现（第三辑）》，文物出版社，2014年。
[117] 苏州市考古研究所、苏州高新区教育文体局（孙明利、周官清）：《江苏苏州高新区通安镇鸡笼山D1石室土墩墓发掘简报》，《东南文化》2014年第4期。
[118] 南京市考古研究所（李翔）：《南京六合葛塘汉墓M1》，《中国国家博物馆馆刊》2015年第12期。
[119] 南京博物院等（高伟等）：《江苏张家港小山村遗址发掘简报》，《东南文化》2015年第2期。
[120] 南京市考古研究所：《南京溧水洪蓝木头山汉墓发掘简报》，《南京文物考古新发现（第四辑）》，文物出版社，2016年。
[121] 南京市考古研究所、南京市栖霞区文化局：《南京栖霞上坊庄汉墓发掘简报》，《南京文物考古新发现（第四辑）》，文物出版社，2016年。
[122] 南京市考古研究所、南京市六合区文化局：《南京六合葛塘汉墓发掘简报》，《南京文物考古新发现（第四辑）》，文物出版社，2016年。
[123] 镇江博物馆：《江苏镇江大港龙泉村西汉墓地发掘简报》，《东南文化》2016年第5期。
[124] 苏州市考古研究所：《江苏苏州真山土墩墓（D33）发掘简报》，《文物》2016年第5期。
[125] 仪征市博物馆：《江苏仪征国庆前庄12号墓发掘简报》，《东南文化》2017年第2期。
[126] 仪征市博物馆：《江苏仪征刘集联营1—4号西汉墓发掘简报》，《东南文化》2017年第4期。
[127] 仪征市博物馆：《江苏仪征联营三座西汉墓的发掘》，《中国国家博物馆馆

刊》2017年第8期。
[128] 扬州市文物考古研究所、仪征市博物馆：《江苏仪征市烟袋山西汉车马陪葬坑发掘简报》，《考古》2017年第11期。

安徽

[1] 吴兴汉：《寿县苏王乡发现汉朱武墓》，《文物参考资料》1957年第5期。
[2] 安徽省文化局文物工作队、寿县博物馆：《安徽寿县茶庵马家店古堆东汉墓》，《考古》1966年第3期。
[3] 安徽省博物馆筹备处清理小组（胡悦谦等）：《合肥西郊乌龟墩古墓清理简报》，《文物参考资料》1956年第2期。
[4] 张道宏：《合肥郊区清理汉墓一座》，《文物参考资料》1958年第10期。
[5] 马人权：《安徽合肥汉墓清理》，《考古》1959年第3期。
[6] 王业友：《合肥东汉墓出土漆器等文物》，《文物》1960年第1期。
[7] 胡谦：《安徽霍邱张家岗清理了六座汉墓》，《文物参考资料》1955年第8期。
[8] 葛介屏：《肥东、霍丘县发现汉墓》，《文物》1959年第10期。
[9] 《安徽亳县城父区发现汉墓》，《文物参考资料》1955年第8期。
[10] 安徽省文物管理委员会（王业友）：《定远县坝王庄古画象石墓》，《文物》1959年第12期。
[11] 安徽省文物工作队：《安徽天长县汉墓的发掘》，《考古》1979年第4期。
[12] 余本爱、朱康宁：《安徽省潜山县发掘西汉墓》，《文物》1982年第11期。
[13] 淮南市文化局：《安徽省淮南市刘家古堆汉墓发掘简报》，《文物资料丛刊（4）》，文物出版社，1981年。
[14] 淮南市文化局：《安徽淮南市二十店庙台孜汉墓》，《文物资料丛刊（4）》，文物出版社，1981年。
[15] 安徽省文物工作队、阜阳地区博物馆等（陈廷献等）：《阜阳双古堆西汉汝阴侯墓发掘简报》，《文物》1978年第8期。
[16] 亳县博物馆：《亳县凤凰台一号汉墓清理简报》，《考古》1974年第3期。
[17] 亳县博物馆（李灿）：《安徽亳县发现一批汉代字砖和石刻》，《文物资料丛刊（2）》，文物出版社，1978年。
[18] 安徽省文物考古研究所（胡欣民）：《舒城凤凰嘴发现二座战国西汉墓》，《考古》1987年第8期。
[19] 胡欣民：《合肥西郊刘郢胡大墩汉墓》，《文物研究（第四辑）》黄山书社，1988年。
[20] 安徽省文物考古研究所（阚绪杭）：《安徽定远侯家寨西汉墓》，《考古》1987年第6期。
[21] 阚绪杭：《定远侯家寨汉墓》，《文物研究（第四辑）》黄山书社，1988年。

［22］安徽省文物工作队、芜湖市文化局（王步毅）：《芜湖市贺家园西汉墓》，《考古学报》1983年第3期。
［23］肥西县文物管理所：《安徽肥西县金牛汉墓》，《考古》1990年第5期。
［24］安徽省文物考古研究所（阚绪杭）：《安徽桐城杨山嘴东汉墓的清理》，《考古》1985年第9期。
［25］安徽省文物考古研究所（阚绪杭）：《安徽定远谷堆王九座汉墓的发掘》，《考古》1985年第5期。
［26］安徽省文物考古研究所、淮南市博物馆（杨鸠霞）：《淮南市下陈村发现一座东汉墓》，《考古》1989年第1期。
［27］吴兴汉等：《合肥市环城公园东汉墓》，《文物研究（第五辑）》黄山书社，1989年。
［28］徐孝忠：《安徽淮南市发现一座汉墓》，《考古》1991年第2期。
［29］安徽省文物考古研究所、霍山县文物管理所：《安徽霍山县西汉木椁墓》，《文物》1991年第9期。
［30］寿县博物馆、寿县文馆所（许建强）：《安徽寿县东津柏家台两座汉墓的清理》，《江汉考古》1992年第4期。
［31］安徽省文物考古研究所等（宫希成、刘峰）：《安徽省天长县杨村汉墓》，《东南文化》1992年第6期。
［32］王西河、秦克非、王光辉：《安徽凤台县新莽时期墓葬》，《考古》1992年第11期。
［33］安徽省文物考古研究所、天长县文物管理所（杨德标等）：《安徽天长县三角圩战国西汉墓出土文物》，《文物》1993年第9期。
［34］王步毅：《安徽宿县褚兰汉画像石墓》，《考古学报》1993年第4期。
［35］徐孝忠：《淮南市出土战国西汉文物》，《文物》1994年第12期。
［36］杨鸩霞：《安徽歙县西村东汉墓》，《考古》1995年第11期。
［37］安徽省文物考古研究所、舒城县文物管理所（杨鸩霞）：《安徽舒城县秦家桥西汉墓》，《考古》1996年第10期。
［38］蔡文静、胡锐：《固镇县濠城西汉墓清理简报》，《文物研究（第11辑）》，黄山书社，1998年。
［39］刘政：《广德县独山西汉木椁墓清理简报》，《文物研究（第11辑）》，黄山书社，1998年。
［40］梁乃忠：《六安市九里沟4号西汉墓》，《文物研究（第11辑）》，黄山书社，1998年。
［41］刘锋：《凤台峡山口汉墓清理简报》，《文物研究（第11辑）》，黄山书社，1998年。

［42］谢克仁：《宿州市夹沟镇尖山古墓清理》，《文物研究（第11辑）》，黄山书社，1998年。

［43］六安市文物管理所：《六安城东324号西汉木椁墓清理简报》，《文物研究（第12辑）》，黄山书社，1999年。

［44］淮南市博物馆：《淮南市双孤堆西汉墓清理简报》，《文物研究（第12辑）》，黄山书社，1999年。

［45］安徽省文物考古研究所、灵璧县文物管理所：《灵璧县大李墓群发掘简报》，《文物研究（第12辑）》，黄山书社，1999年。

［46］安徽省文物考古研究所：《庐江县金牛镇叶屯汉墓发掘报告》，《文物研究（第12辑）》，黄山书社，1999年。

［47］安徽省文物考古研究所：《安徽萧县张村汉墓发掘简报》，《江汉考古》2000年第3期。

［48］六安市文物管理所：《六安市九里沟64号西汉墓发掘》，《文物研究（第13辑）》，黄山书社，2001年。

［49］安徽省文物考古研究所、六安市文物管理所：《六安市312国道墓葬清理报告》，《文物研究（第13辑）》，黄山书社，2001年。

［50］安徽省文物考古研究所等：《定远红山西汉墓》，《文物研究（第13辑）》，黄山书社，2001年。

［51］舒城县文物管理所：《舒城范店东汉墓》，《文物研究（第13辑）》，黄山书社，2001年。

［52］繁昌县文物管理所：《繁昌县竹山汉墓清理简报》，《文物研究（第13辑）》，黄山书社，2001年。

［53］安徽省文物考古研究所、固镇县文物管理所：《固镇县濠城东汉石室墓》，《文物研究（第13辑）》，黄山书社，2001年。

［54］安徽省文物考古研究所、六安市文物管理所：《安徽六安市九里沟两座西汉墓》，《考古》2002年第2期。

［55］皖西博物馆：《安徽六安市汉墓的清理》，《考古》2002年第9期。

［56］安徽省文物考古研究所、宿州市文物管理所：《安徽宿州市骑路堌堆汉墓发掘简报》，《华夏考古》2002年第1期。

［57］刘海超、杨玉彬：《安徽涡阳稽山汉代崖墓》，《文物》2003年第9期。

［58］汪炜：《合肥大型东汉砖室墓群》，《文物天地》2004年第11期。

［59］安徽省文物考古研究所、五河县文物管理所（贾庆元等）：《五河县金岗古墓群清理简报》，《东南文化》2004年第4期。

［60］无为县文物管理所（何福安等）：《安徽无为县甘露村西汉墓的清理》，《考古》2005年第5期。

[61] 安徽省文物考古研究所（贾庆元）：《霍邱县三桥古墓葬》，《东南文化》2005年第2期。
[62]《文物研究》编辑部：《文物研究（第14辑）》，黄山书社，2005年。
[63] 安徽省文物考古研究所、潜山县文物管理所（杨鸠霞）：《安徽潜山彭岭战国西汉墓》，《考古学报》2006年第2期。
[64] 天长市文物管理所、天长市博物馆（杨以平）：《安徽天长西汉墓发掘简报》，《文物》2006年第11期。
[65] 安徽省萧县博物馆、萧县文物管理所（周水利）：《安徽萧县西虎山汉墓清理简报》，《东南文化》2007年第6期。
[66] 安徽省文物考古研究所、淮北市博物馆（唐杰平、扬中文）：《安徽淮北市李楼一号、二号东汉墓》，《考古》2007年第8期。
[67] 安徽省文物考古研究所（贾庆元、任一龙）：《霍邱县西南庄遗址与汉墓发掘简报》，《文物研究（第15辑）》，黄山书社，2007年。
[68] 安徽省文物考古研究所、六安市文物管理局（汪欣、李斌）：《六安市城东双龙机床厂388号西汉木椁墓清理简报》，《文物研究（第15辑）》，黄山书社，2007年。
[69] 安徽省文物考古研究所（阚绪杭等）：《明光市张岗汉代、明、清墓群发掘报告》，《文物研究（第15辑）》，黄山书社，2007年。
[70] 安徽省文物考古研究所编：《文物研究（第16辑）》，黄山书社，2009年。
[71] 涡阳县文物管理所：《安徽涡阳县王土楼东汉墓清理简报》，《文物研究（第16辑）》，黄山书社，2009年。
[72] 邢伟、杨玉彬：《安徽阜阳县刘家坟汉墓出土的一组青铜器》，《文物研究（第16辑）》，黄山书社，2009年。
[73] 安徽省文物考古研究所（彭余江、余飞）：《安徽六潜高速公路六安、霍山段汉—清代墓葬发掘简报》，《文物研究（第16辑）》，黄山书社，2009年。
[74] 安徽省文物考古研究所（侯卫东）：《安徽广德县经济开发区赵联、北冲汉墓群发掘简报》，《文物研究（第16辑）》，黄山书社，2009年。
[75] 周崇云：《安徽霍邱徐台汉墓发掘报告》，《东南文化》2009年第4期。
[76] 安徽省文物考古研究所、安徽省考古学会编：《文物研究（第17辑）》，科学出版社，2010年。
[77] 安徽省文物考古研究所、安徽省六安市文物局（汪景辉等）：《安徽六安双墩一号汉墓发掘简报》，《文物研究（第17辑）》，科学出版社，2010年。
[78] 淮北市博物馆（杨忠文、王玲玲）：《安徽淮北煤师院工地汉墓发掘简报》，《文物研究（第17辑）》，科学出版社，2010年。
[79] 天长市博物馆、天长市文物管理所（杨以平等）：《宁连高速公路天长市釜山

取土场西汉墓群发掘简报》，《文物研究（第17辑）》，科学出版社，2010年。
[80] 安徽省文物考古研究所（张辉）：《安徽长丰县王大包汉墓发掘简报》，《文物研究（第17辑）》，科学出版社，2010年。
[81] 安徽省文物考古研究所（高一龙）：《沿江高速公路安徽铜陵段墓葬发掘报告》，《文物研究（第17辑）》，科学出版社，2010年。
[82] 淮北市博物馆（杨忠文、解华顶）：《安徽淮北相城战国至汉代大型排水设施发掘简报》，《中原文物》2010年第2期。
[83] 天长市文物管理所、天长市博物馆（杨以平等）：《安徽天长三角圩27号西汉墓发掘简报》，《文物》2010年第12期。
[84] 安徽省文物考古研究所、宿州市文物保护管理所：《安徽宿州市邱园战国至汉代墓群发掘简报》，《文物研究（第19辑）》，科学出版社，2012年。
[85] 淮南市博物馆：《安徽淮南市唐山战国至汉代墓葬发掘报告》，《文物研究（第19辑）》，科学出版社，2012年。
[86] 天长市博物馆、天长市文物管理所：《安徽天长市槽坊汉墓群发掘简报》，《文物研究（第19辑）》，科学出版社，2012年。
[87] 安徽省文物考古研究所（周水利等）：《萧县陈沟墓地（西区）发掘简报》，《南方文物》2013年第3期。
[88] 安徽省文物考古研究所、安徽省萧县博物馆（司学标等）：《安徽萧县陈沟墓群（东区）发掘简报》，《东南文化》2013年第1期。
[89] 安徽省文物考古研究所、灵璧县文物管理所：《安徽灵璧县孟山口战国西汉墓群发掘简报》，《文物研究（第20辑）》，科学出版社，2013年。
[90] 寿县文物管理局：《安徽寿县炎刘镇新桥国际产业园西汉墓发掘简报》，《文物研究（第20辑）》，科学出版社，2013年。
[91] 阜阳市文物管理所：《安徽太和县晶宫世纪城东汉墓葬发掘简报》，《文物研究（第20辑）》，科学出版社，2013年。
[92] 天长市博物馆、天长市文物管理所：《安徽天长市仁和社区汉墓发掘简报》，《文物研究（第20辑）》，科学出版社，2013年。
[93] 安徽省文物考古研究所：《安徽庐江县董院M28、M29西汉墓发掘简报》，《文物研究（第20辑）》，科学出版社，2013年。
[94] 安徽省文物考古研究所：《安徽肥东县黄岗墓群发掘简报》，《文物研究（第20辑）》，科学出版社，2013年。
[95] 安徽省文物考古研究所、凤阳县文物管理所：《蚌淮高速凤阳段大申汉、宋墓葬发掘报告》，《文物研究（第20辑）》，科学出版社，2013年。
[96] 安徽省文物考古研究所：《安徽广德南塘汉代土墩墓D25发掘简报》，《文物研究（第20辑）》，科学出版社，2013年。

［97］亳州市文物管理处：《安徽亳州董园村一号墓》，《文物研究（第20辑）》，科学出版社，2013年。

［98］安徽省文物考古研究所（陈超、王峰）：《安徽广德县南塘汉代土墩墓发掘简报》，《考古》2014年第1期。

［99］安徽省文物考古研究所、泗县文物局（张小雷、朔知）：《安徽泗县刘圩汴河故道遗址的第二次发掘》，《中国国家博物馆馆刊》2014年第12期。

［100］安徽省文物考古研究所（邱少贝、王峰）：《安徽六安经济开发区宝利嘉M184发掘简报》，《江汉考古》2015年第2期。

［101］安徽省文物考古研究所、固镇县文物局（张义中等）：《安徽省固镇县蔡庄墓群一号墓发掘简报》，《东南文化》2015年第6期。

［102］安徽省文物考古研究所、泗县文物保护管理所（刘松林等）：《安徽泗县前李墓地发掘简报》，《华夏考古》2015年第3期。

［103］六安市文物局、六安汉代王陵管理所（徐明飞等）：《安徽六安汉代王陵墓地附属墓葬群调查报告》，《文物研究（第21辑）》，科学出版社，2015年。

［104］安徽省文物考古研究所、六安市文物局（杨先锋、苗诗钰）：《安徽六安经开区宝利嘉二期西汉墓M26发掘简报》，《文物研究（第21辑）》，科学出版社，2015年。

［105］安徽省文物考古研究所、凤阳县文物管理所（张钟云等）：《安徽蚌淮高速凤阳段陈德墓地考古发掘简报》，《文物研究（第21辑）》，科学出版社，2015年。

［106］安徽省文物考古研究所：《安徽六安市十里铺1号土墩墓》，《考古》2017年第2期。

浙江

［1］金祖名：《浙江省文管会清理了杭州的十几座汉墓》，《文物参考资料》1955年第2期。

［2］王士伦：《杭州铁佛寺清理了一座东汉墓葬》，《文物参考资料》1955年第6期。

［3］冯信敖：《杭州西郊古荡镇东汉墓清理》，《考古通讯》1957年第5期。

［4］金祖明：《杭州临平发现汉墓》，《文物参考资料》1958年第10期。

［5］浙江省文物管理委员会：《杭州古荡汉代朱乐昌墓清理简报》，《考古》1959年第3期。

［6］浙江文物管理委员会（朱伯谦）：《绍兴漓渚的汉墓》，《考古学报》1957年第1期。

［7］浙江省文物管理委员会（牟永抗）：《浙江绍兴漓渚东汉墓发掘简报》，《考古通讯》1957年第2期。

［8］茅可人：《浙江余姚发现汉墓》，《文物参考资料》1954年第6期。

［9］王大铁：《浙江嘉兴发现东汉墓葬》，《文物参考资料》1955年第10期。

[10] 浙江省文物管理委员会：《浙江慈溪发现东汉墓》，《考古》1962年第12期。
[11] 汪济英、牟永抗：《浙江义乌发现西汉墓》，《考古》1965年第3期。
[12] 金华地区文管会（贡昌）：《浙江武义东汉墓》，《考古》1981年第2期。
[13] 金华地区文管会（贡昌）：《浙江省金华马铺岭汉墓》，《考古》1982年第3期。
[14] 奉化县文管会、宁波市文管会：《奉化白杜》，《浙江省文物考古学刊》1981年第2期。
[15] 龙游县文物管理委员会（朱士生）：《浙江龙游县东华山12号汉墓》，《考古》1990年第4期。
[16] 绍兴市文物管理处：《绍兴狮子山西汉墓》，《考古》1988年第9期。
[17] 吴玉贤：《浙江上虞蒿坝东汉永初三年墓》，《文物》1983年第6期。
[18] 绍兴市文物管理委员会（沈作霖）：《绍兴狮子山东汉墓》，《考古》1984年第9期。
[19] 嘉兴市文化局：《浙江嘉兴九里汇东汉墓》，《考古》1987年第7期。
[20] 贡昌：《浙江武义芦北砖瓦厂东汉墓》，《文物资料丛刊（10）》，文物出版社，1987年。
[21] 嘉兴地区文管会、海宁县博物馆（潘六坤）：《浙江海宁东汉画像石墓发掘简报》，《文物》1983年第5期。
[22] 浙江省文物考古研究所（胡继根）：《杭州地区汉、六朝墓发掘简报》，《东南文化》1989年第2期。
[23] 上虞县文物管理所（杜伟）：《浙江上虞联江鞍山东汉墓》，《东南文化》1992年第5期。
[24] 朱土生：《浙江龙游县东华山汉墓》，《考古》1993年第4期。
[25] 施祖青：《鄞县宝幢乡沙堰村几座东汉、晋墓》，《东南文化》1993年第2期。
[26] 浙江省文物考古研究所、上虞县文物管理所（胡继根）：《浙江上虞凤凰山古墓葬发掘报告》，《浙江省文物考古研究所学刊［建所十周年纪念专刊（1980～1990）］》，科学出版社，1993年。
[27] 程亦胜：《浙江安吉天子岗汉晋墓》，《文物》1995年第6期。
[28] 安吉县博物馆（程亦胜）：《浙江安吉县上马山西汉墓的发掘》，《考古》1996年第7期。
[29] 象山县文管会（夏乃平）：《浙江象山县清理一座东汉墓》，《考古》1997年第7期。
[30] 浙江省江山市博物馆：《浙江江山市庵前汉墓清理》，《考古学集刊（第11集）》，中国大百科全书出版社，1997年。
[31] 浙江省文物考古研究所、绍兴县文物保护管理所（田正标等）：《浙江绍兴印山大墓发掘简报》，《文物》1999年第11期。

[32] 鲁怒放：《余姚市湖山乡汉—南朝墓葬群发掘报告》，《东南文化》2000年第7期。
[33] 宁波市文物考古研究所：《浙江宁波市祖关山冢地的考古调查和发掘》，《考古》2001年第7期。
[34] 浙江省文物考古研究所：《浙江湖州市方家山第三号墩汉墓》，《考古》2002年第1期。
[35] 张恒：《浙江嵊州市剡山汉墓》，《东南文化》2004年第2期。
[36] 崔丽萍：《云和白塔山汉墓清理简报》，《浙江文物》2004年第3期。
[37] 陈进韶、应军：《永康发现东汉砖室墓》，《浙江文物》2004年第4期。
[38] 周建初：《海宁市袁花镇夹山村发现砖室墓》，《浙江文物》2005年第2期。
[39] 浙江省文物考古研究所、海盐县博物馆（孙国平等）：《浙江海盐龙潭遗址汉墓发掘简报》，《东方博物（第14辑）》，浙江大学出版社，2005年。
[40] 海宁博物馆（周建初）：《浙江海宁龙尾山汉墓清理》，《东南文化》2006年第5期。
[41] 浙江省文物考古研究所、温岭市文化广电新闻出版局（陈元甫等）：《浙江温岭市塘山西汉东瓯贵族墓》，《考古》2007年第11期。
[42] 宁波市鄞州区文物管理委员会、宁波市文物考古研究所（徐慧定、林士民）：《浙江宁波市马岭山古代墓葬与窑址的发掘》，《考古》2008年第3期。
[43] 楼洪伟：《义乌发现一处保存较好的东汉砖室墓》，《浙江文物》2009年第6期。
[44] 宁波市文物考古研究所、奉化市文物保护管理所（李永宁等）：《奉化中心粮库古代墓葬和窑址的发掘》，《东方博物（第35辑）》，浙江大学出版社，2010年。
[45] 浙江宁波市文物考古研究所、浙江奉化市文物保护管理所（许超等）：《浙江奉化南岙石菊花地墓群发掘简报》，《南方文物》2011年第4期。
[46] 浙江宁波市文物考古研究所、浙江奉化市文物保护管理所（王结华、许超）：《浙江奉化茗山前汉晋墓葬发掘简报》，《南方文物》2011年第1期。
[47] 杭州市文物考古研究所萧山工作站（杨金东、崔太金）：《杭州市萧山区蜈蚣山土墩墓D19发掘简报》，《东南文化》2012年第4期。
[48] 浙江省文物考古研究所（陈元甫）：《余姚老虎山一号墩发掘》，《姚江田野考古》，浙江古籍出版社，2008年。
[49] 田正标、游晓蕾：《安吉古城及上马山汉墓群的调查与发掘》，《秦汉土墩墓考古发现与研究——秦汉土墩墓国际学术研讨会论文集》，文物出版社，2013年。
[50] 宁波市文物考古研究所、余姚市文物管理委员会办公室（鲁怒放）：《余姚市湖山乡汉—南朝墓葬群发掘报告》，《姚江田野考古》，浙江古籍出版社，2008年。
[51] 浙江省文物考古研究所、嵊州市文物管理处（王鑫君）：《嵊州市祠堂山汉六

朝墓葬发掘简报》，《东方博物（第47辑）》，浙江大学出版社，2013年。
[52] 郎旭峰：《杭州萧山溪头黄墓地M9发掘简报》，《东方博物（第51辑）》，中国书店，2014年。
[53] 浙江省文物考古研究所、安吉县博物馆（黄昊德、沃浩伟）：《浙江安吉县上马山第49号墩汉墓》，《考古》2014年第1期。
[54] 浙江省文物考古研究所（徐军）：《浙江龙游白羊垅东汉窑址发掘简报》，《东南文化》2014年第3期。
[55] 浙江奉化市文物保护管理所（张夅牛、王玮）：《浙江奉化市南岙东汉墓抢救清理简报》，《南方文物》2014年第1期。
[56] 浙江宁波市文物考古研究所、浙江宁波北仑区博物馆（雷少等）：《浙江宁波北仑大碶璎珞东汉墓葬与五代窑址发掘简报》，《南方文物》2014年第3期。
[57] 朱士生：《龙游东华山西汉鲁伯墓》，《东方博物（第54辑）》，中国书店，2015年。
[58] 浙江省文物考古研究所（黄昊德）：《绍兴平水小家山汉六朝墓》，《浙江省文物考古研究所学刊（第10辑）》，文物出版社，2015年。
[59] 杭州市文物考古研究所、余杭博物馆（刘卫鹏、刘芳芳）：《余杭星桥里山汉墓发掘简报》，《东方博物（第54辑）》，中国书店，2015年。
[60] 浙江省文物考古研究所、诸暨市博物馆（仲召兵等）：《诸暨枫桥西湖山古墓葬发掘简报》，《浙江省文物考古研究所学刊（第10辑）》，文物出版社，2015年。
[61] 朱士生：《浙江龙游县方家山东汉新安长墓》，《考古》2016年第3期。
[62] 孙维昌：《嘉定县发现一座汉墓》，《文物》1959年第11期。

上海

[1] 黄宣佩：《上海市嘉定县外冈古墓清理》，《考古》1959年第12期。
[2] 黄宣佩、孙维昌：《上海市青浦县骆驼墩汉墓发掘》，《考古》1959年第12期。
[3] 孙维昌：《上海发现一座战国—汉初时代墓葬》，《文物》1959年第12期。
[4] 孙维昌：《上海市松江县佘山汉墓清理》，《考古》1962年第5期。
[5] 王正书：《上海福泉山西汉墓群发掘》，《考古》1988年第8期。
[6] 魏正谨：《长江下游考古工作又一重要发现——南京营盘山氏族葬地遗址的发掘》，《南京史志》1988年第8期。
[7] 黄宣佩：《上海地区考古》，《上海文化史志通讯》1992年第13期

江西

[1] 刘玲：《江西南昌市郊清理一座汉墓》，《考古》1964年第2期。
[2] 江西省文物管理委员会（郭远谓）：《江西南昌老福山西汉木椁墓》，《考古》1965年第6期。

[3] 江西省文物管理委员会（陈文华、陈柏泉）：《南昌市郊东汉墓清理》，《考古》1965年第11期。
[4] 彭适凡：《江西修水发现东汉墓》，《考古》1962年第4期。
[5] 柏泉、红中：《江西新建昌邑古城调查记》，《考古》1960年第7期。
[6] 程应林、彭适凡：《江西永新清理一座东汉墓》，《考古》1964年第8期。
[7] 江西省博物馆：《南昌东郊西汉墓》，《考古学报》1976年第2期。
[8] 黄颐寿：《江西清江武陵东汉墓》，《考古》1976年第5期。
[9] 薛翘、张嗣介：《赣州发现汉代画像砖墓》，《江西历史文物》，1981年第3期。
[10] 唐山、志凡：《南昌地区的四座东汉墓》，《江西历史文物》1981年第2期。
[11] 江西省博物馆（唐昌朴、许智范）：《江西南昌地区东汉墓》，《考古》1981年第5期。
[12] 薛翘、张嗣介：《江西赣州汉代画像砖墓》，《文物》1982年第6期。
[13] 李坊洪：《上犹县东汉墓群的调查》，《江西历史文物》1984年第2期。
[14] 刘礼纯：《江西瑞昌发现两座东汉墓》，《考古》1986年第8期。
[15] 万幼楠：《江西于都发现汉画像砖墓》，《文物》1988年第3期。
[16] 江西省文物工作队、南昌市博物馆（陈定荣）：《南昌市京家山汉墓》，《考古》1989年第8期。
[17] 赖斯清：《江西赣县三溪东汉墓》，《南方文物》1993年第1期。
[18] 曾和生：《江西宜春市东汉墓清理简报》，《南方文物》1993年第3期。
[19] 赣州地区博物馆、南康县博物馆（朱思维、黄卫国）：《江西南康县荒塘东汉墓》，《考古》1996年第9期。
[20] 赖斯清：《江西赣县三溪发现两座东汉墓》，《考古》1996年第12期。
[21] 江西省文物考古研究所、江西省广昌县博物馆：《昌厦公路广昌甘竹段墓葬发掘简报》，《南方文物》1999年第4期。
[22] 江西省文物考古研究所、江西省高安市博物馆：《江西高安碧落山西汉墓》，《南方文物》2002年第2期。
[23] 江西省文物考古研究所、江西省新余市博物馆：《江西新余东汉窑炉、东汉至隋唐墓葬清理简报》，《南方文物》2003年第2期。
[24] 江西省瑞昌市博物馆：《江西瑞昌朱湖古墓群发掘简报》，《南方文物》2003年第3期。
[25] 安福县文化局（何财山）：《江西安福枫田清理东汉墓》，《南方文物》2004年第1期。
[26] 徐若华：《江西新余发现西汉墓》，《南方文物》2005年第4期。
[27] 张文江、金国庆：《江西高安市碧落山西汉墓葬》，《考古》2006年第7期。
[28] 江西省文物考古研究所、江西省婺源县博物馆（李荣华）：《江西婺源县茅坦

庄遗址汉、唐、宋、清墓清理简报》，《南方文物》2007年第1期。
[29] 江西省文物考古研究所等（余江安）：《江西修水山背汉晋墓葬发掘》，《南方文物》2009年第4期。
[30] 江西省文物考古研究所、江西泰和县博物馆（程小辉、张文江）：《江西泰和碧溪木梓山古墓群发掘简报》，《南方文物》2009年第4期。
[31] 江西省文物考古研究所（张文江等）：《江西南昌蛟桥东汉墓发掘简报》，《文物》2011年第4期。
[32] 江西省文物考古研究所等（余江安等）：《江西靖安老虎墩东汉墓发掘简报》，《文物》2011年第10期。
[33] 江西省文物考古研究所、江西樟树市博物馆（黄水根、马思义）：《江西樟树观上横里龚家对门山东汉墓发掘简报》，《南方文物》2013年第1期。
[34] 江西省文物考古研究所、江西南昌市博物馆（胡振等）：《江西南昌市湾里区凯旋湾小区东汉墓发掘简报》，《南方文物》2014年第4期。
[35] 江西省文物考古研究所、南昌市博物馆、南昌市新建区博物馆：《南昌市西汉海昏侯墓》，《考古》2016年第7期。

广东

[1] 广州市文物管理委员会：《广东河南南石头发现西汉末年古墓两座》，《文物参考资料》1954年第11期。
[2] 广州市文物管理委员会（麦英豪、黎金）：《广州市东北郊西汉木椁墓发掘简报》，《考古通讯》1955年第4期。
[3] 黎金：《广州北郊发现西汉木椁墓》，《文物参考资料》1955年第5期。
[4] 广州市文管会：《广州南郊南石头西汉木椁墓清理简报》，《文物参考资料》1955年第8期。
[5] 广州市文物管理委员会（麦英豪）：《广州皇帝冈西汉木椁墓发掘简报》，《考古通讯》1957年第4期。
[6] 麦英豪：《广州华侨新村西汉墓》，《考古学报》1958年第2期。
[7] 广州市文物管理委员会（麦英豪）：《广州黄花冈003号西汉木椁墓发掘简报》，《考古通讯》1958年第4期。
[8] 广州市文物管理委员会（黎金）：《广州西村西汉木椁墓简报》，《考古》1960年第1期。
[9] 广东省文物管理委员会：《广州三元里马鹏冈西汉墓清理简报》，《考古》1964年第6期。
[10] 广东省文物管理委员会（徐恒彬）：《广东曲江马坝的一座西汉墓》，《考古》1964年第6期。
[11] 黎金：《广州市清理了四座汉墓》，《文物参考资料》1955年第6期。

［12］广州市文物管理委员会：《广州市郊发现巨大的东汉木椁古墓》，《文物参考资料》1954年第1期。

［13］麦英豪：《广州市发现东汉墓葬》，《文物参考资料》1955年第2期。

［14］广州市文物管理委员会（黄文宽、麦英豪）：《广州市东郊东汉砖室墓清理纪略》，《文物参考资料》1955年第6期。

［15］广州市文物管理委员会（黎金）：《广州东山东汉墓清理简报》，《考古通讯》1956年第4期。

［16］广州市文物管理委员会（麦英豪）：《广州市龙生冈43号东汉木椁墓》，《考古学报》1957年第1期。

［17］广州市文物管理委员会（麦英豪、区泽）：《广州东山象栏冈第二号木椁墓清理简报》，《文物参考资料》1958年第4期。

［18］广州市文物管理委员会（黎金、区泽）：《广州西村皇帝冈42号东汉木椁墓发掘简报》，《考古通讯》1958年第8期。

［19］广州市文物管理委员会（麦英豪）：《广州动物园东汉建初元年墓清理简报》，《文物》1959年第11期。

［20］麦英豪：《广州东郊沙河东汉墓发掘简报》，《文物》1961年第2期。

［21］杨豪：《广东合浦发现东汉砖墓》，《考古通讯》1958年第6期。

［22］广东省文物管理委员会（徐恒彬）：《广东佛山市郊澜石东汉墓发掘报告》，《考古》1964年第9期。

［23］广东省文物管理委员会（吴振华）：《广东增城金兰寺汉墓发掘报告》，《考古》1966年第1期。

［24］广州市文物管理处：《广州淘金坑的西汉墓》，《考古学报》1974年第1期。

［25］曾广亿：《广东南海汉墓发掘简报》，《文物资料丛刊（4）》，文物出版社，1981年。

［26］杨豪：《广东韶关西河汉墓发掘》，《考古学集刊（第1集）》，中国社会科学出版社，1981年。

［27］广东省博物馆：《广东佛山市郊澜石东汉墓清理简报》，《文物资料丛刊（4）》，文物出版社，1981年。

［28］广州象岗汉墓发掘队：《我国汉代考古的又一重大发现 广州发现西汉南越王墓》，《考古》1983年第12期。

［29］广州象岗汉墓发掘队：《西汉南越王墓发掘初步报告》，《考古》1984年第13期。

［30］广东省博物馆、深圳博物馆（杨豪、杨耀林）：《深圳市南头红花园汉墓发掘简报》，《文物》1990年第11期。

［31］南雄县博物馆（雷时仲）：《粤北南雄发现汉墓》，《考古》1985年第11期。

［32］广东省博物馆（尚杰等）：《广州沙河顶发现一座东汉墓》，《考古》1986年

第12期。
[33] 钟绍益、刘明宽：《广东高州军墟后岭发现两座东汉墓》，《文物资料丛刊（10）》，文物出版社，1987年。
[34] 李始文：《中大校园的东汉墓》，《中山大学学报》1988年第4期。
[35] 王晓华：《广东始兴瑶村坳古墓葬清理简报》，《考古与文物》1991年第1期。
[36] 广东省博物馆、顺德县博物馆：《广东顺德县汉墓的调查和清理》，《文物》1991年第4期。
[37] 广东省博物馆、顺德县博物馆：《广东顺德陈村汉墓的清理》，《文物》1991年第12期。
[38] 始兴县博物馆：《广东始兴县禾场岭发现东汉墓》，《考古》1991年第1期。
[39] 广东省文物考古研究所、东莞市博物馆：《广东东莞虎门东汉墓》，《文物》1991年第11期。
[40] 王晓华：《广东始兴县禾场岭西汉墓清理简报》，《考古与文物》1992年第2期。
[41] 广东省始兴县博物馆（王晓华）：《始兴瑶村坳古墓葬清理简报》，《考古与文物》1992年第4期。
[42] 廖晋雄：《广东始兴县汉墓清理简报》，《考古》1993年第5期。
[43] 广东省博物馆、博罗县博物馆（龙家有）：《广东博罗县福田镇东汉墓发掘简报》，《考古》1993年第4期。
[44] 深圳市博物馆（杨豪、杨耀林）：《深圳市南头红花园汉墓发掘简报》，《深圳考古发现与研究》，文物出版社，1994年。
[45] 广州市文物考古研究所：《广州东山发现西汉南越国大型木椁墓出土大批珍贵漆木器》，《广州文物考古集》，文物出版社，1998年。
[46] 广州市文物管理委员会：《广州西村凤凰岗西汉墓发掘简报》，《广州文物考古集》，文物出版社，1998年。
[47] 广州市文物考古研究所：《广州狮带岗西汉土坑墓发掘简报》，《广州文物考古集》，文物出版社，1998年。
[48] 广州市文物考古研究所：《广州黄花岗东汉砖室墓发掘简报》，《广州文物考古集》，文物出版社，1998年。
[49] 广州市文物考古研究所：《广州市先烈南路大宝岗汉墓发掘简报》，《广州文物考古集》，文物出版社，1998年。
[50] 广东省文物考古研究所等：《广东乐昌市对面山东周秦汉墓》，《考古》2000年第6期。
[51] 廖晋雄：《广东始兴县刨花板厂汉墓》，《考古》2000年第5期。
[52] 曲江县博物馆：《广东曲江樟市群星东汉墓》，《南方文物》2000年第1期。
[53] 广州市文物考古研究所：《广州市沙河顶汉墓发掘简报》，《广州文物考古集

（2）》，文物出版社，1998年。
[54] 广州市文物考古研究所：《广州横枝岗古墓群发掘简报》，《广州文物考古集：广州秦造船遗址论稿专辑》，广州出版社，2001年。
[55] 广州市文物考古研究所：《广州市横枝岗西汉墓的清理》，《考古》2003年第5期。
[56] 广州市文物考古研究所（朱海仁）：《广州黄花岗汉唐墓葬发掘报告》，《考古学报》2004年第4期。
[57] 广州市文物考古研究所：《广州东山梅花村八号墓发掘简报》，《广州文物考古集（2）》，文物出版社，1998年。
[58] 广州市文物考古研究所（邝桂荣）：《广州南田路古墓葬》，《华南考古（1）》，文物出版社，2004年。
[59] 广州市文物考古研究所、番禺博物馆（丘志力、陈柄辉）：《广东番禺市屏山东汉墓发掘报告》，《考古学集刊（第14集）》，文物出版社，2004年。
[60] 广州市文物考古研究所（张强禄、覃杰）：《番禺员岗村东汉墓》，《华南考古（1）》，文物出版社，2004年。
[61] 广州市文物考古研究所（丁巍）：《广州市农林东路南越国“人”字顶木椁墓》，《羊城考古发现与研究（一）》，文物出版社，2005年。
[62] 广州市文物考古研究所（全洪、马建国）：《广州市永福路汉唐墓葬发掘简报》，《羊城考古发现与研究（一）》，文物出版社，2005年。
[63] 广州市文物考古研究所（张强禄）：《番禺小谷围岛山文头岗东汉墓》，《羊城考古发现与研究（一）》，文物出版社，2005年。
[64] 广州市文物考古研究所（陈春丽）：《广州市先烈南路汉晋南朝墓葬》，《羊城考古发现与研究（一）》，文物出版社，2005年。
[65] 韶关市博物馆（罗伟德）：《韶关医疗器械厂汉至晋代墓葬发掘简报》，《广东文物》2005年第2期。
[66] 广州市文物考古研究所、龙川县博物馆（刘成基）：《广东龙川县佗城东汉墓清理报告》，《四川文物》2005年第5期。
[67] 广东省文物考古研究所（尚杰）：《广东省肇庆市康乐中路七号墓发掘简报》，《华南考古（2）》，文物出版社，2008年。
[68] 广东省文物考古研究所、清远市博物馆（尚杰）：《广东清新县布坑东汉墓发掘简报》，《华南考古（2）》，文物出版社，2008年。
[69] 广州市文物考古研究所、广东省文物考古研究所、深圳市文物考古鉴定所：《华南考古（2）》，文物出版社，2008年。
[70] 广东省文物考古研究所（尚杰）：《广东肇庆市康乐中路七号汉墓发掘简报》，《考古》2009年第11期。
[71] 广东省文物考古研究所、连州市博物馆（石俊会）：《广东连州东汉墓发掘简

报》，《文物》2012年第2期。
[72] 广州市文物考古研究所（张强禄）：《广东增城浮扶岭M511发掘简报》，《文物》2015年第7期。
[73] 广州市文物考古研究院（邝桂荣）：《广州黄埔大田山东汉墓》，《广州文博（八）》，文物出版社，2015年。
[74] 广州市文物考古研究院（张金国、冯永驱）：《中山大学北校区砖室墓发掘简报》，《广州文博（八）》，文物出版社，2015年。

广西

[1] 林乃燊：《广西贵县发现古代墓葬》，《文物参考资料》1954年第8期。
[2] 梁友仁：《广西贵县发现汉墓》，《考古通讯》1956年第3期。
[3] 梁友仁：《广西贵县发现汉墓一座》，《考古通讯》1956年第4期。
[4] 黄增庆：《广西贵县汉木椁墓清理简报》，《考古通讯》1956年第4期。
[5] 广西省文物管理委员会（黄增庆）：《广西贵县汉墓的清理》，《考古学报》1957年第1期。
[6] 黄增庆：《广西贵县新牛岭汉墓清理》，《考古通讯》1957年第2期。
[7] 黄增庆：《广西贵县新牛岭第三号西汉墓葬》，《文物参考资料》1957年第2期。
[8] 何乃汉：《广西贵县东湖两汉墓的清理》，《考古通讯》1957年第2期。
[9] 梁友仁：《广西贵县汶井岭东汉墓的清理》，《考古通讯》1958年第2期。
[10] 广西壮族自治区文物工作队（蓝日勇、覃义生）：《广西贵县罗泊湾二号汉墓》，《考古》1982年第4期。
[11] 广西壮族自治区文物考古写作小组：《广西合浦西汉木椁墓》，《考古》1972年第5期。
[12] 广西壮族自治区文物工作队（蒋廷瑜）：《广西合浦县堂排汉墓发掘简报》，《文物资料丛刊（4）》，文物出版社，1981年。
[13] 广西壮族自治区文物工作队、贺县文化局（陈远璋）：《广西贺县河东高寨西汉墓》，《文物资料丛刊（4）》，文物出版社，1981年。
[14] 李乃贤：《广西梧州市鹤头山东汉墓》，《文物资料丛刊（4）》，文物出版社，1981年。
[15] 广西壮族自治区文物工作队（何乃汉、张宪文）：《广西贵县风流岭三十一号西汉墓清理简报》，《考古》1984年第1期。
[16] 柳州市博物馆（黄云忠等）：《广西柳州市九头村一号汉墓》，《文物》1984年第4期。
[17] 广西壮族自治区文物工作队（黄启善）：《广西贵县北郊汉墓》，《考古》1985年第3期。
[18] 柳州市博物院（刘文等）：《柳州市郊东汉墓》，《考古》1985年第9期。

[19] 广西壮族自治区文物工作队、广西贺县文物管理所（蓝日勇等）：《广西贺县金钟一号汉墓》，《考古》1986年第3期。

[20] 广西壮族自治区博物馆、合浦县博物馆（黄启善等）：《广西合浦县凸鬼岭清理两座汉墓》，《考古》1986年第9期。

[21] 广西壮族自治区博物馆、昭平县文物管理所（黄启善、李兆宗）：《广西昭平东汉墓》，《考古学报》1989年第2期。

[22] 张世铨：《关于广西平乐银山岭古墓群的思考》，《广西民族研究》1991年第4期。

[23] 贺县博物馆（张春云）：《广西贺县龙中岩洞墓清理简报》，《考古》1993年第4期。

[24] 藤县博物馆（吴桂盈）：《广西藤县鸡谷山发现西汉墓》，《南方文物》1993年第4期。

[25] 广西壮族自治区文物工作队（周继勇）：《广西崖洞葬调查报告》，《文物》1993年第1期。

[26] 广西壮族自治区文物工作队（彭书琳、陈左眉）：《广西北海市盘子岭东汉墓》，《考古》1998年第11期。

[27] 广西壮族自治区文物工作队、钟山县博物馆（李珍等）：《广西钟山县张屋东汉墓》，《考古》1998年第11期。

[28] 俸艳：《广西恭城县牛路头发现一座东汉石室墓》，《考古》1998年第1期。

[29] 广西壮族自治区文物工作队：《广西贵港市马鞍岭东汉墓》，《考古》2002年第3期。

[30] 俸艳：《广西恭城瑶族自治县栗木镇陀塘村发现汉墓》，《考古》2002年第7期。

[31] 广西壮族自治区文物工作队、合浦县博物馆：《广西合浦县九只岭东汉墓》，《考古》2003年第10期。

[32] 广西壮族自治区文物工作队、贺州市博物馆（熊昭明、韦革）：《贺州市高屋背岭古墓群勘探与试掘》，《广西考古文集（第一辑）》，文物出版社，2004年。

[33] 广西壮族自治区文物工作队等（贺战武等）：《灵川马山古墓群清理简报》，《广西考古文集》（第一辑）》，文物出版社，2004年。

[34] 广西壮族自治区文物工作队、兴安县博物馆（蒋廷瑜）：《兴安石马坪汉墓》，《广西考古文集（第一辑）》，文物出版社，2004年。

[35] 广西壮族自治区文物工作队、合浦县博物馆（林强等）：《合浦县凸鬼岭汉墓发掘简报》，《广西考古文集（第一辑）》，文物出版社，2004年。

[36] 广西壮族自治区文物工作队（蒋廷瑜）：《兴安白塘古墓发掘简报》，《广西考古文集（第一辑）》，文物出版社，2004年。

[37] 广西壮族自治区文物工作队、兴安县博物馆（蒋廷瑜）：《兴安界首汉晋墓的清理》，《广西考古文集（第一辑）》，文物出版社，2004年。

[38] 广西壮族自治区文物工作队（黄槐武、韦革）：《广西合浦县禁山七星岭东汉墓葬》，《考古》2004年第4期。
[39] 广西壮族自治区文物工作队、贵港市文物管理所（陈文）：《广西贵港市孔屋岭东汉墓》，《考古》2005年第11期。
[40] 广西壮族自治区文物工作队、贵港市文物管理所（陈文、陈左眉）：《广西贵港深钉岭汉墓发掘报告》，《考古学报》2006年第1期。
[41] 广州市文物考古研究所、南越王宫博物馆筹建处（韩维龙等）：《广州市南越国宫署遗址西汉木简发掘简报》，《考古》2006年第3期。
[42] 广西壮族自治区文物工作队、岑溪市文物管理所（韦革等）：《广西岑溪市糯垌镇胜塘顶东汉墓发掘简报》，《广西考古文集（第二辑）》，科学出版社，2006年。
[43] 广西壮族自治区文物工作队、合浦县博物馆（谢广维、熊昭明）：《广西合浦县罗屋村古墓葬发掘报告》，《广西考古文集（第二辑）》，科学出版社，2006年。
[44] 广西合浦县博物馆（张居英、陆露）：《广西合浦县母猪岭汉墓的发掘》，《考古》2007年第2期。
[45] 广西文物考古研究所、合浦县博物馆（熊昭明、廉世明）：《2005年合浦县文昌塔汉墓发掘报告》，《广西考古文集（第三辑）》，文物出版社，2007年。
[46] 广西文物考古研究所（何安益等）：《2005年阳朔县高田镇古墓葬发掘报告》，《广西考古文集（第三辑）》，文物出版社，2007年。
[47] 广西文物考古研究所、昭平县文物管理所（韦革、陈卫）：《昭平县篁竹、白马山古墓葬发掘报告》，《广西考古文集（第三辑）》，文物出版社，2007年。
[48] 广西壮族自治区博物馆：《广西博物馆文集（第五辑）》，广西人民出版社，2008年。
[49] 广西文物考古研究所、桂平市博物馆（谢广维等）：《桂平大塘城遗址汉墓发掘报告》，《广西考古文集（第四辑）》，科学出版社，2010年。
[50] 广西文物考古研究所（蒋廷瑜）：《荔浦笔村一座东汉墓葬的清理》，《广西考古文集（第四辑）》，科学出版社，2010年。
[51] 广西文物考古研究所（熊昭明等）：《广西合浦寮尾东汉三国墓发掘报告》，《考古学报》2012年第4期。
[52] 广西文物考古研究所、贵港市博物馆（谢广维等）：《广西贵港市孔屋岭汉墓2009年发掘简报》，《考古》2013年第9期。
[53] 柳州市文物考古队、金秀瑶族自治县博物馆（潘晓军等）：《金秀县王二墓群四座东汉墓发掘简报》，《广西博物馆文集（第八辑）》，广西人民出版社，2011年。

[54] 广西文物保护与考古研究所、贺州市博物馆（谢广维等）：《贺州凤凰岭古墓群考古发掘报告》，《广西考古文集（第五辑）》，科学出版社，2013年。
[55] 兴安县博物馆（李珍等）：《兴安县届首骨伤医院东汉墓发掘简报》，《广西考古文集（第五辑）》，科学出版社，2013年。
[56] 柳州市文物考古队、金秀瑶族自治县博物馆（潘晓军等）：《广西金秀县王二墓群四座东汉墓考古发掘简报》，《岭南考古研究（11）》，中国评论学术出版社，2013年。
[57] 广西壮族自治区博物馆：《广西博物馆文集（第十辑）》，广西人民出版社，2014年。
[58] 广西文物保护与考古研究所、贵港市博物馆（富霞等）：《广西贵港马鞍岭梁君垌汉至南朝墓发掘报告》，《考古学报》2014年第1期。
[59] 广西文物保护与考古研究所：《广西合浦县双坟墩土墩墓发掘简报》，《考古》2016年第4期。

四川

[1] 沈仲常：《成都扬子山的西汉墓葬》，《考古通讯》1955年第6期。
[2] 任锡光：《成都北郊天迴乡发现西汉墓》，《考古通讯》1956年第6期。
[3] 四川省文物管理委员会（王家祐）：《成都北郊洪家包西汉墓清理简报》，《考古通讯》1957年第2期。
[4] 四川省文物管理委员会（江学礼）：《成都洪家包西汉木椁墓清理简报》，《考古通讯》1957年第3期。
[5] 四川省文物管理委员会（赖有德）：《成都东北郊西汉墓葬发掘简报》，《考古通讯》1958年第2期。
[6] 沈仲常、陆德良：《成都郊区凤凰山发现西汉木椁墓》，《考古》1959年第4期。
[7] 四川省博物馆（沈仲常）：《成都凤凰山西汉木椁墓》，《考古》1959年第8期。
[8] 于豪亮：《记成都扬子山一号墓》，《文物参考资料》1955年第9期。
[9] 刘志远：《成都天迴山崖墓清理记》，《考古学报》1958年第1期。
[10] 徐鹏章：《成都站东乡汉墓清理记》，《考古通讯》1956年第1期。
[11] 《内江筑路民工发现汉代古墓》，《文物参考资料》1951年第6期。
[12] 陆德良：《四川内江市发现东汉砖墓》，《考古通讯》1957年第2期。
[13] 吴仲实、胡秀庐：《四川宜宾发现汉墓》，《文物参考资料》1954年第9期。
[14] 赵希铭、刘师德：《四川宜宾市郊发现东汉砖墓九座》，《文物参考资料》1955年第10期。
[15] 匡达澄：《四川宜宾市翠屏村汉墓清理简报》，《考古通讯》1957年第3期。
[16] 陈建中、袁明森、李复华：《四川新繁县发现东汉墓葬》，《文物参考资料》1955年第6期。

[17] 四川省文物管理委员会（陈建中等）：《四川新繁清白乡东汉画像砖墓清理简报》，《文物参考资料》1956年第6期。
[18] 成恩元：《四川大学历史博物馆调查了彭山、新津的汉代崖墓》，《文物参考资料》1955年第5期。
[19] 梅养天：《四川彭山县崖墓简介》，《文物参考资料》1956年第5期。
[20] 石光明等：《四川彰明县常山村崖墓清理简报》，《考古通讯》1955年第5期。
[21] 石光明等：《四川彰明佛儿崖墓葬清理简讯》，《考古通讯》1955年第6期。
[22] 西南博物院筹备委员会秘书处：《西康雅安沙溪村发现汉墓》，《文物参考资料》1954年第5期。
[23] 郑灵生：《绵阳北外何家山嘴发现汉墓》，《文物参考资料》1956年第3期。
[24] 任锡光：《四川双流县牧马山发现岩墓》，《文物参考资料》1956年第8期。
[25] 任锡光：《四川简阳洛带乡西汉、东汉墓清理》，《考古通讯》1957年第4期。
[26] 郭立中：《四川焦山魏家冲发现汉代崖墓》，《考古》1959年第8期。
[27] 林声：《四川凉山发现汉墓》，《考古》1965年第3期。
[28] 荥经古墓发掘小组（江聪、赵殿增）：《四川荥经古城坪秦汉墓葬》，《文物资料丛刊（4）》，文物出版社，1981年。
[29] 宋治民、王有鹏：《大邑县西汉土坑墓》，《文物》1981年第12期。
[30] 宝兴县文化馆（杨文成）：《四川宝兴县汉代石棺墓》，《考古》1982年第4期。
[31] 丁祖春：《四川大邑县马王坟汉墓》，《考古》1980年第3期。
[32] 礼州遗址联合考古发掘队（王兆祺）：《四川西昌礼州发现的汉墓》，《考古》1980年第5期。
[33] 宝兴县文化馆：《夹金山北麓发现汉墓》，《文物》1976年第11期。
[34] 冯汉骥、童恩正：《岷江上游的石棺葬》，《考古学报》1973年第2期。
[35] 成都市文物管理处（陈显双）：《四川成都曾家包东汉画像砖石墓》，《文物》1981年第10期。
[36] 重庆市博物馆、合川县文化馆田野考古工作小组：《合川东汉画像石墓》，《文物》1977年第2期。
[37] 四川省博物馆、盐亭县文化馆（刘志远）：《四川盐亭东汉崖墓出土文物简记》，《文物》1974年第5期。
[38] 赵殿增、高英民：《四川阿坝州发现汉墓》，《文物》1976年第11期。
[39] 三台县文化馆：《四川三台县发现东汉墓》，《考古》1976年第6期。
[40] 赵殿增、巩发明：《四川绵阳发现木板墓》，《考古》1983年第4期。
[41] 绵阳地区文化馆、绵阳市文物保管所（孙华、郑定理）：《四川绵阳市发现西汉初期墓》，《考古与文物》1986年第2期。
[42] 四川省博物馆、绵竹县文化馆（王有鹏、莫洪贵）：《四川绵竹县西汉木板墓

发掘简报》，《考古》1983年第4期。
[43] 四川省文物管理委员会：《成都石羊西汉木椁墓》，《考古与文物》1983年第2期。
[44] 阿坝州文物管理所（徐学书）：《杂谷河下游西汉岩墓调查简报》，《四川文物》1989年第2期。
[45] 凉山州博物馆（王兆祺）：《四川凉山西昌发现东汉、蜀汉墓》，《考古》1990年第5期。
[46] 凉山彝族自治州博物馆（黄承宗）：《四川西昌天王山十号墓清理简报》，《考古》1984年第12期。
[47] 四川省文管会、雅安地区文教局：《四川荥经水井坎沟岩墓》，《文物》1985年第5期。
[48] 四川省文物管理委员会（张才俊）：《四川遂宁船山坡崖墓发掘简报》，《考古与文物》1983年第3期。
[49] 四川省博物馆（陈显双）：《遂宁县笔架山崖墓清理简报》，《文物资料丛刊（9）》，文物出版社，1985年。
[50] 四川大学历史系七八级考古实习队、宜宾县文化馆（罗柏健等）：《四川宜宾县黄伞崖墓群调查及清理简报》，《考古与文物》1984年第6期。
[51] 四川省博物馆、宜宾市文管所（秦保生）：《宜宾市山谷祠汉代崖墓清理简报》，《文物资料丛刊（9）》，文物出版社，1985年。
[52] 四川大学考古专业七八级实习队、长宁县文化馆（王子岗等）：《四川长宁"七个洞"东汉纪年画像崖墓》，《考古与文物》1985年第5期。
[53] 四川省博物馆、新都县文管所（陈显双）：《新都县马家山崖墓发掘简报》，《文物资料丛刊（9）》，文物出版社，1985年。
[54] 四川省文物管理委员会、宝兴县文化馆（杨文成）：《四川宝兴陇东东汉墓群》，《文物》1987年第10期。
[55] 何志国：《四川绵阳河边东汉崖墓》，《考古》1988年第3期。
[56] 王启鹏、王孔智：《中江县玉桂乡东汉崖墓调查简报》，《四川文物》1989年第5期。
[57] 母学勇：《剑阁青树村汉墓清理简报》，《四川文物》1989年第5期。
[58] 雷建金、曾健：《内江市中区红缨东汉崖墓》，《四川文物》1989年第4期。
[59] 四川省文物管理委员会、武隆县文化馆（陈显双）：《四川武隆县江口镇汉墓清理简报》，《考古与文物》1990年第6期。
[60] 罗娅玲：《乐山市中区东汉崖墓的调查收获》，《四川文物》1990年第6期。
[61] 方建国、唐朝君：《简阳黄泥坪汉墓清理简报》，《四川文物》1990年第2期。
[62] 黄承宗：《西昌东汉、魏晋时期砖室墓葬调查》，《考古与文物》1983年第1期。
[63] 徐鹏章：《成都凤凰山西汉木椁墓》，《考古》1991年第5期。

［64］夏学华：《西昌市经久乡发现西汉李音墓》，《四川文物》1991年第1期。
［65］吴天清：《丰都名山镇汉墓清理简报》，《四川文物》1991年第3期。
［66］李加锋：《双流华阳乡沙河村崖墓发掘简报》，《四川文物》1991年第6期。
［67］宜宾地区文化局：《宜宾地区出土汉代画像石棺》，《考古与文物》1991年第1期。
［68］马幸辛：《达县市曹家梁东汉墓清理简报》，《四川文物》1991年第6期。
［69］彭山县文物保护管理所：《四川彭山一座残岩墓》，《考古》1991年第5期。
［70］四川乐山市文管所：《四川乐山市中区大湾嘴崖墓清理简报》，《考古》1991年第1期。
［71］宋建民：《江油市河西崖墓清理简报》，《四川文物》1991年第5期。
［72］内江市文管所、简阳县文化馆：《四川简阳县鬼头山东汉崖墓》，《文物》1991年第3期。
［73］何志国：《四川绵阳何家山1号东汉崖墓清理简报》，《文物》1991年第3期。
［74］何志国：《四川绵阳何家山2号东汉崖墓清理简报》，《文物》1991年第3期。
［75］江章华：《成都萧家村汉墓发掘纪要》，《成都文物》1991年第4期。
［76］马幸辛、汪模荣：《四川达县市西汉木椁墓》，《考古》1992年第3期。
［77］方建国、唐朝君：《四川简阳县夜月洞发现东汉崖墓》，《考古》1992年第4期。
［78］许蓉：《绵阳市公安干校发现的汉墓》，《四川文物》1992年第1期。
［79］三台县文化馆：《四川三台发现一座东汉墓》，《考古》1992年第9期。
［80］谢荔、徐利红：《四川合江县东汉砖室墓清理简报》，《文物》1992年第4期。
［81］雷建金：《内江市关升店东汉崖墓画像石棺》，《四川文物》1992年第3期。
［82］马幸辛：《达县市曹家梁东汉墓清理简报》，《四川文物》1991年第6期。
［83］李加锋：《双流华阳乡沙河村崖墓发掘简报》，《四川文物》1991年第6期。
［84］乐山市崖墓博物馆（黄学谦等）：《四川乐山市沱沟嘴东汉崖墓清理简报》，《文物》1993年第1期。
［85］景竹友：《三台新德乡东汉崖墓清理简报》，《四川文物》1993年第5期。
［86］唐长寿：《乐山市崖墓墓阙调查记》，《考古与文物》1993年第1期。
［87］季兵：《绵阳市吴家汉代崖墓清理简报》，《四川文物》1994年第5期。
［88］黄中幼等：《江津沙河发现东汉纪年崖墓》，《四川文物》1994年第4期。
［89］庄文彬：《四川遂宁市发现两座东汉崖墓》，《考古》1994年第8期。
［90］邱学军：《四川峨眉山市东汉墓》，《考古》1994年第6期。
［91］李国良：《巴县白市驿发现蜀汉砖室墓》，《四川文物》1994年第5期。
［92］郭凤武：《芦山芦阳镇汉墓清理简报》，《四川文物》1993年第4期。
［93］李炳中：《荥经县牛头山发现汉墓》，《四川文物》1995年第2期。
［94］四川省达县地区文化局：《四川达县市曹家梁东汉墓》，《考古》1995年第1期。
［95］胡学元：《乐山麻浩鱼村崖墓清理简报》，《四川文物》1995年第1期。

[96] 王庭福等：《合江张家沟二号崖墓画像石棺发掘简报》，《四川文物》1995年第5期。
[97] 绵阳博物馆：《四川绵阳永兴双包山一号西汉木椁墓发掘简报》，《文物》1996年第10期。
[98] 四川省文物考古研究所、绵阳市博物馆（赵树中等）：《绵阳永兴双包山二号西汉木椁墓发掘简报》，《文物》1996年第10期。
[99] 罗仁忠：《内江七孔子汉代崖墓清理简报》，《四川文物》1996年第4期。
[100] 颜灵：《南溪县长顺坡画像石棺清理简报》，《四川文物》1996年第3期。
[101] 张明扬、任超俗：《达县三里坪4号汉墓清理简报》，《四川文物》1997年第1期。
[102] 王焰：《宝兴县赶羊沟汉墓清理简报》，《四川文物》1997年第5期。
[103] 李加锋：《成都青龙乡汉代砖室墓清理》，《文物》1997年第4期。
[104] 景竹友：《三台永明乡崖墓调查简报》，《四川文物》1997年第1期。
[105] 袁国腾：《内江市岩墓情况综述》，《文物》1997年第5期。
[106] 四川省文物考古研究所、什邡市文物保护管理所：《什邡市城关战国秦汉墓葬发掘报告》，《四川考古报告集》，文物出版社，1998年。
[107] 成都市文物考古工作队、青白江区文物管理所（谢涛）：《成都市青白江区跃进村汉墓发掘简报》，《文物》1999年第8期。
[108] 成都市文物考古工作队（刘骏）：《成都西郊西窑村M3东汉墓发掘简报》，《四川文物》1999年第3期。
[109] 成都市文物考古工作队：《成都西郊省水利设计院土坑墓清理简报》，《考古与文物》2000年第4期。
[110] 成都市文物考古工作队：《四川成都市石人坝小区汉墓清理简报》，《考古》2000年第1期。
[111] 廖顺勇：《安岳县林凤镇松林村东汉崖墓清理简报》，《四川文物》2000年第5期。
[112] 李炳中：《四川荥经县牛头山发现汉墓》，《考古》2000年第11期。
[113] 刘雨茂、朱章义：《成都青白江区发现崖墓群》，《成都文物》2000年第1期。
[114] 成都市文物考古工作队：《四川成都市北郊战国东汉及宋代墓葬发掘简报》，《考古》2001年第5期。
[115] 四川省文物考古研究院（郭富等）：《四川绵阳市涪城区桐子梁东汉崖墓发掘简报》，《四川文物》2015年第4期。
[116] 四川省文物考古研究院（刘睿等）：《四川长宁县缪家林东汉崖墓群M5发掘简报》，《四川文物》2015年第5期。
[117] 罗进勇：《汶川县寨子坪村古墓清理调查报告》，《成都文物》2015年第4期。
[118] 钟治：《四川三台郪江汉晋墓群调查记》，《中国历史文物》2002年第4期。

[119] 三台县文化体育局、三台县文物管理所：《四川三台郪江崖墓群2000年度清理简报》，《文物》2002年第1期。
[120] 成都文物考古研究所、蒲江县文物保护管理所（龙腾）：《蒲江县光明乡金华村东汉崖墓清理简报》，《成都文物》2012年第4期。
[121] 四川省文物考古研究院等（辛中华）：《四川屏山县斑竹林遗址M1汉代画像石棺墓发掘简报》，《四川文物》2012年第5期。
[122] 成都市新都区文物管理所（王波）：《成都新都秦墓发掘简报》，《文物》2014年第10期。
[123] 成都文物考古研究所、荆州文物保护中心（谢涛等）：《成都市天回镇老官山汉墓》，《考古》2014年第7期。
[124] 谢涛、索德浩：《成都天回老官山汉墓》，《2013中国重要考古发现》，文物出版社，2014年。
[125] 成都文物考古研究所、四川大学历史文化学院（李映福等）：《四川郫县波罗村遗址Ⅱ区汉、唐遗存发掘简报》，《四川文物》2014年第2期。
[126] 四川省文物考古研究院 、三台县文物管理所（黄家祥、黄家全）：《绵遂高速公路（三台段）东汉至六朝崖墓发掘简报》，《四川文物》2014年第2期。
[127] 成都文物考古研究所、都江堰市文物局（索德浩等）：《都江堰市潘家祠堂汉墓发掘简报》，《成都考古发现（2012）》，科学出版社，2014年。
[128] 四川省文物考古研究院、三台县文物管理所（黄家祥等）：《绵遂高速公路（三台段）果园山崖墓发掘简报》，《四川文物》2014年第4期。
[129] 凉山彝族自治州博物馆、四川大学历史文化学院考古学系、昭觉县文管所：《四川昭觉县四开乡石棺墓地的清理》，《考古》2016年第8期。
[130] 四川省文物考古研究院、阿坝藏族羌族自治州文物管理所、小金县文物管理所：《四川阿坝小金日隆汉代石棺葬墓地发掘简报》，《文物》2018年第10期。
[131] 凉山彝族自治州博物馆、四川大学历史文化学院考古学系、昭觉县文物管理所：《四川昭觉县四开坝子汉代遗存的调查与清理》，《考古》2018年第8期。
[132] 沈仲常：《重庆江北相国寺的东汉砖墓》，《文物参考资料》1955年第3期。
[133] 石正：《四川万县市发现的汉墓》，《考古通讯》1957年第4期。
[134] 胡人朝：《重庆市化龙桥东汉砖墓的清理》，《考古通讯》1958年第3期。
[135] 龚廷万、庄燕和：《重庆市南岸区的两座西汉土坑墓》，《文物》1982年第7期。
[136] 四川省文物管理委员会、涪陵县文化馆（范桂杰、胡昌钰）：《四川涪陵西汉土坑墓发掘简报》，《考古》1984年第4期。
[137] 四川大学历史系考古专业崖墓科研小组（王和平）：《四川巫溪荆竹坝崖葬调查清理简报》，《四川文物》1984年第6期。
[138] 四川省文物管理委员会（胡昌钰、黄家祥）：《四川涪陵东汉崖墓清理简

报》，《考古》1984年第12期。
［139］重庆市博物馆（王川平、刘豫川）：《重庆市临江支路西汉墓》，《考古》1986年第3期。
［140］胡人朝：《重庆市黄花园发现西汉墓葬》，《文物》1986年第12期。
［141］胡人朝：《重庆江北陈家馆西汉石坑墓》，《文物》1987年第3期。
［142］四川省文物管理委员会、涪陵地区文化局（张才俊）：《四川涪陵三堆子东汉墓》，《文物资料丛刊（10）》，文物出版社，1987年。
［143］四川省文物管理委员会、开县图书馆（陈显双、朱世鸿）：《四川开县红华村崖墓清理简报》，《考古与文物》1989年第1期。
［144］重庆市博物馆、涪陵县文化馆（蒋万锡）：《涪陵县易家坝西汉墓发掘简报》，《考古与文物》1990年第5期。
［145］林必忠：《重庆市枣子岚垭汉墓清理简报》，《四川文物》1991年第2期。

重庆市

［1］重庆市文化局：《重庆巫山麦沱汉墓群发掘报告》，《考古学报》1999年第2期。
［2］吉林大学考古学系（赵宾福等）：《四川省奉节县三峡工程库区砖室墓清理报告》，《江汉考古》1999年第3期。
［3］吉林大学考古学系（滕铭予等）：《四川省奉节县营盘包东汉土坑墓清理简报》，《江汉考古》1999年第1期。
［4］重庆市文化遗产研究院、璧山县文物管理所（范鹏等）：《重庆璧山县棺山坡东汉崖墓群》，《考古》2014年第9期。
［5］重庆市博物馆、合川市文物保护管理所（王豫）：《重庆合川市南屏东汉墓葬群发掘简报》，《华夏考古》2000年第2期。
［6］重庆市文化局、陕西省考古研究所：《重庆万州安全墓地1998年汉墓发掘简报》，《文博》2001年第4期。
［7］厦门大学历史系考古教研室：《万县龙宝区三峡工程库区古墓葬的调查与发掘》，《东南考古研究（第二辑）》，厦门大学出版社，1999年。
［8］四川省文物考古研究院等（陈德安等）：《重庆市丰都县汇南墓群2001年度发掘简报》，《四川文物》2012年第2期。
［9］四川省文物考古研究院等（陈德安、曾俊）：《重庆市丰都县汇南墓群2002年度发掘简报》，《四川文物》2012年第6期。
［10］重庆市涪陵区博物馆（周虹等）：《重庆市涪陵区北岩M4发掘简报》，《四川文物》2012年第4期。
［11］四川大学考古学系、重庆市云阳县文管所（赵德云等）：《云阳李家坝遗址Ⅳ区汉六朝墓葬发掘简报》，《南方民族考古（第八辑）》，科学出版社，2012年。
［12］重庆师范大学历史与社会学院等（杨华等）：《重庆忠县两汉墓葬》，《考

古》2014年第6期。

[13] 重庆市文化遗产研究院、潼南县文物管理所（牛英彬、邹后曦）：《重庆市潼南县下庙儿遗址汉墓发掘简报》，《四川文物》2014年第3期。

[14] 重庆市文化遗产研究院、大渡口区文物管理所（孙治刚等）：《重庆市大渡口区大树林汉墓发掘简报》，《四川文物》2014年第6期。

[15] 山东大学历史文化学院（王迪等）：《重庆涪陵点易墓地汉墓发掘简报》，《文物》2014年第10期。

[16] 重庆市文化遗产研究院（范鹏等）：《重庆市江津区烟墩岗汉代砖室墓发掘简报》，《四川文物》2014年第4期。

[17] 重庆市文化遗产研究院、丰都县文物管理所（汪伟等）：《重庆丰都县麒麟包墓群发掘简报》，《江汉考古》2015年第4期。

[18] 重庆市文化遗产研究院（于桂兰、方刚）：《重庆市石柱县陶家坝东汉六朝墓发掘简报》，《四川文物》2015年第2期。

[19] 重庆市文化遗产研究院、涪陵区博物馆（陈啸等）：《重庆市涪陵区唐家坡、石院子东汉墓发掘简报》，《四川文物》2015年第5期。

[20] 北京大学三峡考古队（宋蓉、李水城）：《重庆忠县崖脚西汉大墓发掘报告》，《南方民族考古（第十辑）》，科学出版社，2014年。

[21] 重庆市文化遗产研究院、彭水县文物管理所（牛英彬等）：《重庆彭水县山谷公园墓群发掘报告》，《南方民族考古（第十一辑）》，科学出版社，2015年。

[22] 北京大学三峡考古队（宋蓉、李水城）：《重庆忠县石匣子东汉大墓发掘报告》，《南方民族考古（第十辑）》，科学出版社，2015年。

[23] 重庆市文化遗产研究院、江北区文物管理所（孙治刚等）：《重庆市江北区四马溪遗址汉墓发掘简报》，《四川文物》2015年第3期。

[24] 四川大学历史文化学院、重庆市云阳县文物管理所：《重庆云阳李家坝遗址2000年度发掘简报》，《江汉考古》2016年第6期。

[25] 重庆市文化遗产研究院、中国人民大学历史学院：《重庆市巫山县汉晋墓群的发掘》，《考古》2016年第2期。

[26] 重庆市文化遗产研究院、重庆师范大学西南考古与文物研究中心、丰都县文物管理所：《重庆丰都二仙堡墓群2015年发掘简报》，《文物》2017年第10期。

贵州

[1] 贵州省博物馆筹备处：《贵州平坝金家大坪古墓清理简报》，《考古通讯》1958年第1期。

[2] 贵州省博物馆（陈默溪）：《贵州清镇平坝汉墓发掘报告》，《考古学报》1959年第1期。

[3] 贵州省博物馆：《贵州清镇平坝汉至宋墓发掘简报》，《考古》1961年第4期。

[4] 贵州省博物馆（赵雅琴）：《贵州赫章县汉墓发掘简报》，《考古》1966年第1期。
[5] 贵州省博物馆：《贵州黔西县汉墓发掘简报》，《文物》1972年第11期。
[6] 严平：《贵州安顺宁谷汉墓》，《文物资料丛刊（4）》，文物出版社，1981年。
[7] 贵州省博物馆：《贵州安顺宁谷发现东汉墓》，《考古》1972年第2期。
[8] 贵州省博物馆考古组（程学忠）：《贵州平坝天龙汉墓》，《文物资料丛刊（4）》，文物出版社，1981年。
[9] 贵州省博物馆考古组（熊水富）：《贵州兴义、兴仁汉墓》，《文物》1979年第5期。
[10] 贵州省博物馆考古组、威宁县文化局（李衍垣等）：《威宁中水汉墓》，《考古学报》1981年第2期。
[11] 唐文元：《黔西甘棠汉墓群》，《贵州文物》1982年第1期。
[12] 刘恩元：《安顺宁谷古墓》，《贵州文物》1983年第3、4期。
[13] 贵州省博物馆考古队：《务川沙坝石室汉墓》，《贵州省博物馆馆刊》1985年创刊号。
[14] 程学明、朱祥明：《务川县汉砖室墓清理简报》，《贵州文物》1986年第1期。
[15] 贵州省博物馆考古组、贵州省赫章县文化馆（宋世坤等）：《赫章可乐发掘报告》，《考古学报》1986年第2期。
[16] 贵州省博物馆考古组（李衍垣等）：《贵州威宁中水汉墓第二次发掘》，《文物资料丛刊（10）》，文物出版社，1987年。
[17] 贵州省博物馆：《略述贵州务川新出两汉铜器》，《考古与文物》1991年第2期。
[18] 顾新民、汤鲁彬、蔡永德：《仁怀合马东汉砖室墓清理简报》，《贵州田野考古四十年（1953—1993）》，贵州民族出版社，1993年。
[19] 贵州省文物考古研究所、赤水市文体广电旅游局：《赤水市万有号崖墓清理》，《贵州田野考古四十年（1953—1993）》，贵州民族出版社，1993年。
[20] 席克、田景平：《沿河县发现东汉墓葬》，《贵州田野考古四十年（1953—1993）》，贵州民族出版社，1993年。
[21] 张合荣：《兴义万屯九号汉墓清理》，《贵州田野考古四十年（1953—1993）》，贵州民族出版社，1993年。
[22] 贵州省考古研究所：《贵州兴仁交乐汉墓发掘报告》，《贵州田野考古四十年（1953—1993）》，贵州民族出版社，1993年。
[23] 贵州省文物考古研究所（张和蓉）：《贵州金沙县汉画像石墓清理》，《文物》1998年第10期。
[24] 张合荣：《贵州习水县东汉崖墓》，《考古》2002年第7期。
[25] 贵州省文物考古研究所、遵义市文化局、习水县文广局：《习水县陶罐乡小沟汉墓清理简报》，《贵州文物工作》2003年第2期。

［26］贵州省文物考古研究所（刘恩元、郭秉红）：《贵州安顺市宁谷汉代遗址与墓葬的发掘》，《考古》2004年第6期。

［27］贵州省文物考古研究所（李飞）：《贵州兴仁县交乐十九号汉墓》，《考古》2004年第3期。

［28］贵州省文物考古研究所、赤水市文物管理所（张合荣）：《贵州赤水市复兴马鞍山崖墓》，《考古》2005年第9期。

［29］贵州省文物考古研究所、黔西县文物管理所（胡昌国）：《贵州黔西县汉墓的发掘》，《考古》2006年第8期。

［30］贵州省文物考古研究所等（张合荣）：《贵州安顺宁谷龙滩汉墓清理简报》，《考古与文物》2012年第1期。

［31］贵州省文物考古研究所、贞丰县文物管理所（杨洪）：《贵州贞丰县浪更燃山汉代石板墓》，《考古》2013年第6期。

［32］贵州省文物考古研究所、四川大学考古学系（张宁等）：《贵州天柱县坡脚遗址汉代、宋元遗存发掘简报》，《四川文物》2014年第6期。

［33］贵州省文物考古研究所、平坝县文化局：《贵州平坝县夏云镇汉墓的发掘》，《考古》2017年第1期。

云南

［1］西南博物院筹备委员会秘书处：《清理云南昭通的汉墓》，《文物参考资料》1954年第7期。

［2］曾韵葵：《云南昭通专区的东汉墓清理》，《考古通讯》1957年第4期。

［3］葛季芳：《云南昭通桂家院子东汉墓发掘》，《考古》1960年第5期。

［4］云南省文物工作队：《云南昭通桂家院子东汉墓发掘》，《考古》1962年第8期。

［5］曹吟葵：《云南昭通县白泥井发现东汉墓》，《考古》1965年第2期。

［6］云南省文物工作队（张增祺）：《云南大关、昭通东汉崖墓清理报告》，《考古》1965年第3期。

［7］云南省文物工作队（浦恩立）：《云南呈贡归化东汉墓清理》，《考古》1966年第3期。

［8］云南省博物馆文物工作队（王涵）：《云南呈贡七步场东汉墓》，《考古》1982年第1期。

［9］云南省博物馆文物工作队（王大道）：《云南昭通象鼻岭崖墓发掘简报》，《考古》1981年第3期。

［10］游有山等：《云南昭通鸡窝院子汉墓清理报告》，《昭通师专学报》1983年第1期。

［11］云南省博物馆文物工作队：《呈贡小松山竖穴土圹墓的清理》，《云南文物》1984年第15期。

［12］昭通地区文物管理所（游有山、谢崇岷）：《云南昭通市鸡窝院子汉墓》，

《考古》1986年第11期。

[13] 大理州文物管理所（杨德文）：《云南大理大展屯二号汉墓》，《考古》1988年第5期。

[14] 云南省博物馆（王桂蓉）：《禄丰汉代砖室墓清理简报》，《文物资料丛刊（9）》，文物出版社，1985年。

[15] 云南省文物考古研究所：《云南嵩明梨花村东汉墓》，《云南文物》1989年第26期。

[16] 张金华：《个旧标杆坡发现东汉墓》，《云南文物》1994年第37期。

[17] 个旧市博物馆：《个旧黑玛井东汉墓清理简报》，《云南文物》1994年第39期。

[18] 大理州文物管理所（杨德文）：《云南大理市下关城北东汉纪年墓》，《考古》1997年第4期。

[19] 云南省文物考古研究所、红河州文物管理所、个旧市博物馆：《个旧黑蚂井古墓群》，《云南文物》2000年第1期。

[20] 云南省文物考古研究所等（康利宏、刘成武）：《云南省水富县小河崖墓发掘报告》，《四川文物》2011年第3期。

后　　记

2005年，我有幸成为我的硕士生导师——滕铭予教授的第一个博士生。因为本科、硕士阶段均是从事与楚文化相关的研究，我一直对南方地区考古比较感兴趣，在跟滕老师商量后，议定将中国南方地区汉墓作为我的博士论文选题。因为研究的地域范围较大，汉墓材料异常庞杂（6000多座），收集资料花了近一年光景，后来将图片资料全部扫描，并按单位做成卡片又耗费了近一年的时间。这些散落在各种期刊上的资料被我全部复印，装订成册，为我后来的研究提供了很大的便利。博士三年级时，经国家留学基金委资助，我有幸去以色列希伯来大学留学一年，跟随 Gideon Shelach 学习。2009年，在滕铭予老师的指导下，几易其稿，最后方成今日之模样。

博士毕业后，我进入吉林省文物考古研究所工作，因为工作需要，开始接触东北考古的材料。2012年，我进入东北师范大学历史文化学院攻读师资博士后，开始撰写《通化万发拨子遗址考古发掘报告》，随后学院安排我给历史专业本科生讲授“东北考古问题研究”课程，我的研究方向正式转到东北考古了。然而对于汉文化的兴趣只增不减，对汉文化最新的考古发现和研究动向也一直有所关注。

近两年，有了出版意向后，本想根据最新材料修改书稿，却发现，仅近十年南方地区汉墓的材料又足够写一篇博士论文了，权衡再三，最后在绪论部分和各区域材料的介绍部分更新了最新的考古发现与研究成果，其余部分所用到的仍旧是截止至2009年的材料。

本书立足于考察汉文化在中国南方不同分区的地域特点及其形成过程，并在此基础上总结汉文化的内涵。基于此，我对南方汉墓基础材料进行了全面而细致的整理，类型学研究几乎涉及当时所能见到的所有型式。但由于精力所限，未能将南方汉墓所反映的不同社会阶层的差异进行探讨，也未能从历史学视角对南方汉墓诸多问题进行深层次的解读，我亦曾尝试完善这部分内容，但终因各种原因而放弃。希望以后能有机会将此研究深入下去。

这部书稿的出版，首先我要感谢我的导师滕铭予女士，她为我的书稿倾注了大量的时间和心血，这其中的辛苦当我亦为人师时才体会深刻。滕老师严谨的文风，乐观的心态深深影响了我，让我受益终身。

感谢东北师范大学刁书仁、王彦辉老师的推荐，感谢东北师范大学社科处资助本书的出版。

感谢吉林大学考古学院各位老师对我的教诲和栽培，感谢以色列希伯来大学东亚系 Gideon Shelach 和 Yuri Pines 对我的帮助，感谢陈博、于焕金、范小佩、何林珊帮我收集资料；感谢蒋璐、吴敬、宋蓉、张礼艳、王涛、艾露露、彭盈盈、杨清华，在我书稿写作期间给予的鼓励与帮助。感谢科学出版社王琳玮女士为本书出版所付出的努力。

感谢我的家人一直以来对我的包容和支持。

谨以此书，向各位良师益友及亲人表示最真挚的谢意。

余　静

2022年2月于长春